9・11の矛盾

9・11委員会報告書が黙殺した重大な事実

デヴィッド・レイ・グリフィン 著

加藤しをり・きくちゆみ 訳

緑風出版

9/11 CONTRADICTIONS

An Open Letter to Congress and the Press

by David Ray Griffin

Originally published in the USA by Olive Branch Press,
an imprint of Interlink Publishing Group,Inc.
Japanese translation rights arranged with Interlink
Publishing Group,Inc. through Japan UNI Agency,Inc.,Tokyo.

序文

本書のタイトル『9・11の矛盾』の「矛盾」とは、9・11事件に関して公表された説明が、同種の別の説明と食い違っているという「内部矛盾」のことを意味している。言い換えれば、9・11事件に関して公人や政府機関、公共団体、公的機関が明確に示した公の説明が、別の公人や別の政府機関、公共団体、公的機関の説明と矛盾している実例を取り上げて検証することが、本書の目的である。同一人物や同一機関でも、最初に言ったことと後日言ったこととが食い違っている「自己矛盾」のケースも含まれる。

例えば本書の第1章では、ブッシュ大統領が事件当日の朝、フロリダの小学校の教室で取った行動について、ホワイトハウスがまったく異なる説明をしているという矛盾を検証する。第2章と3章の論点は、ディック・チェイニー副大統領があの朝どこにいたのかについて、ノーマン・ミネタ運輸長官の証言と9・11委員会（※資料2参照）の報告が矛盾している問題である。第7章はリチャード・クラーク大統領特別補佐官の説明が、ドナルド・ラムズフェルド国防長官および9・11委員会の説明と辻褄が合わない問題。第8章は、バーバラ・オルソンが夫テッド・オルソンにかけてきたという電話について、第17章は、オサマ・ビン・ラディンが首謀者であるという証拠について、両方とも政府の主張が、同じ政府機関であるFBI（※連邦捜査局）の主張と矛盾している事実。第12章と第13章は、ユナイテッド航空九三便に関する9・11委員会の二〇〇四年の報告書が、その前年に複数の米軍将校が証言した内容と食い違っている事実。第21章と第22章では、世界貿易センターの倒壊の説明を担当した米国立標準技術院（NIST）の主張が、ニューヨーク市消防局（FDNY）の消防士たちの主張と矛盾していることを取り上げる。

いくつかの章では、大手マスコミの報道の間に見られる矛盾を検証する（マスコミは、細部では政府高官の主張に反論している部分があるものの、主要なポイントは支持しているので、これらの矛盾はマスコミ内部の自己矛盾と言える）。例えば第16章では、四機の飛行機からかけられた携帯電話のことが事件直後から大手マスコミで報道されたが、二〇〇六年のザカリアス・ムサウイ裁判に提出されたFBI作成の通話記録と食い違っていることを検討する。

この本は副題にあるように、議会とマスコミに向けて書かれている。本書が彼らに適している理由が二つある。

第一に、誰もがすぐに理解できる単純な事例に絞ったこと。報道記者や議員は忙しくて、複雑な問題を研究している時間はほとんどない。本書は読みやすいだけでなく、ここに取り上げた問題を判断するのに専門的な知識を必要としない。

9・11事件について書かれた本の多くは、連邦航空局（FAA）や米軍の対応手順、鉄骨ビルが倒壊するための必要条件、一般に飛行機がペンタゴンに突入した場合に与え得る損傷の種類といった、各種専門分野の問題を中心に展開する。ほとんどの人は、こういった問題について判断を下すだけの知識が自分にはないと感じるだろう。

しかし本書では、判断を下すのに専門知識はいっさい必要ない。全編、誰でも理解できる単純な矛盾だけを取り上げている。もし誰かが「これはAだ」と証言し、別の人物が「Aではない」と証言したら、両方ともが真実であるわけがないのだから、誰もが何かおかしいとわかる。

第二に、本書では推測を完全に排除したこと。とくに議員や記者は「陰謀論者」というレッテルを貼られるのを恐れて、公式説明に存在する問題点に首を突っ込むのを避けてきた。これは残念なことではあるが、理解はできる。ジャーナリストや政治家にとって一番大事な財産は信用だからだ。信用を失えば彼らの効力は失われ、場合によっては職をも失いかねない。したがって、彼らが「陰謀論者」という恐ろしいレッテルを背負い込んでしまう危険を冒したがらない気持ちはよくわかる。あの九月一一日に起きた出来事について、公式説明に異議を唱える人々に共感を示すことは、信用を失う最も確実な道であるからだ。

どうしてそうなのか。なぜ、公式説明に異議を唱える人は、誰もが自動的に陰謀論者のレッテルを貼られてしまうのか。その理由は、9・11事件を批判する人はたいてい公式説明を拒否し、9・11事件は米国政府内部の謀略によって発生した結果だという考え方に傾くからである。

しかし本書には、たぶん真相はこうだろうといった推測はいっさい書いていない。さまざまな事実を単に提示しただけである。もしミネタ運輸長官が「Aだ」と言ったなら、それはひとつの事実である。9・11委員会が「Aではない」と言ったなら、それもひとつの事実である。だが、「Aだ」と「Aではない」とが、両方ともに真実ではあり得ない、というのもまたひとつの事実である。

本書を執筆した最大のポイントは、9・11事件が明らかに、現代史における最も重要な事件だからである。9・11事件が軍事費を増大させ、戦争を正当化し、市民の自由を制限し、そして政府執行部の権限を強大化した。そのために利用されたのが、世間に容認された9・11事件の公式説明なのである。それなのに、この広く認められた公式説明には、深刻な矛盾が数多く存在しているのだ。本書ではその中から二五の矛盾に絞って検証した。これほど重要な公式説明の中に、これほど多数の矛盾が存在しているのは許されないことである。

議会とマスコミは、この種のことを詳しく調べる権限と責任を持つ主要な二大公的機関である。彼らが責任を果たすのを助ける道具として、本書を役立ててもらうことが筆者の目的である。

本書のリサーチをするにあたっては、専らコオペラティブ・リサーチ（※Cooperative Research）によって制作されたウェブサイト、「9・11タイムライン完全版」（※Complete 911 Timeline）を参考にさせていただいた。このタイムラインは大手マスコミ報道にのみ基づいて作られている。9・11事件に関するありとあらゆる報道を網羅し、可能な限り出典サイトへのリンクを貼りつけることが制作者たちの熱い志である。このタイムラインは、前代未聞の最も優れたジャーナリズムの偉業の一つであり、9・11事件についての真剣な議論には欠かすことのできない情報源である。本書の章の多くは、このサイトなくしては完成させることが不可能だっただろう。

また、三人の素晴らしい無私無欲の人たちにも格別お世話になった。「9・11タイムライン完全版」のサイト管理人の一人であるイギリスのマシュー・エヴェレット氏、元調査図書館員でライターであるブリティッシュコロンビアのエリザベス・ウッドワース氏、そして、私たちが見過ごしていた問題点を几帳面に指摘してくれたカリフォルニアのトッド・フレッチャー氏。この三人が、良きアドバイスや熟練した校正作業でこの本の質を格段に高め、それればかりか、筆者が間違いなく見過ごしてしまったであろう数々の報道の存在に注意を呼びかけて下さった。もし本書が読みやすく、引用情報の完成度も高くて、読者の研究に役立ったとしたら、まずはこの三人に感謝を捧げていただきたい。

筆者としては、本書のために事実上のアシスタントを務めてくれたエリザベスに深く感謝を捧げる。彼女はこの本のインデックスをほぼ一人で完成させてくれた。

最後に、本書の編集にあたって卓越した仕事をして下さったインターリンク・ブックス出版のヒラリー・プラム氏、そして、この本の完成に必要な研究と執筆に筆者が専念できるよう、あらゆる面でサポートしてくれた妻アン・ジャクアに心からの感謝を捧げたい。

目　次　9・11の矛盾

9・11委員会報告書が黙殺した重大な事実

第2部　米軍に関する疑問　133

要約と結論

資料

第１部　ブッシュ政権とペンタゴン幹部に関する疑問

第1章

ブッシュ大統領は何時まで教室にいたのか

　二〇〇一年九月一一日の事件当日、ブッシュ大統領はフロリダ州サラソタにある小学校へ行った。生徒たちの朗読を聞いているところを撮影し、新しい教育方針「落ちこぼれをなくす教育」を広めることが目的だった。ブッシュ大統領は小学校に午前八時五五分に到着し、そこで初めて、一機目の飛行機が世界貿易センター（WTC）に突入したことを知ったとされている。大統領は飛行機の激突を事故だと思い、(原注1)「民間機が世界貿易センターに激突したが（中略）、とにかく予定どおり、このまま朗読をやろう」と言った、とその小学校の校長は語っている。(原注2)ブッシュ大統領は九時〇三分頃、サンドラ・ケイ・ダニエルズ教諭が受け持つ二年生の教室に入った。予定どおり子どもたちの朗読が始まってまもなく、おそらく九時〇六分か〇七分に、大統領首席補佐官のアンドリュー・カードが教室に入ってきて大統領に近づき、「二機目の飛行機が二つ目のタワーに突っ込みました。アメリカが攻撃されています」と耳打ちした。(原注3)

　ここまでは、小学校で起きた出来事に関する報告は基本的に一致している。問題は、そのあと何が起きたかである。これについてはまったく異なる説明が二つある。

◆事件一周年目のホワイトハウスの説明

一つ目はアンドリュー・カード補佐官による説明である。9・11事件からちょうど一年後、九月一一日付のサンフランシスコ・クロニクル紙にカード補佐官が語ったところによれば、カードが二機目の攻撃を知らせると、大統領は「天井を仰いだ――ほんの数秒だったが、数分にも思えた。（中略）そのあと教師と生徒たちに丁寧に礼を言って教室を去った」(原注4)。その二日前にカードは、NBCニュースのブライアン・ウィリアムズにもこう語っている。「私が離れてからほんの数秒後に、大統領は断わりを言って教室から出ました。我々は控え室に集まり、状況について話し合いました」(原注5)。カードはABCニュースにも似たような話をしている。「大統領は生徒たちが読み終えるまで少し待ち、〝みんなの音読の腕前を見せてくれてありがとう〟と言って、隣の空き教室に向かいました」(原注6)。

ホワイトハウスのメンバーでこの話をしているのは、アンドリュー・カード一人ではない。大統領上級顧問のカール・ローブも、NBCの一周年のインタビューでこの出来事を以下のように語っている。

アンディ（アンドリュー）・カードが入ってきて大統領に報告しました。彼が大統領に耳打ちしているあの有名な写真を覚えているでしょう。大統領はちょっと――わかるでしょう、子どもたちを怖がらせたくなかったんですよ、あと少しで（音読の）練習が終わるのがわかっていたから。大統領は少しだけ待って――文字どおりほんのちょっとね――すぐ終わりにして、職員

室に入っていったんです。(原注7)

カードとカール・ローブはABCニュースの9・11事件一周年番組にも出演し、同じ説明を繰り返している。この番組では（※アンカーのチャールズ・ギブソンと）以下のようなやりとりがあった。

カード　一瞬、ショックの瞬間があったような感じでした。おそらくほんの短い間、大統領はぼんやり遠くを見つめていました。

ギブソン　大統領はじっと静かに、生徒が終わるのを待ちました。

ローブ　大統領は、すぐに席を立って教室から出ようかと一瞬考えたのですが、練習があと少しで終わるのがわかっていたし、生徒たちを怖がらせたくなかったのです。

ギブソン　だからブッシュ大統領は少しの間じっとしていて、そのあと子どもたちにお礼を言って（中略）隣の空き教室に向かったわけです。(原注8)

ところが、事件後一年目に語られたこのカード大統領首席補佐官とローブ上級顧問、さらにはABCの説明までもが、それ以前に発表された説明や一本の映像と食い違っているのである。

◆それ以前の説明と録画映像

以前の説明では、ブッシュ大統領は教室に九時一六分ぐらいまでいたという。二〇〇二年九月一日付のタンパ・トリビューンの記事によると、ブッシュはカードが耳打ちしたあと三〇秒ぐらい沈黙していて、そのあと自分の本を手に取り、「八分か九分」生徒と一緒に朗読をしたとジェニファー・バースが書いている。(原注9) しかもブッシュ大統領は、朗読の練習が終わったあとも話し続けたことが、さまざまなところで報告されている。きちんと学校に通って立派な市民になるよう、子どもたちにアドバイスしただけでなく、(原注10) 自分の教育政策についても語ったという。(原注11) ワシントンタイムズのホワイトハウス担当記者ビル・サモンが書いた本は、大統領に好意的な内容なのだが、この問題についてだけは違う。ブッシュは「公然と時間を引き延ばしていた」と実際に書いているのだ。サモンは大統領のことを「のろま大将」と呼び、「マスコミがいなくなるまでぐずぐず長居した」と報告している。(原注12)

カードとローブの説明は、これらの報告をはじめ多くの新聞記事と矛盾しているだけでなく、ある映像によって完全に覆された。ウォールストリート・ジャーナルが二〇〇四年三月に報道したように、この録画はブッシュが「ペットのヤギについての物語を子どもたちが朗読するのを五分間、聞いていた」ことを示している。(原注13) 二〇〇四年六月にマイケル・ムーアの映画『華氏９１１』が登場すると、この映像は広く知られるようになった。しかしインターネット上では、前年の二〇〇三年六月からこの映像を観ることができたほか、ブッシュが二分間以上教室に留まっているのがわかる短めのバージョンは、二〇〇二年六月から公開されていた。(原注14) 結局、ホワイトハウスは自ら事実を修正した。偽りの説明を押し通すことを、いつあきらめたのか定かではないが、この映像が広く普及したことを悟ったあとかもしれない。

◆矛盾への対応

いずれにせよホワイトハウスは、二〇〇四年三月にウォールストリート・ジャーナルの取材を受けたときは、事実を歪めた説明を強弁しなかった。そして、大統領は少なくとも七分間教室にいたと、ダン・バーレット報道官が認めた。ブッシュが二機目の激突を知ったあとすぐに教室から出なかったのは、「急いで飛び出して子どもたちを怖がらせたくないと本能的に思った」からだ、とバーレット報道官はジャーナルに語った。(原注15)

なぜブッシュは、カードやローブが説明したような行動を取らなかったのか、その理由をこのバーレット報道官の言葉で納得できたとしても、ウォールストリート・ジャーナルが問いただすべきだった本当の問題は、なぜホワイトハウスは、カードとローブにウソの説明をさせたのかということだ。マスコミはこの問題を追及するべきだった。少なくともABCニュースやNBCニュース、サンフランシスコ・クロニクル、その他、ホワイトハウスの偽りの説明を広めるために利用されたマスコミは、ホワイトハウスがなぜ明らかに事実と違う話をしたのか説明を求めるべきだった。とくにABCニュースはこの虚報をあと押ししたのだから、視聴者に対して訂正し、なぜホワイトハウスが虚報を広めるためにABCを利用したのかを究明する責任がある。

ホワイトハウスにとって実際に起きた出来事を隠すことがいかに重要だったかということは、偽りの説明を広めるために関係者の協力を求めた事実が雄弁に物語っている。サラソタの小学校二年生の担任サンドラ・ケイ・ダニエルズは、9・11事件の一周年にロサンゼルスタイムズにこう語っている。「大統領が本を手に取らず、授業に参加しなかったとき、何かが起こったんだろうと感じました。（中略）大統領は〝ダニエルズ先生、私はもう行かなくてはならない。挨拶は私の代わりにフランク・ブロガン州副知事にやってもらうよ〟と言いました。大統領の顔を見れば何か問題があるんだとわかりました。私は彼のために祈りの言葉を少し言いました。大統領は私と握手をして去りました（原注16）」

ところがダニエルズ教諭は、同じ二〇〇二年九月一一日に受けたニューヨークポストのインタビューで、かなり異なる証言をしたことが翌九月一二日の同紙に掲載された。このバージョンでは、教室に入ってきて大統領に耳打ちしたのは（アンドリュー・カードではなく）シークレットサービス（※大統領護衛官）になっていて、その人物が「テレビはどこですか」と尋ねたという。さらに次のようなダニエルズの言葉が引用されている。「大統領は私に〝あとを頼む〟と言うなり、教室から飛び出していきました。何か深刻なことが起きているのがわかりました。それからまもなく大統領が戻ってきて言いました。〝飛行機事故だと思っていたが、テロリストのハイジャックだとわかった〟」。この記事には、彼女が次のようにつけ加えたと書いてある。「生徒たちはあの朝とても楽しみにしていたんですよ――アメリカの大統領が教室に座って雑談してくれるんだと想像して。それなのに大統領は突然、消えてしまったわけです（原注17）」。

ダニエルズ教諭は事件の一週間後にブッシュ大統領から手紙をもらったと言っているが、その内容についてはノーコメントだった（原注18）。彼女はあの日の出来事について二つの異なる説明をしたとはいえ、どちらも、ブッシュは二機目の攻撃を知ると大急ぎで教室を去ったという、ホワイトハウスの一周年目の説明の主旨に沿っている。

ダニエルズ教諭は二つの食い違う説明をしただけでなく、この説明が二つとも、わずか一〇日前にタンパ・トリビューン紙に掲載されたインタビューの内容と著しく異なっているのだ。ジェニファー・バーズが書いたこの記事には前述のとおり、ブッシュが「生徒たちと一緒に八分か九分、朗読をした」と書いてあり、しかもカードが大統領に耳打ちした後、「ブッシュは険しい顔をして物思いにふけり、膝の上にある本のことを忘れてしまった」とある。この記事ではそのあと教諭の言葉をこう引用している。「大統領をそっと小突くなんてできなくて、（中略）〝大統領、本を持って下さい。世界中が見ていますよ〟とはとても言えませんでした（原注19）」。

この説明は正確だ。ダニエルズがこれを証言した二〇〇二年九月一日から、わずか一〇日後にまったく異なる虚偽の説明を二種類するまでの間に、一体何があったのか、彼女に質問すべきである。いずれにせよ、ホワイトハウスがブッシュの行動に関する真実をあいまいにするために、ダニエルズ教諭に協力させたように見えるのは事実である。したがってマスコミは、非常に重要な何かが危機にさらされているのではないかと疑うべきだったのだ。だからこそ、ホワイトハウスが虚偽の説明をした動機を追及する必要があったわけである。

◆考え得る動機

考え得る動機を想像するのは難しくない。まず、シークレットサービスは大統領が生命の危険にさらされることから守る責任があるのだから、テロリストが価値ある目標を追っていることが明らかになった時点で、大統領も攻撃目標になり得ることを想定すべきだった。ある記事が書いているように、「学校で行われるこの日のイベントは広く宣伝されていて、ブッシュの居所は周知のことだった」のだから、「ブッシュがいるために、朗読イベント自体が攻撃目標にされる恐れがあった」のだ。(原注20)ところが、シークレットサービスは職務を果たす行動を起こさなかった。目撃者はたくさんいる。カナダの一流紙であるグローブ・アンド・メールは9・11事件の翌日、「どういうわけかシークレットサービスは、(ブッシュ大統領を) 大至急連れ出すことをしなかった」と書いている。(原注21)

この記述の背景は、シークレットサービスについて書かれた本に著者のフィリップ・メランソンがこう記している。(原注22)「テロリストの攻撃が次々と実行されていく場合の手順は、可能な限り迅速に、大統領を最も近い安全な場所に移動させることであったはずだ」(原注23)。これこそが標準的な対応手順であることを、明白に示す事実がある。当日、大統領の電話を持っていた海兵隊員は、二機目の飛行機が世界貿易センターに激突する場面をテレビで見るなり、サラソタ郡保安官のビル・バークウィルにこう言った。「直ちにここを出ます。全員に準備をさせて下さい」(原注24)。

ところがこの海兵隊員の決定は、もっと地位の高いシークレットサービスによって却下され、ブッシュは教室に七分間以上とどまることが許されたばかりか、その後さらに二〇分間も学校にとどまっていた。しかも、そこから全国民に対してテレビ演説をすることまで許され、大統領がまだ小学校にいることをすべての人に知らせたのだ。

その当時、一一機もの飛行機がハイジャックされていると報道されていたことを考えると、この行動は極めて無謀に見える。(原注25)そのうちの一機が小学校に向かっていたかもしれないのだ。シークレットサービスはそれを恐れるべきではなかったのか。

大統領の生命を狙う他のタイプの脅威に対しては、シークレットサービスの警戒に怠りはなかった。これは特筆すべき重要な事実だ。「警察とシークレットサービスは屋根の上や馬の鞍上やすべての廊下にいた。（中略）教室の天井のトラスに横になっている者もいた」[原注26]。

その前の夜、ブッシュがコロニービーチ&テニスリゾートに滞在したときはこんな具合だ。

狙撃兵がコロニーリゾートと周辺の建物の屋根から監視を続けた。沿岸警備隊とロングボートキー警察が乗った何隻かの船が、一晩中リゾートの前の海岸をパトロールした。小規模な軍隊を阻止できるくらいの人員と武器を積んだ警備用トラックが、浜辺で待機していた。雲ひとつない夜空には、AWACS（空中警戒管制機）が輪を描いて飛んでいた。[原注27]

単に考え得るという程度の仮想攻撃に対して、これだけの防御策を講じているのを見ると、実際にテロ攻撃が進行中だとわかっているさなかに、シークレットサービスが小学校で、ハイジャック機に攻撃される恐れをまったく感じていないような行動を取ったのは実に不可解である。

恐れを感じないこの反応は、その二カ月前にイタリアのジェノヴァで開かれた先進工業国サミットでの反応とはまさに対照的だ。このときは、ブッシュ大統領を殺害するためにイスラム系テロリストが飛行機で突っ込んでくるかもしれないという報告があり、イタリア政府はジェノヴァ上空の空域を閉鎖し、空港には地対空ミサイルを配備した。[原注28] 他の参加国の首脳たちが豪華客船に泊まったなかでブッシュだけは、これだけ厳戒体制で守られてもなお、航空母艦に泊まったのである。[原注29] 七月のジェノヴァでは単に、飛行機による攻撃の可能性があるというだけで、なぜそこまで警戒したのだろう。それなのに二カ月後の九月、サラソタ小学校では実際に攻撃が進行中であったにもかかわらず、なぜ何の警戒もしなかったのだろう。

シークレットサービスはブッシュを緊急避難させなかった。ところがディック・チェイニーやコンドリーザ・ライス大統領補佐官、その他数人の議会指導者たちは、直ちに安全な場所に連れて行かれたと報じられている。(原注30) この報道と照らし合わせると、いっそう奇妙に見える。ブッシュ大統領を守るほうが優先順位は高いはずではないだろうか。

セントピーターズバーグ・タイムズのスーザン・テイラー・マーチン記者はこう書いている。「あの日の出来事で回答が得られていない疑問が多数あるが、そのひとつが、なぜシークレットサービスはブッシュ大統領を直ちに安全な場所へ移動させなかったのかということだ。ディック・チェイニー副大統領に対しては避難させたというのに(原注31)」。

この疑問が9・11事件直後にわき上がり、その後もたびたび浮上したという事実を、ホワイトハウスは危険だと考えたかもしれない。この質問は現に、危険な意味合いを孕《はら》んでいる。シークレットサービスは、ブッシュ大統領がターゲットにされていないことを知っていたからこそ、学校から避難させなかったのではないか、という推測につながるからだ。事実、一部ではすでにそう見られている。ホワイトハウスはこのような推測を断ち切りたくて、ブッシュの行動について修正した説明を人々の意識に植えつけようとしたのだろうか。

真相はそういうことなのかもしれない。なぜなら、ホワイトハウスの報道官はブッシュの行動について修正した説明を発表したとき、大統領一行が攻撃を恐れていたことも強調したからである。アリ・フライシャー大統領報道官はＡＢＣニュースにこう語った。

あの日は、聞いたこともないような冷戦の構想が現実に動き出したという、底知れない恐怖を感じました。（中略）この攻撃は、政府の首を切ることを狙っているのではないかという恐怖。言い換えれば議会指導者を殺害し、大統領を殺害し、副大統領を殺害し、私たちの政府が機能しないようにする、つまり首をはねるという恐怖です。（原注32）

カール・ローブ大統領上級顧問は、サラソタの空港からエアフォースワン（※大統領専用機）が離陸したときのことをＡＢＣニュースに次のように語っている。

（ブッシュ大統領と私が）座ってシートベルトを着用する前に、すでに飛行機は動き始めていました。あの七四七型機が立ち上がるように飛び立ち、たちまち四万五〇〇〇フィートまで上昇した。あんな大きなものが、あれほど早く空に飛び上がれるとは、一般では想像がつかないくらいですよ。（原注33）

ワシントンポストの記者ボブ・ウッドワードも似たような説明を著書に書いている。

大統領の車列は全速力でサラソタ・ブランデントン国際空港へと走った。大統領はタラップを駆け上がり、エアフォースワンの大統領専用フロントキャビンと執務室に入った。（中略）係官の一人が「大統領、直ちに着席していただく必要があります」といらいらしたように言った。ブッシュが着席してシートベルトが締められると、飛行機はスピードを上げて滑走路を走り、尾翼で立ち上がるように飛び立って急上昇した。（原注34）

ところが9・11委員会はこの説明には賛同せず、報告書には次のように書いている。

大統領の車列は九時三五分に出発し、九時四二分から四五分の間に空港に到着した。（中略）大統領は飛行機に乗り、シークレットサービスに自分の家族の安否をきいた。そして副大統領に電話した。（中略）その間、（※アンドリュー・）カードとシークレットサービスのトップと大統領軍事補佐官とパイロットが、エアフォースワンの行き先について協議した。（中略）行き先が決まらないままエアフォースワンは九時五四分頃、離陸した。まずはできるだけ早く、できるだけ高く上昇することが目的で、どこへ行くのかはそのあと決めればいい。（原注35）

9・11委員会は最後の行で、緊急事態だったことを示唆しているものの、この説明では飛行機が十分前後もの間、空港にとどまっていたことになる。飛行機は全員が乗るや否や動きだしたというローブやウッドワードの説明と矛盾している。

たしかに、ローブやウッドワードの説明と公式記録との辻褄を合わせるのは難しかっただろう。なぜなら、大統領の車列が空港に到着したのは九時四五分以前であり、エアフォースワンが九時五五分近くまで離陸しなかったことは公の記録に残っているからだ。したがって、大至急移動したという話は、小学校ではシークレットサービスが一見安心しきっていたものの、本当は然るべき程度の恐れを持っていたのだと示唆するために、あとで作られたストーリーと思われる。

◆結論

空港で恐怖を抱いていたと主張する9・11委員会の説明では、いずれにせよ問題は解決しない。かえって問題を悪化させてしまった。もしあの朝、本当に恐怖があったのなら——大至急大統領機を空に飛び立たせないと危険だという認識があったのなら、小学校ではなぜその恐怖が、大統領一行の行動にまったく表われなかったのか。サンドラ・ケイ・ダニエルズ教諭とグエンドリン・トセ・ライジェル校長が地元紙に語ったところによると、「あの二〇〇一年九月一一日、ブッカー小学校は世界中で最も安全な場所の一つなのだと確信した」という(原注36)。カード首席補佐官の言葉を借りれば、アメリカはあのとき「攻撃されていた」のだ。それを承知の上で、大統領がまるまる三〇分間も小学校に長居することが許されたのはなぜなのか。

9・11事件の犠牲者の遺族もこの疑問に大きな関心を寄せている。「9・11委員会のための遺族運営委員会」が提出した質問の主要な一つが、「ブッシュ大統領がサラソタ小学校で生徒たちに読み聞かせを続けるのを、なぜシークレットサービスは許したのか」(原注37)である。この質問を受けたことは委員会のトーマス・ケイン委員長とリー・ハミルトン副委員長も認めているが、この正副委員長が司る9・11委員会はこれに回答していない。唯一、この問題への言及は、「シークレットサービスは大統領をより安全な場所に移動させたかったが、直ちに外へ飛び出すことが絶対必要だとは考えなかった」（原注38）という記述のみである。まるで大統領の選択肢は、外へ飛び出すか、三〇分間教室にとどまる、という二つしかないかのようだが、実際には三つ目の選択肢がある。シークレットサービスは普通に歩いて大統領を教室の外に連れ出し、リムジンに乗せてから猛スピードで離れることもできたのだ。

この公式説明の中には暗に矛盾が示されている。一行は大統領の命が狙われることを恐れていた、とフライシャー報道官とローブ上級顧問は主張したが、シークレットサービスは、小学校で見せた行動だけでなく、9・11委員会での陳述においても、そのような恐れはまったくなかったことを示したのだ。

いずれにせよ本章で取り上げた問題は、未だに解決していない。あの日の朝、大統領が小学校で取った行動について、その一年後にホワイトハウスが、アンドリュー・カードとカール・ローブの口を通して虚偽の説明を発表したという事実が残っている。ホワイトハウスはその後、この説明が事実に反することを自ら認めたが、だからといって、答えを要求する重要性が薄れたわけではない。なぜあのような嘘の説明をしたのか、議会とマスコミは問いただださなければならない。

第2章

チェイニー副大統領はいつ地下のバンカーに入ったのか

ディック・チェイニー副大統領は、WTC（世界貿易センタービル）南タワーに二番機が突入した午前九時〇三分の少しあとから、午前一〇時までの間に、ホワイトハウスの東ウイング地下にある大統領危機管理センター（※PEOC、通称〝バンカー〟。資料2参照）へ下りていった。これについてはどの報告も一致している。チェイニーはバンカーに入ると同時に、自ら決定を下すか、あるいはブッシュ大統領の決定を伝えるか、どちらかの形で指揮を執った、ということも証言はすべて一致している。事実チェイニー副大統領自身が9・11事件の五日後、NBCの番組「ミート・ザ・プレス」（※政治家などがテレビで公開討論する人気番組）で、「私は入ってくるすべての情報や報告を見て、それをもとに決定を下すことができる立場にいた」と語っている。(原注1) ところが、チェイニーが正確にいつ大統領危機管理センターに入ったのかに関しては、極めて大きな不一致がある。

『9・11委員会報告書』（※資料2参照）では、チェイニーが地下の大統領危機管理センターに到着した時刻が「午前一〇時少し前、おそらく九時五八分」となっている。(原注2) しかしこの公式時刻は、この報告書以前に発表されたほとんどの証言と食い違っており、例えば九時二〇分より前からバンカーにいたという証言もある。この違いは重要だ。なぜなら、もし委員会報告書の時刻が正しいなら、ペンタゴンが攻撃されたときも、ユナイテッド航空九三便（※ペンシルベニアに墜落）がワシントンに向かっていたほとんどの時間も、チェイニーは大統領危機管理センターにはいなくて、指揮を執っていなかったことになる。だが、九時二〇分までに到着していたのが事実だとすると、チェイニーは大統領危機管理センターでずっと指揮を執っていたということだ。

◆チェイニーが早く到着したというミネタの報告

9・11委員会の報告と際立った食い違いがあることで有名なのは、ノーマン・ミネタ運輸長官が二〇〇三年五月二三日に9・11委員会の公聴会で行なった証言である。それによればミネタは、「九時二〇分頃、大統領危機管理センターに到着した」あと、ほどなく若い男性が三回バンカーに入ってきて、チェイニー副大統領と言葉を交わすのが聞こえた。三回目の会話では、青年はチェイニーに「命令は依然として有効ですか？」と尋ね、チェイニーは有効だと答えた。チェイニーと青年がこのやりとりを交わしたのは、ミネタが大統領危機管理センターに到着後どれくらいたってからなのかとティモシー・レーマー委員が質問し、ミネタは「おそらく五、六分後」と答えている。つまり、レーマー委員が指摘したように、「九時二五分か二六分頃（原注3）」ということだ。

これは特筆すべき矛盾である。ミネタによると、彼が九時二〇分に大統領危機管理センターに到着する前からチェイニーは来ていて、すでに命令を出していたのだから、チェイニーが大統領危機管理センターに到着したのはミネタの到着より何分か前だったことになる。チェイニーが例えば九時一五分から入っていたとすると、ミネタ証言と『9・11委員会報告書』との間には、四三分もの違いがある。なぜこんなに大きな矛盾が存在するのだろうか。

ミネタ長官の勘違い、というのが一つの答えである。(原注4) ただ、ミネタの話と一致する証言はほかにも多数ある。

◆チェイニーの早い到着を支持する報道

事件当時テロ対策担当大統領特別補佐官だったリチャード・クラークは、自らの著書『爆弾証言すべての敵に向かって』(※巻末の凡例参照)の中で、彼とチェイニーとコンドリーザ・ライスは九時〇三分(※二番機が南タワーに激突した)直後に短時間、会合を開いたが、チェイニーとライスはすぐ大統領危機管理センターへ移動するようシークレットサービスに言われた。しかしライスは、まずクラークと一緒にホワイトハウスのテレビ電話会議センターへ行き、そこでクラークがテレビ会議の準備をした。クラークの著書によると、テレビ会議は九時一〇分頃始まった。(原注5) ライスはそこに数分間いたあと「すぐに決断を要する事項がいくつか出てくるでしょう。私は大統領危機管理センターに行って副大統領と一緒にいます。必要なことがあったら私たちに言って下さい」と言った。クラークはそれに対して「私が必要なのはチェイニーとあなたとの常時接続回線です」(原注6) と答えた。それから数分後、つまり九時一五分頃になるが、ノーマン・ミネタ運輸長官が到着し、クラークは危機管理室(※Situation Room)にミネタを迎え入れて「副大統領に合流するように示唆」(原注7) した。言い換えれば、チェイニーは九時一五分よりも前に大統領危機管理センターに入室したということだ。

チェイニー直属のカメラマン、デヴィッド・ボーラーも、チェイニーが早く地下へ下りたことを支持している。ABCが「午前九時直後」の出来事として紹介したエピソードの中で、ボーラーはこう発言している。「(二、三人のシークレットサービスがチェイニーの)執務室に入ってきて、〝副大統領、我々と一緒に来ていただきます〟と言った」(原注8)。

ABCはまた、クラークと同じくライスも、チェイニーが早い時間に下りていったことを支持していると報道した。チェイニーがシークレットサービスに促されて大統領危機管理センターへ下りて行った、というボーラーの証言を説明したABCのチャールズ・ギブソンは、「上の階では国家安全保障問題担当大統領補佐官のコンドリーザ・ライスが、大統領チームの残りのメンバーを探していました」と語った。続けてライスがこう言った。「私が幹部を全員探し出そうとしていると、シークレットサービスがやってきて〝すぐにバンカーのほうへ行って下さい。副大統領はすでに行っています。ホワイトハウスに向かってくる飛行機がいるかもしれません〟と言いました」。ギブソンは次のようにつけ加えた。「バンカーにいる副大統領に、ライスとノーマン・ミネタ運輸長官が合流しました」(原注9)。ライスとクラークの説明はいくらか違ってはいるが、両方とも、ミネタがかなり早い時刻に大統領危機管理センターへ下りていったときには、すでにチェイニーがいたという証言と一致している。

カール・ローブ大統領上級顧問も、チェイニーが早い時刻に地下に下りたと話している。前章で見たとおりローブは、フロリダの小学校での出来事をNBCに語っている。九時〇三分過ぎにアンドリュー・カードが教室に入っていき、ブッシュ大統領に世界貿易センターへの二機目の激突を伝えると、「大統領は少しだけ待って――文字どおりほんのちょっとね――すぐ終わりにして」立ち上がり、教室を出たとローブは説明した。そのあとブッシュは職員室に行き、二機目が激突する場面の録画を見て次のように言ったという。「これは戦争だ。副大統領につないでくれ」。その続きをローブはNBCにこう語った。

そのときは副大統領にはつながりませんでした。副大統領がちょうど移動中だったからです。シークレットサービスにベルトをつかまれ、床から持ち上げられて、バンカーへと移動させられていく途中だった。飛行機がホワイトハウスに向かってきていたから。(原注10)

ブッシュ大統領が素早く教室を出たというローブの説明からすると、チェイニーは九時一〇分から一五分の間に大統領危機管理センターへ連れていかれたと推定できる。

ミネタの説明は、BBCが二〇〇二年九月に放送した「クリア・ザ・スカイ（※全機着陸命令）」という番組でも支持された。この番組では、チェイニーが急いで地下のバンカーに連れていかれたという説明に続いてミネタが登場し、ペンタゴンが攻撃される前に若い男性がチェイニーに、近づいてくる飛行機に対する命令は依然として有効なのかと質問した、と語っている。(原注11)

ミネタの話は9・11事件の一カ月後に、ウォールストリート・ジャーナルとも一致する。その記事はアメリカン航空とユナイテッド航空から見た事件当日の状況を伝え、前者の最高責任者ジェラード・アーピーと、後者の最高責任者ジム・グッドウィンそれぞれの行動を論じたあと、次のように書いている。

カーティー氏とグッドウィン氏は（中略）、ノーマン・ミネタ運輸長官と話していた。このときミネタ長官は政府の緊急司令室であるバンカーに、ディック・チェイニー副大統領と一緒にいた。カーティー氏はミネタ長官に、アメリカン航空は自社の一六二機すべてに着陸命令を出しているところだと報告した。ユナイテッド航空はすでに自社の一二二機に着陸命令を出していた。それから約五分後、連邦航空局（FAA）は全米の上空を軍用機以外、完全封鎖した。（中略）その後ほどなく、ペンタゴンに飛行機が突っ込んだというニュースがなだれ込んできた。(原注12)

したがってウォールストリート・ジャーナルの記事は、九時二一分頃にチェイニー副大統領はミネタ運輸長官とともに大統領危機管理センターにいたとしている。（この時刻は第4章で見るように、ミネタが連邦航空局に全米の飛行禁止令を出す約五分前である）。

つまり、チェイニーが九時二〇分以前から大統領危機管理センターにいたというミネタ長官の証言は、カメラマンのデヴィッド・ボーラー、カール・ローブ大統領上級顧問、そしてABC、BBC、ウォールストリート・ジャーナルの報道と符合し、さらにミネタ長官が証言をしたあと出版されたリチャード・クラークの著書でも裏付けられたわけである。

◆チェイニーの遅い到着を主張する9・11委員会

ホワイトハウスに飛行機が向かっていることが伝わると、チェイニー副大統領が急いで大統領危機管理センターへ連れていかれたことについては、9・11委員会は同意している。ところが委員会によるとシークレットサービスは、レーガン・ナショナル空港の管制塔のスーパーバイザー（※主任）から「飛行機が一機そちらに向かっていて、応答がない」と報告を受けた九時三三分に、初めてその飛行機の存在を知ったというのだ。しかしシークレットサービスはそのすぐあと、飛行機が進路を変更したという新たな報告を受け取ったため、「その時点では副大統領を避難させる行動は取らなかった」と委員会は説明している。シークレットサービスがチェイニーを地下のバンカーへ連れていったのは「九時三六分少し前」であり、チェイニーが大統領危機管理センターに通じる廊下に入ったのは「九時三七分」だという。[原注13]

9・11委員会のこの主張は専ら、シークレットサービスの時系列報告に基づいている。だが、「九時三七分に入ったというのはシークレットサービスの警報データに基づく時刻で、データはもう復旧できない」とのシークレットサービスの報告を委員会は容認している。[原注14] 言い換えれば、チェイニーが九時三七分に地下の廊下に入ったという主張には、証拠がないということだ。この証拠のない主張が、ボーラー、クラーク、ミネタ、ライス、ローブ、ABC、BBC、ウォールストリート・ジャーナルという数々の証言のすべてを覆すに足る、十分な証拠だと本当に考え得るだろうか。

いずれにせよ委員会はさらに、チェイニーが九時三七分に地下の廊下に到達したあとも、廊下の奥にある大統領危機管理センターには直行しなかったと主張している。

（※廊下の）中に入ると、チェイニー副大統領と（※シークレットサービスの）エージェントたちはトンネルを行く途中、盗聴防止付き電話とベンチとテレビがある場所で足を止めた。副大統領はブッシュ大統領と話したいと言ったが、電話がなかなかつながらなかった。副大統領はそのトンネルの中で、ペンタゴンが攻撃されたことを知り、建物から煙が出ている映像をテレビで見た。(原注15)

そのあと副大統領の妻リン・チェイニーが「トンネルで夫に合流し」、副大統領は電話を切ったあと「チェイニー夫人とともにトンネルからシェルター会議室（※大統領危機管理センター）へ移動した」と委員会は主張している。電話を切ったのは九時五五分よりあとだという。委員会はこの時刻に基づいて、「副大統領が大統領危機管理センターに到着したのは一〇時少し前、おそらく九時五八分」と結論づけている。コンドリーザ・ライスのほうは、「副大統領の入室後ほどなく会議室に到着した」となっている。(原注16)

これほど明らかな食い違いはないだろう。ミネタ長官らは、チェイニーが大統領危機管理センターに到着したのは九時二〇分より前だと言っているが、委員会は九時五八分としている。つまり、ペンタゴンが攻撃された九時三八分から二〇分もたってやっと到着したということだ。しかもチェイニーはペンタゴン攻撃を廊下で知ったという。一体どうしてこんな矛盾が存在するのだろう。

◆到着時刻の中間説

早い到着（九時二〇分より前）を支持する説明と、遅い到着（九時五八分頃）を支持する説明の食い違いに加えて、その中間を主張する説明も存在する。この中間説によると、チェイニーは九時三三分以降に地下へ連れていかれたというのだが、9・11委員会の主張と違って、チェイニーは廊下で時間をつぶすようなことはせず、大統領危機管理センターに直行したという説明がほとんどである。この中間説を取ったのはニューヨークタイムズ(原注17)とNBC(原注18)とBBC(原注19)で、ペンタゴンが攻撃された時刻にはチェイニーはすでにバンカーにいたという点ではミネタの説明と一致している。ただし入室時刻は九時二〇分以前ではなく、九時三六分頃だとしているので、ペンタゴン攻撃の直前に到着したことになる。

中間説の中には遅めの時刻を主張するものもある。ワシントンポストのダン・バルズとボブ・ウッドワードが書いた二〇〇二年一月二七日付の記事は、『9・11委員会報告書』の見解に近い。チェイニーが大統領危機管理センターに入った時刻は委員会説ほど遅くはないものの、廊下で足を止めるところは同じだ。「チェイニーは足を止め、もくもくと煙が立ちのぼる世界貿易センターのテレビ映像を見たが、そのときペンタゴンが攻撃されたというニュースを耳にして、もう一度ブッシュに電話をかけた(原注20)」と書いてある。

バルズ&ウッドワード記者によれば、チェイニーは九時四五分より前に大統領危機管理センターに入ったことになっている。正確な時刻は書いていないが、ノーマン・ミネタが全航空機の着陸命令を出したとき、チェイニーも大統領危機管理センターにいた状況が描写されているからだ。「くそっ、すべての飛行機を着陸させろ！」というミネタの言葉を引用したあと、「テーブルの反対側に座っていたチェイニーはぐいと顔を上げてミネタを真正面から見据え、うなずいて同意を示した」と。全航空機着陸命令は九時四五分に出されたとされているので、この記事によるとチェイニーは、遅くとも九時四三分には大統領危機管理センターに到着していたことになる。これは、9・11委員会の主張より約一五分早い。『9・11委員会報告書』はこのバルズ&ウッドワード記事を原型にしながらも、ペンタゴンが攻撃された時刻にはチェイニーはまだ廊下にいたと説明している(原注21)。

では、チェイニー自身はどう言っているのだろう。彼はさまざまなインタビューを通して、本章で見てきた諸説のうち、九時二〇分以前にバンカーに入ったという説だけを除き、あらゆる見解に合う話をしているように見える。だが初期のコメントでは、中間説の中の早めの時間を示し、大統領危機管理センターに入ったのはペンタゴンが攻撃される少し前だったと話している。9・11事件から五日後のNBCの番組「ミート・ザ・プレス」で、チェイニーはティム・ラサートにこう答えた。「大統領と話したあと（中略）下りていって（中略）大統領危機管理センターに入りました。（中略）急いで到着したとき、ペンタゴンが攻撃されたという知らせを受けました(原注22)」。

◆矛盾への対応

チェイニーが大統領危機管理センターに到着した時刻について9・11委員会は、ボーラーやクラーク、ミネタ、ライス、いくつかのニュース報道、さらにはチェイニー本人の言葉とも食い違っている事実をどう処理しただろうか。委員会は、これらの食い違う説明にはいっさい触れなかった。しかし、例えば二〇〇一年一一月一九日にニューズウィークに掲載されたという、チェイニーのインタビュー記事を引用している（この記事に該当するのは、実際には二〇〇一年一二月三一日付の記事とわかった(原注23)）。エヴァン・トーマス記者がこう書いている。「一〇時少し前にチェイニーは大統領危機管理セ

ンターの会議室に連れていかれた。（中略）彼らはそこでテレビ画面を見上げた。午前九時五八分だった」。(原注24)

『9・11委員会報告書』と一致する時刻を報道したのは、二〇〇四年の報告書発表以前では唯一、このニューズウィークの記事だけである。要するに委員会は、チェイニーがもっと早く大統領危機管理センターに下りていったとするすべての報道を、ただ単に無視しただけなのだ。無視された報道の中には、面白いことに同じエヴァン・トーマス記者が書いた記事もある。9・11事件の二週間後に掲載された彼の記事には、こう書いてある。「ディック・チェイニー副大統領は九時三〇分頃すでに、核爆弾の爆風にも耐え得る地下のバンカーに入っていた。その頃シークレットサービスは職員たちに、歩くのではなく走って西ウイングを出て、少しでも遠くに離れるよう指示していた」。(原注25)

しかし委員会は、九時三〇分より前にチェイニーが大統領危機管理センターにいたとするトーマス記者の記事のほうは、ミネタ証言と同様無視した。前項に書いた、二〇〇一年九月一六日にNBCのティム・ラサートがチェイニーをインタビューしたときの、あの有名な発言にも触れなかった。このインタビューではチェイニー自身が、ペンタゴン攻撃を知る前に大統領危機管理センターに着いたと話しているのだ。しかも、委員会が引用した前述のニューズウィーク記事は、出典とされる一一月一九日には該当記事が存在しないが、ティム・ラサートのインタビューはホワイトハウスのホームページの「スピーチとプレスリリース」の副大統領のリストに今も掲載されている。(原注26)

しかし、無視された中で最も重要なのはミネタ運輸長官の証言である。ミネタは9・11委員会の公聴会で、リー・ハミルトン副委員長とティモシー・レーマー委員の質問に答える中で、チェイニーが九時二〇分より前に大統領危機管理センターにいたと証言したのだ。この公聴会の議事録は今も公開されている。[原注27]にもかかわらず、『9・11委員会報告書』はこのミネタ証言にはいっさい言及していない（もっとも、「副大統領がいつシェルター会議室に入ったかについては、相容れない証拠が存在している」と認めているので、これがミネタ証言の存在を暗示しているのだろう[原注28]）。そのうえ、9・11委員会のアーカイブにある公聴会の公式記録の中には、なぜかミネタ証言のこの部分の映像が入っていない[原注29]。（ちなみにこの部分のミネタ証言が録画されたことは疑う余地がない。なぜならインターネット上では見ることができるからである[原注30]）。

二〇〇六年、リー・ハミルトン副委員長はCBC（※カナダの国営テレビ）のインタビューを受け、「ディック・チェイニーが一〇時までどこにいたのか、ミネタが委員会に話したでしょう?」と質問されて、「記憶にない」と答えた[原注31]。ハミルトンが覚えていないのは驚くべきことだ。この公聴会ではハミルトン副委員長が自ら質問し、ミネタが、青年が繰り返しやってきて飛行機の接近をチェイニーに報告したと証言したのである。このときハミルトンは、ミネタへの質問を始めるにあたってこう述べている。「あなたはあの日の大部分をあそこ（大統領危機管理センター）で過ごした。あなたは副大統領と一緒にいたと私は思うのだが」。しかもミネタが九時二〇分ぐらいにバンカーに到着したことが確定したのは、ハミルトンが質問したすぐあと、ティモシー・レーマー委員とのやりとりの中でのことなのだ。それなのにハミルトンはこれらのやりとりを何も思い出せず、ただ「チェイニー副大統領は一〇時少し前にバンカーに入ったと我々は考えています」と答えただけだった[原注32]。

いずれにせよミネタ自身は、二〇〇六年のインタビューでチェイニーに関する自分の主張を繰り返している。二機目のWTC攻撃の直後、ミネタは運輸省からホワイトハウスまで行くよう自分の専属運転手に命じたという。そのあと、危機管理室でクラークのブリーフィング（※簡単な状況説明）を受けるように言われたと述べ、次のように説明した。

そこ（危機管理室）に行くとクラークが四、五分話をしたあと、「大統領危機管理センターへ行って下さい」と言いました。（中略）そこに立っていたシークレットサービスに「私がお連れします」と言われ（中略）、大統領危機管理センターに着くと、副大統領はすでにそこにいました。（原注33）

この発言は、ミネタが大統領危機管理センターに着いたときチェイニーが「すでにそこにいた」というミネタの主張を再確認できただけでなく、チェイニーのバンカー到着時刻について、クラークとミネタの証言を判断する土台を提供してくれた。もしミネタがその言葉どおり、クラークと四、五分話したあとすぐ大統領危機管理センターに行き、「九時二〇分頃」到着したのなら、ミネタが危機管理室に到着したのは九時一五分頃になる。クラークの説明では、チェイニーが大統領危機管理センターへ下りて行ったのは、ミネタが危機管理室に到着するより前であることが示唆されているので、チェイニーの大統領危機管理センター到着時刻は九時一〇分頃と考えられる。

ちなみにミネタが前述のとおり二〇〇六年に、証言と同じ説明を繰り返したときは、自分が9・11委員会の報告書と矛盾することを主張しているとは気づいていなかったようだ。このことは、二〇〇七年の非公式なインタビューで明らかになった。彼はこのインタビューで、九時二〇分に大統領危機管理センターに到着したときチェイニーはすでに来ていたのかと質問され、「もちろん」と答え、チェイニー夫人も来ていたとつけ加えている。チェイニーは九時五八分まで到着しなかったと委員会が言っているが、と水を向けられると、ミネタは驚いた様子で「いやいや、それは違う。どうしてそんな話になったのだろう」と言った。そして「九時二五分の話と間違えられたのかもしれない」（チェイニーと青年とのやりとりがあったのは九時二五分か九時二六分頃だとミネタは公聴会で証言している）と言いつつも、チェイニーはペンタゴン攻撃の前から大統領危機管理センターにいたと明言した。(原注34)

◆結論

チェイニーがいつ大統領危機管理センターに到着したのかという極めて重要な問題について、デヴィッド・ボーラー、リチャード・クラーク、ノーマン・ミネタ、コンドリーザ・ライス、カール・ローブ、ABC、BBC、ウォールストリート・ジャーナル、さらにはチェイニー自身までもが（少なくとも一度インタビューで）説明しているのに、『9・11委員会報告書』はなぜ、これらすべての証言と食い違う結論を出したのだろう。

これらの証言の中で最も重要なノーマン・ミネタ運輸長官の証言が、なぜ『9・11委員会報告書』にはいっさい言及されず、9・11委員会のアーカイブの記録映像にも含まれていないのだろう。

そして、チェイニーが何時に大統領危機管理センターに到着したのかという質問に対して、九時一〇分頃、九時三六分頃、九時四三分頃、九時五八分頃と、四つの異なる答えが存在するのはなぜなのか。あの9・11事件の朝にディック・チェイニーが果たした中心的役割を考えれば、議会とマスコミはこの疑問をとっくの昔に解明していなくてはならなかったはずだ。今こそ、解明すべきである。

第3章
チェイニーは迎撃待機命令を確認したのか

前章で見たように、二〇〇三年五月二三日の9・11委員会公聴会でミネタ運輸長官が証言したところによると、彼が大統領危機管理センターに到着した「九時二〇分頃」、すでにチェイニー副大統領は指揮を執っていた。その証言の中でミネタは、チェイニーが防空の迎撃待機命令（※stand-down order）の確認をしたと解釈できるエピソードを詳しく話している。

◆ミネタの証言

この公聴会で、ミネタは次のように説明している。

ペンタゴンに飛行機が向かってきているとき、若い男性が入ってきて副大統領に「飛行機が五〇マイルまで接近しました」、「飛行機が三〇マイルまで接近しました」と報告しました。「飛行機が一〇マイルまで接近」と報告したときに青年が、「命令は依然として有効ですか」と質問しました。副大統領は向き直って首をぐるっと回し、こう答えました。「もちろん命令は依然として有効だ。君は何か逆のことでも聞いたのかね？」(原注1)。

チェイニーと青年がこのやりとりを交わしたのは、ミネタが大統領危機管理センターに到着後どれくらいたってからか、とティモシー・レーマー委員に聞かれ、ミネタは「おそらく五、六分後」と答えたのは前章で見たとおりである。つまり、レーマーが指摘したように九時二五分か二六分頃という計算になる。

この証言で、ある問題が発生した。チェイニーと米軍は、不審機がワシントンに接近していることを、ペンタゴン攻撃（※九時三八分）の約一二分前には知っていたことになり、これは公式説明と真っ向から対立する。公式説明では、ペンタゴンに不審機が近づいていることを軍が知ったのは、飛行機が突入する二、三分前の九時三六分頃だったとして、「ワシントンに近づいてくる正体不明の飛行機に対応する時間は、せいぜい一、二分しかなかった」と9・11委員会は報告している(原注2)。なぜペンタゴンは攻撃される前に職員を退避させなかったのか、その結果一二五名の死者を出したのか、この疑問に答えるにはこの主張が不可欠だった。ラムズフェルドの報道官は、なぜ避難させなかったのかときかれて、「ペンタゴンはこの飛行機が向かってきていることに気づかなかった」と答えている(原注3)。

さらに大きな問題は、青年が確認した「命令」の内容は何だったのかということだ。ミネタ長官は、不審機に対する撃墜命令だと思い込んだ。だが、ワシントンに向かってきた飛行機は撃墜されなかった。しかもミネタの解釈が正しければ、そのエピソード自体が意味をなさなくなるという別の問題がある。もしチェイニーが、ワシントンの特別制限空域に近づいてくる飛行機を撃墜する命令を下していたのなら、その青年がわざわざ、命令は依然として有効なのかと確認する理由はどこにもないからだ。青年の質問が意味をなすのは、何か異例のことをする命令だった場合だけである。つまり、撃墜しない、という命令だ。したがって、チェイニーが迎撃待機命令を、即ち標準の対抗措置を一時停止する命令を、確認する場面を目撃したミネタが、うかつにもそれを証言してしまったということになる。

◆疑惑を絶つ

事件当日朝のチェイニーの行動については、ほとんどの大手マスコミも、後年には９・11委員会も、疑惑の根拠を排除した。問題になったマスコミ報道はすべて、ミネタが二〇〇三年に委員会の公聴会で証言する前に発表されている。９・11事件の一周年に放送されたＢＢＣの番組「クリア・ザ・スカイ」の中でも、ミネタは、チェイニーと青年のやりとりを紹介しており、(原注４)もっと早い段階にどこかで公表した可能性もある。結果的に大手マスコミ数社は、チェイニーが迎撃待機命令を出したのをミネタが目撃したという疑惑の根拠を削除し、二〇〇三年の公聴会でのミネタ証言より以前に報道したものも削除した。それが彼らの、ミネタ証言への答えだったのかもしれない。

◆バンカーへ下りていった時刻の修正

この疑惑を削除する一つ目の方法は、チェイニーが大統領危機管理センターへ入った時刻を単に遅くするだけでよかった。９・11事件の一周年記念日に三つの人気番組（一つはＣＮＮ、残り二つはＡ

BC）[原注5]は、チェイニーが早い時刻に大統領危機管理センターへ入ったと説明していたので、ミネタ証言のエピソードが起こっても矛盾はなく、ABCの二つの番組は実際にこのエピソードを紹介した。しかしほとんどのテレビと新聞の報道では、そのエピソードが起こるには遅すぎる時間にチェイニーが到着したことになっていた。つまり、ペンタゴン攻撃の直前か[原注6]、攻撃の直後か[原注7]、あるいは前章で見たように、九時五八分頃（二〇〇一年一二月三一日付ニューズウィークに掲載されたエヴァン・トーマスの記事）[原注8]としている。この三種類の説はそれぞれ食い違いはあるものの、共通しているのは時間的余裕がないことだ。ペンタゴン攻撃の一二分前にチェイニーが、接近する不審機の報告を受け、「命令」はまだ有効かときかれるようなことは起こり得ない。

その後9・11委員会は、ニューズウィークのエヴァン・トーマスの記事を公式見解にした。この記事によると、チェイニー夫人が到着して地下の廊下で副大統領に会ったが、そのときチェイニーは「ペンタゴンが攻撃されたのを知った」直後で、大統領と電話中だった。そのあと「一〇時少し前にチェイニーは大統領危機管理センターの会議室に連れていかれた。（中略）彼らはそこでテレビ画面を見上げた。九時五八分だった」とある。『9・11委員会報告書』にはこう書いてある。「副大統領がいつシェルター会議室に入ったかについては、相容れない証拠が存在している。我々は入手できる証拠に基づき、副大統領が会議室に入ったのは一〇時少し前、おそらく九時五八分との結論に達した」[原注9]

興味深いのは、チェイニーが大統領危機管理センターに入ったとする時刻を、いつのニュースがどう説明しているかである。報道の時期と入室時刻との間にはほとんど相関関係がない。地下へ下りて行ったとされる時刻が年々、報道の日付が新しくなるほど遅くずれていって二〇〇四年発表の9・

11委員会報告に近づくと推測する人もいるだろう。だが、実際は違うのだ。

チェイニーが大統領危機管理センターに入った時刻をチェイニー本人へのインタビュー報道で比較すると、二〇〇一年九月一六日のNBC番組「ミート・ザ・プレス」では、ペンタゴン攻撃を知る前だと言っているが、同年一二月三一日付（※委員会は「一一月一九日」としている）のエヴァン・トーマスが書いたニューズウィーク記事では、ペンタゴン攻撃を知ったあとに変わっている。NBCよりもニューズウィークのほうが時刻が遅くなっている。しかしこれ以外では、報道の時期とともにこの入室時刻が遅くなっていくという相関関係はほとんど見られない。むしろ、委員会の最終見解に一番近いのは、最も早い時期に報告されたこれら二つの報道なのである。

委員会の報告書では、地下の廊下に行ったのが遅く、廊下でペンタゴン攻撃を知り、大統領危機管理センターに入ったのは一〇時少し前、というのが主要なポイントだ。これをすべて網羅しているのは、二〇〇一年一二月三一日のニューズウィークの記事しかない。

その次に最終見解に近いのは、ワシントンポストのダン・バルズ&ボブ・ウッドワードの記事である。これは前章でも引用した二〇〇二年一月二七日付の記事で、上記のニューズウィークの記事から一カ月たっていない。トーマスの記事と違って、バルズ&ウッドワードのほうは、チェイニーが九時四五分には大統領危機管理センターに行ったとしている。ただし、トーマスの記事と同様、チェイニーがペンタゴン攻撃を知ったのはまだ廊下にいるときだったと書いている。そして、トーマスの記事にはなかった委員会の最終報告のポイントを一つ加えている。つまり、チェイニーは廊下でテレビを見たということだ。

いずれにせよ、この二つの記事は9・11委員会の最終見解を先取りしていたが、他の報道はほとんどすべて、チェイニーが大統領危機管理センターに入ったのはペンタゴンが攻撃される少し前だったとしている。例えば二〇〇一年一〇月一六日のニューヨークタイムズの記事がそうだ。(原注10) NBCの9・11事件一周年特別番組も然り、その三日前に放送されたBBCの番組も然り。(原注11) これらの番組は、トーマス記事とバルズ&ウッドワード記事の主張を無視し、二〇〇一年九月一六日のNBC番組「ミート・ザ・プレス」のチェイニーの発言を直接土台にしていると思われる。

一方、ABCが9・11事件一周年週間に放送した二つの番組は、アンカーマンのピーター・ジェニングズによるインタビューに基づいていて、「ミート・ザ・プレス」でのチェイニーの発言を無視し、ミネタの見解に沿って、チェイニーが大統領危機管理センターに入ったのはおよそ九時一五分としている。この番組では、チェイニーと青年職員との会話に関するミネタの説明まで紹介した。ABCはこれらの番組の中で、大統領がサラソタの教室を出た時刻についてはアンドリュー・カードの修正した説明に従っているが（第一章を参照）、なぜかチェイニーの件では修正した説明を支持することには抵抗したようだ。おそらく、ピーター・ジェニングズは直接ミネタをインタビューしているので、彼の話は信頼できると思ったのだろう。

ともあれ9・11委員会は、ニューズウィークのエヴァン・トーマスが書いたチェイニーの談話を支持することに決定し、その結果ミネタの証言も、「ミート・ザ・プレス」でのチェイニーの発言も、忘却の彼方に一掃されてしまった。9・11委員会の説明は、公聴会でのミネタの陳述や、「ミート・ザ・プレス」でチェイニーがティム・ラサートに語った説明と矛盾するにもかかわらず、9・11委員会が支持したというただそれだけの理由で、公式見解となった。その時点までは、まったく少数派の見解だったというのに、である。しかも、前章でも指摘したとおり、チェイニーが一〇時直前まで大統領危機管理センターに入らなかったという委員会の主張を裏付ける証拠は、ニューズウィークによるチェイニーのインタビューの筆記録しかないのだ。

それでもなお9・11委員会は、真実の可能性がある危険なミネタ証言を排除した。だが実際には、チェイニーが迎撃待機命令を出したのを確認する現場を、ミネタが目撃してうっかり証言してしまった、というのが最も自然な解釈だ。

◆接近する飛行機のもう一つの説明

この解釈を抑え込むためにニュース報道と9・11委員会が取った二つ目の方法は、接近する飛行機について新説を示すことだった。少なくとも、このタイプのバージョンが四つ現われた。ミネタ証言との食い違いが最も少ないバージョンは、バルズとウッドワードが書いたワシントンポストの記事である。接近してくる飛行機に関するミネタ証言の一部に触れていて、ミネタとも関連づけている。

ノーマン・ミネタ長官は、連邦航空局の司令センターとの常時接続回線を通じて、七七便がワシントンに向かって高速で飛んでくるのをモニターしていた。七秒ごとにレーダーが航跡を更新する。飛行機が五〇マイルまで接近、三〇マイルまで接近、一〇マイルまで接近という報

告が次々入ったあと、ペンタゴンで爆発があったという知らせがバンカーに飛び込んできた。(原注12)

この記事はミネタと関連づけてはいるが、チェイニーはこの部分には出てこない。バルズとウッドワードによれば、チェイニーはこのときまだ廊下にいたことになっているからだ。しかもこの記事は、問題の「命令」について一言も触れていない。七七便の報告があまりにも遅く、ペンタゴンが攻撃される直前だったので、「命令」をキャンセルしたり確認したりする時間はまったくなかったように描写している。

接近する飛行機に関する第二のバージョンは、9・11事件一周年の時期に放送されたCNNの番組に登場する。この番組では、世界貿易センターに二機目が突入した直後にチェイニーが大統領危機管理センターに連れていかれたとしていて、この点ではリチャード・クラーク大統領特別補佐官とミネタ長官の説明に合致する。番組のタイトルはまさに「バンカーから指揮を執ったチェイニーの回想」。だが、ミネタの名前や、ペンタゴンが攻撃される前に飛行機が接近していたというエピソードは出て来ない。その代わり、ユナイテッド九三便の接近を伝えるよく似た話が、当時大統領次席補佐官だったジョッシュ・ボルテンによって以下のように語られる。チェイニーの発言も少し登場する。

二機の飛行機がツインタワーに激突したあと、三機目がペンタゴンに大穴をあけた。そのあとチェイニーは、ペンシルベニア上空の飛行機がワシントンに向かっているという報告を受けた。軍のアシスタントがその飛行機の撃墜許可を、二回チェイニーに求めた。

「副大統領は再びイエスと答えました」と大統領次席補佐官のジョッシュ・ボルテンは回想する。「そのあとアシスタントが三回目の質問をしたのです。〝副大統領、念のため確認しますが、交戦許可は？〟と。すると副大統領は少しムッとした声で言いました。〝イエスと言っただろう〟」

それは、危機に瀕したホワイトハウスの方向を自分が決するのだと承知している男が見せた、めったにない怒りの閃光だった。

「内心の怒りがあったと自分でも思う。しかしそれ以上に、決意の問題だよ。誰しもああいうとき、怒りに判断力を奪われたくないからね」とチェイニーは語る。

この説明にはミネタの話の重要な要素のうち二つが含まれている。チェイニーが軍のアシスタントと交わした三回のやりとりと、三度目のときに怒って返事をしたことだ。

しかし、決定的な違いが三つある。まず、このやりとりはペンタゴンが攻撃される前ではなく、攻撃後に交わされたことになっている。第二に、ここでの命令は、複数の解釈が可能なものではなく、明確に飛行機の撃墜命令になっている。第三に、問題の飛行機がアメリカン航空七七便ではなく、ユナイテッド航空九三便であることだ。この話はミネタ証言の「改正版」という役割を果したかもしれない。つまり、このようなことが起きたのは事実だが、チェイニーの命令はユナイテッド九三便を撃墜しろという意味であって、ペンタゴンに近づいてくる飛行機を撃墜するな、という命令ではなかったのだ、と、ミネタの話を聞いた人々に知らせることができる。

このCNNのバージョンは、接近してくる飛行機の話をチェイニーやペンタゴン攻撃から完全に切り離したとはいえ、9・11委員会はこの説明を採用できなかった。なぜなら委員会の見解は、チェイニーが大統領危機管理センターに一〇時直前まで入って行かず、撃墜許可は一〇時一〇分まで出さなかったことになっているからだ。これについては次の章で検証しよう。

接近する飛行機の三つ目のバージョンは興味深いことに、バルズとウッドワードが書いている。前述のようにこの記事では、ペンタゴン攻撃の前に起きた出来事として、チェイニーではなくミネタと関連づけた話を紹介しているが、そのあと、九時五五分から始まる別バージョンのエピソードも載せている。内容は、チェイニーが九時五五分に大統領から撃墜許可を出す権限を受けたというものだ。このバルズ&ウッドワードの話は、ミネタの証言と、CNN&ボルテンの話を組み合わせたもののようにも見える。


ホワイトハウスのバンカーで、軍のアシスタントが副大統領に近づいた。

「八〇マイル先に飛行機がいます。戦闘機がその地域にいますが、交戦しますか」

「イエス」チェイニーは躊躇せず答えた。

チェイニーの周囲には、ライス、ジョシュア・ボルテン大統領次席補佐官、ルイス・〝スクーター〟（※あだ名）・リビー副大統領主席補佐官がいた。アシスタントがさらに差し迫った様子で質問を繰り返したので、周囲は緊張した。飛行機は六〇マイルまで近づいている。「交戦しますか」

チェイニーはそうきかれて、再び「イエス」と答えた。飛行機がさらに接近し、アシスタントが質問を繰り返した。命令は依然として有効ですか。「もちろん有効だ」とチェイニーはピシャリと言った。

つまりバルズとウッドワードの記事は、最初のほうではミネタ証言からチェイニーの部分を取り除いてたったの一行に縮め（「飛行機が五〇マイルまで接近、三〇マイルまで接近、一〇マイルまで接近という報告が次々入った」）、その三〇分後、ユナイテッド九三便がワシントンに近づいているときのエピソードの中に、ミネタ証言のいくつかのポイントを拾ってはめ込んである。つまり、アシスタントがチェイニーに三回報告していること、「命令は依然として有効ですか」という質問（ミネタ証言では「命令」が複数形、この記事では単数形という違い以外は完全に同じ）、そして、チェイニーの「もちろん有効だ」という怒った返事（これもミネタ証言の「もちろん命令は依然として有効だ」によく似ている）が共通している。その結果、ペンタゴンに接近中の飛行機について話していたミネタ証言の主要なポイントが、今やユナイテッド航空九三便に関する話にすり替えられてしまった。

それでもなお、この三つ目のバージョンでさえ、9・11委員会は採用できなかった。なぜなら委員会の主張では、チェイニーは一〇時直前まで大統領危機管理センターには入らず、また、次章で論じるように、軍はユナイテッド九三便がハイジャックされていたことを、墜落するまで知らなかったことになっているからだ。

そこで『9・11委員会報告書』は、接近する飛行機について四つ目のバージョンを用意した。その依りどころは、副大統領の妻リン・チェイニーとルイス・リビー副大統領主席補佐官が提出したメモに密接な関係がある。[原注13] このバージョンではミネタ証言のエピソードがさらに遅い時刻に起きたことになっている。

一〇時〇二分、シェルターにいた伝令のもとにシークレットサービスから、（中略）接近してくる一機の飛行機について報告が入り始めた。（中略）一〇時一〇分から一五分の間に軍のアシスタントが、副大統領らに飛行機が八〇マイル先にいると伝えた。チェイニー副大統領は、この飛行機に対する交戦許可を求められた。（中略）副大統領は戦闘機に、接近中の飛行機と交戦する許可を出した。（中略）それから数分後、おそらく一〇時一二分から一八分の間にアシスタントがまたやってきて、飛行機が六〇マイルまで接近していると言った。アシスタントは再び交戦許可を求め、副大統領は再びイエスと答えた。（中略）そのやりとりを見ていたジョシュア・ボルテン大統領次席補佐官は（中略）、大統領に連絡して交戦命令（※engage order）を確認してはどうかと副大統領に示唆した。（中略）副大統領は一〇時一八分に大統領に電話し、二分間話をして確認を取ったことが記録されている。[原注14]

9・11委員会はこの説明を提示して、チェイニーは確かに軍のアシスタントと、接近してくる飛行機について繰り返しやりとりしたことを認めた。しかしこの委員会バージョンなら、ペンタゴンに近づいてくる飛行機に対する迎撃待機命令に解釈されることはあり得ないし、また、撃墜命令の結果ユナイテッド九三便が墜落したのではないかと思われることもあり得ない（※ペンタゴン攻撃は九時三八分、九三便墜落は一〇時〇三分頃）。

接近していたのは別の飛行機とすることで、危険なミネタ証言は完全に無害な話にすり替えられた。（原注15）

◆結論

これらさまざまな異説のすべてが真実ではあり得ないのは明らかだ。接近してくる飛行機について、たとえ異説が9・11委員会の説明以外になかったとしても、この公式説明とミネタ証言の両方ともが真実であることはあり得ない。

しかも、ミネタの説明が最も正確なのではないかと思われる理由が三つある。第一に、ミネタには嘘をつく動機が見当たらない。第二に、前章で見たとおり、最近ミネタは自分の証言を改めて再認し、事件当日九時二〇分頃に大統領危機管理センターに下りて行くと、すでに副大統領（とチェイニー夫人）が来ていて、チェイニーと青年のやりとりは絶対ペンタゴン攻撃の前に起こったことだと断言した。第三に、ミネタ証言ではチェイニーの言葉が、ペンタゴンに近づいてくる飛行機を撃墜するなという命令の確認である印象を与えるので、さまざまな異説は専らその印象を払拭することが目的だったように見える。

ミネタの話が事実なのかどうか、もし事実なら、誰が、なぜ、嘘の話を捏造したのかを、議会とマスコミは究明しなければならない。

第4章

チェイニーは全航空機着陸命令の発令を見ていたのか

第2章と第3章で論じた矛盾に加えて、ミネタ運輸長官と9・11委員会の間にあるもう一つの食い違いは、すべての民間航空機を着陸させる命令を誰が出したのかという問題だ。ミネタは、自分が命令を出したと言っている。しかし9・11委員会は、連邦航空局（FAA）の全米オペレーションズ・マネージャーのベン・スライニーが、バージニア州ハーンドンにある司令センターから出した、という。(原注1)この矛盾は、チェイニーが大統領危機管理センターに何時に到着したかという問題とも関連しているように思われる。

◆ミネタが命令を出したという報告

ミネタは一貫して、命令を出したのは彼自身であると言っている。二〇〇一年九月二〇日、ミネタは議会上院の委員会で次のように語った。

九月一一日の朝、初めて攻撃を知って直ちにホワイトハウスの大統領危機管理センターへ直行しました。そして、この攻撃の特性と規模を認識すると同時に、ホワイトハウスから航空管制システムに対し、あらゆる航空機を例外なく直ちに着陸させるよう命令しました。(原注2)

翌日、別の議会委員会で、連邦航空局長のジェーン・ガーヴィーがミネタの証言を裏付けた。

ミネタ長官はニューヨークとワシントンに対するテロリスト攻撃の特性と規模を認識すると同時に（中略）、すべての民間航空機の運行を止めるよう航空管制システムに命じました。（中略）午前九時二六分、アメリカン航空七七便（※ペンタゴン突入）もユナイテッド航空九三便（※ペンシルベニア墜落）もまだ激突していない時点で、全米飛行禁止令が出され、いかなる航空機の離陸をも禁止しました。九時四五分には、飛行中の航空機はすべて最寄りの空港に着陸するよう命じられました。(原注3)

ちなみにリチャード・クラーク大統領特別補佐官の著書によれば、クラークとガーヴィーは、（クラークがテレビ会議を行っていた）危機管理室にミネタが到着する前に、すべての飛行機を着陸させることをすでに話し合っていたという。時刻は九時一五分より少し前ということだ。クラークが「ワシントンとニューヨークの上空を飛行禁止にする」必要があると示唆すると、ガーヴィーは「それだけではすまないかもしれませんよ、ディック。ニューヨークとワシントンの離発着はすでに私が一時停止しました。しかし航路を外れたり、通信不能になっている飛行機がまだ一一機あって、ハイジャックされている恐れがあります」と言った。クラークがそれに答えて、「わかった、ジェーン、今上空にいる飛行機を全部どこかに着陸させるには、どれぐらいかかるかね？」と聞くと、ガーヴィーはわからないと答え、全米オペレーションズ・マネージャーのベン・スライニーは着任したばかりで、この日が初仕事だと言い添えた。クラークがガーヴィーに、命令を出す準備ができているかと尋ね、彼女はできていると答えた。それからまもなくミネタが車から電話してきて、そのあと危機管理室に到着したので、クラークはミネタに「副大統領に合流する」よう示唆した(原注４)と書いている。

ガーヴィーとミネタは、一部の空域だけでなく、全米の民間航空機の緊急着陸命令を出したのはミネタだとしているが、クラークは、ミネタが到着するより前に自分がガーヴィーと全機着陸命令を出す相談をしていたと述べている。しかしそれ以外の点では、クラーク証言はガーヴィーやミネタの証言と矛盾はしていない。

前述のガーヴィーの議会証言では、二種類の命令の重要な違いが述べられている。九時二六分に「全米飛行禁止令」が出され、いかなる航空機も離陸禁止になった。そして九時四五分には、飛行中の航空機はすべて最寄りの空港に着陸せよという別の命令が出された。この「全米飛行禁止令」（九時二六分）と「全航空機着陸命令」（九時四五分）の区別は、ミネタが二〇〇三年五月二三日の９・11委員会公聴会で行った証言でも述べている。ミネタは、大統領危機管理センターに九時二〇分頃行ったあとの経緯をこう話している。

私は二本の電話回線につなぎました。一本は（部下の）運輸副長官、もう一本は連邦航空局副局長代理のモンテ・ベルジャーとジェーン・ガーヴィー局長で、この二人は連邦航空局のオペレーションズ・センター（※司令センター）にいました。（中略）連邦航空局はいくつかの措置を組み合わせて米国北東部の飛行制限を始めており（中略）、最終的には全米のあらゆる航空機に対し、行き先を問わず飛行禁止令を出しました。

その数分後にアメリカン航空七七便がペンタゴンに激突しました。（中略）さらなる攻撃を防ぐためには可及的速やかに全空域を一掃し、緊急用と防衛用の米機が有効に活動できるようにする必要があることは明らかでした。そこで私は九時四五分頃（中略）、あらゆる民間機を可及的速やかに最寄りの空港に着陸させる最終命令を発令しました。（原注5）

第2章と第3章で検証した二〇〇二年のワシントンポストのダン・バルズとボブ・ウッドワードの記事は、このミネタ証言を部分的に裏付けている。この記事は、チェイニーが大統領危機管理センターに入ったのは九時四五分以降という説に基づいていて、九時三〇分より前のことについては触れていない。ミネタ本人はチェイニーのいる前で全米飛行禁止令（※九時二六分）を出したと言っているのだが、バルズとウッドワード記者はそれには触れず、ミネタがチェイニーのいる前で全航空機着陸命令（※九時四五分）を出したという部分だけを支持しているのだ。この記事によるとペンタゴンが攻撃された後、ミネタは連邦航空局副局長代理のモンテ・ベルジャーと電話で話したとして、次のように報じている。「ミネタは電話口に向かって叫んだ。（中略）〝モンテ、すべての航空機を着陸させるんだ〟。ベルジャーが、連邦航空局としては〝パイロットの判断で着陸させています〟と答えると、ミネタは〝パイロットの判断だと？　冗談じゃない、飛行機を全部着陸させるんだ〟とどなった」(原注6)。バルズとウッドワード記者はさらにこうつけ加えている。「テーブルの反対側に座っていたチェイニーはぐいと顔を上げてミネタを真正面から見据え、うなずいて同意を示した」。

◆スライニーが命令を出したという報告

これとは対照的なのが9・11委員会の報告である。委員会は、連邦航空局の司令センターがペンタゴンへの飛行機突入を知ったあと「司令センターの全米オペレーションズ・マネージャーのベン・スライニーが、すべての航空機を最寄りの空港に着陸させるよう、連邦航空局のすべての施設に命令を出した」と主張している(原注7)。

スライニーがこの全航空機着陸命令を出したばかりか、全米飛行禁止令をも出したという主張が、二〇〇二年八月一二日にはすでにUSAトゥデイ紙に掲載されている。

午前九時二五分（中略）、スライニーはかつて誰も出したことがない命令を発令した。全米飛行禁止令だ。米国内のいかなる民間航空機も私有機も離陸が許されない（中略）。（九時三八分にペンタゴンが攻撃されると、スライニーは）ワシントンの連邦航空局幹部と相談する暇もなく（中略）、「全員に着陸を命令しろ！　行き先に関係なくだ！」と叫んだ。六メートル先にいた彼の上司のリンダ・シュースラーは、ただうなずいた。（中略）「よし、全機を着陸させよう！」スライニーがどなる。数秒のうちに、専門家たちが全米にこの命令を伝えた(原注8)。

このUSAトゥデイの記事にはいくつか問題があると言わなければならない。一つは、スライニーにとって二〇〇一年九月一一日は、連邦航空局の全米オペレーションズ・マネージャーとしての初仕事の日だった。それなのに、前例のない命令を、上司に相談もせずに出したという。USAトゥデイは「ワシントンの連邦航空局幹部と相談する暇もなく」と書いているが、ほんの一五秒もあれば相談できただろう。スライニーは、直属の上司にあたるリンダ・シュースラー（ハーンドンにある連邦航空局司令センターの戦術作戦マネージャー）にも相談しなかったようだ。彼女は六メートル先にいたというのに。彼女もまた、自分に相談もなく、他の上司にも相談なく、部下がこの前代未聞の命令を出すのを聞いて、単にうなずいただけだという。

この信じ難い話を、明らかにUSAトゥデイは本当らしく見せようとして、次のように書いている。

ワシントンでは連邦航空局のジェーン・ガーヴィー局長とモンテ・ベルジャー副局長が、機密司令センター（※a secret operations center）と自分の執務室との間を行ったり来たりしていた。この朝ずっと、職員たちはスライニーの決定をガーヴィーとベルジャーに伝え続けていた。今度は正副局長の二人が全機を着陸させる決定を伝える番だ。連邦航空局首脳は、ほとんど議論することなく承認した。

どうやらガーヴィーとベルジャー正副局長はシュースラー同様、自我がまったくなく、部下が指揮系統を守らなくても何ら心配していないらしい。彼らは「スライニーの決定」をただ伝えられ、それを承認するだけで満足なのだ。

このUSAトゥデイの記事では、次にミネタとベルジャーの会話を説明していて、それによるとミネタは、すでに決定したことにただ同意しただけのように見える。

　数分後ノーマン・ミネタ運輸長官が、ホワイトハウスの地下バンカーでチェイニー副大統領に合流してから電話をかけてきた。ベルジャーは、あらゆる飛行機を行き先に関係なく最寄りの空港に着陸させるという連邦航空局の計画を説明した。ミネタは同意した。（中略）そのあと（中略）ミネタが、その命令は正確には何を意味するのかときいた。パイロットに裁量の自由があるとベルジャーが言うと（中略）、ミネタは「パイロットの自由裁量なんかどうでもいい。モンテ、すべての飛行機を着陸させろ」と言った。

この説明によると、ミネタはすでに決められた命令を承認しただけで、パイロットには自由裁量を与えないという細部の一点のみ主張したことになっている。

ミネタは、すでに全機緊急着陸と決まっていたのを承認しただけだというこの説は、これより数カ月前にスレート誌の記事が主張している。タイトルは「ミネタ神話――ボブ・ウッドワードはいかにして運輸長官を偽りのヒーローに仕立てたか」というものだ。このタイトルが示唆するように、執筆者のジョシュア・グリーンは、ミネタに与えられた「大衆的ヒーローの地位」に傷をつけようとした。「ボブ・ウッドワードとダン・バルズがワシントンポストに書いた〝九月の一〇日間〟という六回連載の一大叙事詩の初っ端で、（ミネタが）賛美された」ことに対して、グリーンは不満を書いている。グリーンによると、ワシントンポストの運輸省担当記者ドン・フィリップスをはじめとする「インサイダーたち」が明らかにしたところでは、本当のヒーローは連邦航空局のナンバー2であるモンテ・ベルジャーだという。ベルジャーは「ミネタが攻撃について知らされる一五分前に、着陸命令を出していた」というのだ。(原注9)

このグリーンの話は正確ではないと思われる。なぜならミネタとリチャード・クラークの証言によれば、ミネタは九時一五分にホワイトハウスに到着したときにはすでに攻撃のことを知っていたからだ。その一五分前、つまり九時までに、全航空機着陸命令が出されたということはあり得ない。ミネタが大統領危機管理センターに早く到着したことを、グリーンが知らなかったのは明らかだ。おそらく、バルズとウッドワードの記事に惑わされたのだろう。彼らの記事は確かに、ミネタがペンタゴン攻撃（九時三八分頃発生とされている）の数分前に到着したように読める。したがって、ミネタが事態を知る一五分前に決定されていたとグリーンが書いているのは、おそらく九時二六分の、離陸を禁止する全米飛行禁止令のことを指しているのだろう。この全米飛行禁止令の決定は、ミネタが大統領危機管理センターに到着する前に決定されていたとグリーンは推定したようだ。

いずれにしてもグリーンの記事には、スライニーが〝すべての〟民間機を着陸させる決定をしたとは書いていない。それどころか、スライニーの名前さえどこにも出てこない。ただ、ミネタが最初に命令を出したという主張に対しては断固異議を唱えている。

◆矛盾への対応

ミネタが決定してスライニーが実施したのか、あるいはスライニーかベルジャー副局長代理かマネージャーのリンダ・シュースラーか、または複数の人間が共同で決定し（原注10）、それをミネタが承認したのか、これ自体は本書の目的から言えば重要な問題ではない。むしろどうでもいいことだ。もし航空機を全機着陸させることを最初に考えたのがミネタでなかったとしても、連邦航空局職員がすでに決定したことを、上司のミネタが却下せずに承認したのだから、その瞬間を「命令」が正式に発令されたときだとミネタが考えるのは妥当である。したがって、この二つの解釈の間にある矛盾は、本当の矛盾というよりむしろ、表面的なものにすぎないと言っていい。

本書の目的にとって重要なことは、委員会がこの表面的な矛盾に触れなかっただけでなく、この件に関してミネタへの言及が皆無だという事実である。先に引用したように、報告書では単に「ベン・スライニーが、すべての航空機を最寄りの空港に着陸させるよう、連邦航空局のすべての施設に命令を出した」と記述しているだけだ（原注11）。委員会のこの扱いに対して、いくつかの疑問が生まれる。

一つ目の疑問は、なぜ9・11委員会は、命令を下した人物をスライニーであるとし、運輸長官ミネタや連邦航空局長ガーヴィーの証言と矛盾する結論を出したのかということだ。もちろん、決定したのがミネタではなくスライニーだという十分な証拠を、もし委員会が持っているのならこの結論は説明がつく。しかし委員会はそのような証拠を何も提示していない。その日着任したばかりの下位職のスライニーが、この重要な決定を単独で一方的に下したという主張を支持した根拠を、何も示していないわけだ。

第二の疑問は、もしスライニーが決定して実行した命令を、ミネタは単に承認しただけだったと委員会が本当に信じているなら、なぜ委員会はそのことを指摘しなかったのか。スライニーのような地位の人間がこれほど重大な決定を下すのは異例のことだが、それはすぐミネタによって承認された、と説明すべきではないのか。次の章で見るように、チェイニーが撃墜許可を出したことに関しては、チェイニーは大統領に電話して確認を得たのだと委員会は説明している。なぜこの全機を緊急着陸させる命令に関しては、委員会はミネタの名前を出すことを避けているのだろうか。

第三の疑問は、もし、ミネタではなくスライニーが決定したということが委員会にとって何か重要な意味があるのだとしたら、なぜ委員会はスレート誌とUSAトゥデイの記事を強調しなかったのか。ワシントンポストのバルズとウッドワードによる記事やガーヴィーやミネタ自身は、命令を出したのはミネタだという印象を与えているのだから、その印象を覆すように、委員会はスレート誌を引用して「ミネタ神話」を傷つけ、USAトゥデイを引用して、決定を下したのはベルジャー連邦航空局長代理ではなくスライニーであると訂正すればいい。ところが、委員会はどちらの記事にも言及しなかった。

しかし9・11委員会にとって、誰がその命令を下したかという問題は、ミネタであれ、スライニーであれ（あるいはベルジャーであろうと）、本質的に重要だとは考えられていないようだ。委員会にとって重要なのは、これまでの章で見たように、チェイニーが大統領危機管理センターに入ったのは

「一〇時少し前、おそらく九時五八分」だったという主張なのだ。その観点から見ると、バルズとウッドワードの記事は委員会にとっては都合が悪い。なぜなら彼らの記事には、ミネタが「冗談じゃない、飛行機を全部着陸させるんだ」と言ったと引用した後、「テーブルの反対側に座っていたチェイニーはぐいと顔を上げてミネタを真正面から見据え、うなずいて同意を示した」と書いてあるからだ。このやりとりはペンタゴン攻撃（※九時三八分頃）の少しあとに交わされたとバルズとウッドワードが書いていて、全機着陸命令が九時四五分に出されたという事実とも辻褄が合う。したがってバルズとウッドワードの記事では、チェイニーが九時四五分より前に大統領危機管理センターにいたことになり、九時五八分に入ったとする9・11委員会の報告書より最低でも一三分早くなる。

この最低一三分の差が、委員会がなぜバルズとウッドワードのワシントンポストの記事を引用せず、しかも全機着陸命令に関してミネタへの言及を完全に避けているのかという問題と、関係があるのではないだろうか。なぜなら、もしバルズとウッドワードの記事のとおりミネタが命令を下したとすると、チェイニーが九時四五分までに大統領危機管理センターに来ていたという説明にもつながるからだ。第2、第3章で見たように、チェイニー自身が9・11事件から五日後に、ペンタゴン攻撃より前に大統領危機管理センターに行ったとNBCのティム・ラサートに語っているので、一時期はこの考えが正しいとされていた。ところが『9・11委員会報告書』が書かれた頃には、別の話にすり替えられていた。なぜなら、チェイニーが青年に言った言葉は、ペンタゴン攻撃に対する迎撃待機命令の確認だった可能性があるだけでなく、撃墜許可なら九三便のペンシルベニア墜落に関係している可能性もあり（詳細は次の章で論じる）、9・11委員会にとってはこの両方の考え方を排除することが重要になったからである。そこで委員会はおそらく、それ以前の証言をすべて無視して、チェイニーが一〇時近くまでは大統領危機管理センターに入らなかったことにしてしまい、二つの可能性を一挙に葬り去ることにしたのだろう。そのために委員会としては、大統領危機管理センターで九時四五分にミネタが、チェイニーの目の前で全機着陸命令を出したという話を、ミネタ以外の誰かが命令を出したという新説に置き換える必要があると決めた可能性がある。

この別の誰かがベルジャーであるという説は、少なくともジョシュア・グリーンがスレート誌にその記事を書いた二〇〇二年四月からあった。しかし委員会はこのグリーンの記事もまた、引用するわけにはいかなかった。なぜなら、そこにはバルズとウッドワードの記事への言及があったからだ。いずれにしてもベルジャーの名前は、バルズたちの記事の影響を受け、ミネタがチェイニーのいる前で全航空機を強制着陸させる決定をしたという話と結びつけた形で広まっていたのである。

全機着陸の決定をした人物を全米オペレーションズ・マネージャーのスライニーとする説は、USAトゥデイ紙の記事が出た二〇〇二年八月からあった。しかし委員会は、自らの主張を裏付けることにはならないので、この記事にも言及することはできなかった。なぜなら、この記事は九時四五分頃に起きた出来事として、「ノーマン・ミネタ運輸長官が、ホワイトハウス地下のバンカーでチェイニー副大統領に合流してから電話をかけてきた」と書いているからだ。委員会はこの記事に言及はしなかったものの、スライニーを意思決定者と特定している事実は、この説を広めるにあたってゼロから始める必要はなかったことを意味する。

スライニーを意思決定者と特定したことは、結果的に驚くべき成功を収めた。USAトゥデイの二〇〇六年の記事はこう始まっている。「ベン・スライニーは、二〇〇一年九月一一日に空を閉鎖した人物だ。（中略）彼は全米のあらゆる航空機を着陸させるという前例のない命令を下した」。さらにこんな記述もある。「スライニーは映画『ユナイテッド93』の中心人物である。（中略）しかも、もう一つ前例のないことをした。自らが本人役で映画に出演しているのだ」。記事は次の言葉で終わる。「すべての飛行機を着陸させたとき（中略）、スライニーは（上司の）承認を待たなかった」[原注12]。かくして、スライニーが上司に相談しないで決定したという説が、事実として認められることとなった。

◆結論

ノーマン・ミネタよりもベン・スライニーのほうが、中心人物として映画を撮りやすいという事実を考えれば、ハリウッドが『9・11委員会報告書』を最も権威のある決定版と見なしたことは理解できる。だが、議会とマスコミはもっと批判的であるべきだ。ミネタもガーヴィー連邦航空局長も、決定したのはミネタだと言っているのに、なぜ9・11委員会はミネタに一言も言及しないまま、スライニーが決定したと結論づけたのか、その理由を追及しなければならない。大統領危機管理センターで九時二五分か二六分頃に起きたチェイニーと青年のやりとりについても、委員会はミネタ証言を完全に無視した。もし委員会が、全機着陸命令が出たときチェイニーが大統領危機管理センターにいた事実を歪めるために、これら二つの証言を黙殺し、しかも話をすり替えたのだとしたら、この問題の真相を明らかにすることは極めて重要であると思われる。議会とマスコミは真相を究明するべきだ。

第5章

チェイニーはいつ撃墜許可を出したのか

チェイニーがあの朝、アメリカ国土に危害を加え得るあらゆる民間機を撃ち落とす許可を与えたことは、誰もが同意している。だが、チェイニーが単独でこの許可を出したのか、あるいはチェイニー自身が主張しているように、ブッシュ大統領が出した許可を単に伝えただけなのかについては、意見の相違がある。このチェイニーの主張に対しては、9・11委員会でさえ疑問視している(原注1)。この許可をチェイニーから受け取ったという点では誰もが一致しているのだが、この許可がいつ出されたかという点でも、重大な不一致がある。現に『9・11委員会報告書』では、それ以前に報じられたすべての報告と明らかに意見を異にしている。

◆『9・11委員会報告書』の説明

すでに見たように9・11委員会は、チェイニー副大統領が大統領危機管理センターに入室した時刻を「一〇時少し前、おそらく九時五八分」としている。一〇時〇二分にはシークレットサービスからチェイニーのもとに、「ワシントンに向かって接近してくる一機の飛行機について報告が入り始めた。(原注2)ハイジャックされたものと思われる」。この飛行機は後にユナイテッド九三便だったことになるのだが、委員会によると、そのときはまだわからなかったという（なぜならFAA以外は誰も、この飛行機がハイジャックされていたことを墜落したあとまで知らなかったから、と委員会は説明している(原注3)）。この次に起こったことは第3章で要約したとおり、委員会は接近してくる飛行機について新バージョンを主張しているのだ。

この委員会バージョンでは、チェイニーは「一〇時一〇分から一五分の間に」軍のアシスタントに撃墜許可を出し、「おそらく一〇時一二分から一八分の間に」再び許可を出したあと、一〇時二〇分には大統領から確認を取ったことになっている。(原注4)報告書にはリチャード・クラーク大統領特別補佐官が「ブッシュ大統領に飛行機の撃墜許可を求めた」とも書いてあり、撃墜許可の「確認は一〇時二五分に来た(原注5)」と記してある。

◆リチャード・クラークの説明

ところがリチャード・クラーク本人の説明は大幅に異なっていて、一〇時二五分より三〇分以上も早い時刻に撃墜許可の確認を受け取ったというのだ。

クラークの著書によると、彼は九時三〇分少し過ぎた頃、地下の大統領危機管理センターに電話を入れた。そしてチェイニーとクラークとの連絡を担当するマイケル・フェンゼル少佐に伝言を命じた。「攻撃してきて地上に多数の死者が出る恐れのある航空機に対しては、乗客を乗せたハイジャック機も含めてすべて、空軍が撃墜する」許可を要請する、(原注6)と。決定が出るまで時間がかかるだろうとクラークは予想していたが、ペンタゴンが攻撃されたあと、まだ「エアフォースワンが離陸準備中」のときに（ようやく離陸したのは九時五五分頃）フェンゼルが電話をしてきて、次のように言った。「大統領がペンタゴンに、敵性航空機を撃墜する許可を与えました。ペンタゴンにそう伝えて下さい。繰り返します。ペンタゴンは敵性航空機を撃墜する権限があります」。クラークはそのあとテレビ会議を継続しながら、こう言ったと報告している。「国防総省、国防総省（中略）、大統領が、敵性とみなされる航空機に対し、武力行使を行なう命令を下しました」(原注7)。

クラークは「チェイニーから、つまりチェイニーを通してブッシュから、極めて迅速に決定が下りてきたので驚いた」と書いている(原注8)。クラークがこの許可を受けた時刻は、シークレットサービスが「（ホワイトハウスからの）避難命令を出した」すぐあとだったという(原注9)。避難命令が出たのは九時四五分頃である（緊急避難だったことをクラークははっきりと覚えている。シークレットサービスの警備員が若い女性たちに向かって、「ハイヒールを履いている人は靴を脱いで走って下さい、走って！」と叫んでいた。その二〇分ほど前に始まった避難はそれよりゆっくりしていた）(原注10)。つまりクラークの話では、撃墜許可が出たのは九時四五分から五五分の間、おそらく九時五〇分ぐらいになる。

◆将校たちの説明

9・11委員会の主張は、軍の将校たちの証言とも食い違っている。二〇〇三年、USニューズ&ワールドレポートの記事は、「民間のいかなるハイジャック機をも撃墜するという前代未聞の大統領命令」について論じる中で、次のように書いている。「ペンタゴン筋によると、七七便がペンタゴンに激突し、FAAが史上初の全航空機着陸命令を出した。[原注11] すぐそのあと、ブッシュは（※撃墜）命令をチェイニーに伝えた」。ということは、撃墜許可が出たのは九時四五分を少し過ぎた時刻になる。この「ペンタゴン筋」とはおそらく、本書ですでに引用したのと同じ将校たちを指しているのだろう。

例えば国家軍事指揮センター（NMCC）副長官のモンタギュー・ウィンフィールド准将は、九三便が墜落する前に撃墜許可を受け取ったという。9・11事件一周年の日にウィンフィールドはABCニュースで「九三便を迎撃する決定が下された」あと「ワシントンDCを脅かす、罪のない民間機を撃墜する許可を、大統領が我々に与えたと副大統領が言った」と述べている。[原注12]

同じ週に放送されたCNNの番組でも、ウィンフィールドの説明が支持された。CNNのペンタゴン担当記者バーバラ・スターが、この出来事を再現して次のように語った。「九時四〇分になって、非常に重要な問題が起きました。ユナイテッド航空九三便がトランスポンダー（※無線信号などによる応答装置）を切ったのです。当局はこの飛行機がワシントンDCに向かっているに違いないと考えました」。続いてウィンフィールドが画面に登場し、「他のハイジャックされた三機が取った行動とほとんど同じでした」と言った。再びスター記者が続けた。「戦闘機が懸命に捜索を始めました。チェイニー副大統領が盗聴防止付き電話回線を通じて、ワシントンを脅かすいかなる旅客機をも撃墜する許可が与えられたと軍に伝えました」。[原注13]

北米航空宇宙防衛司令部（NORAD）の米国本土担当司令官ラリー・アーノルド少将は、「九三便がもしワシントンDCに向かい続けたら、撃墜しようと固く決意していました」と語った。[原注14]

北東防空セクター（NEADS。NORADの北東管区）のトップ、ロバート・マー大佐は、九三便がまだ上空にいるときに撃墜命令を受け、「必要とあらば殺害せよという許可を得た」[原注15]と言い、「ユナイテッド航空九三便をワシントンDCに到達させてはならない」とつけ加えた。[原注16]そのとき飛行中だったパイロットも、これらの命令を受けたことを確認している。アンソニー・クチンスキー中尉は、二機のF一六戦闘機とともにE—三セントリー（※偵察機）に乗ってラングレー空軍基地を飛び立ち、ピッツバーグに向かっている途中で、「旅客機を撃墜する命令を直接受けた」と述べている。[原注17]

さらに、ワシントンのはずれにあるアンドリュース空軍基地に駐屯する第一二一戦闘機中隊の作戦隊長、マーク・サスビル中佐の証言もある。エビエーションウィーク&スペーステクノロジー誌（※航空宇宙技術専門誌）の記事によればペンタゴン攻撃後まもなく、シークレットサービスがアンドリュース空軍基地に「直ちに発進しろ！」と命じたという。ほぼ同じ時刻、ホワイトハウスの誰かがワシントン一帯に「無差別砲撃地帯」宣言を出した。「これは、米国の首都とその財産と人々を守るために必要なら、軍は状況次第で武力行使する権限を与えられたことを意味する」とサスビルが解説している。[原注18]

この時間帯にシークレットサービスが同様の命令を出したという証言は、ノースダコタ州軍副将のマイク・ホーゲン少将からも示されている。少将によるとペンタゴン攻撃直後に、シークレットサービスがラングレー基地のF一六戦闘機に対して「いかなる犠牲を払ってでもホワイトハウスを守れ」と命じたという。[原注19]

つまり、これらの軍将校たちの証言はすべて、9・11委員会の説明よりも、リチャード・クラークの主張のほうがはるかに真実に近いことを示しているわけだ。

◆矛盾への対応

クラークやこれら武官たちの証言と食い違う主張を、9・11委員会はどのように説明しているだろう。その対処法は次の四つに分類できる。

第一は、強弁する。これまでの章でも見たように、チェイニーが大統領危機管理センターから撃墜許可を出したことは有名だが、チェイニーが大統領危機管理センターに入った時刻は一〇時少し前だと主張した。

第二は、委員会独自の新バージョンを創る。第3章で詳述したとおり、接近してくる飛行機のエピソードが始まったのが一〇時〇二分以降であり、撃墜許可が出たのは一〇時一八分以降にするという新しい筋書きを打ち出した。

第三は、食い違う証言を単に無視する。アーノルド少将、マー大佐、サスビル中佐、そしてパイロットたちの証言はどれも引用しなかった。クラーク証言では、チェイニーから撃墜許可を得たのはエアフォースワンがまだ離陸を待っているときだったとしていて、九時五五分より前になってしまうため、委員会はただ単にこう記述した。「撃墜許可は一〇時二五分に（クラークに）下りた(原注20)」。

第四は、別の話と置き換える。クラークが出した三項目の要請に対する回答（九時五〇分頃）を、委員会は別の項目にすり替えた。クラーク本人の説明では、その回答を得たあと、テレビ会議に参加していたラムズフェルド国防長官とリチャード・マイヤーズ空軍大将という、国防総省の代表二人にこう報告したという。「決定事項は三つある。その一、大統領が、敵性とみなされる航空機に対する武力行使を命じた。その二、ホワイトハウスはエアフォースワンの護衛を戦闘機に要請する。その三（中略）、我々は政府存続計画（COG＝Continuity of Government）を開始する」(原注21)

ホワイトハウスがこれらの要請をしたことについては9・11委員会は認めているものの、その内容は別の話にすり替えられ、クラークは撃墜許可を求めていないことになっている。委員会はこの新バージョンを提供するにあたり、ペンタゴンの国家軍事指揮センター（NMCC）が主催したテレビ会議の筆記録を引用している。筆記録によれば「ホワイトハウスは（一）政府存続計画の開始、（二）戦闘機によるエアフォースワンの護衛、（三）戦闘機によるワシントンDC上空の空中パトロールを要請した」という(原注22)。確かにクラークは著書の同じページで、「全米の各主要都市で戦闘機が空中パトロールすべきだ」と書いている(原注23)。しかしクラークにとっては、これは四つ目の要請である。委員会はそれを三つ目に繰り上げることによって、撃墜許可についてはこのときは要請していないという新説を示したのだ。

アーノルド少将、マー大佐、サスビル中佐、ウィンフィールド准将、クラーク大統領特別補佐官、そして二人のパイロットがほぼ一致している主張を、委員会は以上四つの方法で独自の新説にすり替え、撃墜許可が出されたのはユナイテッド九三便が墜落したずっとあとだったことにした。このバージョンはその後、映画『ユナイテッド93』によって世界中に広まった。この映画の最後は、一〇時一八分に大統領が軍に交戦許可を与えたという言葉で終わっている。

しかし委員会のこの説明が、リチャード・クラークや数人の軍幹部の証言と大幅に食い違っている事実は依然としてある。これらの中でどの説明が真実なのか——真実があるとすればの話だが、議会とマスコミは真相を調査する必要がある。一例を挙げると、議会はクラークのテレビ会議の録画記録に対して提出命令を出し、彼が著書に書いている話が事実かどうか調査することができる。

◆結論

チェイニー副大統領がいつ撃墜許可を出したのかについて、9・11委員会の主張は、リチャード・クラークや複数の軍幹部の証言と食い違っている。中でも北東防空セクター（NEADS）のトップであるマー大佐、北米航空宇宙防衛司令部（NORAD）の米国本土担当トップであるラリー・アーノルド少将、国家軍事指揮センター（NMCC）の副長官モンタギュー・ウィンフィールド准将の三人は、とくに事態をよく把握できる立場にいた。議会とマスコミは、誰が、なぜ、嘘の説明をしたのかを調査しなければならない。

第6章 マイヤーズ空軍大将はどこにいたのか

事件当日の九月一一日、リチャード・マイヤーズ空軍大将は統合参謀本部（※資料2参照）議長代理だった。統合参謀本部議長はヒュー・シェルトン大将が現職だったが、マイヤーズはその後任に指名されていたものの、上院軍事委員会での指名承認公聴会がまだ終わっていなかった。しかし事件当日、シェルトンはヨーロッパへ出張したため、統合参謀本部議長代理のマイヤーズがペンタゴンでは最高ランクの軍人だった。したがってあの日の朝、マイヤーズが、どこにいるのかを知っている人間は数十名もいたはずだが、不思議なことに、彼の所在についてはまったく異なる話が二つ存在するのだ。

◆マイヤーズ大将と9・11委員会の説明

マイヤーズ空軍大将自身が語ったところによると、彼は八時四〇分から九時四〇分ぐらいまで、連邦議会議事堂でマックス・クレランド上院議員を訪ねていたという（指名承認公聴会の準備をするために）。クレランド上院議員の事務所に入る直前に、テレビ報道で最初の世界貿易センタービル北タワーへの最初の飛行機突入を知った。その報道では「小型飛行機のようなもの」と思われたので、そのままクレランドの事務所に入って会議をした。その会議中に二機目の激突があったわけだが、そのニュースを「誰も知らせてくれなかった」と彼は言っている。議員の事務所から出てきたときにはすでに南タワーも攻撃されていたことを知り、「ちょうどそのとき、ペンタゴンが攻撃されたと誰かが言った」という。そのあとのことをマイヤーズはこう語る（※二〇〇一年一〇月一七日のインタビュー）。

即座に誰かから携帯電話を渡され、コロラドスプリングスのＮＯＲＡＤ（北米航空宇宙防衛司令部）の司令官、ラルフ・エバハート大将からの電話に出ました。エバハート大将は事件の内容と、これからの行動予定を話しました。電話を終えて我々は直ちに車に飛び乗り、ペンタゴンに戻りました。(原注1)

『9・11委員会報告書』はこの話を採用し、「マイヤーズはペンタゴンが攻撃されたとき連邦議会議事堂にいて（中略）、ペンタゴンに戻る車の中から、建物が煙を上げているのを見た」とある。(原注2)国家軍事指揮センター（ＮＭＣＣ）には一〇時少し前に戻ったという。(原注3)

マイヤーズ本人がそう言ったのだろうが、この話は説得力に欠ける。世界貿易センターの最初の攻撃のあと、統合参謀本部議長代理であるマイヤーズ空軍大将が、事件の状況を確認することもなく、そのまま予定どおり打ち合わせをしたことになるからだ。しかも、二機目の突入で、アメリカが攻撃されているのだと誰もが思ったというのに、クレランド議員の秘書も、ペンタゴンや軍の誰一人として、マイヤーズ大将に連絡しなかったというのだ。さらに、ペンタゴンが攻撃されたあと、ペンタゴンからは誰も彼に連絡しなかったことになる。

ともあれ、本書の目的から見て重要な問題は、このマイヤーズと9・11委員会の主張が、リチャード・クラーク大統領特別補佐官の説明と完全に食い違っていることだ。

◆リチャード・クラークの説明

クラークは既述のとおり、当日の朝ホワイトハウスのテレビ電話会議センターでテレビ会議を開催した。クラークの著書によると、彼は九時〇三分にホワイトハウスに到着してすぐチェイニーとライスとの短い会合に出席、それが終わった直後にテレビ会議を始めたというから、テレビ会議は九時一〇分頃に始まったことになる。この開始から数分後にノーマン・ミネタが到着したとクラークは書いている。ミネタ自身も、ホワイトハウスに到着したあとクラークと「四、五分間」話し、それから大統領危機管理センター（ＰＥＯＣ）に下りて行って「九時二〇分頃」到着したと証言していることから、このテレビ会議開始時刻は裏付けられている。(原注4)

クラークが描写しているテレビ会議開始直前の様子は、マイヤーズの説明と食い違う。

テレビ会議センターに入ると（中略）、みんながそれぞれの職場のスタジオに大急ぎで入ってくるのが見えた。ドナルド・ラムズフェルドは国防総省の、ジョージ・テネットはＣＩＡのスタジオへ。（中略）四つ星のディック・マイヤーズ空軍大将は、大西洋上空にいたヒュー・シェルトン統合参謀本部議長の代理として出席していた。ボブ・ミューラー（※FBI長官）はFBIのスタジオにいた。[原注5]（後略）

マイヤーズ自身は、このとき（九時一五分頃）クレランド議員の事務所にいたと説明しているが、クラークの著書ではペンタゴンにいて、テレビ会議に参加していたことになっている。

　クラークの報告によると、彼が実際にマイヤーズと交信したのは九時二八分より少し前だという。その前に、連邦航空局長ジェーン・ガーヴィーと話しており、ガーヴィーは「世界貿易センターに突入した二機はアメリカン航空一一便、（ボーイング）七六七型機と、ユナイテッド航空一七五便、同じく七六七型機で、ハイジャックされていました」と言った。彼女はまた、「コースを逸脱したり通信不能になっていて、ハイジャックされたと思われる航空機が一一機あるとの報告」を受けていると述べた。[原注6]このやりとりと、ノーマン・ミネタの到着を描写したあと、クラークはマイヤーズと次のように話したと書いている。

「JCS（統合参謀本部）、JCS。NORAD（※北米航空宇宙防衛司令部）は戦闘機とAWACS（※早期警戒管制機）をスクランブル発進させたと思うが、何機を、どこへ？」

「それがあまり芳しくないんだ、ディック。（中略）NORADは今、「警戒する戦士作戦（※Vigilant Warrior）」の演習真っ最中なんだが（中略）、オーティス（マサチューセッツ州の空軍州兵基地）がすでに二機をニューヨークに発進させた。ラングレー（空軍基地）は今二機発進させる

ところだ」（中略）

「了解。ワシントンＤＣ上空にＣＡＰ（※Combat Air Patrol 空中警戒待機、空中パトロール）を配備するにはどれぐらいかかる？」（中略）

「可能な限り早く実施する。一五分でできるか？」マイヤーズは周りの中将や大佐たちを見て聞いた。時刻は九時二八分だった。（原注7）

ちなみにこの説明は、二〇〇一年九月一八日発表のＮＯＲＡＤの時系列記録と一致している。それによれば、ラングレー空軍基地は九時二四分にスクランブル発進命令を受けたが、戦闘機が飛び立ったのは九時三〇分だった。したがって九時二八分にはまだ戦闘機を離陸させようとしているところだった。

いずれにせよクラークの記述は、マイヤーズの説明と著しく異なっている。マイヤーズの話では、彼はクレランド議員の事務所に入るのを待っているときに、一機目の激突を知ったものの、「小型飛行機のようなもの」だと思った。二機目の激突のことは、クレランドの事務所を出てから初めて知った、それからペンタゴンに一〇時少し前に戻った、という。一方クラークの話では、マイヤーズは「中将や大佐たち」と一緒にずっとペンタゴンにいた。遅くとも九時二五分には二機のハイジャック機が世界貿易センターに突入したことを知っていて、軍がさらなる攻撃に備えて四機の戦闘機をスクランブル発進させたことも知っていた、となっている。

クラークの著書ではこのあとの経過説明が続く。大統領声明のために（※テレビ会議が）一時中断した。クラークが大統領危機管理センター（ＰＥＯＣ）に電話して撃墜許可を求めた。ジェーン・ガーヴィー連邦航空局長が「ハイジャックされた可能性のある飛行機」数機の中に、「ペンシルベニア上空のユナイテッド九三便」が含まれていると報告した。ワシントンに向かっている飛行機が一機あるという報告が入る。シークレットサービスがホワイトハウスからの退避を決定した。「たった今、ペンタゴンに飛行機が激突した」との報告。エアフォースワンがまもなく離陸するという報告。ペンタゴンは「大統領から敵性航空機の撃墜許可」を得たという報告。この撃墜許可の報告の次にクラークは、「チェイニーから、つまりチェイニーを通してブッシュから、極めて迅速に決定が下りてきたので驚いた」と書いている。

クラークはさらにこう続ける。「マイヤーズ大将は〝了解。航空機を撃墜する。だが、交戦規定は？〟と尋ねた（原注８）」

クラークは続いて、シークレットサービスの「敵性機、十分の距離」という報告と、ホワイトハウスの退避完了（「東ウイングの爆弾シェルターにいたチェイニーのグループと、西ウイングの危機管理室にいた私（クラーク）のチームを除く」）について詳述し、少しあとにこう書いている。

我々はテレビ会議を再開した。「ＤＯＤ（※国防総省）、ＤＯＤ、どうぞ」。私はペンタゴンに、戦闘機による援護について最新情報を求めた。

マイヤーズが現状報告をした。「ラングレー基地からペンタゴン上空にＦ一六を三機配備した。アンドリュース基地は、ＤＣ空軍（※コロンビア特別区空軍）の戦闘機を発進させる。ミシガン

州空軍の戦闘機が東へ飛び立ち、ペンシルベニア上空の敵性機に向かって飛行中」(原注9)

クラークはその二ページ後に、テレビモニターで世界貿易センター南タワーの倒壊を見たと書いている。南タワー倒壊は九時五九分だから、マイヤーズ大将のこの現状報告は、一〇時より何分か前の発言ということになる。

◆軍秘書官の証言

マイヤーズ大将がずっとペンタゴンにいたというクラークの説明は、軍の秘書官だったトーマス・ホワイトの話と符合する。あの日の朝八時、ドナルド・ラムズフェルド国防長官がペンタゴンにある自分のプライベートダイニングルームで朝食会議を開催し(原注10)、それに出席したホワイトがこう語っている。

ドン・ラムズフェルドが朝食会議を開き、そこに国防総省の実質上すべての上級将校が集まっていました。陸海空参謀長、長官、副長官もみんな、統合参謀本部議長も。その朝食会議が終わる頃、一機目の飛行機が世界貿易センタータワーに突っ込んだのです(原注11)。

「統合参謀本部議長」というのは、あの日はマイヤーズ大将以外にはいなかったはずである。なぜならマイヤーズは、最後の確認を待つばかりの次期統合参謀本部議長であり、退任予定の統合参謀本部議長ヒュー・シェルトン大将がヨーロッパに出発したため、この日は臨時代理を務めていたからだ。ホワイトの証言によれば、一機目が世界貿易センターに突っ込んだとき、マイヤーズはペンタゴンで朝食会議に出席していたのであって、連邦議会議事堂のクレランド議員の事務所にいたのではない。朝食会議が始まったのが八時なので、もしマイヤーズが中座して、一番機突入の八時四六分より前に議事堂に到着していたのなら辻褄は合う。だが、ずっといたのなら、クラークが書いているように、マイヤーズはホワイトハウスのテレビ会議にも参加できたわけだ。

◆矛盾への対応

これほど明らかな矛盾はないだろう。クラークの説明では、マイヤーズは九時一五分頃から一〇時頃まで行なわれたクラークのテレビ会議に参加して、状況を完全に把握していた。統合参謀本部議長代理という立場にふさわしく、意思決定に参画していたのだ。ところがマイヤーズおよび9・11委員会の主張は正反対で、マイヤーズ大将は完全に蚊帳の外に置かれ、一〇時近くにやっとペンタゴンに到着したことになっている。

この違いは決定的だ。なぜなら、もしマイヤーズがクラークのテレビ会議に参加して、クラークの説明どおりの会議だった場合、マイヤーズはその会議で語られた多くの重要事項を知ったことになるからだ。ジェーン・ガーヴィー連邦航空局長が九時一五分頃に言った、世界貿易センターに激突した二機の飛行機がハイジャックされていたことも、「コースを逸脱したり通信不能になっていて、ハイジャックされたと思われる航空機が一一機あるとの報告」も聞いていたはずだ。「ペンシルベニア上空のユナイテッド九三便」が「ハイジャックされた可能性」があるというガーヴィーの報告もだ。九時五〇分頃クラークがチェイニーから撃墜許可を得たこともわかったはずだ。それに対してマイヤーズ自身が「了解。航空機を撃墜する。だが、交戦規定は?」と尋ねたこともわかっているはずだ。しかし、マイヤーズがそこにいなかったのなら、これらすべてを知らなかったことになる。

委員会はクラークの記述をどう扱っただろうか。

クラークの著書『爆弾証言　すべての敵に向かって』(※巻末の凡例参照)は、二〇〇四年三月初旬、9・11委員会の公聴会がまだ続いていたときに出版された。その四カ月後に発表された『9・11委員会報告書』では、マイヤーズ大将の主張が支持されるわけだが、クラークの説明と完全に食い違っている事実を、委員会は報告書の中でどう処理しただろう。答えは、クラークの著書を完全に無視したのだ。クラークの本は全米ベストセラーになり、何百万の人々に読まれた。それなのに9・11委員会はマイヤーズの当日の行動を、クラークの説明と明白に食い違う事実にはいっさい触れずに発表した。なぜ委員会はそんなことをしたのだろうか。

委員会は確かに、テレビ会議があったことには言及した。しかし、クラークの本はあたかも存在しないかのように、報告書本文の中にも注記にも記載しなかった。

クラークの著書を無視すれば、委員会はそれに反論する必要がなくなり、一方的に矛盾した主張をするだけですむ。例えばクラークの説明では、テレビ会議の開始時刻は九時一〇分頃を示しているが、9・11委員会は単に「九時二五分に始まった」と書いているだけだ。さらに委員会は、「ペンタ

ゴン攻撃の九時三七分より前に、テレビ会議が本格的に始まっていたかどうかは定かでない」とまでつけ加えている。(原注12)

マイヤーズ大将が九時一五分から一〇時までどこにいたかに関しても、委員会はクラークの本を無視した。だが、ペンタゴンの誰かがテレビ会議に参加していたはずだということはさすがに認めている。委員会は、マイヤーズがペンタゴンのスタジオからテレビ会議に参加していたというクラークの主張との直接対決を避けつつも、クラーク説は事実ではない、と次のようにほのめかしている。「国防総省から誰が出席していたのかはわからないが、最初の一時間は、危機管理に関わるスタッフは一人も参加していなかったことがわかっている」。

これは実に奇妙な主張だと言わざるを得ない。理由は二つある。

まず第一に、９・11委員会の委員たちはリチャード・クラークのことも彼の著書もよく知っていた。ペンタゴンから誰がテレビ会議に参加していたかは、クラークの本を読むか、クラーク本人に聞くだけで簡単に知ることができる。クラークの説明は信用できないというのなら、テレビ会議の録画を入手すればいい。この程度の情報を見つけられなかったと主張することは、即ち委員たちの著しい無能さを露呈することである。

第二に、もし委員会が本当にペンタゴンからの出席者を誰も知らないのなら、「最初の一時間は、危機管理に関わるスタッフは一人も参加していなかった」とどうやって知ることができたのかという問題がある。何の根拠もなしに断言したわけではないはずだ。出席者を誰一人知らなくても、危機管理ができる地位のペンタゴン関係者が一人も参加していなかったと判断できた理由を、なぜはっきりと説明しなかったのだろう。マイヤーズ大将については、一〇時近くまでほかの場所にいて、その後ペンタゴンの国家軍事指揮センター（NMCC）へ行き、NMCCのほうのテレビ会議に専念した、と委員会は説明している。(原注13) だからマイヤーズは、クラークのテレビ会議の最初の一時間は出席しなかった、という理屈はあり得る。委員会はそれを暗に主張したかったのだろうか。だとしたら、なぜ明確に説明しなかったのか、クラークが提供した情報を完全に無視したことと考え合わせると、とりわけ奇異な印象を受ける。

委員会が会議の出席者を知らないという説明は奇妙だが、それでも委員会の目的にはかなっている。後続の章でも見るように、アメリカン航空七七便とユナイテッド航空九三便が激突あるいは墜落するまで、軍部はハイジャックの報告を受けていなかったと委員会は主張している。クラークのテレビ会議にマイヤーズ大将など危機管理担当の幹部が出席していなかったと主張すれば、このテレビ会議でも、二機がハイジャックされていた情報を軍が知ることはできなかったと主張できるわけだ。

とりわけユナイテッド九三便に関しても、そう主張することが委員会にとっては極めて重要なのである。なぜなら既述のとおりクラークの著書には、ジェーン・ガーヴィー連邦航空局長が九時三五分頃、「ハイジャックされた可能性のある」飛行機の中に「ペンシルベニア上空のユナイテッド九三便」(原注14) が含まれると報告し、そのテレビ会議にマイヤーズ大将が出席していたことも書いてあるからだ。もし委員会がクラークの話を認めたら、「危機管理に関わる」地位の軍人は誰も、九三便がハイジャックの兆候を示していたことを知らなかったという主張が維持できなくなる。クラーク説に対する反論が必要になり、その結果、マイヤーズの主張に疑惑が持ち上がることは避けられなかっただろう。

アメリカン航空七七便に関しても、クラークの話は委員会にとって脅威なのだ。ペンタゴンに突入したのは七七便だとする委員会は、七七便がワシントンに方向転換したことも、ハイジャックされたことすらも、軍は知らなかったと主張している。クラークの著書には、テレビ会議で七七便に関する議論があったという言及はまったくないが、連邦航空局は委員会に対し、「七七便を含むすべての関連問題機」について逐一、軍に報告していたと記述している。(原注15)委員会は、ペンタゴン激突の決定的な瞬間にマイヤーズ大将が連邦議会議事堂にいたという本人の主張を支持することで、テレビ会議に出席していたというクラークの主張を暗に却下した。そうすることによって、テレビ会議で連邦航空局のジェーン・ガーヴィー局長が提供した七七便情報を、マイヤーズが知り得た可能性を排除したのだ。同時に、クラークの本を完全に無視することによって、委員会はこの問題について反論する必要さえなくなった。

◆マイヤーズ対マイヤーズ

マイヤーズ大将が二〇〇一年一〇月一七日に（※「米軍ラジオ・テレビ局」で）語った説明は、クラークの主張と食い違っているだけではない。マイヤーズ本人が別の日に語った、あの朝九時から一〇時の間の説明とも矛盾している。

いくつかあるバージョンのうちの最初は、二〇〇一年九月一三日の上院指名承認公聴会のときの証言だ。この中でマイヤーズは「これ（ペンタゴン攻撃）が起きたとき、私はクレランド上院議員と一緒でした」と言った。この部分は一〇月一七日の証言と一致している。ところがそのあと、旅客機数機が航路から外れたことを知ったときの軍の対応について質問されたとき、マイヤーズは「二番目のタワーが攻撃されたあと、私はNORAD司令官のエバハート大将に話をしました」と言った。(原注16) 二機目の攻撃の後、エバハートと話したというこの説明は、一〇月一七日の主張と矛盾しているように見える。一〇月一七日の話では、彼がエバハートから電話をもらったのは、ペンタゴン攻撃を知ったあとになっているからだ。ただ、この矛盾を追及すれば反論される可能性がある。指名承認公聴会のとき言い忘れただけで、エバハートからの電話はペンタゴン攻撃のあとだけでなく、世界貿易センター第二ビル（※南タワー）攻撃のあとにもあった、とマイヤーズが言えばすむ。

それが事実かどうかはともかく、マイヤーズの一〇月一七日の発言ともっと明白に食い違っているのは、二〇〇四年の9・11委員会の公聴会での彼の証言だ。

> クレランド上院議員との打ち合わせのあと連邦議会議事堂を出て、最初にもらった電話はエバハート大将からでした。彼は「これらの激突事件があり、我々は確固たる措置を取るつもりだ」と言いました。そのあと間もなく、我々がペンタゴンに向かっている途中でペンタゴンが攻撃されました。(原注17)

一〇月一七日のインタビューでは、エバハートから電話をもらったのはまだ議事堂にいるときで、立ち去ったあとではない。しかも、マイヤーズがペンタゴン攻撃について知ったのは、議事堂でクレランド議員と一緒にいたときで、エバハートからの電話の前である。ペンタゴンへ向かっている途中ではないし、エバハートからの電話のあとでもない。

最後に、二〇〇六年に国防総省が発表した記事は、マイヤーズの言葉を多用して書いてあるのだが、これがまた食い違う出来事の連続になっている。

二機目の飛行機が世界貿易センターにぶつかったとき、（マイヤーズ大将は）ジョージア州選出上院議員のマックス・クレランドを訪ねていた。「私はエバハート大将からの電話と（中略）、私の補佐官からの電話で呼び出された」とマイヤーズは言う。彼は直ちに車に乗ってペンタゴンに急いだ。「まだ一四番ストリートブリッジにも着かないうちに、ペンタゴンが攻撃された」と彼は続ける。「橋の向こうに見える光景は、立ち上る黒い煙に包まれたペンタゴンだった」(原注18)。

この二〇〇六年のバージョンでは、マイヤーズがペンタゴン攻撃の前にエバハートから電話をもらったことと、ペンタゴンに戻る途中でペンタゴン攻撃が起きたことが、９・11委員会の公聴会での証言と一致している。（つまりこの二つの点に関しては、二〇〇一年のマイヤーズ自身の説明とは一致しないということだ）。しかしエバハートからの電話が、二機目の攻撃の直後、マイヤーズがまだクレランド上院議員の事務所にいるときになっていて（「電話で呼び出された」ということは、まだ議員の事務所内にいたことになる）、それまでのすべての発言と食い違っている。一〇月一七日のインタビューでは、電話を受けたのは議員事務所を出てからだと説明しているし、二〇〇四年の９・11委員会での証言では、すでに連邦議会議事堂を離れたあとだったと述べているのだ。

この二〇〇六年の説明から生じるもう一つの問題は、マイヤーズの車が「一四番ストリートブリッジ」に着く前にペンタゴンが攻撃された、という部分である。もし彼がエバハート大将からの電話で、世界貿易センターへの二機目の攻撃（※九時〇三分頃）を知らされて「直ちに」議事堂を出たのなら、つまり九時一〇分までに出たとすると、ペンタゴン攻撃のあった九時三八分よりかなり前にこの橋に到着していたはずである。

いずれにせよ、マイヤーズのさまざまな発言を見比べてみると矛盾に満ちている。もしマイヤーズがこれらの出来事を本当に体験したのなら、どこで何がどういう順番で起きたかという記憶は、彼の脳裏に刻み込まれているのが普通である。とりわけペンタゴン攻撃はそうだ。まさにマイヤーズや彼の同僚たち自身の職場なのだから。例えばもし本当に、マイヤーズがペンタゴン攻撃のことを知ったのがまだ議事堂にいるときだとしたら、あとになって、一四番ストリートブリッジの橋に近づく車の中から見て知ったと想像することがあり得るだろうか。逆に、もし議事堂にいたというのが作り話だとしたら、時間がたつと、どう説明したか忘れてしまうことは大いにあり得る。したがって、マイヤーズの複数の説明にある自己矛盾は、本当に議事堂にいたのか、リチャード・クラーク主催のテレビ会議に出席していたのではないのか、という疑惑を呼ぶのも無理はない。

◆マックス・クレランド議員の承認

しかしマイヤーズ大将の主張は、クレランド上院議員が自らあと押ししたことで力を得た。クレランドは民主党議員で、後に9・11委員会の委員に就任したが、委員会の首脳部がホワイトハウスの希望に沿った決定をしたことから批判的になり、辞任している。(原注19)

クレランドが最初に公にマイヤーズの主張を支持したのは、マイヤーズの上院軍事委員会での指名承認公聴会のときだ（※二〇〇一年九月一三日）。すでに見たようにマイヤーズはこの公聴会で、「（ペンタゴンが攻撃されたとき）私はクレランド上院議員と一緒でした」と証言した。そのあとクレランド議員は質問する番が来ると、冒頭で次のように言った。

大将、あの朝を振り返ってみると、あなたと私が会合を持ったのは幸運なことでした。あなたと私が、ペンタゴンではなく、ここで会合をしてよかった。というのも、あなたと私が通常戦力の増強の必要性について話し合い、テロリズムの問題や米国への攻撃を検討しているまさにそのとき、ペンタゴンが攻撃されたのですからね。(原注20)

ペンタゴンが攻撃されたとき二人は一緒にいたという、マイヤーズ証言の上院軍事委員会バージョンを支持したために、当然クレランドのこの発言もまた、マイヤーズの後年の証言と矛盾することになる。後の証言では、ペンタゴンが攻撃されたとき、マイヤーズはペンタゴンへ戻る車の中にいたことに変わるからだ。

クレランド議員がマイヤーズの初期の話を支持したことから、二年後に新たな問題が持ち上がった。9・11委員会の委員に就任したクレランドが、このエピソードについて行なった説明が、より多くの矛盾を生んでしまったのだ。クレランドは二〇〇三年に行なった講演で次のように述べた。

　私は自分の上院事務所で、次期統合参謀本部議長となるマイヤーズ大将と、アメリカの防衛の未来について、とくに世界規模のテロリズムについて語り合っていました。一機目の飛行機がすでに世界貿易センターに激突し、マイヤーズ大将は椅子から飛び出しました。私たちは隣の部屋に駆け込み、二機目の飛行機が突っ込むのをテレビで見ました。マイヤーズ大将は私の事務所から飛び出してペンタゴンに向かいました。その瞬間、ペンタゴンが攻撃されたのです。(原注21)

クレランドの新しい話は、ペンタゴン攻撃に関して言えば、二〇〇一年の指名承認公聴会のときよりも明らかにマイヤーズの後年の主張（二〇〇四年と二〇〇六年）に近づいている。だが、それ以外の部分ではクレランドが何を言っているのか正確に知るのは難しい。一つの解釈は、世界貿易センタービルに一機目がぶつかったときマイヤーズはすでにクレランドの事務所に入っていて、そのあとマイヤーズは「椅子から飛び出し」、二人とも隣の部屋に駆け込んでいった、ということだ。そうだとすると、マイヤーズのほかの説明と矛盾してしまうだけでなく、二機の飛行機の激突が数秒の間隔で連続したかのように見える。しかし実際には、二機目の激突は一七分後だった。

とはいえ、おそらくクレランドもマイヤーズと同様、彼らの会合が始まる前に一機目が世界貿易センターに突っ込んでいたと言いたかったのだろう。しかしそうだとすると、何がマイヤーズを席から飛び出させ、二人を隣の部屋に駆け込ませたのだろうか（二機目が突っ込むのを隣の部屋のテレビで見たのは明らかだ）。おそらくそれが、エバハート大将からの電話だったのだろう。いずれにせよ、マイヤーズは二機目が突っ込んでから急いでペンタゴンに向かい、そのときペンタゴンが攻撃された、とクレランドは言っている。

しかしこの説明は、二〇〇六年のマイヤーズの主張以上に時系列の問題が大きくなっている。クレランドの話では、マイヤーズが一四番ストリートブリッジに近づく前にペンタゴンが攻撃されたように聞こえる。さらに言えば、南タワーが攻撃された（九時〇三分）あとペンタゴンが攻撃される（九時三八分）までの三五分間が、まるで五分か十分しかなかったかのような口ぶりだ。

したがって一言で言えば、クレランド上院議員の発言は、マイヤーズ大将の主張の内部矛盾を、解決するどころか拡大してしまった。

◆結論

事件当日の朝、マイヤーズ空軍大将が取った行動について、マイヤーズ本人とクレランド上院議員の説明には内部矛盾がある。それ以上に重要なのは、マイヤーズと９・11委員会の説明が、リチャード・クラークの説明と際立った食い違いを見せていることだ。すべての説明が真実であることはあり得ない。議会とマスコミは関係者に問いただすべきである。どの説明が間違っているのか、なぜ嘘の話が語られたのかを究明すれば、議会とマスコミは極めて重要な何かを発見できるのではないだろうか。

第7章 ラムズフェルド国防長官はどこにいたのか

9・11事件当時、テロ対策担当大統領特別補佐官だったリチャード・クラークの著書には、事件当日朝、自らの主催するテレビ会議に、ペンタゴンからはマイヤーズ大将のみならず、ドナルド・ラムズフェルド国防長官も出席していたと書いてあることは既述のとおりである。このクラークの説明は、マイヤーズ本人の説明と矛盾するばかりか、ラムズフェルド自身の説明とも食い違う。

◆リチャード・クラークの説明

このホワイトハウスのテレビ会議について、クラークは著書で次のように説明を始めている。

テレビ会議センターに入ると（中略）、みんながそれぞれの職場のスタジオに大急ぎで入ってくるのが見えた。ドナルド・ラムズフェルドは国防総省の、ジョージ・テネットはＣＩＡのスタジオへ。(原注1)

これは午前九時一〇分頃のことだったと推定される。[原注2] その後ペンタゴンの攻撃を知らされたあと（おそらく九時三八分直後）、「ラムズフェルドがまだ画面に映っている」とクラークは書いている。[原注3] 九時五〇分頃に撃墜許可を受けたあと、クラークは「まだスクリーンに映っているペンタゴン幹部たちの注意を引こうとして、〝DOD、DOD（※国防総省）〟」と呼びかけたという。クラークの説明はさらにこう続く。

ペンタゴンの盗聴防止付きテレビ会議スタジオに煙が入ってきているとラムズフェルドが言った。フランクリン・ミラーがラムズフェルドに、早くヘリコプターで国防総省の代替施設へ行くよう促した。「代替施設まで行くには私は年を取り過ぎている」と長官は答えた。ラムズフェルドはペンタゴン内の別のスタジオに移り、遠い代替施設にはポール・ウォルフォウィッツ国防副長官を行かせた。[原注4]

クラークはそのあと午後三時三〇分頃まで、ラムズフェルドとのやりとりには言及していないが、[原注5] ラムズフェルドが「別のスタジオに移った」ということは、ラムズフェルドがクラークのテレビ会議への参加をこの時点で終わりにしたのではないことを示している。

要するにクラークによれば、ペンタゴンの攻撃が起こったとき、ラムズフェルドはテレビ会議スタジオ（ペンタゴンのラムズフェルドの執務室に近い幹部支援センターにある）にいて、そのあと別のスタジオに移動した、ということだ。

◆ラムズフェルドの9・11委員会での証言

ラムズフェルド自身は二〇〇四年三月二三日、9・11委員会の公聴会で、こう証言している。

私はCIAのブリーフィング担当者と一緒に自分の執務室にいて、二番目の飛行機が別のタワーに激突したことを知らされました。それからまもない九時三八分、ペンタゴンの建物が、当時原因不明だった爆発で揺れました。私は何が起こったのか確認しようと外に出ました。外にはあまり長居はせず、午前一〇時直前か直後には危機対応チームと一緒にペンタゴンの中に戻りました。

衝突現場から戻ると、幹部支援センターへ行く前に、私の執務室で一回以上電話を受け、そのひとつは大統領からでした。

国家軍事指揮センターに行くと、マイヤーズ大将が（中略）連邦議会議事堂からちょうど戻ったところでした。（中略）私は、すでに進行中だった対空危機テレビ会議に参加しました。（原注6）

クラークの著書では、ペンタゴンが攻撃されたときラムズフェルドは「ペンタゴンの盗聴防止付きテレビ会議スタジオ」（幹部支援センター内）にいたとしているが、ラムズフェルド自身は、自分の執務室にいたと証言している。また、クラークによると、テレビ会議スタジオに煙が入ってきたため、ラムズフェルドが別のスタジオに移ったとのことだが、ラムズフェルド本人は公聴会で、好奇心から攻撃現場へ下りて行ったと話している。

この証言では、ラムズフェルドは「何が起こったのか確認」するのに必要な間だけ攻撃現場にとどまったように聞こえるが、ほかのもっと詳しい発言では、攻撃現場にしばらくいて、負傷者の救助を手伝ったと話している（これは複数のペンタゴン写真で裏付けられている）。[原注7] 例えば９・11から一カ月後のインタビューでは本人がこう述べている。

　私がここに（私の執務室に）座っているときこの建物が攻撃されたので、その衝撃を非常にはっきりと感じました。（中略）窓の外を見るとここからは何も見えず、そこで廊下を行くと煙がひどくなったので階段を下りていき、外に出て何が起きたのか見ました。（中略）芝生の上に人々がいるのが見えました。私たちはどうにか彼らを担架に乗せ、芝生を横切って道路まで行き、ジャージー壁の上まで持ち上げて、反対側にいる人たちが救急車に運び込めるようにしました。私はしばらくそこにいました。（中略）ある時点で、何をすべきか執務室で考えるべきだと決心しました。（中略）それで戻り、この執務室に入ったのです。[原注8]

攻撃地点へ下りて行ったというこの話は、クラークの説明と矛盾するわけではないことを指摘しておかなければならない。クラークは、煙がひどくなったのでラムズフェルドが別のスタジオに移ったと書いているだけだ。ラムズフェルドがいつまで画面で見えていたのかといったことには触れていなくて、その後三時三〇分までラムズフェルドには言及していない。したがってラムズフェルドが、九時一〇分頃からペンタゴン攻撃直後までクラークのテレビ会議に参加していたあと、攻撃現場に行ってしばらく時間を過ごすことは十分可能だ。

右の部分については、ラムズフェルドの証言は必ずしもクラークの本と対立しているわけではないが、問題は、九時一〇分から九時四〇分までの三〇分間、ラムズフェルドが何をしていたかという点に関して、両者がまったく異なる主張をしていることだ。9・11委員会はこの矛盾の事実を指摘せず、ラムズフェルドの主張を支持し、報告書にこう書いている。

ラムズフェルドは国会議員のグループとペンタゴンで朝食を取った。そのあと日課である状況説明（※ブリーフィング）を受けるために自分の執務室に戻った。そのブリーフィングの最中に、ニューヨークでの二機目の攻撃を知らされた。ラムズフェルド長官は詳しい情報を待ちながら、ブリーフィングを再開した。ペンタゴンが攻撃されたあとは、駐車場に行って救助活動を手伝った。（原注9）

9・11委員会はあとのほうでこう記している。

（ラムズフェルドは）駐車場から自分の執務室へ行き、（そこで一〇時少し過ぎに大統領と電話で話し）、そのあと幹部支援センターに行ってホワイトハウスのテレビ会議に参加した。一〇時三〇分より少し前にはNMCC（国家軍事指揮センター）へ移動し、マイヤーズ副議長（※統合参謀本

部議長代理）に会った。（原注10）

9・11委員会はこのようにしてラムズフェルド証言を支持し、クラークの説明との矛盾には言及しなかった。ラムズフェルドの発言の中には、早い時期に当人が述べた内容と食い違う部分があることについても、委員会は指摘しなかった。どういう不一致があるか見てみよう。

◆ラムズフェルドが行ったのは幹部支援センター（ESC）か国家軍事指揮センター（NMCC）か

前述のとおり、ラムズフェルドは9・11委員会の公聴会で、攻撃地点からまず自分の執務室に戻ったあと、幹部支援センター（ESC）に行ってから国家軍事指揮センター（NMCC）に向かったと証言している。幹部支援センターは国家軍事指揮センターの隣にあり、そこにリチャード・クラークが言及した盗聴防止付きテレビ会議スタジオがある。しかしこの説明は、ラムズフェルド本人と、彼のスポークスマンである国防次官補の広報官トリー・クラークの以前の発言内容と異なっている。

9・11のわずか五日後、トリー・クラーク広報官がインタビューで語ったところによると、あの朝、二番目のタワーが攻撃されたあと、ラムズフェルドの執務室へ行ってこの事実を知らせ、「危機管理対応が始動しています」と報告したという。それからのラムズフェルドの行動について、彼女は次のように説明した。

（ラムズフェルド）長官は電話を二、三かけたいと言いました。そこで私たち数人は廊下に出て、国家軍事指揮センターと呼ばれる一画に行きました。長官は自分の執務室にとどまり、私たちが二〇〇フィート（約六一メートル）ほど離れたその一画にいたとき、激しい振動を感じました。（中略）約三〇分ほど後に長官が建物に戻ってきたとき、（衝突したのは）飛行機に間違いないと言いました。そう言ったのは長官が最初です。（原注11）

ラムズフェルドが建物に戻ったあとの行動について、9・11委員会は公聴会でのラムズフェルド証言に従い、執務室に少し立ち寄ってから幹部支援センターに行ったとしている。しかしトリー・クラーク広報官は、彼女たちが危機管理対応に携わっていた国家軍事指揮センターに、ラムズフェルドがやってきたことを示唆している。

ところがこれは、ごく早い段階での説明だったことがわかる。二〇〇二年八月、ラムズフェルドはABCニュースでジョン・マクウェシーのインタビューに応じ、攻撃現場で何をしていたのかと尋ねられてこう答えた。

あそこには比較的短い時間しかいなかったが、何人かの人を担架で運ぶ手伝いをしました。そのあとは（※国家軍事）指揮センターに戻るのがベストだと決断して戻りました。我々は（中略）その日は一日中、指揮センターで過ごすことができ、夜遅くまでいました。（原注12）

ラムズフェルドとトリー・クラークが語るこれら初期の発言には、盗聴防止付きテレビ会議スタジオが入っている幹部支援センターのことがまったく出てこない。ラムズフェルドのアシスタントたちも、そのあと長官本人も、国家軍事指揮センターに直接行ったことになっているのだ。

しかし、すでに見たとおり、二〇〇四年三月二三日の９・11委員会での証言で、ラムズフェルドはこう語っている。「衝突現場から戻ると、幹部支援センターへ行く前に、私の執務室で一回以上電話を受け、そのひとつは大統領からでした(原注13)」

ラムズフェルドが単に言い間違えたわけではなく、話を変えたのだということが、二〇〇六年に出版されたトリー・クラーク広報官の著書で確認されている。彼女は当初、ラムズフェルドに状況を報告したあと、「私たち数人は廊下に出て、国家軍事指揮センターと呼ばれる一画に行きました」と言っていたが、著書の中ではラムズフェルドが、彼女と国防長官付き補佐官ラリー・ディ・リタに、幹部支援センター（ＥＳＣ）へ行って彼を待つように命じたと書いている(原注14)。

この変更をどう解釈すればいいのだろう。委員会でのラムズフェルド証言のわずか二週間前、リチャード・クラークの著書『爆弾証言　すべての敵に向かって』が出版され（二〇〇四年三月一〇日刊行）、瞬く間に全米ベストセラーになったが、既述のとおりその冒頭部分で、ラムズフェルドは「ペンタゴンの盗聴防止付きテレビ会議スタジオ」からクラーク主催のホワイトハウスのテレビ会議に参加していたと書いてある。このスタジオは幹部支援センター内にあるのだから、もしラムズフェルドが初期の発言どおりに委員会で証言した場合は、クラークの説明とは完全に食い違うことになる。

ラムズフェルドが新説を出したお陰で、委員会はその矛盾を和らげることができたのだ。既述のように、委員会はこう書いている。

（ラムズフェルドは）駐車場から自分の執務室へ行き（中略）、そのあと幹部支援センターに行ってホワイトハウスのテレビ会議に参加した。一〇時三〇分より少し前には国家軍事指揮センター（NMCC）へ移動し、マイヤーズ副議長に会った。（原注15）

確かに9・11委員会は、ラムズフェルドがクラークのテレビ会議に参加したと書いている。だが、参加した時刻を一〇時以降だとすることによって、前章で論じたように委員会は、「最初の一時間は、危機管理に関わる（ペンタゴンの）スタッフは一人も参加していなかった」と主張することができた。（原注16）もし委員会の説明どおり、ラムズフェルドが一〇時三〇分頃に国家軍事指揮センターに到着したとすれば、クラーク主催のテレビ会議に参加した時間は極めて短く、一五分程度しかなかったことになる。それでも委員会としては、ラムズフェルドは確かにその会議に参加したと言うことができ、しかも、九時一五分から一〇時までの問題の時間帯には、ラムズフェルドは会議に参加していなかったとして、彼を守ることができた。

この重要な時間帯にテレビ会議に出ていなかったということは、もしクラークの主張が史実として正しい場合、（前章で論じたように）マイヤーズ大将と同様ラムズフェルドも、ジェーン・ガーヴィー連邦航空局長からの報告を聞けなかったことを意味する。つまり、世界貿易センターに衝突した二機の飛行機がハイジャックされていたという九時一五分頃の報告も、「ハイジャックされた可能性のある」飛行機がほかに一一機あるという報告も、そのうちの一機が「ペンシルベニア上空のユナイテッド九三便」だという報告も、クラークが九時五〇分頃、撃墜許可を受けたという報告も聞けなかった。さらに、クラークの説明が正しいとしたら、マイヤーズが参加していて、交戦規定は明らかにされたのかと質問したという事実があり、もしラムズフェルドがテレビ会議に参加していなかったら、彼はそれをも聞き逃したということだ。

◆ラムズフェルドが交戦規定を討議したのは何時か

ラムズフェルドは9・11委員会の公聴会で、幹部支援センターに（一〇時一五分頃から一〇時三〇分頃まで）いたあとの出来事をこう証言している。

　国家軍事指揮センターに行くと、マイヤーズ大将が（中略）連邦議会議事堂からちょうど戻ったところでした。（中略）私は、すでに進行中だった対空危機テレビ会議に参加しました。私が最初に話した相手は（※チェイニー）副大統領です。副大統領は、ワシントンDCに接近する敵性航空機に対し、大統領から撃墜許可が出たと言いました。私は、そのような命令を実行するために召集される軍用機のパイロットたちのことを考えました。彼らにできることとできないことを示すための交戦規定が必要なことは明らかでした。明確な基準が必要です。従来の交戦規定はありますが、民間機が乗っ取られ、それがアメリカ合衆国本土を攻撃するミサイルとして使われるという、初めての状況に適合する交戦規定はありませんでした。（中略）そこで我々は現行の交戦規定を改定する作業に取りかかりました。私は残りの午前中と午後も対空危機会

議に出ていました。（原注17）

この主張を取り入れた9・11委員会は、「一〇時三九分、副大統領は（国防）長官に対空危機会議での最新情報を与えた」と書いている。さらに、そのときのやりとりの筆記録とされるものから、いくつかの会話を引用しているが、その中でチェイニーはラムズフェルドにこう言っている。

航空機がワシントンに接近中だという報告を我々は少なくとも三件受けているが、そのうちの二件はハイジャック機であることが確認されている。私は大統領の指示に従い、それらを破壊する許可を与えた。（原注18）

さらにいくつかの会話を引用したあと、委員会は次のように書いている。

このやりとりが示すように、撃墜命令（一〇時一〇分から一〇時一八分の間に出された（原注19））が最初に伝えられたとき、ラムズフェルド長官はNMCC（国家軍事指揮センター）にいなくて（中略）、一〇時三〇分より少し前にはNMCCへ移動（中略）した。ラムズフェルド長官は、一〇時三九分に副大統領と話したときは単に現状認識を共有しただけだと我々に言った。長官の優先する課題は、パイロットたちが交戦規定を明確に理解できるようにするということだった。（原注20）

さらに委員会は、「DOD（国防総省）が書面による交戦規定を配布したのは午後一時以降だった」とつけ加えている。（原注21）

したがって、撃墜許可が出されたときラムズフェルドは国家軍事指揮センターにいなかったことと、彼が「交戦規定」の検討を始めたのは一〇時三九分以降だったこと、そして、交戦規定の改定作業に手間取ったという点で、委員会とラムズフェルドの説明は一致している。

しかしこの主張は、二〇〇二年八月にラムズフェルドがABCニュースのジョン・マクウェシーに言ったこととはかみ合わない。このときラムズフェルドは、ペンタゴンの攻撃地点には「比較的短い時間」いたあと、「指揮センターに戻る」べきだと決断した、と発言している。マクウェシーはこのときこう質問している。

では、あなたはNMCC、つまり国家軍事指揮センターに行って、初期に決めるべき一連の決定を下したわけですね。どういう決定があったか覚えていますか？　デフコン（※Defense Readiness Condition 防衛準備態勢。軍事上の警戒レベルが五段階あり、平時は五）の決定とか、航空機狙撃決定とか？」

ラムズフェルドはこう答えている。

ええ、そのとおりです。私はデフコンの現状を見直す決定を下しました。また、新たな航空機が大規模な民間建造物や多数の人々に向かっていくと思われる事態に軍用機が対応できるよう、我々は交戦規定を一部、急いで改定しました。(原注22)

当時、通称〝デフコン三〟が発令されるに至った問題についてはあとで論じることにし、まず注目すべき点はラムズフェルドの発言である。これによると、攻撃地点には「比較的短い時間」だけいたあと国家軍事指揮センターに行き、「大統領、副大統領、その他大勢」と電話しながら交戦規定を「急いで」改定したという。そのあと彼は、なぜこの討議が必要だったのかを説明している。

我が国にとってまったく異例の事態でした。自国の民間機を撃墜しなければならないとは。（中略）結果として我々は交戦規定を一つ、適切と決定した内容に改定し、どのレベルまで上げるのが適切か決定しました。

これがいつの時点の出来事かについて、ABCニュースのマクウェシーとラムズフェルドは以下のような会話を交わしている。

マクウェシー　その時点でシャンクスビルの飛行機はすでに墜落していたのですか?

ラムズフェルド　いいえ。

マクウェシー　では、この早い時間ではまだ慎重に検討中だったわけですね。そこへあの飛行機の問題が出てきて、それが大きな——。

ラムズフェルド　ペンシルベニアのですか？

マクウェシー　ええ、ペンシルベニアのあの飛行機。

ラムズフェルド　記録を見てみないと。一緒にいた人たちの何人かはノートをつけていたが、私はつけなかった。とても忙しかったものでね。

ラムズフェルドは最初、ユナイテッド航空九三便の墜落より前に交戦規定の検討が行なわれていた、と明確に答えている。しかしそのあと、マクウェシーが「ペンシルベニアのあの飛行機」のことだと言うと、ラムズフェルドは後退し、会議の記録をチェックしなければと答えた。つまりラムズフェルドは、「いいえ」と即答したときは、マクウェシーが言っているのがペンシルベニアで墜落した飛行機だとはわかっていなかったからだ、と示唆したわけである。しかしマクウェシーは最初に、「その時点でシャンクスビルの飛行機はすでに墜落していたのですか？」と質問したのだ。「墜落」した飛行機はほかには一機もない。マクウェシーが言っているのを他の飛行機と混同する、などということはあり得ない。

つまり（※九三便墜落は一〇時〇三分頃なので）、この二〇〇二年八月のラムズフェルド発言によれば、交戦規定に関する討議は一〇時以前にされていたことになる（9・11委員会が一〇時三九分以降としている根拠は、二〇〇四年のラムズフェルド証言）。この説明のほうが、交戦規定問題の発生時刻に関するクラークの主張とも一致する。

既述のダン・バルズとボブ・ウッドワードによる二〇〇二年一月付ワシントンポストの記事もまた、ユナイテッド航空九三便が墜落する前に交戦規定が決定されたという見解を打ち出している。その記事には、ブッシュとラムズフェルドが、エアフォースワンがサラソタから飛び立った九時五五分直後、つまり九三便がペンシルベニアに墜落したという連絡を受ける前に、交戦規定の手続きを明確にしたと書いてある。バルズとウッドワードは、この飛行機が撃墜された懸念があることも書いているが、その懸念に言及していること自体、交戦規定を完備した撃墜命令がすでに発令されていたことを示唆している。（原注23）

ところが奇妙なことに、この記事の土台になったのは二〇〇二年一月九日のバルズとウッドワードによるインタビューと思われるのだが、その中ではラムズフェルド自身は、交戦規定が決まった時刻をもっと遅く言っているのだ。このインタビューの記録文書によれば、交戦規定は「一〇時一五分から一一時一五分までの間」に決定されたことになっている。（原注24）この食い違いはどう解釈すればいいのだろう。バルズとウッドワードが歪めて報じたのだろうか。それとも電話で追加インタビューをして、ラムズフェルドから新たな発言を引き出したのだろうか（この記録には見当たらないことが、記事の中ではラムズフェルドの発言として紹介されている事実がほかにもあることから、この可能性はある）。（原注25）

いずれにせよ、交戦規定の問題と密接な関係があるのが、軍はいつデフコン三と呼ばれる防衛準備態勢のレベル三（別名「コンディション・デルタ」）の状態になったかという問題だ。ラムズフェルドは二〇〇二年に、交戦規定が急いで改定されたのとほぼ同時にデフコン三が発令されたと話している。したがって軍のデフコン三の適用時刻を確定できれば、交戦規定が議論された時間も確定しやすくなるはずだ。

9・11委員会は、ラムズフェルドが交戦規定の討議を始めたのは一〇時三九分以降だと主張したあと、こう書いている。「国防長官は米国軍全体にデフコン三を発令した。（中略）長官の決定は一〇時四三分、対空危機テレビ会議で放送された」[原注26]。それとは対照的にリチャード・クラークは、ユナイテッド航空九三便の墜落（一〇時〇三分または一〇時〇六分に発生。第13章参照）に言及した直後にこう書いている。「国防総省がデフコン三の全域警戒態勢に入った、とフランク・ミラーが報告した」[原注27]。

クラークのタイムライン（時系列記録）は、それ以前のすべての報告によって裏付けられているように思われる。例えば9・11事件一周年のABC番組では、ラムズフェルドを含む何人かの政府首脳にピーター・ジェニングズがインタビューしている。その中で、ペンタゴンの指揮センターでのテレビ会議について説明し、ペンタゴン攻撃のすぐあと「ラムズフェルドが軍にデフコン三を命じた。この三〇年間で最高度の核兵器警戒態勢だ」と報じた[原注28]。その同じ週にCNNで、ペンタゴン担当記者のバーバラ・スターが国家軍事指揮センターについてまとめた番組を放送した。スター記者はユナイテッド九三便の墜落に触れたあと、「一〇時一〇分、すべての米軍に対して最高レベルのコンディション・デルタが発令されました」と述べた[原注29]。

デフコン三の命令が出された本当の時刻を確定することは、議会とマスコミにとって難しいことではないはずだ。この命令がラムズフェルドの交戦規定に関する討議と密接に関連していることは衆目の一致するところだが、事実そうなら、交戦規定の討議の時間も簡単に決定できるはずである。それまでの報告がすべて示しているように、本当は一〇時以前だったのであれば、ラムズフェルドは一

○時三九分よりもずっと早い段階で「現状認識」があったことになる。ラムズフェルドと9・11委員会が交戦規定の討議の時間を変えたのかどうか、もし変えたのなら、なぜ変えたのか、議会とマスコミは答えを出さなければならない。

◆ラムズフェルドはなぜ攻撃地点へ行ったのか

あの朝の行動に関するラムズフェルド本人の主張の中で、マスコミが最も問題にしたのが、攻撃地点へ行ったラムズフェルドの判断が正しかったかどうかである。

すでに見たようにトリー・クラーク報道官の著書によると、彼女がラムズフェルドに二番目のWTC攻撃と、危機管理対応が始まっていることを報告すると、長官は自分の執務室にとどまりたいと答えた。電話を二、三かけてからCIAのブリーフィングを最後まで終えたいからという。このブリーフィングは、ペンタゴンが攻撃されたときも続けられていた。

ラムズフェルドのこの行動に、マスコミの一部が眉をひそめた。例えばABCのジョン・マクウェシーは、「つまりあなたは、日課を変更しなかったわけですね。ニューヨークで二番目のビルが攻撃されても、いつもの日課を変えずに情報部のブリーフィングを続けたのですね?」と言っている。(原注30)

マクウェシーが驚いたのも当然である。すでにハイジャック機による攻撃が二件起こっていたのだ。ラムズフェルドは国防総省のトップである。彼とブッシュ大統領は国家指揮権限保有者(NCA)であり、軍のパイロットに民間機撃墜許可を与える権限を持っていた。しかしブッシュのほうはフロリダの教室にいた。もしハイジャック機がほかにももっといて、それらが標的を攻撃する前に撃墜命令を出す必要があった場合は、ラムズフェルドがその鍵を握る立場だった。しかも、統合参謀本部議長が最近公表した過去の通達によれば、連邦航空局から軍へのハイジャック対応要請は、すべて国防長官の許可を得なければいけないと言っているように読める。(原注31)これは誤解なのかもしれないが、指揮系統の中にはそのような間違った解釈をしている人たちがいたようだ。これらすべての理由から、ラムズフェルドが直ちに危機管理対応に関わることが重要だった。こういう事態での国防長官の遅れは、たとえ数分であっても最悪の責任能力欠如を示し、職務怠慢の罪に問われてもおかしくない。

さらに悪いのは、ペンタゴン攻撃のあと、ラムズフェルドがその攻撃現場へ下りて行った事実だ。その後しばらくの間、長官に連絡がつかなかったことが明らかになっている。９・11委員会はラムズフェルドの行動に対して一言も批判はしていないが、ペンタゴン攻撃の直後から国家軍事指揮センターが、対空危機テレビ会議にラムズフェルドを参加させようとしていたのに、ラムズフェルドは一〇時三〇分になるまで参加しなかったと記している。(原注32)また、九時四四分の時点でＮＯＲＡＤが「まだラムズフェルド長官とマイヤーズ（※統合参謀本部）副議長を捜して」いたことも報告している。(原注33)また、その朝ホワイトハウスの危機管理室にいた政府高官の、こんな言葉を引用している本もある。

９・11当日、ラムズフェルドは何をしていたんだ。彼は自分の持ち場を放棄した。雲隠れしてしまったのだ。アメリカが攻撃されているときに、国の防衛を担う男はどこにいたのか。連絡も取れないとは！　ひどい事件が起こるときは待ったなしだ。何が起きるか誰にもわからない。もしこれが敵勢力の組織的攻撃の幕開けだったらどうするんだ。責任を放棄して、やる必要もないスタンドプレイをするなんて、とんでもないことだ(原注34)。

このホワイトハウス高官が力説するように、この問題の深刻さを考えると、一体なぜラムズフェルドは攻撃現場に行ったのかという疑問がわいてくる。言い方を変えれば、ラムズフェルドの行為は正当化し得るのか。本人の答えは自己矛盾を起こしているようだ。

ラムズフェルド自身は、自分の取った行動は正当で、完全に理にかなっていると何度か示唆している。ジョン・マクウェシーとのインタビューでも、「私には完璧に筋が通っていると思えたので事故現場に行きました。何ができるか、何が起きたのかを見るために」と語っている(原注35)。ラムズフェルドは、(a)何が起きたか、(b)どんな手助けができるか、見たかったから、理にかなった行動だったと言いたいらしい。CNNのラリー・キングにも、ラムズフェルドは同じこの二つの理由を挙げ、「何が起きたか見たかった。人々が助けを必要としているか見たかった。私は階段を下りて行って、担架で人々を運ぶ手伝いを少ししました」と言っている(原注36)。

しかし、ラムズフェルドは単なる一般市民ではない。国防総省のトップなのだ。何が起きたのかという好奇心を満足させるには、若いアシスタントを調べに行かせて報告させればすむ話だ。また、六九歳の体で人々を担架に乗せて助けるよりも、米軍司令官として、アメリカをこれ以上の攻撃から守るために必要な措置を取ることこそが、最も役に立つ行動だったはずだ。マクウェシーとキングに答えた彼の言葉は、危険がまだ去っていないかのように行動すべきだったということを、理解していないように聞こえる。

とはいえ、マクウェシーとのインタビューの後半では、理解していたことを示した。「マクウェシーが「あの早い時間に、早い段階で、アメリカが再び攻撃されるのではないかという心配はしましたか?」と聞くと、ラムズフェルドはこう答えた。「もちろん。疑いの余地はありません。三つのビルに三機の飛行機が突っ込んだとなれば（中略）、さらに攻撃される可能性を警戒せずにはいられないでしょう」。

なぜラムズフェルドは、直ちに幹部支援センターか国家軍事指揮センターへ行って危機管理対応に関わらなかったのか。なぜ攻撃現場まで行って二〇分以上もそこにいたのか。この二つの疑問に対するラムズフェルドの答えは、明らかに不適切であり、本当の理由は別にあることを示唆している。ラムズフェルドについては、リチャード・クラークの主張と食い違っているうえに、この謎の言動という問題もあるのだ。ラムズフェルドは本当は何をしていたのか、もし嘘の説明をしたのなら、それはなぜなのか、議会とマスコミは真相を究明しなければならない。

◆結論

リチャード・クラークの著書には、ラムズフェルドがホワイトハウスのテレビ会議に最初から参加していたことが示されているが、この説明は、二〇〇四年以前にラムズフェルドが自らの行動について述べた主張と大きく矛盾する。どちらの説明が真実に近いのかまだ明らかではないが、その後クラークの主張を有利にする重要な事実が出てきた。それは、クラークの著書が出版されたあと、ラムズフェルドと9・11委員会が示した新説だ。この新説は、ラムズフェルドのそれまでの発言の骨子をほとんどすべて維持する一方で、クラーク主催のテレビ会議に参加したという新しい要素を組み入れている。しかも、ラムズフェルドと9・11委員会が主張する彼の行動の時刻が一部、それ以前のラムズフェルド自身の説明と著しく異なっている。また、攻撃現場へ歩いて行ったことが正当化できるのかという疑問に対して、ラムズフェルドがそれとなく矛盾する釈明をしたために、攻撃現場へ行った本当の理由を隠しているのだろうと疑わせる根拠が提供された。この疑問に対する答えを得る鍵は、この章で明らかにしたさまざまな食い違いを調査すれば見つかるだろう。

だが、クラークが書いているように、ラムズフェルドが九時一〇分から九時四〇分までクラークのテレビ会議に参加していたのか、という最大の疑問が残る。もしクラークの説明が正しくて、ラムズフェルドがその時間帯に参加していたのであれば、世界貿易センターに激突した二機の飛行機がハイジャックされていたことも、「ハイジャックされたと思われる」飛行機がほかに一一機あることも、ラムズフェルドは九時一五分までに知ったことになる。さらに「ペンシルベニア上空のユナイテッド九三便」も「ハイジャックされた可能性」があることを、ペンタゴンが攻撃される前に知っていたことになる。つまり9・11委員会が主張するように、ラムズフェルドが言ったとされる一〇時三九分より一時間以上も前に、「現状認識」があったことになる。もしそれが事実なら、ラムズフェルド本人が説明したこの一時間の行動は明らかに、軽く見ても過失の罪に問われるだろう。

逆にもしクラークの話が間違いなら、まったく異なる疑問が浮上する。リチャード・クラークがこの時間帯のラムズフェルドの行動に関して、嘘の主張をしたのはなぜなのか。

この問題の真実がどうであれ、いずれにしても明らかなのは、クラークの説明と、ラムズフェルドおよび９・11委員会の主張とが、双方とも真実であることはあり得ない。誰が、なぜ、虚偽の主張をしたのか、議会とマスコミは追及する必要がある。議会が召喚状を出してクラークのテレビ会議のビデオテープを入手すれば、前章で検証した矛盾も併せて、この問題はいたって簡単に解決できるだろう。

第8章

オルソン訟務長官は妻のバーバラから電話を受けたのか

テッド（※セオドア）・オルソンは一期目のブッシュおよびチェイニー政権で司法省の訟務長官（※最高裁で、当事者となった連邦政府を弁護する役職）を務めていた。その前にブッシュ対ゴアの大統領選挙のとき、ブッシュおよびチェイニー側の弁護士として最高裁で勝訴し、権力の頂点に導いた功績がある。その後も最高裁でブッシュ政権の代理人を務め、チェイニーの国家エネルギー政策策定グループに対する情報開示請求を退けることにも成功している。

九月一一日の午後、ＣＮＮは次のように報道した。「テッド・オルソン訟務長官がＣＮＮに語ったところによりますと、保守派の論客でもある弁護士バーバラ・オルソンが（※本日）火曜日の朝、乗っていた飛行機がハイジャックされたと夫のテッド・オルソンに知らせてきました」。この報道によるとオルソン訟務長官は、妻が「アメリカン航空七七便（※ペンタゴン突入機）から携帯電話で二回電話をかけてきた」と通報し、「パイロットを含む乗客全員が、武装したハイジャック犯たちによって機内後部に集められた。ハイジャック犯の武器はナイフと開梱用カッターナイフだけだと妻は言っている（原注1）」と語ったという。

この報道を根拠として、ナイフとカッターナイフで武装したテロリストたちによって旅客機がハイジャックされたという9・11公式説が創り出されたわけだが、(原注2)この報道自体が奇妙なことに、テッド・オルソン自身と、アメリカン航空と、FBI、それぞれの説明と食い違うのだ。

◆テッド・オルソンの自己矛盾

オルソンの説明には自己矛盾がある。主な食い違いは、彼の妻が使ったとされる電話の種類に関するものだ。前述の九月一一日当日のCNN報道によれば、妻バーバラが「携帯電話で二回電話をかけてきた」とオルソンが通報したことになっている。ところが九月一四日、フォックスニュースの「ハニティ&コームズ・コーナー」ではオルソンが、妻は司法省の夫宛てにコレクトコールをかけてきたと語っている。したがって妻は「機内電話」を使ったに違いない。「どうやらクレジットカードが使えなかったようです」というのがオルソンの推測だ。(原注3)

しかし同じ日の遅く、CNNのラリー・キング・ショーでは、オルソンはまた最初の説明に戻っていた。妻からの二回目の電話が突然切れたのは、「飛行機からは携帯電話の電波が届きにくいからだろう」と話している。(原注4)

ところがその二カ月後、テッド・オルソンはまたまた話を二番目に戻しているのだ。連邦主義者協会（※フェデラリスト・ソサエティ）の「バーバラ・オルソン追悼講演」で、オルソンは妻が「機内電話から二回かけてきた」と語った。(原注5)この話はその後の二〇〇二年三月にも繰り返され、ロンドンのデイリー・テレグラフ紙に、妻が「座席についている電話を使って」コレクトコールをかけてきたと語っている。ここでも再び、「彼女は財布がなかった」ため、クレジットカードも使えなかったのだろうと推測している。(原注6)

しかし、一部変更されたこの機内電話バージョンは、アメリカ国内のマスコミからは事実上まったく注目されなかったようだ。例えば９・11事件の一年後も、ＣＮＮは相変わらずバーバラ・オルソンが携帯電話を使ったと報じていた。(原注7)とはいえ、連邦主義者協会とテレグラフ紙にテッド・オルソンが言った、妻が座席の機内電話を使ってコレクトコールをかけてきたという説明が、この件での彼の最終的主張であるようだ。

ところが、この説明にも自己矛盾がある。なぜなら機内電話を使うには、最初にクレジットカードが必要だからだ。(原注8)クレジットカードがなければ、コレクトコールであろうとなかろうと、機内電話はかけられない。バーバラが誰かにクレジットカードを借りて、料金受信人払いの通話にしたのだろうと言う人もいる。だが、あのような状況でわずか数ドルのために貴重な時間を無駄にするだろうか。したがってテッド・オルソンの話が二転三転している事実と、妻が携帯電話を使ったという最初の話がその後の最終的な説明と食い違っている事実から、その信憑性に疑問が生じる。

◆オルソンの最終的な説明とアメリカン航空との食い違い

オルソンは最終的には、妻が使ったのは機内電話だと主張することで、当初の説明が反論されることを避けたのだ。なぜなら二〇〇一年当時の携帯電話技術では、一般に旅客機からの通話は低空からのみ可能(原注9)だとされていたからである。例えば９・11の一週間後に出版されたトラベル・テクノロジスト誌の記事にはこう書いてある。

ワイヤレス通信ネットワークは地上と上空との通信用には設計されていなかった。携帯電話の専門家たちは、ハイジャック機から通話ができたと聞いて驚いたことを非公式に認めている。（中略）通話ができた唯一の理由は、飛行機が地上のごく近くを低空飛行していたからではないかと彼らは考えている。(原注10)

事件の朝に携帯電話がかかってきた飛行機は超低空飛行をしていたに違いないとの推測は、ベライゾン・ワイヤレス社広報担当のブレンダ・レーニーも言っていて、「乗客たちが電話を使い始めたときは飛行機が低空を飛んでいた」と述べている。(原注11)

しかし、テッド・オルソンの証言を採用した9・11委員会によれば、バーバラ・オルソンの最初の電話は「九時一六分から九時二六分の間のある時点」でかかってきたことになっている。(原注12) 国家運輸安全委員会が公開したフライトレコーダーの情報によれば、七七便の高度はそれぞれの時刻で約二万五〇〇〇フィートと一万四〇〇〇フィートだった。(原注13)

オルソンの最終的な説明はこの問題を避け、機内電話からかかってきたことになったわけだが、このアメリカン航空七七便に使われたボーイング七五七型機には、機内電話がついていないことをアメリカン航空の会社自らが示しているのだ。これを裏付けるひとつがアメリカン航空のウェブサイトである。そこには旅行者への情報案内として、機内電話をかけられるのはアメリカン航空のボーイング七六七型機と七七七型機と書いてあり、七五七型機は入っていない(原注14)。

二〇〇四年、二人のイギリスの研究者がアメリカン航空に「七五七型機には乗客用の電話があるか」問い合わせた。アメリカン航空広報担当者は、「アメリカン航空七五七型機には乗客用電話は設置されていない」と答えている。そこで研究者たちは「七五七型機には、乗客か機内乗務員が使えるような機内電話は何もないのか」と訊ねた。それに対して、「七五七型機には乗客用も乗務員用も、機内電話は一台もない。乗務員用には他の通信手段がある」との回答だった(原注15)。

ただ、これを問い合わせた二〇〇四年当時はこれが事実だったにせよ、二〇〇一年九月の時点では違っていた可能性がある。そこで二〇〇六年二月、ドイツの研究者がさらに詳細な質問をメールでアメリカン航空に送った。

御社のウェブサイトによると（中略）、ボーイング七五七型機は座席後部に衛星電話が設置されていないとあります。この情報は正しいですか。二〇〇一年九月一一日以前に、ボーイング七五七型機のいずれかにその種の座席後部の衛星電話が設置されていたでしょうか。もしそうであれば、その電話はいつ外されたのですか。

届いた回答はこうだった。

顧客サービスにお問い合わせいただきありがとうございます。お役に立てる機会をいただきうれしく存じます。

情報に間違いはなく、弊社のボーイング七五七型機には電話が設置されておりません。七七便の乗客の方々は、テロリスト攻撃の間ご自身の携帯電話を使用して電話をかけました。しかしパイロットたちは、常に航空管制塔と連絡を取れるようになっています。

（中略）この情報がお役に立てば幸いです。

敬具

チャド・W・キンダー

アメリカン航空顧客サービス担当（原注16）

二〇〇七年五月三一日、別の研究者が電話でチャド・キンダーと話すことができ、キンダーが自らこの返事を書いたのか確認した。キンダーは、一年前のことなので自分が書いたという記憶は定かではないと答えた。しかし「それは正確な回答だと思う」と言った。言い換えれば、キンダーがそのメールを書いたとしてもおかしくないことを示唆している。なぜなら、二〇〇一年のアメリカン航空七五七型機には機内電話を取り付けていなかったので、アメリカン航空七七便の乗客は携帯電話を使わざるを得なかった、という内容は、二〇〇七年の段階でキンダーの知る限りにおいては、正確な情報であるからだ。

したがって、妻がアメリカン航空七七便から機内電話を使って電話をかけてきたというテッド・オルソンの最終的な説明は、アメリカン航空自体の担当者の説明と食い違っているということだ。（原注17）

◆オルソンの説明とFBIとの食い違い

『9・11委員会報告書』はテッド・オルソンの話を採用している。(原注18) ただし、使われた電話が携帯電話か機内電話かは明記していない。二〇〇一年九月二〇日付の「アメリカン航空機内電話使用記録」というFBIの報告を引用しているのだが、(原注19) このFBI報告書を見た限り、バーバラ・オルソンからの通話や、あるいは司法省への通話とわかる言葉は一言もない。単に、「未確認番号に接続された通話」が四本あったという報告に過ぎないのだ。ところが9・11委員会はこう書いている。

アメリカン航空七七便からかけられた電話に関して入手できた記録からは、(これら四本の通話のうち)どの二本がバーバラとテッド・オルソンの通話なのか確定はできない。しかしFBIと司法省は、四本すべてがバーバラ・オルソンと夫の執務室を接続した通話だと信じている。(原注20)

これは奇妙な結論だ。テッド・オルソンは電話を二回しか受けなかったと報告しているのに、なぜ委員会は、オルソンの妻から四本の通話が司法省に接続されたと結論づけたのだろう。

いずれにしても9・11委員会のこの結論は、二〇〇六年ザカリアス・ムサウイの裁判にアメリカ政府が提出した、四機のハイジャック機からの通話に関する証拠と明確に食い違っている。委員会は四本の「未確認番号に接続された通話」をすべてバーバラ・オルソンからとしているが、この政府文書は、四本のいずれもバーバラからの電話とはせず、四本ともあくまで「発信者不明」としている。

バーバラ・オルソンがかけたとされる唯一の電話は、司法省には「不接続」となっていて、「九時一八分五八秒」に発信されたが、通話時間は「〇秒」と記載されているのだ。(原注21)

つまり、二〇〇六年のアメリカ政府文書によれば、バーバラ・オルソンは司法省に電話をかけようとしたが、つながらなかったということである。(原注22)したがって連邦政府自体が、テッド・オルソン訟務長官の説明と矛盾する証拠を法廷に提出したわけだ。この一本の電話に使われたのが携帯だろうと機内電話だろうと関係なく、会話はいっさいできなかったのである。

この政府の報告書は、FBIが中心になって提供したことは確かだ。前述の「アメリカン航空機内電話使用記録」と題する二〇〇一年のFBI文書は、この二〇〇六年のムサウイ裁判で公表された四つのフライトすべての電話通話を網羅した報告の一部と思われる。しかもムサウイ裁判を取材した記者によれば、ユナイテッド九三からかけられた通話の本数に関する政府側の証言は「FBIテロリズム特別合同捜査班のメンバー」が行ったという。(原注23)

FBIは司法省の一部であるが、二〇〇六年にはすでに退任していたとはいえ、同じ司法省の元訟務長官であるテッド・オルソンの証言と食い違う証拠を提出したわけである。

このFBI報告書は、他の政府機関による説明とも食い違っている。例えばアメリカ国務省のペンタゴン攻撃に関する文書には、「アメリカン航空七七便から数人の乗客が、飛行機がハイジャックされたと電話で通報した」と述べたあと、「乗客のバーバラ・オルソンが夫の合衆国訟務長官テッド・オルソンに電話をかけ（中略）、飛行機がハイジャックされたことや、ハイジャック犯たちがナイフとカッターナイフを持っていることを知らせた」と書いてある。(原注24)しかしムサウイ裁判に提出されたF

BI報告書は、これが事実ではないことを示している。

FBIはこの報告書を、二〇〇六年よりもはるか以前に作成していたようである。9・11委員会によれば、二〇〇一年の「アメリカン航空機内電話使用記録」と題するFBI報告書に、四本の「未確認番号に接続された通話」の接続時間を「九時一五分三四秒から一分四二秒間、九時二〇分一五秒から四分三四秒間、九時二五分四八秒から二分三四秒間、九時三〇分五六秒から四分二〇秒間」と書いてあるという(原注25)。この要約を、二〇〇六年のムサウイ裁判に提出された政府文書の一部である「アメリカン航空七七便通話記録」と題する報告書と比較すれば、両者が同じであることがわかる(原注26)。この事実から、二〇〇六年のムサウイ裁判に提出された七七便からの電話に関する政府報告書が、もともとは二〇〇一年九月二〇日に作成されたFBI報告書だったことが示されている。

もしそうであれば、FBIは少なくとも二〇〇一年九月二〇日以降、テッド・オルソンが七七便から妻の電話を二回受けたと話したのが嘘であることを知っていたのに、マスコミがこの話を報道し続けるのを訂正もせずに黙認していたことになる。二〇〇六年になってもまだFBIは、この報告を報道機関に発表するわけでもなく、文書で公表することもしなかった。コンピュータを使ってインターネット上で探し出すことによってのみ、見ることができる状態だ。この報告書の事実が世間に広まらないのも、おそらくそれが一因となっているのだろう(※電話の件は第17章でも触れる)。

◆結論

実に奇妙な話だ。テッド・オルソンは妻から二回携帯電話を受けたという最初の話を、その後自ら二転三転させた。結局、機内電話からかけてきたという説明に落ち着いたものの、アメリカン航空は七五七型機には電話を設置していないと言っている。それどころか、オルソンの話のどのバージョンも、オルソン自身が勤めていた司法省に直属するＦＢＩの報告と食い違っている。これらの奇怪な矛盾について、議会とマスコミは徹底的に調査する必要がある。アメリカン航空七七便から携帯電話が何本もかけられたと広く信じられていることに対し、ＦＢＩがそれとは相容れない報告をなぜ広報しなかったのか、その理由もまた、同時に調査する必要があるのは自明の理だ。

第２部　米軍に関する疑問

第9章　軍はいつ一一便の緊急事態を知ったのか

二〇〇一年九月一八日、北米航空宇宙防衛司令部（NORAD）は「NORAD対応時刻」（※巻末の資料1参照）と題する文書を発表した。(原注1)この中でとくに注目されるのは、連邦航空局（FAA）が、NORADの北東方面を管轄する北東防空セクター（NEADS）に対し、問題の旅客機四機それぞれのハイジャックについていつ第一報を入れたのかという通報時刻である。二〇〇一年九月一八日以降は軍が発表したこの対応時刻と、それに基づく多数の報道とによって、これが事件通報時刻の公式説明と見なされてきた。ところが二〇〇四年六月一七日、9・11委員会はその最終公聴会で、新たな説明を打ち出したのだ。さらに翌月の七月に出版された『9・11委員会報告書』では、通報時刻の説明は完全に異なるものに変わってしまっていた。

この9・11委員会の新説では、連邦航空局が四機の状況をNEADSに知らせた通報時刻が、当初NORADが発表した対応時刻と著しく食い違っている。とくに四機中の二番機以降、つまりユナイテッド航空一七五便（※WTC南タワー突入）、アメリカン航空七七便（※ペンタゴン突入）、ユナイテッド航空九三便（※ペンシルベニア墜落）の三機に関しては、あまりにも重大な矛盾が生まれた。

9・11委員会がこの三機それぞれの通報時刻を大幅に変更し、NORADが発表した「NORAD対応時刻」よりもはるかに遅い時刻に変更したのだ。その結果、委員会の報告書には、連邦航空局から軍への通報についてこう記されている。「一一番機に関する事前通報は皆無、三番機に関する事前通報は皆無、四番機に関する事前通報も皆無だった（原注2）」。

最初にWTC北タワーに突入した一番機のアメリカン航空一一便についてだけは、委員会はNORADの説明をほぼそのまま採用した。変更されたのは、連邦航空局から軍への通報時刻が午前八時四〇分から八時三八分になったことだ。当初は、連邦航空局が通報するべきだった時刻より一九分遅れだったが、それが一七分遅れに短縮され、連邦航空局の責任がわずかに軽減された。したがって一一便についてだけは、当初の軍の説明と『9・11委員会報告書』との食い違いはさほど深刻ではない。通報時刻が一一便の北タワー突入時刻の約七分前から、約九分前に変わっただけである。

とはいえ、一一便についても矛盾した証言がいくつかある。9・11委員会が第一報を八時三八分（正確には八時三七分五二秒）としたことに対し、当日事件の対応に関わった政府職員の一部は暗に反論している。

◆ジョー・クーパー管制官の通報時刻に関する矛盾

軍が一一便に関する最初の通報を受けたのは、連邦航空局のボストン管制センターからNEADSにかかってきた八時三七分五二秒の電話だった、と9・11委員会は説明している。電話を取ったNEADSのジェレミー・パウエル三等曹長は、通報者の言葉を次のように証言している。

こちらはボストンセンターＴＭＵ（航空交通管理部）。問題が発生しました。飛行機が一機ハイジャックされ、ニューヨークに向かっています。そちらで誰か、Ｆ一六か何かでスクランブルをかけて下さい。問題解決の支援を願います。

通報者はボストン管制センターの航空交通管理担当官（※航空管制官）、ジョー・クーパーである。(原注3)

ＮＥＡＤＳのパウエル三等曹長はその電話をドーン・デスキンズ大佐に回した。(原注4)

９・11事件一周年記念日の数日後に放送されたＡＢＣの番組「危機の瞬間」によると、デスキンズ大佐がボストン管制センターの通報者に身分を名乗ると、通報者は「あの、飛行機が一機ハイジャックされたので、そちらで戦闘機か何かを手配して問題解決の支援をお願いします」と言った。この電話を受けた時刻は、同番組によると「午前八時三〇分を少し過ぎたとき」だったという。(原注5)ＡＢＣが一周年記念日に放送した別の番組「ピーター・ジェニングズの９・11事件インタビュー」では、この通報電話の受信時刻を「八時三一分」と特定した。(原注6)

このＡＢＣの二つの番組は、ドーン・デスキンズ大佐だけでなく、事件当日、軍の対応に関わったＮＯＲＡＤ米国本土担当司令官ラリー・アーノルド少将やＮＥＡＤＳの戦闘司令官（※ＮＥＡＤＳの方面総監）ロバート・マー大佐といった多数の幹部へのインタビュー結果に基づいている。したがって彼らの中の少なくとも一人は、連邦航空局から軍への一一便に関する通報時刻を、９・11委員会が主張する八時三八分ではなく、八時三一分頃と証言したはずだ。

だが、クーパー管制官からの第一報が八時三一分よりさらに早い時刻だった可能性を示す証言がある。事件当日の朝、NEADSへの連絡の大半を受け持ったのはボストン管制センターの軍の連絡担当官コリン・スコギンズで、『9・11委員会報告書』にも次のようなスコギンズの証言が引用されている。(原注7) スコギンズは八時四〇分にNEADSに連絡し、アメリカン航空一一便の「現在地はケネディ(※空港)の北三五海里(※約六五キロ)、速度は三六七ノット」と報告した。(原注8) この地点については異論はない。しかしスコギンズは当日「NEADSに四〇回ほど連絡し」(原注9)、この八時四〇分の電話は三回目だったと言っている。(原注10) 一回目の電話はクーパー管制官がNEADSに第一報を入れたすぐあとである。このときスコギンズは一一便が「オールバニの南二〇(※海里、約三七キロ)を六〇〇ノットの高速で南下中」と報告した。(原注11) 三回目の電話の時点で一一便はJFK空港の北三五海里の地点にいたので、この間一一便は約九〇海里(※約一六七キロ)移動したことになる。一一便の平均飛行速度を約五〇〇ノットとすると分速では約八・三海里になり、この距離を移動するには一一分近くかかることになる。ということは、スコギンズの一回目の電話は八時二九分頃だったはずである。(原注12)

しかもスコギンズは、当日朝このフロアに到着したときにはジョー・クーパー管制官がすでにNEADSへの第一報を入れていたと述べている。(原注13) クーパー管制官が第一報を入れ終わったとき一一便はオールバニ上空にいたとスコギンズは証言している。その管制官の第一報からスコギンズが一回目の電話をかけるまでの間に、一一便はオールバニの真上から南二〇海里まで移動している。二〇海里を六〇〇ノットで飛ぶと二分かかるので、管制官の第一報はスコギンズの一回目の電話より二分前ということだ。つまり、一一便がハイジャックされたとクーパー管制官がNEADSに第一報を入れたのは、八時二七分頃と考えられる。

つまりスコギンズの証言は、連邦航空局がアメリカン航空一一便のハイジャックを最初に軍に通報した時刻が、9・11委員会発表の八時三八分よりも約一一分早いことを示している。一一便担当の管制官がハイジャックの明らかな証拠を確認したのが八時二五分、ハイジャック第一報が八時二七分だった場合は、委員会が通報できたはずだという時刻（※八時二一分）との差がさらに縮まる。(原注14)

◆第一報は八時二〇分頃？

午前八時二七分なら、ボストン管制センターがNEADSにアメリカン一一便のハイジャックを通報するべきだった時刻に近くはなるが、それでも本来は何分も早く通報すべきだったことに変わりはない。なぜなら一一便担当の管制官は八時一四分から八時二一分の間に、飛行中の緊急事態を示す典型的な兆候のうち、四項目を確認したとされているからだ。四項目とは、パイロットが指示に従わない、無線通信が途絶える、トランスポンダーの信号が消える、そして、飛行機がコースを大幅に逸脱することである。このような緊急事態の兆候があれば、とくに大幅なコース逸脱がある場合、管制官は直ちに軍に通報することになっている。連絡を受けた軍は、戦闘機が待機している最寄りの基地からジェット戦闘機二機を緊急発進させる。戦闘機は飛行機をインターセプト（※阻止、迎撃）して原因を調べ、必要に応じて適切な対応を取る。もしボストン管制センターが標準的な手続きに従っていれば、八時二一分には軍に通報していただろう。

自分ならそうすると言うボストン管制センターの職員が二名いる。一人は上記のコリン・スコギンズ軍担当官で、もしそういう兆候を確認したら「自分だったらほぼ即刻（軍に通報）しただろう」

と言っているので、八時二一分か八時二二分に第一報ということになる。もう一人の職員は元管制官のロビン・ホードンで、八時二〇分には第一報を入れたはずだと断言する。

ホードン元管制官は、事実八時二〇分に第一報を入れたと信じている。なぜならボストン管制センターの職員がホードンに、「連邦航空局は寝ていたわけじゃない。管制官たちは（中略）規定どおりに対応した」と強く断言したからだという。[原注15]

これらの主張だけでは意味のある反証にはならないが、八時二〇分頃からペンタゴン主催のテレビ会議が始まったという連邦航空局職員の証言がある。

事件当日の朝、ペンタゴンの国家軍事指揮センター（NMCC）がテレビ会議を開いたことは、広く知られた事実である。9・11委員会もそれに言及し、当初「重大事件」の会議として始まったが、途中で「対空危機」会議にレベルアップされたと述べている。[原注16]この会議が始まったのは九時二九分以降だと委員会は主張しているが、これはリチャード・クラークの説明と矛盾している。クラークはホワイトハウスでテレビ会議の準備をしていたとき、ホワイトハウス危機管理室の副室長から次のように言われたと書いている。「今回はNORADとつないで、対空危機会議を行なう」[原注17]。これは第2章で述べたように、九時一〇分頃のことである。したがってクラークの説明は、九時二九分から会議が始まったとする委員会の主張と明らかに矛盾する。

しかも、このテレビ会議が九時一〇分の時点ですでに「重大事件」から「対空危機」に変わっていたのなら、しばらく前から会議が続いていたことになる。

さらに、会議が八時二〇分から続いていた可能性すらあるのだ。調査報道ジャーナリストのトム・

フロッコが、二〇〇三年五月二二日にワシントンで開かれた9・11委員会の公聴会で、連邦航空局本部のローラ・ブラウン副報道官と話したことをレポートしている。このときブラウン副報道官はフロッコ記者に、軍事指揮センター（NMCC）のテレビ会議は八時二〇分か八時二五分頃始まったと語った。ところが彼女は「自分の執務室に戻って上司と協議したあと」、会議の開始時刻を「午前八時四五分頃」に訂正する旨のメールを送ってきたとフロッコ記者は証言した。だがフロッコは、上司の言葉で記憶が「新たになる」前の、最初のブラウン副報道官の言葉のほうを信用している。(原注18)

これは、今までの矛盾の検証とは異なり、9・11委員会の説明の矛盾を示す伝聞情報にすぎないが、これと符合する報告と併せて考える必要がある。事件当時〝大統領特別補佐官〟だったリチャード・クラークの著書という信頼性の高い本が、軍事指揮センターのテレビ会議の開始時刻について、委員会の九時二九分説とは矛盾する説明をしているのだ。この事実があり、また、ホードン元管制官もスコギンズ軍担当官も、もし連邦航空局が規定どおり対応した場合、軍が通報を受けるのは八時二〇分頃だと指摘したのも事実である。さらにホードン元管制官は、ボストン管制センター内部の情報源が、規定どおり対応したと強調したのを聞いている。これらの報告を総合すると、軍が八時三八分まで一一便の異状をまったく知らなかったとする9・11委員会の見解に対し、反論するには十分な根拠と言えるだろう。

◆結論

アメリカン航空一一便のハイジャックについて9・11委員会は、NORADが二〇〇一年九月一八日に発表した時刻をほんのわずか調整し、連邦航空局が第一報を入れたのは八時三八分の数秒前だと主張した。しかし連邦航空局のローラ・ブラウン副報道官が当初、軍事指揮センターのテレビ会議が始まったのは八時二〇分か少し過ぎた頃だと言った言葉によって、委員会の主張は間接的に否定された（この時刻が事実なら、軍が一一便の異変を知ったのは、管制官がハイジャックの明らかな証拠を把握する〝前〟だということになる。飛行中の緊急事態を示す多数の兆候が確認された〝あと〟ではない）。二〇〇二年放送のABCの番組はもっと直接的に9・11委員会の主張と矛盾していて、事件の対応に当たった何人かの軍人へのインタビューをもとに、ジョー・クーパー管制官からのハイジャック通報時刻を八時三一分だと結論づけている。また、コリン・スコギンズ軍担当官がNEADSにかけた電話からは、クーパー管制官の第一報が八時二七分頃だったと推定され、このスコギンズ証言とも食い違っている。なぜ9・11委員会の主張はこれらの証言と矛盾しているのか、議会とマスコミは理由を糾さなければならない。

第10章 軍はいつ一七五便の緊急事態を知ったのか

前章で見たとおり、『9・11委員会報告書』によると最初のアメリカン航空一一便に関しては、NEADS（北東防空セクター）が初めて異変を知ったのは一一便がWTCの北タワーに激突する「九分前」だと説明し、「ハイジャック機全四機の中でこれがベストの通報だった」としている。（原注1）その他のハイジャック機の通報については、「二番機に関する事前通報は皆無、三番機に関する事前通報は皆無、四番機に関する事前通報も皆無だった」というのだ。（原注2）

本章では、九時〇三分に世界貿易センター（WTC）南タワーに突入した二番機、ユナイテッド航空一七五便について委員会の主張を検証してみよう。

◆NORADの当初の見解

9・11事件の翌日、ワシントンポストが掲載した時系列経緯には「午前八時四三分・連邦航空局が軍当局に、ハイジャック二番機を通報」と記載されている。（原注3）その五日後に発表されたCNNの時系列も同じく「午前八時四三分・ユナイテッド航空一七五便がハイジャックされたと連邦航空局がNO

RADに通報」としている。(原注4) 翌九月一八日にはNORADが「NORAD対応時刻」と題した文書を発表し、そこにも連邦航空局が八時四三分、ユナイテッド航空一七五便についてNORADに通報したと記されていたので、(原注5) この通報時刻が公式時刻になった。

この通報時刻が広く認められたものの、問題がいくつか生じた。一七五便がWTC南タワーに突入する二〇分前に軍は通報を受けたのに、なぜこの飛行機をインターセプトできなかったのか。これに対する軍の回答は、ケープコッドのオーティス空軍基地からF一五ジェット戦闘機が複数飛び立って追尾したが、ユナイテッド航空一七五便が南タワーに突入した九時〇三分時点で、まだ七一マイル（※海里、約一三〇キロ）離れていて阻止できなかった、というものだった。

ところがこの回答がさらなる疑問を生んだ。例えばF一五戦闘機は八時五二分に離陸したとされていて、パイロットの一人ティモシー・ダフィー中佐の「終始、エンジン全開で追尾した」という発言が引用されている。(原注6) エンジン全開ということは、時速約一三〇〇マイル（※海里、約二四〇〇キロ）で飛行し、一分間に約二二マイル飛んだはずだ。(原注7) オーティスからマンハッタンまで一八〇マイルだから、加速と減速の時間を二分プラスしても、この速度なら一〇分で行ける。九時〇三分の時点で七一マイル離れているどころか、一分前には到着していたはずである。

だが、9・11委員会はこれらの問題を完全に無視した。

◆9・11委員会の見解

『9・11委員会報告書』によると、「ハイジャックされた二番機のユナイテッド航空一七五便について、NORADの防空担当者が第一報を受けたのは九時〇三分、ニューヨーク管制センターからNEADSへの電話だった」とあり、この時刻は「同機が南タワーに突入した時刻とほぼ一致する」と記している。(原注8)

通報がこれほど遅れたのは連邦航空局職員の怠慢と、交信の失敗によるものだと委員会は説明している。八時四四分頃「ユナイテッド一七五は、航空交通管制の許可なく南西方向にコースを変更し」、八時四七分には同機のトランスポンダー信号が二回変更された。しかし八時四二分の時点で、ニューヨーク管制センターの管制官に「疑わしい送信」が報告されたにもかかわらず、この管制官は八時五一分まで同機のコース変更と信号変更に気づかなかった。しかもニューヨーク管制センターのマネージャーは、八時四八分にはアメリカン航空一一便がハイジャックされたことを知っていたのに、一七五便のコース変更と信号変更に気づいても軍にはいっさい連絡しようとしなかった。管制官やその他の連邦航空局職員は、一七五便もハイジャックされたのだろうという事実を八時五三分から協議し始めたが、それでも誰一人軍に連絡しなかった。九時〇一分から〇二分までの間に、おそらくハイジャックだという連絡がヴァージニア州ハーンドンの連邦航空局司令センターに入ってもなお、軍には連絡しなかった。九時〇三分になってようやくニューヨーク管制センターの誰かがNEADSに報告を入れたという。(原注9)

以上が9・11委員会の見解だ。この説明自体、非常に非現実的だという印象を受けるが、本書ではあくまで、この説明に矛盾する報告が存在するか否かに焦点を絞る。先に答えを言えば、相反する報告は少なくない。

◆矛盾する報告

矛盾する報告の一つは無論「NORAD対応時刻」で、この報告書ではNORADが通報を受けた時刻が八時四三分となっている。NORADは三年近くもの間この時刻を主張していたが、9・11委員会はそれを否定し、NORADへの通報時刻を九時〇三分に変更した。

NORAD発表の時刻はマスコミ数社が支持してきた（既述のCNNとワシントンポストの時系列経緯二種類だけではない）。例えばAP通信の記者レスリー・ミラーは二〇〇二年、連邦航空局が事件当日八時四〇分に、一一便がハイジャックされた模様だとNORADに通報したと述べたあと、こう指摘している。「その三分後、ユナイテッド航空一七五便がハイジャックされたという知らせがNORADに入った（原注10）」。

NBCも同様に、一七五便が南タワーに激突する前に、軍は同機がハイジャックされたことを知っていたとする見解を支持した。NBCは事件一周年特別番組「アメリカは忘れない・アメリカの空」の中で、キャスターのトム・ブロコウが次のように述べた。

八時五二分・アメリカン航空一一便が北タワーに激突してから六分たちました。北米空域の防衛を担当するNORADは今、第二のハイジャック機に対して警戒態勢を取っています。F一五ジェット戦闘機が二機、ユナイテッド機（※一七五便）をインターセプトできるよう、マサチューセッツ州オーティス空軍基地（原文のまま）からスクランブル発進しました（原注11）。

したがってこのNBC報道によると、軍はユナイテッド航空一七五便のハイジャックを知っていただけでなく、八時五二分には、つまり同機が南タワーに突入する一一分前には、インターセプトするため戦闘機を発進させたということである。

二〇〇六年にはMSNBCが上記番組の「最新」バージョンを放送し、ブロコウの説明を以下のように変更した。

八時五三分・アメリカン航空一一便が北タワーに激突してから六分を少し過ぎました。今はすでに北米空域の防衛を担当するNORADが、マサチューセッツ州オーティス空軍基地からF一五ジェット戦闘機を二機スクランブル発進させたところです。(原注12)

この最新バージョンでは、NORADは「第二のハイジャック機」(ユナイテッド一七五便)について知らされていないことになっていて、オーティス基地のF一五は「ユナイテッド機をインターセプト」するためにスクランブル発進したのではないことになっている。言い換えればブロコウのナレーションは、9・11委員会の新しい説明に合わせて改変され、一七五便については、南タワーに激突するまで軍は異変をまったく知らなかったという説明に従っている。しかし一周年目の二〇〇二年九月に放送された元のNBCの番組が、(原注13)委員会の主張と矛盾していたという事実は厳然として残る。

NBCのブロコウの番組は連邦航空局管制官たちの客観的な視点から解説されたのに対して、A

ＢＣの一周年特別番組はピーター・ジェニングズによるインタビューをもとに、軍関係者の客観的な視点を示した。そのうちの一人、ペンタゴンの国家軍事指揮センター（ＮＭＣＣ）の副長官を務めるモンタギュー・ウィンフィールド准将は番組の中で次のように語っている。

二番機が二番目のタワー（※南タワー）に飛び込んだ瞬間、初めて我々は、連邦航空局が対応していた一見、無関係な別々のハイジャックが、実は米国に対するテロリストの連携攻撃の一部であったということに気がついたのです。（原注14）

９・11委員会は後年、軍が事前に気づいていたのはアメリカン航空一一便のハイジャックだけだと主張したが、ウィンフィールド准将は「一見、無関係な別々のハイジャック」と複数で示している。つまり、（※二番機の一七五便が激突した）九時〇三分以前に、軍はほかのハイジャック機の存在を知っていたということだ。しかも、「二番機が二番目のタワー（南タワー）に飛び込んだ」時点で初めて軍事指揮センターのスタッフは、それまで関連のない別々のハイジャックだと思っていた事件が、連携攻撃の一部であることに気がついた、とも語っている。

ウィンフィールド准将が事件から一年後に、自らの記憶に基づいて述べているのは明らかであり、その証言が、一七五便に関する委員会の主張と大幅に食い違っているということだ。

軍は、ユナイテッド一七五便が激突する前に同機のことを知っていた、と証言する軍関係者はほかにもいる。マイケル・ジェリネック大尉はカナダ人で、事件当日はコロラドのＮＯＲＡＤ本部で監督していた。トロントスター紙の記事によるとジェリネック大尉は、NEADSのスタッフと電話をしながら、ユナイテッド一七五便が南タワーに突入する場面をみんなで見守っていた。「そちらで対応していたハイジャック機というのがあれだったんですか?」と大尉が電話で訊ねると、「そうです」という答えが返ってきたという。(原注15) ユナイテッド一七五便が激突する前にNEADSが同機の異状を知っていなければ、「対応する」ことは考えられない。

事前通報があったという報告は二〇〇三年に出版された本『グランドストップ・二〇〇一年九月一一日の連邦航空局内部事情』(※巻末の凡例参照。グランドストップとは飛行禁止令の意味)にも記されている。著者のパメラ・フレーニは八時四三分という通報時刻(NORAD説)を支持してはいないが、著書には「最初の激突から二番目の激突までの間に」ニューヨーク管制センターの管制マネージャー、マイク・マコーミックがNORADに連絡し、支援を要請したと書いてある。(原注16) フレーニは、オーティス基地のパイロットが離陸したあと(八時五二分)、「ユナイテッド一七五便ハイジャックの報がNORADに伝えられた」とも記している。(原注17)

また、軍にとって連邦航空局ニューヨーク管制センターからの電話だけが、一七五便に関する情報を得る唯一の方法だったわけではない。9・11事件から四カ月後の二〇〇二年一月にハート・シーリーが書いたニューハウス・ニューズサービスの記事によると、NEADSの技術者たちは一七五便に関するやりとりを小耳にはさんで二番機の事件を知ったとある。「午前八時四三分、(二等曹長モーリーン・)ドゥーリの部下の技術者たちは、ボストン管制センターにつながっていたヘッドセットを通して、二番機のユナイテッド航空一七五便も応答しないことを耳にした。一七五便もまたニューヨークに向かっていた(原注18)」。言い換えれば、連邦航空局ボストン管制センターの管制官たちが一七五便のハイジャックを知ったのと同時に、ＮＥＡＤＳは知ったということだ。

だが、二〇〇六年にヴァニティフェア誌に掲載されたマイケル・ブロナーの記事は、前記の二〇〇二年一月の記事と真っ向から対立する。このブロナーの記事も情報源はシーリー記者の記事と同じＮＥＡＤＳの女性たちで、モーリーン・ドゥーリー二等曹長と部下の技術者ステーシア・ラウントリーとシェリー・ワトソンの三人である。ブロナー記者は、二〇〇四年に9・11委員会が使用したテープを軍から提供され、それに基づいて書いているのだが、それによると、技術者ラウントリーは事件当日九時〇三分に、連邦航空局ニューヨーク管制センターからの電話に出た。ユナイテッド一七五便がマンハッタンに向かって降下中と聞き、ラウントリーは驚きの声をあげた。「二機目のハイジャックがあるそうです！」。このエクスクラメーションマークは、一七五便の非常事態をラウントリーなどスタッフがそれまでまったく知らなかったことを意味する。二〇〇二年のハート・シーリーの記事では、八時四三分の時点ですでに彼女たちは一七五便が応答しないことだけでなく、ニューヨークに向かっていることも知っていた。どちらが真実なのかわからないが、この二本の記事は両立し得ない。それだけは確かだ。

ユナイテッド航空一七五便が南タワーに激突するまでは、軍は同機のことをいっさい知らされなかったとする9・11委員会の主張は、「二〇〇一年九月一一日におけるＮＯＲＡＤとの連邦航空局交信」と題する覚書とも真っ向から対立する。この覚書は、連邦航空局が9・11事件にどう対応したかを明らかにするため、二〇〇三年五月に連邦航空局本部のローラ・ブラウン副報道官が9・11委員会に送ったものである。中にはこう記してある。

一番機が世界貿易センターに激突してから数分以内に、連邦航空局は直ちにテレビ会議を開き、連邦航空局の各担当現場、連邦航空局司令センター、連邦航空局本部、国防総省（実際には国防総省の国家軍事指揮センター、NMCC）、シークレットサービス（中略）など、政府機関数カ所と回線をつないだ。米国空軍の連邦航空局担当連絡将校は直ちに連邦航空局本部のテレビ会議に加わり、NORADに（中略）接続した。連邦航空局は、航空機からの交信途絶、トランスポンダー信号の消失、無許可のコース変更など、七七便を含むすべての関連問題機が取った行動と事態の展開について、会議でリアルタイムに情報を共有した。(原注19)

一番機の激突（※八時四六分）から「数分以内に」ということは、八時五〇分頃になるだろう。その時点で「すべての関連問題機」と言えば、当然ユナイテッド一七五便が含まれていたはずだ。なぜなら、たとえ連邦航空局本部が一七五便の状況を把握していなかったとしても、このテレビ会議で「各担当現場」であるボストンとニューヨークの管制センターからすぐに一七五便情報を得たはずだからである。したがってこの覚書は、NORADと国家軍事指揮センターが一七五便の異状をまだ知らなかったとしても、連邦航空局主導のこのテレビ会議で知ったことを意味する。

ちなみに、二〇〇三年五月にこの覚書を送ったローラ・ブラウン副報道官など連邦航空局スタッフは、この覚書が何かを転覆させることになるとは思いもしなかっただろう。これまで見てきたように当時は、一七五便が南タワーに突入するまでに軍は同機の異状を知っていたと一般に考えられていた。事実9・11委員会自体も、二〇〇三年当時はまだそう見なしていたことは明らかである。二〇〇三年五月二二日の委員会の公聴会でリチャード・ベンヴェニスト委員は、八時五五分に何が起こったかについて聴き取りしているときにこう述べているのだ。「ユナイテッド航空一七五便は（すでに）ハイジャック宣言されていた」[原注20]。

既述のとおりこの見解からは当然、一七五便がマンハッタンに到達する前にインターセプトできたはずだという問題が生じた。その結果、八時四三分に通報を受けたのにインターセプトしなかったのなら、標準的な手続きが中止され、迎撃待機命令が出されたのではないかという疑惑が生まれたわけである。

◆矛盾への対応

9・11委員会は一七五便のハイジャックについて、八時四三分の時点で軍は通報を受けていなかった、同機が南タワーに激突するまで知らなかったと主張し、そうすることでこの疑惑の根拠を突き崩した。だが委員会のこの解決策は、以上のさまざまな報告すべてとの食い違いをそのまま残す結果になった。委員会はこれらの食い違いを、単に無視しただけなのである。

例えば第2章と第3章で見たように、チェイニー副大統領が大統領危機管理センター（PEOC）に早く来ていたというノーマン・ミネタ運輸長官の証言は、委員会の公聴会で述べられた証言であったにもかかわらず、『9・11委員会報告書』では触れていない。それと同様、上記のローラ・ブラウン副報道官が送付した連邦航空局覚書も、同じく委員会の公聴会で討議されたにもかかわらず、『9・11委員会報告書』では言及されていない。

これは二〇〇三年五月二三日の公聴会で討議されたのだが、口火を切ったのはリチャード・ベンヴェニスト委員だった。クレイグ・マッキンリー空軍少将への喚問中に、ベンヴェニスト委員はこう言った。「我々が聞いているところでは（中略）、基本的に会議が継続されていて、連邦航空局は情報が入ってくる都度リアルタイムで情報を提供していたそうですね。一番機が（北）タワーに激突した直後から」。ベンヴェニスト委員はそう言ってからマッキンリー空軍少将に、NORADは「そのとき連邦航空局との回線を常時接続にしていなかった」のかどうか尋ねた。マッキンリー少将はこう答えた。「連邦航空局と、ロームにある我々の北東防空セクター（NEADS）のスーパーバイザーたち、両方と話した結果、当時回線は常時接続になっており、これらの問題を協議していたと理解しています」[原注21]。つまりマッキンリー少将は、連邦航空局の覚書が正しいことを証言したのである。

ところが翌年に発表された『9・11委員会報告書』には、この連邦航空局の覚書についての言及はいっさいなかった。前年（※の公聴会）にはベンヴェニスト委員が自ら覚書の内容に触れ、連邦航空局のテレビ会議が始まった時刻を「一番機が（北）タワーに激突した直後」（即ち八時五〇分頃）になっていることを指摘した。それにもかかわらず『9・11委員会報告書』には、「九時二〇分頃、連邦航空局本部のセキュリティ要員が、国防総省を含む数種の政府機関と、ハイジャック事件テレビ会議を開始した」と、矛盾した主張が記されている[原注22]。

二〇〇三年には委員会も、連邦航空局主催の会議が八時五〇分頃始まったことを認めていたように見えたのだが、翌年に発表した最終報告書では、会議開始を三〇分遅い時刻（※九時二〇分頃）だと断定している。これなら軍が、連邦航空局主催のテレビ会議でユナイテッド一七五便の第一報を受けることはあり得ない。(原注23)（※一七五便の南タワー激突は九時〇三分）

『9・11委員会報告書』はリチャード・クラークのテレビ会議の開始時刻に関しても、クラークの著書には言及しないまま（第6章参照）矛盾した説明をしているが、それとまったく同様、連邦航空局のテレビ会議の開始時刻についても、連邦航空局の覚書を無視して食い違う説明を発表した。

その他の報告に対しても、委員会は自らの見解と異なるものをすべて同様に黙殺した。9・11事件直後に発表されたCNNとワシントンポストの時系列経緯は、（※一七五便に関する）NEADSへの通報時刻を八時四三分としているが、委員会報告書には触れられていない。八時四三分を公式説明にしたのが「NORAD対応時刻」であるという事実にも言及していない。AP通信の記事がこの公式報告が事実だと確認したことも無視した。二〇〇二年のNBCの番組でトム・ブロコウは、NORADが「第二のハイジャック機」についての警報を受けたあと、「ユナイテッド機（※一七五便）をインターセプトできるように」F一五戦闘機を二機スクランブル発進させたとレポートしたが、委員会報告書はそれも無視した。ピーター・ジェニングズのABCテレビ番組でウィンフィールド准将が、NMCC（国家軍事指揮センター）のスタッフはみんな、「連邦航空局が対応していた一見、無関係な別々のハイジャック」が「テロリストの連携攻撃の一部」だったことを、二番機の南タワーへの激突によって初めて知ったと述べたことも、委員会は無視した。一七五便が南タワーに突っ込むのを見ながらジェリネック大尉がNEADSのスタッフたちと交わしたやりとりを報道した、トロントスター紙の記事も無視した。

委員会は、これらの報告を論破することなく、単に異なる説明をしたにすぎない。したがって、矛盾している事実は消えない。

◆結論

軍は一七五便に関する通報をいつ受けたのか、これに関する９・11委員会の主張は、ＮＯＲＡＤの二〇〇一年発表の文書「ＮＯＲＡＤ対応時刻」と矛盾し、いくつかのニュース報道とも矛盾し、二〇〇三年に連邦航空局が委員会に送った覚書とも矛盾する。委員会は連邦航空局覚書を無視したばかりか、テレビ会議の開始時刻に関する連邦航空局の説明をも否定した。なぜこのような食い違いが存在するのか、議会とマスコミは原因を解明する必要がある。

第11章

軍はいつ七七便の緊急事態を知ったのか

以上見てきたように、一七五便に関する9・11委員会の説明は、一一便の説明以上に矛盾が多い。だが、アメリカン航空七七便についてはさらに多くの矛盾点がある。七七便に関する検証は、これまで見てきた一番機と二番機以上に複雑でもある。なぜならこの七七便については、二〇〇一年発表のNORADの見解に対して委員会の説明があからさまに矛盾していることと、NORADの見解自体がすでに深刻な問題を含んでいるからだ。

◆二〇〇一年九月から二〇〇四年五月までのNORADの見解

NORADは二〇〇一年九月一八日のマスコミ発表で、七七便について連邦航空局から通報を受けた時刻は、同機がペンタゴンに突入する一三分から一四分前の午前九時二四分だと説明した。この発表の際には、NORADが直ちに、つまり九時二四分に、戦闘機をスクランブル発進させるようヴァージニア州ラングレー空軍基地に命じたとの報告もあった。(原注1)

CNNによると匿名の「国防総省の高官たち」が、ラングレー基地の戦闘機が緊急発進して七七便を追尾したと明言したという。(原注2)ＣＮＮはまた、「国防総省の複数の情報通」によると、連邦航空局が九時二五分に、アメリカン航空七七便がハイジャックされた模様で、方向転換してワシントンに向かっているようだと連絡してきたと報道した。(原注3)

当時マスコミ報道によると、アメリカン航空七七便との無線連絡は八時五〇分に途絶えた。(原注4)八時五五分には同機がオハイオ州南部の上空でＵターンして東に戻り始めたが、七七便担当の管制官はこのＵターンに気づかなかった、とほとんどのマスコミが報道した。(原注5)この管制官は、一分後に同機のトランスポンダー信号が切られたとき、初めて問題に気づいた。(原注6)「午前八時五六分には、七七便が行方不明になったことが明らかになった」(原注7)とニューヨークタイムズが書いている。だがＮＯＲＡＤの時系列報告によると、それでもなお連邦航空局は軍に通報せず、ようやく七七便の異状を通報したのは、九時二四分だったという。

◆ＮＯＲＡＤの当初の見解と矛盾する報道

ＮＯＲＡＤの時系列報告からいくつかの疑問が出てきた。最も深刻な疑問は三つある。

なぜ連邦航空局はＮＯＲＡＤへの通報を九時二四分まで待ったのか。(原注8)

七七便がワシントンへ戻り始めたことが報告されたあと、なぜペンタゴンは人々を避難させなかったのか。(原注9)

約一三〇マイル離れたラングレー空軍基地から緊急発進したＦ一六戦闘機は、なぜ攻撃を阻止できる時間内にペンタゴンに到達できなかったのか。(原注10)

NORADの説明はこれらの疑問に火をつけたばかりか、さまざまな報道とも矛盾がある。ここでは矛盾について検証していこう。

〈ニューヨークタイムズのウォールド記者の記事〉

二〇〇一年九月一八日にNORADが時系列報告を発表するよりも前に、ニューヨークタイムズが七七便に関するNORADの説明と異なる報道をしていた。9・11事件から四日後の一五日、マシュー・ウォールドが次のような記事を書いている。

アメリカン航空七七便がハイジャック犯たちの支配下に置かれてから一時間ほどの間、七七便がペンタゴンの西側に突入する瞬間まで、同じペンタゴンビルの東側にある司令センターでは軍幹部たちが、捜査当局や航空管制センターの幹部たちと緊急に対応を協議していた。

文官と武官が連携し、力を合わせて国家の空域を管理し、国を防衛しようという入念な計画があるにもかかわらず、また、すでに他のジェット機二機がニューヨークの世界貿易センターに激突していたにもかかわらず、ワシントンの保護空域へ向けてスクランブル発進した戦闘機は、七七便がペンタゴンに突入してから一五分経過するまで、現地には到達しなかった。(原注11)

「東側にある司令センター」とは無論、国家軍事指揮センター（NMCC）のことであり、「航空管制センターの幹部たち」というのは連邦航空局の幹部である。およそ一時間続いたというこの合同協議はおそらくテレビ会議を指しているのだろう。もしこれが国家軍事指揮センターの対空危機テレビ会議のことなら、この記事は、連邦航空局のローラ・ブラウン副報道官が訂正したとされる会議開始時刻八時四五分と符合する。(原注12)もしこれがNMCCではなく連邦航空局主催のテレビ会議だとしたら、二〇〇三年五月発表の連邦航空局の覚書にある、WTCに一番機が突入した直後の八時五〇分頃に会議を始めたという説明と符合する。いずれにせよ、ウォールド記者の記事はNORADと食い違っている。NORADは、七七便のハイジャックを初めて知った時刻を、九時二四分と主張しているのだから。

〈連邦航空局ローラ・ブラウン副報道官が送った覚書〉

NORADの主張するこの時刻と最も明白に、異論の余地なく矛盾するのは、連邦航空局のブラウン副報道官が9・11委員会に送った覚書である。覚書は二〇〇三年五月二一日に書かれたのだが、この日は覚書より前に、9・11委員会の公聴会で連邦航空局長ジェーン・ガーヴィーが証言し、気まずいパフォーマンスがあったのだ。9・11委員会のリチャード・ベンヴェニスト委員がガーヴィーに質問したやりとりを一部紹介しよう。

ベンヴェニスト委員　七七便、アメリカン航空七七便に焦点を絞って質問したいのですが、我々がもらっている時系列報告によると、当日朝八時五五分に、連邦航空局は七七便がコースを外れたという情報を受け取った。その頃にはすでにアメリカン航空一一便の結末が周知の事実になっており、ユナイテッド航空一七五便はハイジャック宣言が出されて、その少しあと（※南タワーに）激突しています。なぜ（中略）七七便を直ちにハイジャック宣言しなかったのですか？我々の持っている情報によると、NORADは九時二四分まで通報を受けていないが。（中略）

ガーヴィー局長　委員、その時系列は、私の記憶している時系列とは（中略）一致しないので、関連する記録をあとで詳細に調べたいと思います。私の記憶する時系列では、委員が言われた時刻までに二回、NORADに報告を入れています。（中略）第一報は八時三四分になっていました。

ベ委員　八時三四分？

ガ局長　八時三四分にボストンの管制官から。（中略）

ベ委員　アメリカン航空七七便のことを言っているんですよ、ペンタゴンに突入した飛行機ですが。

ガ局長　そうです。（中略）私の得ている情報では、八時三四分にボストンの管制官個人が第一報を入れました（中略）、NORADのオーティス基地に。（中略）

ベ委員　一一便と七七便を混同していませんか？

ガ局長　すみません。そうかもしれません。（中略）あの時系列を見てからしばらく時間がたっているので。（中略）連邦航空局は正しいタイミングで彼らに通報したと私は信じています。

ベ委員　委員長、証人の記憶がよみがえるよう、エバーハート空軍大将の証言を読み上げていいでしょうか。（中略）大将が保有している記録された第一報（は九時二四分だという証言）です。（中略）「なぜこんなに遅れたのですか」（という質問）に答えて、エバーハート大将は「連邦航空局に尋ねていただくしかありません」と言われたので、今、こうしてお尋ねしているわけです。

ガ局長　わかりました。（中略）私の記憶は少し違うので、ここでお答えする前に再確認したいと思います。（中略）

ケイン委員長　今夜スタッフのもとに帰れたら確認しやすいでしょう。(原注13)

この要請に応えるために、「二〇〇一年九月一一日におけるNORADとの連邦航空局交信」という覚書が、同じ二〇〇三年五月二二日のうちに9・11委員会へ送られたのである。覚書を書いたローラ・ブラウンは連邦航空局本部の副報道官で、連邦航空局の上級職員でもある。(原注14)この背景を念頭に置けば、連邦航空局が七七便についていつ軍に連絡したのかという質問に答えることを主な目的として、この覚書が書かれたことがわかる。以下にこの覚書を全文紹介する。

一番機が世界貿易センターに激突してから数分以内に、連邦航空局は直ちにテレビ会議を開き、連邦航空局の各担当現場、連邦航空局司令センター、連邦航空局本部、国防総省、シークレットサービスなど、政府機関数カ所と回線をつないだ。米国空軍の連邦航空局担当連絡将校は直ちに連邦航空局本部のテレビ会議に加わり、NORADに別回線を接続した。連邦航空局は、航空機からの交信途絶、トランスポンダー信号の消失、無許可のコース変更など、七七便を含むすべての関連問題機が取った行動と事態の展開について、テレビ会議でリアルタイムに情報を共有した。この会議に参加した当局者たちも順番に、各自が取っている行動について情報を共有した。NORADの記録では、連邦航空局が七七便について公式の通報を入れたのが九時二四分になっているが、七七便に関する情報は公式通報より前に、このテレビ会議で間断なく伝えていた。(原注15)

この覚書が示すように、連邦航空局が七七便について九時二四分までNORADに通報しなかったというエバーハート大将の主張に対し、連邦航空局は明確に異議を唱えている。エバーハート大将の証言では「記録された第一報」が九時二四分となっていることから、覚書ではそれを「公式通報」と表わしていることが注目される。連邦航空局は、エバーハート大将のこの限定的表現をふまえて、公式の通報は九時二四分かもしれないが、「七七便に関する情報は公式通報より前に、このテレビ会議で間断なく伝えていた」と指摘している。

筆者が二〇〇四年にローラ・ブラウン副報道官と電話で話した際、彼女はこの区別が重要であることを力説していた。軍が七七便の異変に最初に気づいた時刻はいつなのかという問題は、公式通報の時刻とは関係ない。重要なポイントは、八時五〇分頃からつなぎっぱなしになっていたテレビ会議を通じ、NORAD幹部が七七便について「リアルタイムに情報を」受け取っていたということなのだ。(原注16)

この覚書が書かれた翌日の二〇〇三年五月二三日の公聴会では、印象的なやりとりが行なわれた。NORADのクレイグ・マッキンリー空軍少将が出席し、「七七便がハイジャックされた可能性」があると連邦航空局が通報してきたのは九時二四分だったと証言したあと、ベンヴェニスト委員がこう尋ねた。「本当にそれが事実ですか、少将、いかなる種類の通報も含め、七七便に関する第一報は九時二四分までなかったということですか？」。マッキンリー空軍少将は「事件の朝フロアにいた」ラリー・アーノルド少将に質問を振り向けた。以下は、それに続くやりとりである。

アーノルド少将　委員の質問に一言で答えれば、それが事実だと私は信じています。アメリカン航空七七便がハイジャックされた可能性があると知らされたのは、九時二四分が最初です。

ベンヴェニスト委員　ではアーノルド少将、あの朝、連邦航空局とＮＯＲＡＤ、その他ＣＩＡやＦＢＩといった政府機関を回線でつないで、常時接続していたというのは事実ではないのですか？

ア少将　（中略）あのときは連邦航空局と常時接続をしていませんでした。それは正確ではありません。

ベ委員　常時接続をしていなかったわけですね。あなた方は――ＮＯＲＡＤは接続していなかった――

ア少将　私の本部であるＮＯＲＡＤの米国本土担当部門は、米国本土の防空を任務としており、あのときは連邦航空局と回線の常時接続をしていませんでした。

ベ委員　連邦航空局と常時接続していたＮＯＲＡＤの別の部門はあり――

ア少将　我々は――

ベ委員　失礼、質問を最後まで言わせて下さい。（※連邦航空局と常時接続していた）ＮＯＲＡＤの別の部門はありましたか？（中略）我々が得た情報では、実際に常時接続をしていて（中略）、基本的に会議が進行中で、リアルタイムに情報を共有しており、連邦航空局は一番機がタワーに激突した直後から、情報が入り次第提供していた、と聞いています。注目すべき特徴を持つそれぞれ進行中の事件に関する情報を提供していた、と。マッキンリー少将はうなずいておられますね。

マッキンリー少将　私が理解しているところでは、連邦航空局は、ニューヨークのロームにある我々の北東防空セクター（NEADS）と連絡を取っていました。我々は北米をいかに脅威から守るかという関係を理解し、NORADはコロラドスプリングスのピーターソン空軍基地にあり、我々のNORAD米国本土担当部門、航空作戦センター（※air operations center）はフロリダのティンダル[原注17]空軍基地にあります。（中略）それと、我が国の面積とボリュームに基づいた三つのセクターが国全体をカバーしています。私は連邦航空局と、ロームにある我々の北東防空セクター（NEADS）のスーパーバイザーたち両方と話した結果、当時それらの回線は常時接続になっており、これらの問題を協議していたと理解しています。[原注18]

以上のように、ベンヴェニスト委員が連邦航空局の覚書に示された論点を追及したところ、マッキンリー少将が、連邦航空局と軍が回線を常時接続していたという連邦航空局の主張を認め、「これらの問題を協議していた」と証言したのである。

ベンヴェニスト委員はさらにアーノルド少将に質問した。「七七便がハイジャックされたと思われる状況を初めてあなたが、あなた方ＮＯＲＡＤが知ったのはいつか、九時二四分より前だったのではないか、この問題を解明する情報はほかにありませんか？」。少将はこう答えた。「目下、ほかの情報は何もありません（原注19）」。

このあとのセッションで、民間航空保安部門の元副官、マイク・キャナヴァン中将が証言しているとき、ベンヴェニスト委員が七七便の問題を蒸し返し、前日の夜に「連邦航空局から資料が届けられた」と言って覚書を読み上げた。前述のとおり覚書の最後は、「七七便に関する情報は公式通報より前に、このテレビ会議で間断なく伝えていた」で終わっている。

覚書を読んで記録を取らせてから、ベンヴェニスト委員はこうコメントした。「そこで問題になるのは、七七便の状況も含めて、状況をリアルタイムにＮＯＲＡＤのスタッフに伝える非公式の連絡はあったのか、ということです」。そしてキャナヴァン中将に尋ねた。「我々が受け取ったばかりのこの文書を考えると、七七便の異状について非公式の連絡があったというのは本当ですか？」。キャナヴァンがテレビ会議の仕組みを説明すると、ベンヴェニスト委員が次のように質問した。

> ということは、連邦航空局が主張しているように、もし連邦航空局がレーダーで見ているものをそのまま——今はとくに七七便を問題にしているのですが、リアルタイムで軍が知らされていたとしたら、ＮＯＲＡＤの誰かが七七便のコース逸脱を、ハイジャックの公式通報よりそうとう早い段階で知ったということになるでしょう。その場合、テレビ会議に出ていてそういう情報を受け取った軍のスタッフ、つまりＮＯＲＡＤのスタッフが、他のＮＯＲＡＤの施設に

伝達する、自分がリアルタイムで受け取っている情報を彼らに知らせる、そういうことを期待できたでしょうか。

キャナヴァン中将はこう答えた。「NORADの司令センターの誰かに伝達するだろうと私は思います（原注20）」。

ベンヴェニスト委員が議論を進めていった方向を考えると、翌年の七月に9・11委員会が発表した最終報告書には、軍は九時二四分までに七七便の異変を知らされていたと結論づけるだろう、そう予想してもおかしくない。だが、そういう結果にはならなかった。

◆9・11委員会の見解

『9・11委員会報告書』は結果的に、九時二四分という七七便の第一報の時刻を却下した。委員会が出した結論は、連邦航空局の覚書が示したのとは逆の方向に修正してあった。連邦航空局が九時二四分より前に七七便を軍に知らせたとするのではなく、「NEADSは、アメリカン航空七七便がハイジャックされたという知らせを一度も受けなかった」と宣言したのだ（原注21）。

こう言明する以上は、軍幹部が委員会で偽証したと言わなければならない。

二〇〇三年五月、当委員会での公開証言で（中略）NORADの幹部たちは、NEADSが九時二四分に、アメリカン航空七七便に関するハイジャック通報を受けたと述べた。この陳述は正しくない。（中略）NORAD幹部たちは、証言やその他の公開説明の場で、ラングレー空軍基地の戦闘機をスクランブル発進させてアメリカン航空七七便の通報に対応したとも述べた。（中略）これらの陳述もまた正しくない。(原注22)

9・11委員会は九時二四分という通報時刻を拒否することによって、公式説明を困難にしていた主要な問題のひとつを次のように克服したのである。

あの事件に関する政府の不正確な説明は、軍が実際以上に、対応に間に合う時刻に通報を受けたように見せたため、対応の妥当性についての疑問を生む結果となった。不正確な説明の結果（中略）、連邦航空局は事件の朝、有益な情報をタイムリーに軍に提供したとして、その能力が誇張された。（中略）したがってアメリカン航空七七便への軍の対応時間は、二〇〇三年五月の委員会での証言で示唆されたように十四分もあったわけではない。(原注23)

◆矛盾への対応

七七便について軍は知らされなかったと主張することによって、9・11委員会は軍の「対応の妥当性」に関する疑問の土台を崩した。しかし新しい説明が、それまでに発表されたすべての説明と食い違うという事実をどう処理しただろう。二〇〇三年五月のNORAD幹部たちの証言を「正しくない」と宣言した以外は、委員会はこの新しい説明と、それまでの説明との矛盾をすべて無視した。矛盾点は無数にある。

〈ノーマン・ミネタの証言〉

第3章で見たようにノーマン・ミネタは9・11委員会で証言し、ペンタゴンが攻撃される少し前、おそらく九時二五分頃の時点で、無許可の飛行機がワシントンに近づいてくることをチェイニー副大統領は知っていたと述べた。もしペンタゴンに突入した飛行機が委員会の言うとおり七七便だとしたら、七七便がペンタゴンに接近中であることを幹部は誰一人知らなかったという委員会の主張は、ミネタの証言と食い違う。『9・11委員会報告書』はこのミネタ証言に一言も言及しないまま、この問題を処理している。

〈連邦航空局の覚書〉

『9・11委員会報告書』には、九時二四分という七七便の通報時刻を否定してこう書いてある。「NEADSが九時二四分に受けた通報は、アメリカン航空一一便は世界貿易センターに激突したのではなく、ワシントンへ向かっているという内容だった（原注24）」。たとえこの主張を受け入れたとしても、連邦航空局のローラ・ブラウン副報道官が覚書で明示した論点には何らの対応もしていない。九時二四分の通報時刻は間違っていて、早すぎるのではなく、遅すぎるのだというこの覚書の論点を、9・11委員会は完全に無視した。

リチャード・ベンヴェニスト委員は二〇〇三年五月二三日の公聴会で、連邦航空局の覚書を読み上げて記録に残させたが、『9・11委員会報告書』はこの覚書にも触れていない。既述のとおりベンヴェニスト委員は覚書のことを執拗に取り上げ、九時二四分という公式通報時刻よりもっと早くから軍に七七便の情報を伝えていたという連邦航空局の主張を検討した。さらにマッキンリー少将からは、連邦航空局と軍とが七七便のことをテレビ会議で協議していた、という同意を取りつけた。ところがその後発表された『9・11委員会報告書』には連邦航空局の覚書への言及がなく、それでもなお、ベンヴェニスト委員の署名がしてあった。委員会はなぜ何らの反証も挙げずに、連邦航空局の覚書と矛盾する最終報告書を出したのか、その理由を説明するよう、ベンヴェニスト委員をはじめ全委員に求めるべきではないだろうか。

9・11委員会は覚書に対して反証を挙げなかったものの、連邦航空局主導のテレビ会議は九時二〇分に始まったと書いている。(原注25) 始まったのは八時五〇分頃だとする覚書を否定することによって、結果的に覚書の説明は事実ではないと言っているのも同然だ。これによって委員会は、覚書を承認したローラ・ブラウン副報道官など連邦航空局職員が嘘をついている、少なくともはなはだしい勘違いをしていると暗に示しているのである。とはいえ委員会は、覚書に言及しなかったおかげで、航空局に対する非難の根拠を説明しなくてすむ。

テレビ会議は九時二〇分よりずっと早く始まったとする連邦航空局の見解は、パメラ・フレーニの著書でも一致している。フレーニは、連邦航空局の航空交通管制業務局長のビル・ピーコックと、同副局長であるジェフ・グリフィスの行動を説明する中で、事件当日、ピーコック業務局長はニューオーリンズに出張していたため、グリフィス業務副局長が航空交通管制業務の管理者代理を務めていたと書いている。最初に北タワーが攻撃されたあと、グリフィス業務副局長は部下に会議を準備させ、それは「果てしないテレビ会議(原注26)」になった。同じ頃ニューオーリンズでは、ピーコック業務局長が北タワー攻撃を知ってホテルの部屋に戻った。

ピーコックはテレビのチャンネルを次々変えてCNNを見つけ、ちょうど二番機が南タワーに突入する場面を世界中の人々とともに見つめた。彼は迷わず電話をかけ、部下に連絡を取ろうとした。電話は連邦航空局本部のピーコックの部屋の隣にある会議室に回され、彼は果てしないテレビ会議に加わった(原注27)。

したがってフレーニの説明によると、ピーコック業務局長が連邦航空局のテレビ会議に加わったのは（※九時〇三分の二番機攻撃直後であるため）、9・11委員会が主張する会議の開始時刻九時二〇分より約十五分早い。

二〇〇三年五月の連邦航空局の覚書は、同じ年の一〇月に出版されたフレーニの著書に支持されたわけだが、9・11委員会は連邦航空局の覚書を無視することによって、正しい説明ではないと暗に非難したことへの説明責任を回避した。

〈ニューヨークタイムズ、FBI、そしてアメリカン航空〉

9・11委員会は既述のニューヨークタイムズの記事にも反論しなかった。9・11事件の四日後にニューヨークタイムズに掲載された記事は、七七便がハイジャック犯たちに支配されていた約一時間の間、「ペンタゴンビルの東側にある司令センターでは軍幹部たちが、捜査当局と航空管制センターの幹部たちと緊急に対応を協議していた」と報じた。向かってくる飛行機があることをペンタゴンは知らなかったという委員会の主張は、この記事の見出し「ペンタゴン、死のジェット機を追尾するも、阻止できず」とも矛盾している。(原注28)

七七便がハイジャックされていたことも、同機がペンタゴンに突入するまで軍は知らなかったとする9・11委員会の主張は、FBIの「アーリントン郡対応結果報告」の以下の内容とも大きな食い違いがある。

九時二〇分頃、WFO（FBIワシントン支局）司令センターに、アメリカン航空七七便がワシントンのダレス国際空港を離陸後すぐにハイジャックされたという通報が入った。（担当のFBI特別捜査官が）五〇名の捜査班を急派し、ダレスのハイジャック事件を捜査するとともに、新たな事件の発生を防ぐべく警備を強化した。(原注29)

もし9・11委員会が最終報告書でこの記事に言及していたなら、ワシントンDCのFBIが九時二〇分頃には七七便のハイジャックについて知っていたのに、軍はその後二〇分近くたってからやっと知ったということを、信じてほしいと読者に頼まなければならないところだ。委員会はこの記事を引用しなかったので、読者の理解を求める必要もなかった。

『9・11委員会報告書』には言及されなかった委員会の主張と対立する見解は、テキサス州フォートワースのアメリカン航空本社の幹部からも報告されている。この幹部たちによると、九時にはアメリカン航空七七便との連絡が途絶えたことを知り、九時一〇分にはハイジャックされた疑いが濃厚であることを知っていた（原注30）。この報告と『9・11委員会報告書』を両方合わせるとこうなる――七七便がハイジャックされたことをアメリカン航空本社は九時一〇分には知っていたが、米軍はそれから二五分近くもまったく気づかず、NEADSが連邦航空局のワシントン管制センターと話している中で偶然知ったのが九時三四分だった、と（原注31）。

〈インディアナポリス管制センターは何も知らなかった〉

七七便に関する9・11委員会の新しい筋書きの中で最も重要なポイントのひとつは、連邦航空局のインディアナポリス管制センターが、なぜ直ちに軍に通報しなかったのか、その理由についての説明である。七七便がトラブルの兆候を示し始めたときの担当部署はインディアナポリス管制センターである。委員会によると、インディアナポリスの管制官は八時五六分に七七便のトランスポンダー信号と、無線信号と、レーダー上の機影を見失った。管制官は「七七便が電気系統か機械系統の深刻な不具合に陥って」墜落したのだろうと結論づけたため、軍には連絡しなかった、と委員会は主張している（原注32）。

この時点で二機がハイジャックされ、そのうちの一機はすでに世界貿易センターに激突し、もう一機もニューヨークに向かっていることがわかっていたというのに、なぜ管制官はそんな推測をしたのだろう。委員会はその理由を、この管制官が「ハイジャックされた飛行機がほかにもあることを知らなかった」からだとしている。それればかりか、インディアナポリス管制センターでは誰一人、「ニューヨークの状況を知っている者は」いなかったという。そのため、飛行機の墜落情報はないか、あちこちの政府機関に問い合わせを始めたのだが、軍には連絡しなかった。九時二〇分になってようやく「ほかにもハイジャック機がある」ことを知り、七七便は墜落したのだろうという当初の推測を疑うようになった、というのが委員会の説明である。要するに、もしインディアナポリス管制センターの職員がもっと早く他のハイジャック事件のことを知っていたら、七七便の危険な兆候が揃っているのを見て、七七便もおそらくハイジャックされたのだろうと推理できたのに、あいにく彼らは他のハイジャック事件のことを知らなかったというわけである。（原注33）

この筋書きは、あまりにも信憑性に欠けると言わざるを得ない。テレビのネットワークはどこも八時四八分から世界貿易センターを中継し始めた。九時〇三分には二番機が南タワーに突入する光景も生中継した。何百万もの人がこの事件を知っていた。それなのに、インディアナポリス管制センターでは九時二〇分まで、「ニューヨークの状況を知っている者は」一人もいなかったというのだ。

元管制官のロビン・ホードンは9・11委員会の主張を、どう見てもあり得ないことだと考えている。「ハイジャックが発生したら知らせる仕組みになっています。（中略）まして近来稀な大事件だから、ＡＴＣ（航空交通管制）の業界ではニュースが飛び交っていたはずです」とホードン元管制官は言う。（原注34）9・11委員会でのマイク・キャナヴァン中将の証言はすでに一部紹介したが、そのキャナヴァン中将も、標準的な手続きについて同じ見方をしている。この公聴会でリチャード・ベンヴェニスト委員から質問されたキャナヴァンはこう答えている。「ハイジャック発生とわかると同時に、あらゆる人に通報します。（中略）あらゆる地域に（通報が）発信されます。（中略）そういう展開になるものだということです[原注35]」。

とはいえ、本書のテーマは9・11委員会の説明が事実に見えるかどうかではなく、それと矛盾する報告があるか否かである。委員会の説明では既述のとおり、インディアナポリスの管制官が、七七便は電気系統か機械系統が故障して墜落したのだろうと単純に考えたのは、その当時彼が「ハイジャックされた飛行機がほかにもあることを知らなかった」からだとされている。九時二〇分にようやく「ほかにもハイジャック機がある」ことを知り、七七便が行方不明になったのもハイジャックの可能性があると気づいたことになっている。

だが、一番機のアメリカン航空一一便については、あちこちの航空管制センターが九時二〇分よりもはるかに早い段階でハイジャックの通報を受けたという報告がいくつかある。事件から約一カ月後に発表されたガーディアン紙の時系列経緯には、八時二五分に「（ボストン管制センターの）管制塔は数カ所の航空管制センターに、ハイジャック事件発生を通報した」とある[原注36]。NBCでは9・11事件の一周年特別番組でトム・ブロコウが、八時三〇分に「ボストン管制センターのスーパーバイザーが連邦航空局と他の航空管制センターに、アメリカン航空一一便のハイジャックについて通報した」と説明した[原注37]。パメラ・フレーニは著書『グランドストップ』にこう書いている。

　午前九時〇七分、ヴァージニア州北部にある航空交通管制システム司令センターが、全米の

あらゆる航空交通管制施設に対してメッセージを送り、最初のハイジャック事件を知らせた。(原注38)

9・11委員会は、インディアナポリス管制センターが九時二〇分までほかのハイジャック発生を知らされていなかったと主張しているが、これは上記の報告と明らかに矛盾している。もしインディアナポリスの管制官がほかのハイジャック事件を知っていたなら、アメリカン航空七七便のことを電気系統か機械系統の故障で墜落したのだと思い込んで軍には通報しなかった、などという委員会の説明は非現実なものになっただろう。委員会はこれらの報告をすべて無視することによって、非現実的な説明になることを回避した。

〈シークレットサービスのシークレット〉

9・11事件についてあまり守秘義務が守られていないことがある。それは、たとえ連邦航空局が七七便について軍への通報を怠ったとしても、シークレットサービスは、連邦航空局が知っていることをすべて知っていたはずだということだ。ディック・チェイニー副大統領が事件後五日目にNBCの番組「ミート・ザ・プレス」でインタビューを受け、この事実を暴露しそうになった。「シークレットサービスは連邦航空局と取り決めを結んでいる。あのあと連邦航空局は回線を常時接続にして、世界貿易センターが……」ここでチェイニー副大統領はあとの言葉をのみ込んだ。(原注39)

『爆弾証言　すべての敵に向かって』には著者リチャード・クラークが詳しく書いている。シークレットサービスのブライアン・スタッフォード長官が、「飛行機がこっちに向かっていることはレーダーが示している」と書いたメモをクラークにそっと寄越したと書いてあり、クラークはさらに説明を加えている。「シークレットサービスは、連邦航空局のレーダーで見えるものをそのまま見えるようにするシステムを持っていた（原注40）」。

二〇〇六年にはシークレットサービス副長官を退官したばかりのバーバラ・リッグズが、シークレットサービスが七七便に気づいていたことを明確に示した。リッグズは事件当日の朝、ワシントンのシークレットサービス本部にいた（原注41）。「シークレットサービスは連邦航空局のレーダーをモニターし、同航空局との常時接続回線を作動させることによって、ハイジャック機（中略）に関する情報をリアルタイムで受け取ることができた。我々は、ワシントンDCに接近してくるハイジャック機二機をトラッキング（※航路の追跡）していた（原注42）」。この二機のうち一機がアメリカン航空七七便だったはずである。チェイニー副大統領とリチャード・クラークの言葉ですでに暗示されていたことが、このリッグズ元副長官の説明で明らかになった。

もしこの事実が世間に広く知られていたとしたら、七七便がワシントンに向かってくるのをシークレットサービスは知っていたが、軍にはそれを知らせなかった、と9・11委員会は説明しなければならなかったところだ。だが委員会は、シークレットサービスが問題機すべてのことをリアルタイムで知っていたことには触れなかったので、この説明をする必要がなかった。

〈軍の連絡将校〉

9・11委員会の説明に対して新たに難しい問題が起こっている。連邦航空局のワシントン本部とヴァージニア州ハーンドンの司令センターに、軍の連絡将校が常駐していることだ。委員会によると、七七便が行方不明になった事実を連邦航空局司令センターでは九時二〇分に知り、本部では九時二五分に知ったが、軍にはこの情報を伝達しなかったという。ところが司令センターの全米オペレーションズ・マネージャーであるベン・スライニーは、委員会の公聴会で次のような情報を提供した。

もちろん司令センターにありますよ、〝軍専用室〟（※military cell）という軍の連絡窓口が。9・11事件が起こったときも彼らは終始立ち会っていました。（中略）軍に話したら、軍部に話したのと同じことです。彼らは独自の伝達網を持っています。（中略）私の頭の中では、事件発生を通報するべき相手には残らず、軍も含めて、通報したと理解しています。（原注43）

事件当日、連邦航空局の副局長代理だったモンテ・ベルジャーが同じ公聴会に同席していて、次のように述べて論点を裏付けた。

事実――スライニー氏が述べたとおり、連邦航空局司令センターには軍人が常駐していました。彼らは事態の進行に参加していた。連邦航空局の航空交通機構（※航空保安業務などを担う連邦航空局長直属の組織）が危機管理室に置かれていて、そこに軍人たちがいたのです。彼らは事態の進行に参加していました。（原注44）

連邦航空局本部に軍の連絡将校が常駐していることはパメラ・フレーニも著書で触れていて、フレーニは「連邦航空局での国防総省現場出張所」と呼んでいる。(原注45)

軍の連絡将校が存在するという証言は、七七便に関する9・11委員会の主張と矛盾する。委員会は、連邦航空局本部とハーンドン司令センターでは七七便のトラブルを把握したのに、軍は把握していなかったと説明し、これらの証言についても無視を決め込んだ。ローラ・ブラウン副報道官が送った連邦航空局の覚書と同様、司令センターのスライニーとベルジャーが証言した軍の連絡将校の存在も、『9・11委員会報告書』には言及されていない。

◆結論

軍はアメリカン航空七七便がペンタゴンに突入するまで、同機がハイジャックされていたことを知らなかった、とする9・11委員会の主張と食い違う報告は以下のように多数ある。

・二〇〇一年九月一五日付ニューヨークタイムズの記事
・二〇〇一年九月一八日付「NORAD対応時刻」
・二〇〇三年五月二二日付連邦航空局の覚書
・二〇〇三年五月二三日委員会公聴会でのNORADのクレイグ・マッキンリー空軍少将の証言
（リチャード・ベンヴェニスト委員との討議で、連邦航空局覚書を少なくとも部分的に認めた）
・FBIの「アーリントン郡対応結果報告」
・シークレットサービス関係者の発言

・連邦航空局に軍の連絡将校が常駐する報告

インディアナポリスの管制官が九時二〇分まで、先行するハイジャック機の存在を知らなかった、という９・11委員会の主張は、ガーディアンやＮＢＣニュース、パメラ・フレーニの著書とも矛盾する。議会とマスコミは、なぜこのような食い違いが存在するのか、原因を究明しなければならない。

第12章　軍はいつ九三便の緊急事態を知ったのか

ユナイテッド航空九三便に関する問題は、これまでの三機の飛行機とは論点が異なる。先行した三機の主要な問題は、「なぜ犯人たちはターゲットに到達できたのか」ということだった。これに対して四番機である九三便は、ターゲットに到達することなくペンシルベニアに墜落しており、「この便に何が起こったのか」が最大の疑問になる。当初の公式発表では、勇敢な乗客たちがハイジャック犯たちと乱闘の末、彼らの手から支配権を奪還した後、飛行機を落下させたことになっている。その後、乗客に制圧されることを恐れたハイジャック犯たちが自ら落下させたのだろうとも言われた。しかし同機については、米軍によって撃墜されたという噂が当初からあった。

本章および次章では、ユナイテッド九三便に関する二つの疑問について、どういう矛盾があるかを見ていくことにする。次章では、軍がユナイテッド九三便を撃墜する態勢にあったか否かを検証するが、本章においてはまず、軍が九三便の異変を最初に知ったのはいつなのかという重要な疑問について論じる。

二〇〇一年九月一七日にCNNが発表した時系列経緯には「午前九時一六分・連邦航空局がNO

RADに、ユナイテッド航空九三便がハイジャックされた模様と通報」とある。ところがこの同じ時系列に、「ペンタゴンの当局筋（中略）によると国防総省は、ハイジャックされたユナイテッド航空九三便による脅威について、同機がペンシルベニアに墜落したあと初めて知った」とも書いてあるのだ。(原注1) これら両極端の二つの見解に加えて、その後中間的な見解が一つ浮上する。

◆NORADの当初の見解

二〇〇一年九月一八日発表の「NORAD対応時刻」には、ユナイテッド航空九三便について連邦航空局がNEADS（※NORADの北東管区）に通報した時刻が記入されていない。「該当なし」を意味する「N／A」と、五個のアステリクスを続けて記してあるのみである。この資料の冒頭には、この五個のアステリクスの意味としてこう付記してある。「連邦航空局とNEADSは、アメリカン航空七七便およびユナイテッド航空九三便について協議するため、常時接続回線をつないでいた」(原注2)。したがって、NEADSが連邦航空局の職員から電話を受けて公式の通報を受理した時刻があるわけではなく、常時接続のテレビ会議で継続されていた協議の中で、NEADSが非公式にユナイテッド九三便の異変を知ったということになる。

このNORAD文書には、この「常時接続回線」をつないだ正確な時刻が示されていない。しかし前章で見たとおりこの同じ文書に、アメリカン航空七七便についてはNORADが九時二四分に連邦航空局から通報を受けたとなっているので、連邦航空局とNEADS間の常時接続回線が作動したのも、ほぼその頃であると言いたいようだ。つまり、ユナイテッド航空九三便のハイジャックを連邦航空局が知った直後に、軍も知ったと解釈していいだろう。

いずれにせよ二〇〇三年五月二三日に9・11委員会の公聴会で、NORADの複数の幹部が証言し、NORADへの通報時刻は九時一六分だと断言している。これは「NORAD対応時刻」が発表される前日の九月一七日にCNNが報じたのと同じ通報時刻である。アラン・スコット大佐は「NORAD対応時刻」を委員会に示し、「九時一六分（中略）に、ユナイテッド航空九三便がオハイオ州上空でハイジャックされた可能性がある、と連邦航空局から報告が入ります」と述べている（原注3）。

そのあとラリー・アーノルド少将がこじつけの説明を加えたために、「NORAD対応時刻」とさらに矛盾する結果になった。同文書にはスクランブル命令について、「ラングレーのF一六が複数機、すでにアメリカン航空七七便に向けて飛行中」と記してある。これは前章で見たとおり、ラングレー空軍基地のパイロットたちがすでにスクランブル発進してアメリカン七七便を追尾していた、というNORADの当初の見解を反映している。しかしアーノルド少将は委員会に対し、「ラングレーから空軍機を発進させてワシントンDC上空に向かわせたのは、アメリカン航空七七便（※三番機）に対応したものではなく、実際にはユナイテッド航空九三便がワシントンに向かった場合に備えての配備だった」と証言したのだ（原注4）。

◆9・11委員会の見解

9・11委員会の報告書では、軍がユナイテッド航空九三便のハイジャックを知った時刻について、それまでに発表されていた三つの主張がすべて却下された。即ち、軍は九時一六分の時点で承知していたという主張と、九時二四分とする主張と、大まかにユナイテッド航空九三便の墜落以前に知っていたとする主張だ。

第一の主張（※九時一六分説）について、委員会は次のように説明している。

　二〇〇三年五月、当委員会の公聴会においてNORADの幹部たちは、連邦航空局からのユナイテッド九三便のハイジャック通報を九時一六分にNEADSが受理したと証言した。これは正しい陳述ではない。九時一六分に報告されるべきハイジャックは存在しなかった。ユナイテッド九三便はその時点では正常に飛行を続けていた（なぜならハイジャックの開始は九時二八分以降だったからである）。（中略）軍が同機のハイジャック通報を九時一六分に受理したとすると、軍はユナイテッド九三便への対応に四七分間の時間を有していたことになるが、軍にはそんな時間はなかった。軍が九三便の事態を知ったときには、同機はすでに墜落していたのである。[原注5]

第二の主張（※九時二四分説）については、9・11委員会は「ユナイテッド九三便（中略）に関する通報に対応して、ラングレー基地の戦闘機がスクランブル発進した（とするアーノルド少将の陳述）（中略）は正しくない」としている。[原注6]

軍は当然、九三便の墜落より前に同機の状況を知っていたとする第三の大まかな主張については、委員会は「ユナイテッド九三便がペンシルベニアに墜落した一〇時〇三分まで、同機のハイジャックに関する（軍への）連絡はいっさいなかった」としている。[原注7]委員会はより正確を期して次のように補足した。「ユナイテッド九三便についての第一報は、連邦航空局のクリーブランド管制センターにいる軍の連絡将校がNEADSにかけてきた一〇時〇七分の電話」であり、その時点ではクリーブランド管制センターは、「同機がすでに墜落していたことを承知していなかった」(原注8)。

この見解の説得力を高めるために9・11委員会は、クリーブランドの管制官が九時二八分には九三便ハイジャックの兆候を検知し始めたにもかかわらず、連邦航空局が軍への通知を怠ったのはなぜなのか、その理由を説明する必要があった。委員会の説明は以下のとおりである。

九時二八分、クリーブランドの担当管制官は「悲鳴のような声」を耳にし、九三便の高度が七〇〇フィート降下したことに気づいた。「我々は機内に爆弾を積んでいる」という声が聞こえた後の九時三二分、管制官はスーパーバイザーにハイジャックを報告し、この上司はそれを連邦航空局のハーンドン司令センターに通知、それを同センターが連邦航空局本部に連絡した。しかし四分後の九時三六分頃、以下のようなやりとりがあったと委員会は主張している。

クリーブランド管制センターは司令センターに、今現在もユナイテッド九三便をトラッキング中と報告するとともに、司令センターから軍のほうへ、戦闘機を緊急発進させて同機をインターセプトするよう要請したかどうか、細かい問い合わせも行った。クリーブランド側はさらに、こちらから最寄りの空軍基地に直接連絡して要請する準備があるとさえ申し出た。司令センターはクリーブランドに対し、管制センター職員よりも連邦航空局（※司令センター）職員のほうが指揮命令系統上はるかに上位にあり、軍の支援を求めるという決定を下すのは自分たち

の責務であって、目下その件を検討中だと答えた。(原注9)

9・11委員会の説明はこの部分から、明らかに辻褄の合わない特徴が現われてくる。同委の報告書によると、七七便のペンタゴン突入後、「ボストン管制センターが九時四一分にNEADSに連絡し、ハイジャックされた可能性のある飛行機は（中略）デルタ航空一九八九便と識別されたと伝えた。NEADSは連邦航空局のクリーブランド管制センターに対し、デルタ航空一九八九便を監視するよう警告した」とある。(原注10)つまりクリーブランド管制センターは、ユナイテッド九三便のハイジャックを自ら軍に通知してもいいと司令センターに申し出たそのわずか五分後に、NEADSから電話を受けたことになる。用件はデルタ航空一九八九便のことであったとはいえ、管制センター側としては、ユナイテッド九三便のことをNEADSに伝えるチャンスであったにもかかわらず、この好機を利用していない。委員会はもちろんこのことを記述してはいない。ただ、NEADSが最初に九三便のことを知ったのは、クリーブランド管制センターからの一〇時〇七分の電話であると断言しているので、このNEADSからクリーブランドへの電話を合わせて記した意味はそこにあったのだろう。『9・11委員会報告書』の執筆者たちは、不自然な説明になることには思い至らなかったようだ。

いずれにせよ委員会は、ハーンドン司令センターが九時四六分に連邦航空局本部に対し、ユナイテッド九三便が「ワシントンDCまで二九分の地点」にいる旨を伝えたと述べていて、九時四九分には次の会話が交わされたとしている。

司令センター　あの、我々としては、その、スクランブル発進を考えたほうがいいんでしょうか？

連邦航空局本部　まいったな、私にはわからんよ。

司令センター　しかしですね、おそらく一〇分以内に誰かが決断を下さないといけない問題でしょう。(原注11)

その一四分後の一〇時〇三分、九三便がペンシルベニアに墜落したとされる時点で、「ユナイテッド九三便に関して軍に支援を要請した者は、連邦航空局本部には（まだ）一人もいなかった」(原注12)と『9・11委員会報告書』には書いてある。つまり、この説明が示唆するところによれば、九三便について連邦航空局の下した決断は、軍の手を煩わせるほど重要な問題ではないということだったのだ。ハイジャックされてワシントンを目指している旅客機が一機あり、しかも、先にハイジャックされた三機の旅客機によって、すでに多数の死者と甚大な破壊がもたらされた直後だというのに、である。

◆矛盾する報告

連邦航空局が愚かであり無能であったというこの説明はとうてい信じ難い話ではあるが、本書ではあくまで、九三便に関する委員会説と矛盾する報告があるかどうかという点に焦点を絞っていく。結論としては、矛盾する報告が少なからず存在する。

〈ホワイトハウス関係者〉

事件から一年後、ABCがピーター・ジェニングズによるインタビューを中心に制作した一周年特別番組にはホワイトハウス当局者が複数名登場し、九三便のことはペンタゴン突入（九時三八分）の直後から知っていたと証言した。アンカーを務めたチャールズ・ギブソンは、ディック・チェイニー副大統領がホワイトハウス地下の危機管理センターで、想定される脅威のリストを作っていたとレポートした。そのあと、チェイニー専属カメラマンのデヴィッド・ボーラーが「最終的に対象は九三便に絞られた。その時点では、それが最大の脅威だった」と記憶を話した。次にカール・ローブ大統領上級顧問が「あの飛行機、九三便の航跡を見れば、ピッツバーグを通過したあとは一直線でワシントンDCに向かっていた」と言った。チェイニー副大統領自身も、ギブソンからの質問「九三便のターゲットは何か、その時点で頭に浮かんだものはありましたか」に答えて、「おそらくホワイトハウス、もしくは連邦議会議事堂だろうと思った。あとになって（中略）、その四番機がホワイトハウスをターゲットにしていたことが判明した」と答えている。

軍が九三便のことを知った時刻に関しては、リチャード・クラークの著書によると九時三五分頃、ジェーン・ガーヴィー連邦航空局長がテレビ会議の中で、「ハイジャックされた可能性のある飛行機」数機の存在を報告し、その中に「ペンシルベニア上空のユナイテッド九三便」も含まれていたという（原注13）。しかも、すでに見たようにクラークは、ドナルド・ラムズフェルドとリチャード・マイヤーズ大将もこの会議に参加していたと書いているのだ。したがってクラークの説明によれば、九三便が墜落する二五分前に、国防長官と統合参謀本部議長代理の二人は、同機がハイジャックされた可能性のあることを連邦航空局トップの口から聞いていたことになる。

〈軍関係者〉

前述のABCテレビの特番は引き続き、同時刻のペンタゴンの国家軍事指揮センター（NMCC）の状況を説明した。モンタギュー・ウィンフィールド准将は「我々は連邦航空局から、九三便がトランスポンダーの電源を切って針路を変更し、現在はワシントンDCの方向に向かっているとの報告を受けた」と回想した（原注14）。同じく9・11事件一周年記念日前に放送されたCNNの番組では、CNNのペンタゴン担当記者バーバラ・スターがこうレポートした。「時刻は九時四〇分です。現在、非常に大きな問題が発生しています。ユナイテッド航空九三便がトランスポンダーの電源を切りました。当局の話では、同機はワシントンDCを目指しているようです（原注15）」。

リチャード・クラークの著書には、軍が九時三五分までに九三便の異変を知ったことが示唆されているのに対し、NORADの米国本土担当司令官ラリー・アーノルド少将によると、軍はそれよりもさらに早い時点で知っていたという。二〇〇二年一月に報道されたインタビューで少将は、二番機の南タワー突入から三番機のペンタゴン攻撃までの時間帯を説明する中で「この頃我々は、オハイオ辺りをさまよっているユナイテッド航空九三便を監視していました」と語っている。その後、九三便がワシントン方向に針路を変えたのを見て、「我々は追尾しに行きたかった。しかし、その旅客機がDCに接近するまでは行動を起こさないことにしました。同機はDCの約二〇〇マイル圏内まで来た（後に墜落した）」と発言した（原注16）。米国空軍が二〇〇三年に出版した9・11事件の記録集『アメリカ上空の空中戦』（※凡例参照）の中でも、アーノルド少将は自分が早い時点で認識していたという説明を繰り返している。ユナイテッド九三便が方向を転じる前から、つまり九時三六分よりも早い時点で、軍はすでに同便をトラッキングしていたと報告し、「我々が九三便の飛行ルートを監視していたところ、同機はオハイオとペンシルベニアの一帯を蛇行した後、DCの方角に向けて南に方向転換を開始した」と述べている。(原注17) アーノルド少将は二〇〇三年五月に9・11委員会で証言したとき、九時二四分の時点でNORADは何をしていたかという質問を受けてこう答えた。「我々はユナイテッド九三便に焦点を合わせていました。連邦航空局からは同機について、非常に攻撃的とも言える表現で指摘を受けていました」。(原注18)

この発言は後年『9・11委員会報告書』で、連邦航空局があえて軍の手を煩わせるようなことはできなかったという描き方がされているのとは大きく食い違う。

同じ空軍の記録集には、NEADS司令官ロバート・マー大佐は当初、九三便が「デトロイトかシカゴに向かっている」と考えてその地域の基地に連絡し、同基地の戦闘機が「先回りして九三便を待ち伏せ」できないか打診したとも書いてある。(原注19)

〈連邦航空局の覚書〉

『9・11委員会報告書』の説明では、軍は九三便がハイジャックされた事実を、同機が墜落するまでいっさい知らなかったことになっているが、これは、連邦航空局のローラ・ブラウン副報道官から委員会に送付され、リチャード・ベンヴェニスト委員によって記録用に読み上げられた覚書とも矛盾する。前章で見たとおりこの覚書は、連邦航空局が一番機のＷＴＣ突入直後にテレビ会議を開催し、ペンタゴンもＮＯＲＡＤもこの会議の参加者に含まれていたことを示したあと、こう報告している。

連邦航空局は、航空機からの交信途絶、トランスポンダー信号の消失、無許可のコース変更など、（中略）すべての関連問題機が取った行動と事態の展開について、テレビ会議でリアルタイムに情報を共有した。（原注20）

９・11委員会でさえ、九時三四分にはユナイテッド九三便が、連邦航空局本部の「関連問題機」になっていたことを認めている。（原注21）したがって九三便も、その時刻以前から協議の対象となっていたフライトのひとつだったはずだ。

ユナイテッド九三便が墜落するまでの三〇分間以上、連邦航空局が同機について軍と相談していたとする見解は、二〇〇三年五月当時は論争の対象にもなっていなかった。連邦航空局の覚書は「ＮＯＲＡＤ対応時刻」とも合致する。既述のとおり「ＮＯＲＡＤ対応時刻」は、連邦航空局とＮＥＡＤＳがアメリカン七七便と同様、ユナイテッド九三便についても「常時接続回線をつないで」協議していたとしており、それが九時二四分頃だったことは明らかだ。連邦航空局の覚書はアーノルド少将の陳述とも一致する。少将は、ユナイテッド九三便について軍は「連邦航空局からは（中略）非常に攻撃的とも言える表現で指摘を受けて」いたとしている。

〈軍の連絡将校〉

連邦航空局が連絡を怠ったために軍は同機について知らなかったとする9・11委員会の主張は無論、前章で引用したとおり、連邦航空局の司令センターに軍の連絡将校がいたことを指摘する複数の証言とも矛盾する。既述のとおり、司令センターの全米オペレーションズ・マネージャーのベン・スライニーは、「9・11事件が起こったときも彼らは終始立ち会っていました」と証言している。(原注22)連邦航空局の副局長代理をしていたモンテ・ベルジャーは、軍の連絡将校とユナイテッド九三便を具体的に関連づけて話してさえいるのだ。9・11委員会のボブ・ケリー委員がベルジャーに、「一機の飛行機がワシントンDCに向かっていた。連邦航空局本部はそれを知りながら軍には知らせなかった」と述べたとき、ベルジャーはこう答えている。

これは決して自己弁護の意味で申し上げるのではないのだが、事実――スライニー氏が述べたとおり、連邦航空局司令センターには軍人が常駐していました。彼らは事態の進行に参加していた。連邦航空局の航空交通機構が危機管理室に置かれていて、そこに軍人たちがいたのです。彼らは事態の進行に参加していました。(原注23)

これらの証言は9・11委員会の公聴会で述べられたものだが、同委の最終報告書では黙殺されている。

〈シークレットサービスの認識〉

前章で見たようにシークレットサービスは、連邦航空局がフライト状況について知るすべてを知り得る立場にあった。9・11委員会までもがこの事実を暗示するようなことを書いている。「一〇時〇二分、ハイジャックされたと見られる一機の航空機がワシントンに向かってくるという報告が、シークレットサービスから大統領危機管理センター（PEOC）に入り始めた。その航空機がユナイテッド九三便だった。シークレットサービスはこの情報を連邦航空局から直接入手していた」(原注24)。ただし『9・11委員会報告書』の説明では、シークレットサービスがこの情報を伝えるのが非常に遅れたとされている（主要な情報が入ったのは、ユナイテッド航空九三便がとっくに墜落している一〇時一〇分以降となっている。これは第3章で論じた、接近中の飛行機に関するすり替えバージョンのことである）。また、既述のとおり二〇〇六年に退官したシークレットサービス副長官のバーバラ・リッグズによると、シークレットサービスはこの情報をはるかに早い時点で入手したという。ワシントンにあるシークレットサービス本部の九月一一日朝の状況に言及して、リッグズは「シークレットサービスは連邦航空局のレーダーをモニターし、同航空局との常時接続回線を作動させることによって、ハイジャック機（中略）に関する情報をリアルタイムで受け取ることができた。我々は、ワシントンDCに接近してくるハイジャック機二機をトラッキングしていた」と述べている(原注25)。このうちの一機がユナイテッド九三便だったはずだ。

〈FBIの認識〉

ニューヨークタイムズの記者、ジェレ・ロングマンが書いたユナイテッド航空九三便に関する有名な著書によると、事件当日の朝、同機の乗客だったトム・バーネットの妻ディーナ・バーネットのところに電話があり、彼女は夫からだと信じた。飛行機がハイジャックされたので警察に通報してほしいと頼まれたディーナは、九時三四分にはＦＢＩに話していた。(原注26)したがって著者ロングマンによると、ＦＢＩは九三便が墜落する少なくとも三〇分前には同機がハイジャックされたことを知ったわけだ。

この主張は、航空管制官の説明とも符合する。ＮＢＣの９・11事件一周年特別番組でトム・ブロコウがホストを務め、そこに出演した管制官グレッグ・キャラハンが次のように語った。

我々はユナイテッド航空九三便をトラッキングしていて、私はＦＢＩ捜査官と話していました。捜査官は私に「この飛行機はもう敵勢力に乗っ取られたのではないかと我々は考えている」と言ってから、九三便がオハイオ州東部上空で急旋回したあと今はペンシルベニアの南西に沿ってあと戻りしている様子を説明しました。私は目視しただけで、九三便がワシントンＤＣ方面へ向かっているのがはっきりとわかりました。(原注27)

そのあとブロコウがこう言った。「九三便は一路ワシントンＤＣに向けて高速で飛んでいきます。連邦航空局のほうは飛行中の民間機を一機残らず着陸させる措置を（開始）します」。第４章で見たとおり、全航空機着陸命令は九時四五分に発令されている。したがってブロコウは、ＦＢＩが九時四五分より前に一機のハイジャックに気づいていたことを示している。

二〇〇二年にこの番組が放送された時点では、この見解には何の問題もなかった。当時は、軍がこの時刻には九三便のハイジャックを承知していたということが、当然のこととして受け止められていたからである。ところが『9・11委員会報告書』の発表後は、ロングマン記者とNBCの双方が断言しているこの見解が、事件当日の極めて奇異な状況を示唆することになった。つまりFBIもまた、シークレットサービスと連邦航空局と同様、ハイジャックが起きていることを承知しながら、軍には知らせなかったということになるのだ。

◆結論

FBIとシークレットサービスは九三便のことを事前に知っていたという、9・11委員会の説明と深刻な対立を示す報告は以上だけではない。これらよりもっと直接的な食い違いのある膨大な量の証拠がある。九三便の異変について軍が連邦航空局本部から通報を受けたのは、同機が墜落してからだとする委員会の主張は、9・11事件から一週間後に発表された「NORAD対応時刻」とも矛盾する。二〇〇三年に連邦航空局が委員会に提出した覚書とも、また、連邦航空局本部に軍の連絡将校が存在するという事実とも矛盾している。さらに、ホワイトハウスのチェイニー副大統領、リチャード・クラーク大統領特別補佐官、カール・ローブ大統領上級顧問という幹部三人、そして軍のモンタギュー・ウィンフィールド准将、ラリー・アーノルド少将、ロバート・マー大佐などの幹部数人、これらの大物たちが、軍は事件当日、ユナイテッド九三便が墜落する前に同機を追尾していたと発言しているのだ。

軍は一〇時〇七分まで九三便のことを知らなかったとする自らの見解を守るために、9・11委員会は最も極端に対立する主張だけを取り上げて直接反論した。委員会の報告書によると、軍が知ったのは九時一六分、遅くとも九時二四分だという主張もあるという。委員会はこれらの主張に対しては、どっちの時刻にも九三便はまだハイジャックされた兆候を何一つ示していなかったから根拠がない、と指摘して論破することができた。だが、ハイジャックの兆候が現われ始めた直後の九時三〇分頃に軍は九三便のトラブルを知ったはずだとする、事実を指摘した中間的な立場の証言に対しては、ことごとく黙殺したのである。

委員会の説明と、その報告書発表以前に報道されたさまざまな説明の、両方ともが真実ということはあり得ない。どちらが、なぜ、事実と異なることを言っているのか、議会とマスコミは答えを出さなければならない。

第13章

軍が九三便を撃墜したことはあり得るか

ユナイテッド航空九三便が墜落するまでに軍が同機の異変を知っていたかどうかについて、矛盾する報告が多数あることは第12章で見たとおりだが、軍が同機を撃墜したのかどうかについても、矛盾する報告が複数ある。

軍が九三便を撃墜したという噂は最初からあった。オーティス空軍基地のパイロット、ダニエル・ナッシュ少佐は事件当日の朝、ニューヨーク上空へ急派されたうちの一人である。彼は基地に戻ってきたとき、軍のF一六がペンシルベニアで九三便を撃墜したと聞いたと報告している。(原注1) この噂が広まったため、九月一三日には上院軍事委員会でも審議され、リチャード・マイヤーズ大将が質問を受けた。カール・レヴィン議長が「ペンシルベニアに墜落した飛行機は撃墜されたという説があります」と言って、こうつけ加えた。「この種の話がずっと続いています」。(原注2)

軍は当初から、この噂は事実ではないと言い続けてきた。レヴィン議長は、実際に軍が九三便に対して対抗措置を取ったのかどうか質問し、それを受けてマイヤーズ大将が答えた。

議長、軍はどの飛行機をも撃墜してはおりません。脅威の実態が明白になった時点で我々は事実、戦闘機、ＡＷＡＣＳ（※早期警戒管制機）、レーダー偵察機、空中給油機を緊急発進させ、連邦航空局のシステムに他のハイジャック機が現われた場合に備えて、上空待機の準備を始めましたが、実際に武力を行使する必要は一度もありませんでした。（原注3）

ＮＯＲＡＤはすでにその前日九月一二日に、ユナイテッド航空九三便が空軍に撃墜されたという説を否定する声明を出していた。（原注4）この一三日にも再度、声明を発表し、「ユナイテッド航空九三便は米国空軍機によって撃ち落とされたと憶測するマスコミ報道とは逆に、ＮＯＲＡＤが配備した戦力は、九三便を含めて、どの飛行機に対しても武器を使用することはなかった」と否定した。（原注5）

ＦＢＩも、九三便の撃墜説を否定した。九月一四日の記事には、九三便の墜落を調査していたＦＢＩ捜査官ウィリアム・クローリーのコメントが引用された。「軍はいっさい関与しなかった。憶測はこれで終わりにしていただきたい（原注6）」。

だが、憶測が止むことはなかった。九三便が本当に撃墜されたことを示唆する証言が出てきたことも原因の一つである。例えば二〇〇二年に、墜落現場近くに住むスーザン・マケルウェインがこんな報告をしている。九三便の墜落から何時間もたたないうちに女友だちから電話があり、空軍にいる夫が電話をかけてきて、「しゃべってはいけないんだが、さっき飛行機を撃ち落としたところだ」と言ったという。（原注7）

ドナルド・ラムズフェルドまでもが九三便撃墜説をあと押しした。二〇〇四年のクリスマスイブ、イラクへのサプライズ訪問をしたラムズフェルドは、「ニューヨークで米国を攻撃し、ペンシルベニアで飛行機を撃墜し、そしてペンタゴンを攻撃した人物たち」と述べた。(原注8) その数日後、ペンタゴンの報道官が「ラムズフェルドは単に言い間違えただけ」だと釈明した。(原注9) しかし〝言い間違えて暴露してしまった〟と思った人が多く、ラムズフェルドは九三便が撃墜されたことを知っていてうっかり口を滑らせたのだろうと解釈した。

◆九三便の撃墜はあり得ないという9・11委員会の三つの論点

9・11委員会は直接この論争に言及したことは一度もないが、ユナイテッド航空九三便が撃墜されたのではないことを示唆する間接的な反論を三つ示した。

まず第一に、アルカイダのハイジャック犯たちが飛行機の乗客たちに支配権を奪還されるのを恐れ、その結果九三便が墜落した様子を描写した。(原注10) 第二に、連邦航空局の行動と軍の認識の遅れを説明することによって、九三便が撃墜される可能性は皆無だったことを示した。第三に、九三便の墜落時刻は、最初に報告された一〇時〇六分ではなく一〇時〇三分だったと主張した。この時刻に関する問題は本章の最後に検証する。

本章ではまず二番目の、軍が九三便を撃墜する可能性は皆無だったという論点を検証する。この議論には三つの主張がある。九三便がハイジャックされたことを軍が知ったのは、同機が墜落したあとだった、というのが第一点。旅客機を撃墜する許可は、九三便が墜落したあとになって出されたというのが第二点。いずれにしても軍のジェット戦闘機は、撃墜できる位置にはいなかったというのが三点目。この三つの主張それぞれに、矛盾する報告があることを見ていこう。

◆軍はいつ九三便のハイジャックを知ったのか

軍が九三便のハイジャックを知ったのは、同機が墜落したあとだったと9・11委員会は主張しているが、この問題についてはすでに第12章でその矛盾を徹底分析し、数名の軍人が早い段階で述べた証言が、委員会の主張と食い違うことを見た。これ以上の説明は必要ないだろう。

◆撃墜許可はいつ出たのか

撃墜許可が出た時刻については第5章で論じたので、ここでは簡単に触れておく。

〈9・11委員会の立場〉

『9・11委員会報告書』の見解はこうだ。チェイニー副大統領は一〇時近くまで大統領危機管理センター（PEOC）に到着しなかった。撃墜許可を出したのは一〇時一〇分以降である。その時点で九三便がまだ飛行中で、ワシントンへ向かっているという誤報に基づいて撃墜命令が出された。(原注11)「一〇時一〇分にはワシントン上空のパイロットが、〝銃撃は不可〟と強く命じられた。撃墜許可が初めて北東防空セクター（NEADS）に伝えられたのは一〇時三一分である」(原注12)。撃墜許可を求めたリチャード・クラークが、許可が下りたという確認を受けたのは一〇時二五分だった(原注13)としている。

〈矛盾する証言〉

しかしリチャード・クラーク自身は、九時三〇分過ぎに撃墜許可を求め、九時四五分頃に許可を得て、「チェイニーから（中略）極めて迅速に決定が下りてきたので驚いた」と書いている。(原注14)

9・11事件後ほどなく、チェイニー自らがこのクラークの説明と符合するような発言をしていたことが、事件から二週間後のニューズデイの記事に引用された。

ディック・チェイニー副大統領が明かしたところによると、ジョージ・ブッシュ大統領はハイジャックされた旅客機一機に対し、軍のジェット戦闘機による撃墜を「最後の手段として」許可した。このハイジャック機が、ワシントンに向かっていた九三便を意味することは明らかだ。複数の政府関係者が後日語ったところでは、この決断が下されたのは七七便がペンタゴンに突入したあとである。(原注15)

「七七便がペンタゴンに突入した（九時三八分）あと」撃墜許可が出されたということは、クラークが示唆した時刻（※九時四五分頃）に近く、つまり、後年9・11委員会が主張した時刻よりもはるかに早い。

クラークの説明は、数人の軍人の報告とも一致する。二〇〇三年、USニューズ&ワールドレポートは次のように報道した。「七七便がペンタゴンに突入したほぼ直後に、ブッシュは（ハイジャックされた民間機をすべて撃墜する）命令をチェイニーに伝えた、とペンタゴン情報筋は語った」。(原注16)

ペンタゴンの幹部、モンタギュー・ウィンフィールド准将も、九三便が墜落する前に撃墜許可が出たと発言している。ウィンフィールド准将は「九三便をインターセプトする決定が下された」あとのことを話す中で、「ワシントンDCを脅かす、罪のない民間機を撃墜する許可を、大統領が我々に与えた」とのチェイニーの説明を伝えた。(原注17)

ABCの9・11事件一周年特別番組ではウィンフィールド准将の話が報じられ、ドナルド・ラムズフェルドもこの見解を裏づけていると紹介された。ピーター・ジェニングズがこう言った。「ペンタゴンの司令センターに新たなハイジャック機の報告が入った。ユナイテッド航空九三便がトランスポンダーのスイッチを切った模様で、ワシントンの方向へコースを変更した」。そのあとラムズフェルドが「軍用機が対応できるよう、我々は交戦規定を一部、急いで改定しました」と述べている。(原注18)この二〇〇二年のラムズフェルド発言には、交戦規定を「急いで」改定したとあり、第7章で見たように9・11委員会が後年、ラムズフェルドがこの規則拡大の作業にその日長時間を費やしたと説明しているのとは、大きな食い違いを見せている。(原注19)

NEADSのトップであるロバート・マー大佐は、九三便の墜落より先に撃墜許可が出たと明確に言明している。同機がまだ飛行中の時点で、「必要とあらば殺害せよという許可を得た」(原注20)とマー大佐は述べ、さらに「ユナイテッド航空九三便をワシントンDCに到達させてはならない(中略)。(この命令を)パイロットたちに伝えた」とも語っている。(原注21)

したがって撃墜許可が出た時刻について、リチャード・クラーク、マー大佐、ウィンフィールド准将、ABCニュース、USニューズ&ワールドレポートは、9・11委員会の見解と矛盾している。

◆軍のジェット戦闘機はユナイテッド九三便に対して撃墜態勢を取っていたか

もし『9・11委員会報告書』が主張するように、九三便が墜落するまで軍が同機の異状を知らなかったとしたら、ジェット戦闘機が同機を撃墜する態勢を取ることはあり得ない。だが、この見解に相反する報告が早い段階から多数出ている。

九月一三日、リチャード・マイヤーズ大将はこう述べている。「私の記憶に間違いがなければ（中略）、我々はペンシルベニアに墜落したあの旅客機に向けて迎撃に着手しました。（中略）隊員の誰かが当該機に接近したと記憶しています[原注22]」。

同じ一三日、ニューハンプシャー州ナシュア（ボストン管制センターの所在地）のテレグラフ紙に次のような記事が掲載された。「ナシュアにある連邦航空局の管制官たちは他所の管制官たちと話す中で、F一六戦闘機が一機、ハイジャックされた別の民間旅客機を急追し続け、民間機は最後にペンシルベニアに墜落したことを知った」。この記事の情報源は「あの運命の朝、管制センターで働いていた」職員で、その人物の話によると「F一六戦闘機が一機、九三便に接近して追尾し」、さらに「民間機から離れないために三六〇度の旋回までした」という。九三便の墜落についてこの職員は、「彼（F一六のパイロット）はすべてを見たに違いない」と言っている[原注23]。

翌九月一四日、ポール・ウォルフォウィッツ国防副長官がPBS（※公共放送サービス）番組「ジム・レーラーのニュースアワー」でインタビューを受けてこう答えている。

（※九月一一日の）火曜日、我々は極めて迅速に対応したと言っていい。事実、ペンシルベニアに墜落したあの飛行機に対してはすでに追尾していました。あれが墜落したのは乗客たちの英雄的行動の結果だと思います。しかし空軍は、必要とあらば墜落させられる態勢を取っていた。（原注24）

ウォルフォウィッツのこのインタビュー部分は注目を集めた。翌一五日のロイターの見出しは「ペンタゴン、空軍にハイジャック機撃墜の態勢を取らせる」だった。記事の冒頭には「米国空軍は、ペンシルベニアに墜落したハイジャック機を追尾していて（中略）、必要とあらば撃墜する態勢を取っていたとポール・ウォルフォウィッツ国防副長官が金曜日に語った」と書いている。（原注25）同じ日、ニューヨークタイムズではウォルフォウィッツの発言がわかりやすく言い換えられた。（原注26）

九月一六日にはCBSがこの件について次のように報道した。

米国政府は、西ペンシルベニアに墜落したハイジャック機を撃墜することを検討していましたが、九三便のほうが先に墜落しました。

「大統領がその決定を下し（中略）、もしハイジャック機が針路を変えなかったり、ワシントンから離れよという指示を無視した場合、最後の手段として軍のパイロットたちが破壊することが許可されていた」と、ディック・チェイニー副大統領が日曜日、NBCの番組「ミート・ザ・プレス」に語りました。（中略）

四番目のハイジャック機がペンシルベニア上空をワシントン方面に向かっていたとき、軍司令官と連邦航空局とホワイトハウス高官がテレビ会議で選択肢を討議していました。

このとき、空対空ミサイルを装備したF一六が二機、九三便から六〇マイル（※海里、約一〇〇キロ）の距離にいました。しかし九三便がまだミサイルの射程距離に入らないうちに九三便が墜落した、と情報筋は話しています。

決定を下すには及ばなかったものの、もし九三便があのままワシントン方向へ飛び続けていたら、ジェット戦闘機に撃墜されていただろうと政府高官たちは語っています。「百人を殺して千人を助ける」ためなら、進んで同意するのが政府の原則だと情報筋は述べています。(原注27)

アンソニー・クチンスキー中尉は第5章で見たように、E―三セントリーに乗って、二機のF一六とともにピッツバーグ方向に飛んでいた。E―三セントリーはAWACS機（早期警戒管制機）で、最新式のレーダーと監視装置を装備し、戦闘機を標的に導くための支援をする。クチンスキー中尉は「旅客機を撃墜する命令を直接受けた」と言っている。大尉の母校の新聞にはこう書かれている。「九月一一日、クチンスキーとクルーたちがユナイテッド航空九三便をインターセプトしようとしたちょうどそのとき、ハイジャック機の乗客たちがテロリストたちを急襲した模様で、旅客機は墜落した」。(原注28)

第5章では、ノースダコタ州空軍副将のマイク・ホーゲン少将の言葉も引用した。ホーゲン少将によるとペンタゴンが攻撃された直後、ラングレー（※空軍基地、CIA本部所在地）のパイロットたちはシークレットサービスから、「いかなる犠牲を払ってでもホワイトハウスを守れ」と命じられたという。ホーゲン少将は「想像を絶することを実行しなければならない状況から我々が救われた」のは、ひとえに九三便の墜落のおかげだとニューヨークタイムズに語っている。つまりホーゲン少将も、軍のジェット戦闘機がユナイテッド九三便を撃墜する態勢を取っていたことを追認したことになる。(原注29)

二〇〇二年と二〇〇三年には同じ主旨の報告がいくつか発表された。9・11事件に関する空軍の説明を書いたレスリー・フィルソンの著書には、NEADSのトップであるロバート・マー大佐が九三便を撃墜する準備があると述べた言葉を引用してこう書いている。

ノースダコタ州空軍のF一六はミサイルと銃砲を装備していた。マー大佐は、パイロットたちが求められるかもしれない行為について考えていた。「ユナイテッド航空九三便がワシントンDCを攻撃することは起こり得なかった」とマー大佐は強調する。「到達する前に交戦状態になり、撃墜されただろう」(原注30)。

エビエーションウィーク&スペーステクノロジー誌（※航空宇宙技術専門誌）にはこう掲載された。

第一一九FW（戦闘航空隊）のクルーが操縦するF一六が、ノースダコタ州ファーゴを飛び立ってワシントン上空で待機していた。この航空隊はラングレー空軍基地でNORADの警戒任務を遂行しており、もし九三便が首都に向かってきたら撃墜する準備ができていた。しかし乗客たちがテロリストを急襲し、その結果ボーイング七五七機はペンシルベニア南西部に墜落した[原注31]。

ＡＢＣが放送した事件一周年特別番組では、モンタギュー・ウィンフィールド准将が九三便について次のように語った。

> インターセプトするために向かっていた戦闘機から報告が入り始めた。連邦航空局が教えてくれる旅客機までの推定所要時間が刻々と短くなっていく。（中略）ある地点で終結の時刻が到来し、そして、過ぎた。何も起こらなかった。ＮＭＣＣ（※国家軍事指揮センター）ではすべてが非常に緊迫していたことが想像してもらえるだろう。我々は基本的に、この旅客機の現在地を見失っていたのだ。

ＡＢＣのチャールズ・ギブソンによると、ウィンフィールド准将はその時刻を「九三便がワシントンの北西約一七五マイル（※海里、約三二五キロ）にいた」ときだったとしている[原注32]。

二〇〇三年に出版されたパメラ・フレーニの著書『グランドストップ』もこの説明と符合している。九三便がペンシルベニアの田園地帯を飛行中、「ジェット戦闘機が一機、九三便とワシントンＤＣとの間に割り込んだ。今日はもうこれ以上、ビル攻撃はないだろう[原注33]」。

二〇〇四年に『9・11委員会報告書』が発表されるまでは、九三便が墜落する前に軍は同機の異状を認識していて、撃墜許可を受け、撃墜の態勢ができていた、という見方が広く流布していたのである。これらの報告がそれを物語っている。

◆ユナイテッド航空九三便はいつ墜落したのか

軍が九三便を撃墜することは不可能だったとする9・11委員会の主張を、以上三つの論点から検証したが、委員会が暗に主張しているのは、実際には九三便は撃墜されなかったということである（あからさまに言えば、軍が九三便を撃墜することは不可能だった、だから撃墜しなかった、という論法だ）。しかしその主張には、もう一つ潜在的な問題点が含まれている。それは、九三便の墜落時刻だ。

〈9・11委員会の報告書発表以前に報道されていた時刻〉

二〇〇四年以前はほとんどの報告が、九三便の墜落時刻を午前一〇時〇六分頃としていた（原注34）。

この時刻は9・11事件直後から数日のうちに、ペンシルベニア州の新聞数紙に示された。例えば九月一二日付のピッツバーグ・ポストガゼット紙には、ジョナサン・シルバーがこう書いている。「ユナイテッド航空九三便のボーイング七五七―二〇〇型機は、ニュージャージーからサンフランシスコへ向かう途中、シャンクスビル付近の上空から墜落した。離陸から約二時間後の、午前一〇時〇六分のことだった（原注35）」。

その翌日にも同じシルバー記者が書いている。

墜落時刻は当初の報道で一〇時〇六分となっている。連邦航空局は昨日、ユナイテッド航空九三便のレーダー航跡記録をFBIに提出したと発表した。ニュージャージー州ニューアークを離陸してからシャンクスビルのはずれで非業の最期を遂げる一〇時〇六分まで、ボーイング七五七－二〇〇型機のたどった軌跡が記録されたデータである。(原注36)

その後も数カ月間、墜落時刻は一〇時〇六分とされていた。一〇月には同じピッツバーグ・ポストガゼット紙のデニス・ロディ記者が、九三便の航跡は一〇時〇六分に消えたとクリーブランド管制センターが報告したことを報じている。(原注37)一一月にはフィラデルフィア・デイリーニューズ紙に、「シャンクスビルと周辺の農地では（中略）、一〇時〇六分頃ジェット機の墜落が目撃されたり、音が聞こえたりした」とウィリアム・バンチが報告している。(原注38)二〇〇二年八月にUSAトゥデイ紙に掲載された時系列経緯にも、ユナイテッド航空九三便の墜落時刻は一〇時〇六分になっている。(原注39)

二〇〇二年春には、コロンビア大学ラモント・ドハティ地球観測研究所のウォンヨン・キムと、メリーランド地質調査所のジェラルド・R・ボームという地震学者たちが行なった研究によって、一〇時〇六分が裏付けられた。この報告では正確な墜落時刻を一〇時〇六分〇五秒としている。(原注40)

〈NORADと9・11委員会の見解〉

9・11事件直後の一週間、墜落時刻は一〇時〇六分で実質上、どこからも異論なく定着していた。にもかかわらずNORADは、一週間後の二〇〇一年九月一八日に発表した時系列報告の墜落時刻を、一〇時〇三分としたのだ。(原注41)その後、二〇〇四年発表の『9・11委員会報告書』では、「正確な墜落時

刻についいては異論があった」と断わりながらも、NORADの墜落時刻を認めて一〇時〇三分一一秒とした。(原注42)

　この時刻は、ユナイテッド航空九三便は撃墜されなかったという公式見解を支援する役割を果たした。どう支援したかは、フィラデルフィア・デイリーニューズ紙のウィリアム・バンチの記事で説明がつく。記事の見出しは「テープ三分間の矛盾　コックピットの録音は九三便墜落の公式時刻より前で終わっている」。バンチ記者は、九三便のコックピットの音声が一〇時〇三分一一秒で完全な無音になっていて、衝撃音もまったく入っていない、どの報告もそう言っていると指摘している。もし九三便が一〇時〇六分に墜落したとすれば、録音テープの最後から墜落まで三分ある。「九三便はなぜ、どんなふうにして墜落したのか、本当のところはほとんど何もわかっていないことを、この三分間の空白が物語っている」とバンチ記者は書いている。さらに、「九三便が軍のジェット戦闘機に撃墜された可能性はあるのかどうか（中略）という（中略）現在進行中の論争に対して、この三分の空白は間違いなく火に油を注ぐことになるだろう」とも記している。(原注43)

　もし墜落時刻が本当に『９・11委員会報告書』の主張どおり一〇時〇三分一一秒だったなら、憶測に油を注ぐような空白もなかったはずだ。

〈矛盾への対応〉

九三便の墜落時刻が公式の地震研究報告とも、当初のニュース報道とも食い違うという事実を、９・11委員会はどう処理しただろう。『９・11委員会報告書』は、報道についてはいっさい触れていない。地震学者キムとボームの研究報告については言及したが、学者たちの結論の根拠となったデータは「信号対ノイズ比があまりにも弱く、信号源としてあまりにも推論的で」、これをもって確定と見なすことはできないとして退けた。(原注44)

しかしこの主張は、キムとボームが四機それぞれの激突時刻を検証した結果とは異なる。地震研究者たちの報告によれば、信号が弱すぎて時刻を確定できなかったのはペンタゴン突入の時刻だけである。ユナイテッド九三便の墜落時刻については、墜落地点に近い地震観測点三カ所の地震計の記録に基づいて結論を出した。「観測ネットワークがとらえた信号はWTCほど強く鮮明なものではなかったが、三カ所のデータ要素は（中略）極めて鮮明であった」。(原注45)

キムとボームが報告した時刻は、地震学者テリー・ウォレスにも支持された。バンチ記者によるとウォレスは、人為的に起こった震動の研究の第一人者として広く認められている専門家である。ウォレスは「何を根拠に一〇時〇三分になったのか理解できない」と言って、「衝撃を感知した時刻は、すべての地震信号が一致して一〇時〇六分〇五秒プラスマイナス二秒を指している」と述べている。(原注46)

9・11委員会によると、「一〇時〇三分一一秒という衝突時刻は、国家運輸安全委員会（NTSB）の以前の分析に支持されている」という。(原注47)しかしこの主張に対しては、運輸省の元査察官メアリー・スキアボが事前に反論していた。スキアボ元査察官は、NTSBの職員は「通常、時系列記録を一〇〇分の一秒単位まで分析する」と指摘し、「これはNTSBの調査ではない」と述べている。(原注48)実際にこの事件の調査を扱ったのはFBIのほうであることを示唆しているわけだ。バンチ記者も二〇〇二年にこう書いている。「NTSBは（墜落時刻に関する）あらゆる疑問をFBIに問い合わせた」。(原注49)

9・11委員会は、墜落時刻を一〇時〇六分としていたそれまでのニュース報道をすべて黙殺したばかりか、九三便からかけられたとされる電話の内容もまた、委員会の主張する時系列経緯と矛盾する部分を無視した。委員会はこう書いている。「九時五七分、乗客の反撃が始まった。数人の乗客は反乱に加わるために、愛する人との電話を切った」(原注50)。乗客たちの反撃が始まった時刻については、委員会が主張する九三便の墜落時刻一〇時〇三分とは辻褄が合うのだが、(※乗客だった) 夫ジェレミー・グリックと電話で話したリズ・グリックの説明とは食い違う。ニューヨークタイムズのジェレ・ロングマン記者に語った妻リズの話によると、夫ジェレミー・グリックは「乗客たちが電話で、飛行機が次々世界貿易センターに突っ込んだと聞いた」と話し、「トレードセンターのことは本当なのか」と尋ねたという。ロングマン記者は (※その著書に) 次のように書いている (リズ・グリックはほかのメディアにも話している(原注51))。

ええ、本当よ。飛行機が二機、世界貿易センターに激突したの (中略)、とリズは答えた。もうすぐ一〇時。九時五八分に南タワーが崩壊した。(中略) この飛行機も世界貿易センターに突っ込むんだろうか、とジェレミーが尋ねた。リズは「いいえ」と答えた。(中略)「あそこへは行かないわ」。どうして、とジェレミーがきいた。タワーの一方が倒壊したばかりだった。「彼らが破壊してしまったの」とリズは答えた。(中略) 僕はどうすればいいんだ、とジェレミー。(中略) 二人で解決策を考えた。リズはユナイテッドのパイロットたちの様子をきいた。生きているの？　わからないと夫が答えた。本物のパイロットが機内放送で乗客に何か言った？　いや。ハイジャック犯たちはオートマチックの武器を持っているの？（中略）銃は持っていないとジェレミー。「連中はナイフを持っている」。どうしてナイフや爆弾を持って飛行機に乗れるんだ、と彼は言った。そして、いかにもジェレミーらしくジョークを言った。「僕らは朝食を取ったばかりだから、バターナイフがある」。乗客たちで多数決を取るつもりだとジェレミーは言う。僕と同じくらいの大男がほかに三人いる。ハイジャック犯たちに襲いかかろうと思ってるんだ。いい考えだと思う？　僕らはどうすればいい？（中略）「やらなくちゃいけないと思うわ」リズは言った。「わかった。電話を切らないでくれ、すぐに戻ってくる」。（中略）みんなでハイジャック犯たちに飛びかかって闘うとジェレミーは言った。（中略）私と赤ちゃんの写真をあなたの頭の中に入れておいてね、とリズは言った。（中略）夫は電話口から離れ、みんなに話をしている様子だった。(原注52)

乗客たちの反乱は九時五七分に始まったと委員会は主張しているが、リズ・グリックは南タワーが九時五九分に倒壊したあとも夫と話している（ロングマン記者は南タワー倒壊時刻を九時五八分と書いているが、倒壊し始めたのが九時五八分五九秒なので、ほぼ九時五九分である）。しかもリズが指摘しているとおり、彼女はその後も数分間話し続け、それから乗客たちが多数決を取り、そのあとさらに時間がたってから、実際にハイジャック犯への襲撃が始まるのである。

したがってリズ・グリックの説明どおりなら、乗客たちの襲撃があったとしても、一〇時〇三分までに始まることはおろか、委員会が主張するように一〇時〇三分一一秒に九三便を墜落させることも不可能だ。そのあと起こったことをロングマンが次のように説明しているので、ますます起こり得ない話になる。

（リズは）聞くのが耐えられなくなって電話を父親に渡した。（中略）リチャード・メイクリーは（中略）電話を受け取った。（中略）一分以上と思える間、何の音も聞こえなかった。完全な沈黙。そのあと、何人もの悲鳴、大量のどなり声（中略）、悲鳴は男性より女性のほうが多い。その後また六〇秒、あるいは九〇秒間、沈黙が流れ、再び悲鳴が続いた。(原注53)

したがってリズ・グリックと父親の説明によれば、九三便の墜落はどう早く見ても一〇時〇六分より早いことはあり得ない。

９・11委員会はジェレ・ロングマン記者の著書とリズ・グリックへのインタビューを参照したが、(原注54)乗客たちの襲撃が始まった時刻と九三便が墜落した時刻について、彼らの説明が委員会の主張と矛盾することには触れていない。

◆結論

米軍は一貫して、ユナイテッド九三便を撃墜していないと主張してきたが、撃墜の噂は当初から現在に至るまで続いている。９・11委員会は専ら、軍には九三便を撃墜することが不可能だったと主張することで軍の否定を支持している。しかし、以上見てきたように、主要な四つの論点すべてについて矛盾が存在する。

・軍はいつユナイテッド航空九三便のハイジャックを知ったのか。
・撃墜許可はいつ出たのか。
・軍のジェット戦闘機は九三便に対して撃墜態勢を取っていたか。
・ユナイテッド航空九三便はいつ墜落したのか。

ユナイテッド航空九三便に何が起こったのかという重大な疑問に対して、このような矛盾は絶対にあってはならない。今日に至るまで矛盾が放置されてきたことは、許されざることである。議会とマスコミは真相を究明しなければならない。

第14章

９・11事件のような攻撃は想定されていたか

９・11事件のようなタイプの攻撃を予想することは不可能だった、だから防ぐことができなかった、とブッシュ政権の人々は繰り返し主張していた。

だが、この種の攻撃を想定し、軍事演習でシミュレーションまで実施していたことを示す公式報告が多数あり、ブッシュ政権の言い分と大幅に食い違う。ところが二〇〇四年七月に『９・11委員会報告書』が発表されて以来、この矛盾の重要性はすっかり影が薄くなってしまったようだ。

なぜなら前章で見たように、当初ＮＯＲＡＤが発表した時系列報告では、事故機四機ともに連邦航空局から軍に事前通報が入ったことになっていたのが、委員会の報告書によって大きく覆されたからである。

軍は、一番機だけは北タワーに突入する九分前に事前通報を受けたが、二番機以降は三機とも、突入や墜落したあとになって初めて知ったという主張に変わり、その結果、攻撃を想定し予防できたのではないかといった疑問は、以前ほど重要な問題には見えなくなってしまった。しかし、ブッシュ政権や軍幹部たちの主張とは明らかに食い違う証拠書類が、さまざまな公的機関から出されていたという事実は消えない。

◆9・11事件のようなタイプの攻撃は想定しなかったという主張

事件後まもない九月一六日、ブッシュ大統領はこう断言した。「誰の頭の片隅にもなかった。悪党が民間機を一機ならず四機も乗っ取り、米国の貴重なターゲットに突っ込んでくるなどと、そんな攻撃から米国を守る方法を一体誰が考えただろう――考えるわけがない(原注1)」。

九月二三日、ニューズデイ紙に匿名の国防総省関係者の言葉が掲載された。「米国内での大型航空機による空からの攻撃を想定した者は、我々の中では皆無だったと思う。その可能性を真剣に考えたことのある人を私は一人も知らない(原注2)」。

その二日後には連邦航空局のジェーン・ガーヴィー局長が、「飛行機を殺人兵器に変え、自ら進んで自爆するような人間がいるとは、誰も想像できなかった」と語っている(原注3)。

九月二六日、ブッシュ大統領は記者会見で、情報活動の大失敗について誰かが責任を取る必要はないのか、との質問を受けてこう答えた。「米国の情報収集能力は立派に機能している。(中略)今回のテロリストたちは、想像もできない方法で襲撃してきた(原注4)」。

九月三〇日、NBCの番組「ミート・ザ・プレス」でティム・ラサートが、ドナルド・ラムズフェルドにインタビューして尋ねた。「あなたのビルであるペンタゴンが、アメリカの民間航空機を利用したテロリストに攻撃されたわけだが、国防長官として、あのような事態を想像したことがありますか?」。ラムズフェルドはこう答えた。「まさか! 誰だって、頭をかすめたことさえないだろう(原注5)」。

一〇月一七日、新しく統合参謀本部議長に就任したリチャード・マイヤーズ大将が「米軍ラジオ・テレビ局」で語った。「諸君は断固認めたくないだろうが、我々はこの事態を考えていなかった(原注6)」。

翌二〇〇二年も同じ主張が続いたが、五月一五日のCBSニュースの報道後は、いっそう主張に力が入るようになった。このCBSニュースでは、二〇〇一年八月、CIAがブッシュ大統領に、オサマ・ビン・ラディンが飛行機をハイジャックしたがっていると警告するブリーフィングをしたと報道したのだ。同じ日、ホワイトハウスのアリ・フライシャー大統領報道官がこのニュースに答えた。ブッシュ大統領はハイジャックが起こり得るという警告は受けていたが、「飛行機をミサイルのように使用する自爆犯については情報を受けていない――受けていなかった(原注7)」。

フライシャー報道官が否定を繰り返して強調したのは、この暴露報道が脅威であることの表われだった。数日後にはロンドンのガーディアン紙がこう書いた。「米国史上最悪の災難を防げたかもしれない警告に注意を払うことを怠り――さらにはそれを国民に知らせることをも怠ったことに対して、考えられる原因は〝無能〟よりも、〝陰謀〟だという見方が優勢になり始めている(原注8)」。

翌五月一六日、ブッシュの国家安全保障問題担当大統領補佐官、コンドリーザ・ライスが記者会見で言った言葉が、その後この問題では最も悪評高い否定になった。二〇〇一年八月六日のCIAのブリーフィングについて、ライスにこんな質問が向けられた。「これは情報活動の失敗であり、政府はお膝元で何かが起こることを予測できなかったと、なぜそう考えてはいけないんですか?」。ライスは次のように答えた。

飛行機を乗っ取って世界貿易センターに飛び込ませ、別の飛行機を乗っ取ってペンタゴンに飛び込ませる、ハイジャックした飛行機をミサイルのように使う、そう予測できた人は一人もいないと思います。（中略）ハイジャックというあの報告はすべて、従来型のハイジャックの話だったのです。(原注9)

同じ日、アリ・フライシャー大統領報道官が毎日の定例記者会見で言った。「九月一一日に何が起こるか、飛行機をミサイルや武器として使用するとは、我々には想像もつかなかった」(原注10)。その翌一七日、フライシャー報道官の言葉はこんなふうに引用された。「攻撃が実際に起きるまでは、ああいう形になり得るとは誰も想定しなかったと言っていいだろう」(原注11)。

同じ五月一七日、ブッシュが演説の中でこう言った。「アメリカ国民は私のことを知ってくれている。（中略）もしあの運命の朝、敵が飛行機を使って人を殺すことがわかっていたら、私は自分の権力でできるあらゆることをしてアメリカ国民を守っただろう」(原注12)。

だが、9・11事件以前に実施された、あるいは少なくとも計画された軍事演習があったという、これらの主張と矛盾する発言や報告が、他の当局者たちから出ているのだ。

◆矛盾する発言

二〇〇一年一〇月一四日、ＣＩＡテロ対策センターの前副所長ポール・ピラーの言葉がロサンゼルスタイムズに引用された。「飛行機を乗っ取って地上に突っ込み、大惨事を引き起こすというアイ

デアを、もちろん我々は考えていた」。(原注13)

二〇〇二年五月一七日、CBSは元CIA副長官、ジョン・ギャノンの発言を暴露した。「テロリストが飛行機をミサイル代わりに使用することはあり得るだろうかときかれて、あり得ないと答える者は一人もいないだろう」。(原注14)

二〇〇三年七月二四日には「二〇〇一年九月一一日テロ攻撃に関する上下両院合同査問委員会」が報告書を発表した。調査結果のひとつは、「ビン・ラディンが複数の民間機のパイロットをテロリストにする可能性に関心を示している」ことを、情報機関が二〇〇一年四月に知ったということだった。(原注15)

◆二〇〇四年も続いた政府の主張

このような証言があるにもかかわらず、ブッシュ政権は翌年も、あのような攻撃が可能だとは考えもしなかったと言い続けた。二〇〇四年三月二三日、ドナルド・ラムズフェルドは9・11委員会でこう証言した。「テロリストが複数の民間機をハイジャックして、ミサイルのようにペンタゴンや世界貿易センターのタワーに飛び込むことを示すような情報は、九月一一日までの六カ月間余、私はまったく聞いていていません」。(原注16)

四月八日、コンドリーザ・ライスは9・11委員会で宣誓し、「飛行機を武器として使用することに関する分析の類は、私たちは事実、一度もブリーフィングを受けていません」と証言した。(原注17)

四月一三日、ブッシュは全国中継の記者会見で次のように述べた。

あれほど巨大な規模で飛行機をビルに飛び込ませることを想定できた者は（中略）、我々政府には一人も（中略）いなかった。（中略）もし私が少しでも、犯人たちが飛行機をビルに飛び込ませることに感づいていたなら、我々はどんなことをしてでも国を救っただろう。(原注18)

◆矛盾への対応

二〇〇四年七月に9・11委員会が発表した最終報告では、9・11事件は予見できるタイプの攻撃ではなかったとするブッシュ政権と軍幹部たちの主張のほとんどが是認されていた。『9・11委員会報告書』には次のように書いてある。

テロリストたちが米国内で複数の民間旅客機をハイジャックし――それを誘導ミサイルとして利用するという脅威は、9・11事件以前にはNORADには認識されていなかった。(原注19)

これによって委員会は、リチャード・マイヤーズ大将の「九月一一日時点での我が軍の態勢は（中略）、国外での脅威、つまり国境の外側で発生する脅威への対応に焦点を絞っていた」という主張を受け入れた。この態勢とは、レーダーの探知範囲のようなものだとマイヤーズ大将は言い添えた。「我々は国外を注視していた。国内に関してはレーダーの探知範囲外であったので、状況認識ができていなかった」。(原注20)9・11委員会はマイヤーズ大将の主張を支持してこう書いている。

アメリカの国土防衛担当者たちは国外に目を向けていた。（中略）（NORADは）ハイジャック機が米国内のターゲットに向かってくることを想定したシナリオを立案することもあったが、あくまで海外から飛来する飛行機のみを検討対象としていた。(原注21)

米国の旅客機がハイジャックされるとしても、「航空機を誘導ミサイルの代用にした自爆ハイジャック」は起こり得ないだろうと想定していた、という軍の主張も委員会は受け入れた。この想定のために、「民間航空機が大量破壊兵器に変わる事態に対応する準備が、軍にはできていなかった」と委員会は記している。(原注22)

だが、「テロリストたちが米国内で民間旅客機をハイジャックし――それを誘導ミサイルとして利用するという脅威は、9・11事件以前にはNORADには認識されていなかった」とする委員会の主張に対して、既述のような矛盾する発言があるだけでなく、委員会の報告書自体にも辻褄の合わない文章がある。例えば次のような箇所だ。

（リチャード・）クラーク（※大統領特別補佐官）は少なくとも一九九六年のアトランタ・オリンピック以来、航空機が利用される危険があることを懸念していた。（中略）一九九八年にクラークは、アトランタの地上でリアジェット機（※ビジネスジェット機）がテロリストグループに奪われ、爆弾を積んでワシントンDCの標的に向かって飛んでいくというシナリオの演習を指

揮した。（原注23）

ほかにも『9・11委員会報告書』にはこんな記述がある。

一九九九年から二〇〇〇年にかけてのミレニアム警戒が終わったあと（中略）、クラークは配下の「テロ対策セキュリティグループ」の会議を開き、アルカイダによる飛行機ハイジャックの実行可能性を中心に検討を行なった。（中略）可能性は想像し得るものであったので、それを想定した（原注24）

さらに委員会の報告書にはこうも書いてある。

一九九九年八月初旬、連邦航空局の民間航空保安局の情報部が、ビン・ラディンによるハイジャックの脅威について要約をまとめた。（中略）そこには主立ったシナリオが少数あり、そのひとつが「自爆ハイジャック作戦」だった。（原注25）

したがって9・11委員会は、「テロリストたちが米国内で民間旅客機をハイジャックし――それを誘導ミサイルとして利用するという脅威は、9・11事件以前にはNORADには認識されていなかった」とする軍の主張を支持したにもかかわらず、委員会が自ら挙げた事例によってその主張の墓穴を掘ってしまっている。

とはいえ委員会はたいていの場合、たとえ関係筋の公人や大手メディアの報道が示した証拠であっても、さらには委員会の公聴会で語られた証言ですら、自らの主張と食い違う証拠に対しては単に無視するだけである。

〈報道〉

一九九三年、ペンタゴンが組織した専門家会議が、ミサイル代わりに使われた飛行機によって米国内のランドマークが爆破される可能性があると示唆した。一九九四年にはその専門家の一人がこう書いている。「世界貿易センターのようなターゲットは、彼らが必要とする多くの犠牲者を出すばかりか、建物の象徴的な性格があるため、代償を超える効果がある。成功の効果を極大化する目的で、テロリストグループはおそらく大規模な同時多発作戦を準備するだろう」（原注26）（ちなみにこの年に出版されたトム・クランシーのベストセラー小説『日米開戦』では、日米が短期間戦争し、日本の民間旅客機のパイロットがボーイング七四七に爆弾を積んで、米国両院合同会議中の連邦議会議事堂に突っ込む場面がある）（原注27）。

一九九五年にタイム誌が発表した特集記事では、テロリストが無線操縦の飛行機を議事堂に激突させるというシナリオを、サム・ナン上院議員が説明した（原注28）。

一九九九年、国家情報会議（※National Intelligence Council　ＣＩＡなど情報機関で構成）が新興の脅威について大統領と米国の諸情報機関に勧告し、テロリズムに関する特別報告の中で次のように述べている。

アルカイダは（一九九八年の）米国の巡航ミサイル攻撃に対する報復を望んでおり（中略）、連邦議会議事堂へのテロ攻撃をいくつかの形で実行する可能性がある。アルカイダの殉教部隊に属する自爆テロリストたちが、強力な爆発物を詰め込んだ航空機で（中略）ペンタゴンや中央情報局（CIA）本部、あるいはホワイトハウスに体当たりしてくることもあり得る。（原注29）

〈軍事演習〉

委員会が無視した証拠の中には、九月一一日に起こったことと同様の事件を想定して米軍が計画した軍事演習もある。

二〇〇〇年一〇月、民間旅客機がペンタゴンに突入するという可能性に備えて、防災訓練をペンタゴンで実施した。（原注30）

二〇〇一年五月、民間旅客機（一部の報道によるとボーイング七五七のハイジャック機）がペンタゴンに突入するというシナリオに関連して、ペンタゴン内の二つの医療クリニックが訓練を実施した。（原注31）

二〇〇一年七月、NORADが「アマルガム・ヴァーゴ〇二」と呼ばれる軍事演習を計画し、米国内でハイジャックされた複数の旅客機が武器として使われるというシナリオをシミュレーションした。この演習については二〇〇四年にUSAトゥデイ紙が、「NORADがジェット機を武器に想定し、軍事訓練」と題した記事で説明したように、軍が9・11事件に先立つ二年間に計画した一連の軍事訓練のひとつである。「複数のハイジャック機が武器として使われる。（中略）想定されるターゲットのひとつは世界貿易センターだった」という。ＮＯＲＡＤは「このシミュレーションの飛行機は、外国から飛来するという想定だった」と主張しているが、ＵＳＡトゥデイは、「例外がいくつかある。（中略）二〇〇一年七月に計画が作られてその後実施される予定だった演習では、ユタ州とワシントン州の空港を飛び立った飛行機が〝ハイジャックされる〟ことになっていた」と報じた。(原注32)「米軍プレスサービス」の二〇〇二年の記事によると、この演習が「アマルガム・ヴァーゴ〇二」と呼ばれるもので、「９・11攻撃より前に計画された」ものの、実施は二〇〇二年の予定だったから〝〇二〟とついているわけだ。(原注33)

９・11事件の約一カ月前にはペンタゴンが大災害の訓練を実施し、飛行機が突入したあと建物から避難するという訓練を行なっている。米国空軍宇宙軍団（※ＧＰＳなど軍事衛星の運用をはじめ、宇宙利用の戦略を支援する組織）のトップであるランス・ロード大将は後に、９・11事件当日は、ほんの一カ月前にこの訓練をしたおかげで、「我々の集合地点も記憶に新しかった」と語った。ロード大将はさらにこうつけ加えた。「純然たる偶然の一致だが、あの演習のシナリオには飛行機がビルに衝突することも含まれていた」。(原注34)

事件当日の朝九時には、ヴァージニア州シャンティリーの国家偵察局（※国防総省の諜報機関）が、ペンタゴンからわずか二四マイル（三八・六キロ）しか離れていない偵察局本部に飛行機が衝突する不慮の事故、というシミュレーション計画を実施する予定だった。(原注35)

〈９・11委員会の公聴会で証言された情報〉

9・11委員会は以上のような報道をすべて無視したばかりか、委員会が自ら開いた公聴会で討議された情報をも無視して、最終報告書を発表した。

二〇〇三年五月二三日、委員会の公聴会で軍の幹部たちが証言し、リチャード・ベンヴェニスト委員が前述の「アマルガム・ヴァーゴ〇二」と呼ばれる軍事演習について、クレイグ・マッキンリー空軍少将とアラン・スコット大佐から情報を聞き出そうとした。この演習は二〇〇一年七月に計画され、実施は二〇〇二年六月の予定で、ハイジャックの同時多発も想定した演習計画だった。ベンヴェニスト委員が「複数の飛行機を武器として使うテロリストたちというコンセプトは、二〇〇一年九月一〇日の時点で、米国の情報機関にとって未知のものではなかった」と指摘してから、マッキンリー空軍少将に質問した。「二〇〇一年九月一一日までにNORADはすでに、二機の同時ハイジャック事件が米国内で起こることをシミュレーションする軍事演習計画を準備中だった、というのは事実ですね？　（中略）それが〝アマルガム・ヴァーゴ作戦〟ですね」。マッキンリー空軍少将はその質問をスコット大佐に回し、スコット大佐は、それについては自分は何も知らないと答えた。するとマッキンリーが用意したメモを読み上げたが、その内容は同時多発ハイジャックに関するベンヴェニスト委員の問いに答えるものではなかった。この時点でベンヴェニスト委員は答えを得られないと悟ったようで、次の質問に移った。(原注36)

二〇〇四年には元FBI長官ルイス・フリーが委員会の公聴会に出席し、二〇〇〇年と二〇〇一年に「国家特別治安イベント」と呼ばれるイベントを計画し、その中に「飛行機を武器として」使用する想定が含まれていたと証言した。「現に、その特定の脅威に対処するための資材が指定された」

とフリー元長官は述べ、この計画には「爆発物を積んだ、あるいは積んでいない、自殺ミッションを帯びた飛行機の使用」も入っていたと語っている。(原注37)

その後、同じ二〇〇四年に出版された『９・11委員会報告書』には、フリー元長官の証言も、「アマルガム・ヴァーゴ〇二」に関する情報もいっさい触れられていなかった。９・11事件のようなタイプの攻撃は想定していなかった、とする軍の主張と矛盾する証拠は、ほとんどが黙殺された。軍の主張と対立する報告のごく一部には言及したものの、全体的な趣旨は米軍とブッシュ政権の主張を支持することだった。その趣旨が最も鮮明に表われているのは次の「概要」である。

要約すれば、ＦＡＡ（※連邦航空局）とＮＯＲＡＤが九月一一日の時点で準備していたハイジャックへの対応計画は（中略）、従来型の手法のハイジャックを想定したものだった。即ち、飛行機を誘導ミサイルに変える自爆ハイジャックなどという目論見は想定外だったのである。（中略）ＮＯＲＡＤとＦＡＡは、二〇〇一年九月一一日に起きたような米国への攻撃に対してはまったく準備をしていなかった。彼らはかつて遭遇したことのない、訓練もしたことのない、前代未聞の攻撃に対して国土防衛の急場をしのぐべく、困難な状況下で悪戦苦闘した。(原注38)

〝９・11委員会の内幕〟という副題の本『前代未聞』（※巻末の凡例参照）は、９・11委員会解散後の二〇〇六年に出版されたトーマス・ケイン委員長とリー・ハミルトン副委員長の共著だが、二人はこの本の中で委員会の意向を次のように言い換えている。

なぜNORADはハイジャック機を一機もインターセプトできなかったのか。（中略）事件に対応した人々は（中略）、直面したこのシナリオに対応する訓練はしてこなかった。9・11事件が起きるまでは、NORADが主眼としていたのは米国の空に飛来してくる外国の爆撃機や弾道ミサイルを迎撃することであって、民間旅客機を撃退することではなかった。（中略）我々は、ハイジャックされた民間旅客機が誘導ミサイルとして利用されるとは想像もしなかった。（原注39）

◆結論

ブッシュ政権と（当時のラムズフェルド国防長官も含め）、9・11委員会の見解は、米軍その他の公的機関が公表した多数の報告と明らかに矛盾している。9・11事件のようなタイプの攻撃は想定されていたのか、いなかったのか、この疑問に関わる食い違いは極めて重要である。しかし本章の冒頭で述べたように、『9・11委員会報告書』が出版され、ハイジャック機四機のうち三機もが、激突するまで非常事態の通報すら軍には届いていなかったという主張が公表されて以来、この種の攻撃が想定されていたのかという問題は影が薄くなってしまった。だが、ブッシュ政権と9・11委員会の主張と食い違う証拠が、大量に公開されているという事実は今も変わらない。『9・11委員会報告書』が出版された二年後にケイン委員長とハミルトン副委員長が上梓した『前代未聞』にも、相変わらず、軍は「ハイジャックされた民間旅客機が誘導ミサイルとして利用されるとは想像もしなかった」と書いてある。9・11事件の成り行きとそっくりのシナリオを想定した軍事演習までしていたことなど、彼らの主張とは逆の証拠がこれだけ存在するにもかかわらずだ。議会とマスコミはこの矛盾の原因を究明し、国民に報告しなければならない。(原注40)

第３部　オサマ・ビン・ラディンと
ハイジャック犯たちに関する疑問

第15章　モハメド・アタたちは敬虔なイスラム教徒だったのか

９・11事件の公式説明によると、ハイジャック犯たちは、彼らの神の御許に行く覚悟を決めた敬虔なイスラム教徒だったとされている。『９・11委員会報告書』もこの図式に従い、リーダー格とされるモハメド・アタは「狂信的なまでに」熱烈なイスラム教徒になっていたと書いている。(原注1) ９・11委員会は、アタたちハイジャック犯とされる人々が敬虔なイスラム教徒であるというイメージに沿って、「喜んで命を捨てる鍛えられたスパイ集団」と性格づけている。(原注2) だが、彼らが敬虔なイスラム教徒だという主張と矛盾する記事が、大手の新聞に多数掲載されていた。

◆イスラム教が禁じる姦淫と深酒の報告

９・11事件の五日後、ロンドンのデイリーメール紙は次のような記事を載せた。

パームビーチのサンライズ二五一のバーで、（モハメド・）アタと（マルワン・）アル・シェイ（※Marwan Al Shehhi）はシャンパンのクリュッグとペリエ・ジュエを飲み、四五分間で一〇〇〇ドル使った。（中略）アタは、身長一八〇センチを超えるグラマーな二〇代後半のブルネット女性を同伴し、もう一人の男は小柄なブロンド女性を連れていた。女性は二人とも、金持ち相手のコンパニオンとして地元では有名だった。(原注3)

9・11事件の一カ月後、ボストンヘラルド紙が「テロリスト、繁華街のホテルで売春婦とパーティー」と題する記事を掲載した。

地元の女性紹介業者二社の運転手が昨日、本紙に語ったところによると、九月九日の夜一〇時三〇分頃チェスナットヒルのパーク・インへ送っていったコールガールは、大量殺人犯の一人とベッドをともにした。そのコールガールがテロリストの部屋に入るのはその日二度目だった。消息筋の話では、世界貿易センターに突入した一一便に乗っていたハイジャック犯のうち、ワリード・M・アルシェーリ（※Waleed M. Alshehri）とウェイル・アルシェーリ（※Wail Alshehri）の二人が、九月九日にルート九のホテルに泊まった。（中略）繁華街で淫らな遊びにふけるテロリストの行状は、コーランを持ち歩く殺人鬼と、アメリカのいかがわしい性風俗が結びついた最新の証言だ。フロリダでは、あの有名なリーダー格のモハメド・アタを含む数人のハイジャック犯が、ストリップクラブ「ピンクポニー」で一人あたり二〇〇ドルから三〇〇ドル使っている。(原注4)

この記事の一週間前にはサンフランシスコ・クロニクル紙に、「テロ工作員が悪徳の街に残した足跡」という記事が出た。モハメド・アタを含む少なくとも五人の「自称アッラーの戦士」が、「アメリカで最も悪名高い退廃の街ラスベガスで、明らかに反イスラム的な禁断の快楽（ストリップダンスなど）にふけった」。捜査官によるとこのグループは「少なくとも六回行った」という。ネバダのイスラム財団理事長、オサマ・ハイカル博士は「本物のイスラム教徒は酒を飲まないし、ギャンブルをしないし、ストリップクラブにも行かない」というコメントを寄せている。(原注5)

一〇月一〇日にはウォールストリート・ジャーナルが、「テロリストグループ、男だけのパーティー」と題する社説で、これら二つの記事の情報を要約した。(原注6)

この社説は皮肉な見出しに託して公式説明との矛盾をほのめかしただけだが、この問題については9・11事件の五日後に、早くもサウスフロリダ・サンセンティネル紙が「辻褄が合わない容疑者たちの行動」という見出しでずばりと指摘している。

男三人がピンクポニー・ストリップ劇場でストリッパーたちと羽目を外した。ほかの二人はハリウッドの海鮮酒場で、ストリチナヤ（※ウオッカ）とラム酒のコーラ割りをあおった。自爆による大量殺戮事件を起こす直前の週末のことである。これが、火曜日に起こったテロ事件の容疑者の一部が取った行動だが、専門家によると、敬虔なイスラム教徒のすることではないという。まして狂信的な信者がこの世で過ごす最後の日々の姿とはほど遠い。（中略）敬虔なイスラム教徒は深酒をしたり、ストリップクラブでどんちゃん騒ぎをして天国に行けるとは考えない（考えることができない）、とフィラデルフィアのテンプル大学教授、マフムード・ムスタファ・アユーブ（※Mahmoud Mustafa Ayoub）は語る。イスラム教の根幹をなす教義は、アルコールと婚外セックスを厳禁している。「酒を飲み、ストリップバーへ行き、次の日にはイスラム教の名のもとに命を捧げる、そんなことができる人がいるとは理解に苦しむ」とアユーブ教授は言う。「信仰のために自らの命を差し出すような人物は、非常に厳格なイスラム教の考えに基づいて行動するものだ。このケースはどうも腑に落ちない(原注7)」。

この記事が指摘しているように、この男たちの行動は、「信仰のために自らの命を差し出す」覚悟をした「敬虔なイスラム教徒」の行動だったとする公式説明とは相容れない。

◆九月七日（金曜日）の〝シャッカムズ〟でのエピソード

前述のサンセンティネル紙の記事には、ほかの二人が9・11事件直前の週末に「ハリウッドの海鮮酒場でストリチナヤとラムのコーラ割りをあおった」とあるが、この二人については最初の記事と後日の記事とで内容が矛盾しているため、詳しく説明しておこう。この出来事が起こったのは九月七日の金曜日、場所はマイアミに近いフロリダ州ハリウッドの「シャッカムズ」というレストランである。

最初の記事によると、アタは酔っぱらっていた。九月一二日にAP通信に掲載された記事では、ケン・トーマス記者がレストランの支配人、トニー・アモスにインタビューしている。アモス支配人は二人の写真を見せられて、一人が「モハメド」とサインした人物だと確認した。

　二人は金曜日の夜に来てそれぞれ数杯の酒を飲み、バーテンにからんだとアモスは語る。（中略）「モハメドは酔っぱらってろれつが回らず、ひどい訛りがあった」という。バーテンのパトリシア・イドリッシによると、二人は勘定書のことで文句を言い、何か問題があるのかと彼女が訊くと「モハメドは、自分はアメリカン航空で働いているから勘定はちゃんと支払えると言った」。(原注8)

翌日、セントピーターズバーグ・タイムズが同じ主旨でこのバーテンの言葉を引用した。

　ハリウッドのシャッカムズ・バーで夜間担当支配人をしているトニー・アモスがパームビーチ・ポストに語ったところによると、アタは勘定のことで支配人と口論した。アモス支配人がアタに、支払えるのかときいたところアタが怒りだし、「自分はアメリカン航空のパイロットをしているから勘定はちゃんと支払える」と言った、とバーテンのパトリシア・イドリッシが語った。「彼らはへべれけに酔っていた」。イドリッシは二人を数軒先の中華料理店へ行かせた。その後二人がまた戻ってきて酒を五杯ずつ注文したと彼女は言う。(原注9)

同じ九月一三日、ニューヨークタイムズにデイナ・ケネディとデヴィッド・サンガーが記事を書いている。

（モハメド・アタは）目立つ客ではなかったが、（マルワン・アル・シェイがラム酒を飲み）モハメド・アタがウオッカのストリチナヤを三時間飲んだあと、四八ドルの支払いをしぶる気配を見せたことから、パトリシア・イドリッシはこの客のことを覚えていた。イドリッシがマネージャーを呼ぶと、アタは「もちろん払えるさ。（中略）俺はパイロットだ」と言ったという。（原注10）

三日後ロンドンのデイリーメール紙のエリック・ベイリーが、アタと同行した男がマルワン・アル・シェイであることを突き止めたと報告している。

アタとアル・シェイは、もう一人と連れ立ってフロリダ州ハリウッドのバー、シャッカムズへ行った。一人はテレビゲームをしに行ったが、アタとアル・シェイはストリチナヤというウオッカのオレンジジュース割りを注文し、それを五杯飲んだ。（原注11）

同じ九月一六日、スコットランドのサンデーヘラルド紙に、アタが汚い言葉を使ったという記事が載った。

最後の金曜日、（中略）アタを含む中東系の男三人がフロリダ州ハリウッドのシャッカムズというバーで目撃されている。ウオッカとラム酒の飲み代がかさみ、そのことで男たちはウエイトレスのパトリシア・イドリッシと口論を始めた。アタはマネージャーに向かってどなった。「俺が支払えないとでも思ってるのか？　俺はアメリカン航空のパイロットだぞ。こんなくそったれの勘定ぐらい払ってやらあ」(原注12)。

九月二二日のマイアミヘラルドに掲載された時系列経緯にもこのエピソードが反映された。

九月七日。（中略）ハリウッドのハリソン・ストリートにあるいかがわしいバー、シャッカムズ。アル・シェイとアタは酒を大量に飲んだ。二人が非常に熱心に信じているイスラム教の教えでは飲酒は禁じられている。二人は四八ドルの勘定をめぐってバーテンと口論した(原注13)。

タイム誌の九月二四日号にも同様の内容が報じられた。

シャッカムズで（中略）モハメド・アタとマルワン・アル・シェイは、大量殺戮の決行前に大酒を飲んだ。アタはウオッカのオレンジジュース割りを、アル・シェイはラムのコーク割りを、それぞれ五杯ずつ。「二人はへべれけに酔っていた」とバーテンは言う。しかもアタは、四十八ドルの支払いに文句を言った(原注14)。

同じ日、ニューズウィークはさらに驚くべきことを報道した。アタが神を冒瀆する言葉を吐いたというのだ。エヴァン・トーマスとマーク・ホーゼンボールが、アタは「仲間たちとウオッカをぐいぐい飲むことができた」として次のように書いている。

先週アタと仲間二人は、シャッカムズというシーフード・バーへ別れの飲み会に出かけた模様である。アタはストリチナヤのフルーツジュース割りを五杯飲み、仲間の一人はラムのコーク割りを飲んだ。アタと仲間たちは一時興奮し、アラビア語で罵りの言葉を吐いた。その中には「ファック・ゴッド」といった意味の、とりわけ罰当たりな言葉が含まれていたという。(原注15)

トーマスとホーゼンボール記者は、男たちの飲酒や神を冒瀆する言葉を報告しながらも、ハイジャック犯たちを「小グループの狂信者の一味」と性格づけているため、非常に強い違和感がある。(原注16)だが、早い段階から流れ始めた新バージョンのシャッカムズ・エピソードでは、この違和感がほぼ完全に克服されていた。九月一五日付のトロントスター（※カナダの新聞）の記事はシャッカムズでの出来事をこう説明している。

アタはテレビゲームで遊び、ほかの二人はそれぞれ五杯ほど酒を飲み、四八ドルの支払いを巡って喧嘩をした。マネージャーのトニー・アモスが今週思い出したところによると、支払う金を持っているのかとアモスが尋ねたとき、アル・シェイは「居丈高に私を見下ろした。（中略）

そして札束を引っ張り出してバーのテーブルにのせ、〝金の心配はいらん。俺は航空会社のパイロットだ〟と言った」とアモスは言う。(原注17)

この記事では、アタは酒を飲んだり悪態をついたりせず、威張った物言いもしていない。米国でこのバージョンを詳しく報告した最初の執筆者は、おそらくワシントンポストのジョエル・アッヘンバッハだろう。彼は九月一六日に次のように書いている。

アタはトリビアル・パスート（※クイズゲーム）とブラックジャックに熱中していた。（中略）アル・シェイともう一人の男は酒を五杯ぐらいずつ飲んだと（マネージャーのトニー・アモスは）言う。酒はラムのキャプテンモルガンのコーク割りと、ウオッカのストリチナヤのオレンジジュース割り。（中略）「アル・シェイは明らかに怒っていた」とアモスは語る。アル・シェイが四八ドルを踏み倒して出て行くのではないかとバーテンが心配したのだ。そこでアモスが間に入り、どうしたのかと尋ねた。アル・シェイは（中略）こう答えた。「金の心配はいらん。俺は航空会社のパイロットだ(原注18)」。

このアッヘンバッハの記事では、そのときアタは酒を飲んでいないだけでなく、支払いのことで怒ったわけでもない。酒を飲まないアタの記事は、九月二二日付のワシントンポストにも掲載された。「テロへと向かう狂信者の静かな道」と題する記事で、アタと二人の男たちがシャッカムズで過ごした三時間半について、ピーター・フィン記者が書いている。

アタはテレビゲームで遊び、原理主義者の信仰とは筋違いの求道（※パスート）をした。だが、その夜の担当マネージャーは、アルコールを口にしている姿を見た記憶はないと言っている。(原注19)

五日後の九月二七日、セントピーターズバーグ・タイムズが新しいバージョンのほうを報道した。同紙は九月一三日には、アタと仲間が二人とも「へべれけに酔っていた」というバーテンの話を報告したのだが、今度は新バージョンのほうに切り替えた。

目撃者たちによると、ハリウッドのシャッカムズ・オイスターパブ&シーフードグリルで、アタはテレビゲームで遊び、アル・シェイともう一人はウオッカのオレンジジュース割りを飲んだ。(原注20)

アタも当然、何か飲んだはずだ。ロサンゼルスタイムズは九月二七日にこう報告している。

（シャッカムズの）オーナーであるトニー・アモスの話では、アタは一人静かに座ってクランベリージュースを飲みながらテレビゲームをし、アル・シェイともう一人の客はカクテルをぐいぐい飲んで文句を言った。(原注21)

同じ週のうちに、アタがクランベリージュースを飲んだという記事がタイム誌にも出た。

アタとアル・シェイともう一人はシャッカムズに行った。（中略）アタが痛飲したという当初の報道とは逆に、彼一人だけはアルコールを口にせず、一晩中甘いクランベリージュースをガソリンにして、（中略）三時間半もピンボールマシンに興じた。(原注22)

したがって新バージョンでは、ほかの二人は酒を飲んでも、アタだけは飲まなかった。悪態もつかなかった。これなら敬虔なイスラム教徒の行動として辻褄が合う。

◆アルコールとセックスライフに関する矛盾

ハイジャック犯たちがアルコールや禁制のセックスを求めたことを、9・11委員会はどのように扱っただろうか。委員会はこれを完全に無視した。ウォールストリート・ジャーナルを含む大手マスコミ数社が既述のような報道をしたという事実があるにもかかわらず、委員会はそれらが存在しなかったかのように説明している。例えば9・11事件の約一カ月前にアタと二人のハイジャック犯たちがラスベガス旅行をしたことについて、委員会はこう書いている。「工作員たちがなぜこういう機会にラスベガスへ行ったりラスベガスで落ち合ったのか、その理由については、ラスベガスが観光客を歓待することで有名だという以上の信用できる証拠は何も見つからなかった(原注23)」。

委員会はとくにアタについては、一九九八年までに「原理主義に転向し」、「狂信的（信者）に」なった(原注24)と断定するにとどまり、この人物像に相反するように見えるエピソードにはいっさい触れていない。アタはクランベリージュースを飲んでいたという、あとから登場したバージョンには言及してもよさそうなものだが、このエピソードにも触れていない。むしろ暗に、その種のことは何も起こらなかったとほのめかしているのだ。攻撃に先立つ一週間のアタの行動を、委員会はこう書いている。

アタはメンバーたちのコーディネートになおも忙しく過ごしていた。九月七日、（※フロリダ州）フォートローダーデール空港から（※メリーランド州）ボルチモアへ飛んで、おそらくローレルで七七便担当チームと会った。九月九日にはボルチモアからボストンに戻った(原注25)。

アタが酒を飲んだことやシャッカムズでのエピソードが後に修正されたおかげで、アタをイスラム原理主義者と描写するのが楽になったことは間違いない。委員会によると、アタは九月七日にはどんなバーにも行かなかった。攻撃直前の金曜日にはフロリダにとどまっていたのではなく、打ち合わせのために北へ飛んで忙しく過ごしていた。そう主張することによって委員会は、アタについて最も流布していたエピソードを否定した。

ただ、アタのアルコールや性的な欲望に関する報道だけでなく、クランベリージュースを飲んだというシャッカムズでのエピソードをも委員会はすべて無視したが、報道記事は公文書として残っている。しかもこれらの記事だけが、委員会が描くアタのプロフィールと矛盾しているわけではない。二〇〇一年にはアタがフロリダの西海岸にあるヴェニスで、ストリッパーと同棲していたという報道もあるのだ。

◆二〇〇一年、アタがヴェニスでストリッパーと同棲という報道

9・11委員会によると、アタはフロリダ州ヴェニスで暮らしたことは一度もない。ただ、二〇〇〇年七月から一二月まで、常に行動をともにしているマルワン・アル・シェイと二人、ヴェニスにあるハフマン航空学校で飛行訓練を受けた。この期間、二人はヴェニスのすぐ北にあるノコミスに滞在していた。二〇〇〇年一二月に訓練が終了すると二人はフロリダ州南東部に移動し、二度と戻っては来なかった、としている。(原注26) この関連で委員会が情報源として唯一引用したのは、FBIの「ハイジャック犯たちのタイムライン」と題する報告書である。(原注27)

しかしこの説明に反して、9・11事件直後に地元の新聞が数紙、アタはヴェニスに住んでいたと報道しているのだ。九月一四日付のシャーロット・サン紙にクリスティ・アーノルド記者が次のように書いている。

ヴェニスのハフマン航空学校で世界貿易センター攻撃の訓練を受けていた可能性があると言われるテロリストの顔写真を見たとき、ポーラ・グレイプンタインはすぐに気がついた。隣の

家に住んでいた男だ。郵便配達員のニール・パットンは、航空学校の生徒だったモハメド・アタ（三三歳）とマルワン・アル・シェイ（二三歳）のほか、四人の中東の男性の名前も顔も覚えていた。男性六人は今年（二〇〇一年）の初めまで、ヴェニスのサンドパイパー・アパートメント二六号室に住んでいた。（原注28）

同じ日の同じ新聞に、イレイン・アレン・エンリッチとジャン・バティ記者が、ノースポートの近くに住むトニーとボニー・ラコンカ夫妻へのインタビューに基づいて別の記事を書いている。ラコンカの話によると、彼らはモハメドと呼ばれていた身長五フィート一〇インチ（約一七八センチ）の「浅黒い、とてもきれいな」肌の男性に部屋を貸した。モハメドはハフマン航空学校で飛行訓練を受けていたという。

モハメドは地元のレストランのマネージャーであるアマンダ・ケラーと思われる女性とつき合っていた、と（トニー・）ラコンカは言う。（中略）「モハメドは、彼女がサウス郡拘置所から保釈されるようにしてやったんです」とボニー・ラコンカが語った。（中略）（別の若い女性が）二月二一日にモハメドとケラーと知り合い、翌日には三人でキーウェストへ冒険を楽しみに行った。「三日間行っていました。（中略）彼らは寝ませんでした。休みなしのパーティーです」。この週末は、ケラーともう一人の女性が買った服や、酒、ドラッグ、ホテル代など、費用は全部モハメドが支払ったとラコンカは言う。（原注29）

ラコンカ夫妻が話す二〇〇一年二月のアタは、米国の反対側にいたとされるアタとはまるで別人のようだ。敬虔なイスラム原理主義者という、9・11委員会が描くアタの人物像と食い違う情報はほかにもある。アタは「つき合っていた」アマンダ・ケラーと、ドラッグや酒びたりの週末を過ごしたと言われている。

九月二二日にサラソタ・ヘラルドトリビューン（ニューヨークタイムズの子会社）に載った記事は、二人のつき合い方をさらに詳しく物語っている。執筆した記者はアール・キメルほか二名。

アタは（二〇〇一年）四月まで（※フロリダ州）ヴェニスにいた。ヴェニスのエアポート・アヴェニューにあるサンドパイパー・アパートメントの管理人、チャールズ・グレイプンタインは、四月に約三週間、アパートで見かけたことを覚えていると語った。アタはアマンダ・ケラーのアパートに住んでいたという。(原注30)

つまりアタは、住んでいたとされるのとは反対側のフロリダ州ヴェニスにいて、それも五人の男たちと住んでいたわけではなく、アマンダ・ケラーという女性と同棲していたというのだ。キメルの記事はさらに続く。

金曜日の夜ケラーに電話取材したところ（中略）、アタについてはいっさい話さないようにと当局から言われたという。「何もお話しできません。面倒なことになるのが心配だから」とケラーは言う。フロリダのレディレイクに住む彼女の母親スーザン・ペインはアタのことを覚えていた。「私は彼のことが気に入りませんでした。とても変な感じの人でした」と母親は語った。(原注31)

ケラーの母親も当時アタに会ったことがあるということだ。ケラー本人がキメル記者に話したことが事実だとすれば、「当局」がアタについて口外するなと言った。この記事が掲載されたのは九月二二日の土曜日である。

その翌日、同じサラソタ・ヘラルドトリビューンに、別の記者クリス・グリアーが矛盾する記事を書いた。

捜査官が、ヴェニスで飛行訓練を受けた五人目の中東系の男を突き止めたが、(中略) 見つけることはできていない。(中略) 四月に、エアポート・アヴェニューにあるサンドパイパー・アパートメントのアマンダ・ケラーの部屋に、モハメドという男が泊まっていた。当局はフルネームを発表していない。ケラーも、フロリダ警察からの指示があるからと言って明かそうとしない。(中略) 土曜日のヘラルドトリビューン紙に、アタがケラーのアパートに住んでいたという彼女のコメントが掲載されたが、あのコメントは間違っているとケラーは語った。彼女のアパートに住んでいたのは、名前は同じモハメドだが、別の正体不明の第五の男だという。(中略) ケラーの母親の話では、捜査官が捜している第五の男は長身でやせ型の、静かな男である。(中略）ケラーの母親スーザン・ペインは、娘と、当時ボーイフレンドだったギャレット・メッツは、よく行きずりの他人をアパートに泊めていたという。（中略）インタビューは母親の家で行なったのだが、ケラーは自宅のカウチで寝ていた男については話そうとしなかった。（原注32）

この記事には、アタとアマンダ・ケラーとの関係を切り離す意図がはっきりと表われているが、納得できるものではない。クリスティ・アーノルド記者の記事によると、ポーラ・グレイプンタインと郵便配達員は写真を見てアタと確認している。イレイン・アレン・エンリッチとジャン・バティ記者の書いた記事では、ラコンカ夫妻が、自分たちの知っているモハメドはケラーとつき合っていて、身長五フィート一〇インチ（※約一七八センチ）だと語っている。「長身でやせ型」とは違う。しかもこのモハメドは、ケラーをキーウェスト旅行に連れて行き、拘置所から出してやった。ケラーとボーイフレンドに誘われて泊まった行きずりの他人とは言えない。そのうえ、アール・キメル記者の記事によるとサンドパイパー・アパートメントの管理人、チャールズ・グレイプンタインもアタのことを覚えていて、アマンダ・ケラーのアパートに住んでいた男だと証言している。ケラーとボーイフレンドのところに数日だけ泊まったのとは違う。

にもかかわらず、FBIが九月二七日に発表したハイジャックの容疑者リストには、モハメド・アタの「可能性のある住所」として「フロリダ州ハリウッド、フロリダ州コーラルスプリングズ、ドイツ国ハンブルク」と書かれていた。つまり、フロリダ州ヴェニスは「可能性のある住所」ですらないわけだ。（原注33）

しかしその後、ＦＢＩの見解と異なる当初の報道のオリジナルバージョンが、独自調査をした報道記者たちによって再確認されることになった。

◆アタとアマンダ・ケラーに関するダニエル・ホップシッカー記者の説明

９・11事件の二カ月ほど後に、報道記者ダニエル・ホップシッカーがヴェニスを訪れ、地元新聞が報道した証人たちを取材した。ついにはアマンダ・ケラー本人にも直接インタビューし（ケラーはその後、他の州に引っ越していた）、アタの所在やケラーとの関係を著書の中で報告している。

それによるとアタはハフマン航空学校での飛行訓練を二〇〇〇年一二月に終了すると、数人の男たちと共同でノースポートに「とても大きな美しい」家を借りたが、二〇〇一年二月にはそこから立ち退かされた。アマンダ・ケラーはパパ・ジョンズ・ピザで店長をしていたときにアタと知り合った。夫のもとを去ることに決めた彼女は、二月二五日から二八日まで、アタと一緒にキーウェスト旅行に行くことにした。ペーテルとシュテファンというドイツ人男性二人と、リンダというストリッパーも一緒に行った(原注34)。キーウェストでは男性三人はコカインを使った（以前にもアタが、ハフマン航空学校で入手したコカインを使うのを見たことがあるとケラーは証言した(原注35)）。しかもケラーは、アタが大酒飲みだとも語っている。ホップシッカー記者は、修正されたシャッカムズのエピソードに触れ、「酒で問題を起こしたのはシャッカムズの一件だけではなかった。ほかにもたくさんあった」と書いている。ある日ケラーが語ったところによると、「モハメドと彼の仲間たちは正体がなくなるほど飲んで」ケラーの職場に来ると、彼女に会わせろとわめきたてたという(原注36)。

ともあれ、この時期のどこかでケラーとアタは一緒に暮らすことを決め、アパートの借り主はケラーの名前にしたが、家賃はアタが支払った。(原注37) キーウェスト旅行から戻るとケラーは夫との喧嘩がもとで逮捕され、アタが保釈金を積んで拘置所から出してやった。(原注38) その後、アタがノースポートの家から立ち退きを言われたので、ケラーはラコンカ夫妻所有のノースポートの借家に引っ越すのを手伝った。アタは三月初旬の一週間その借家で暮らし、その間ケラーは、二人で住む家を探した。(原注39) ケラーとアタはサンドパイパー・アパートメントの二六号室に引っ越し、アタの仲間たちはその階下の部屋に入った。(原注40)

だが、うまくはいかなかった。ケラーはまもなくアタを嫌うようになったが、家賃をアタが支払ってくれるので我慢するしかなかった（ケラーはアタを利用していたことをホップシッカー記者に認めた）。(原注41) ところがケラーはほどなく「ファンタジー&ランジェリー」という店でストリッパー兼プライベートダンサーの仕事を見つけ、週に三〇〇〇ドル稼ぎ始めた。(原注42) しばらくするとケラーはギャレット・メッツという、はるかに魅力的な男性と知り合い、アパートに泊めるようになる。アタは追いやられてカウチで寝ることになり、ますます暴力的になっていった。ケラーはアタの金に頼る必要がなくなり、アパートの管理人の助けを得てアタを追い出したという。(原注43)

したがってクリス・グリアー記者の記事とは異なり、ケラーのカウチで寝ていた男はモハメド・アタであって、モハメドという名の別人ではない。ケラーが、アタと暮らしていたという当初の説明を撤回したのは、ＦＢＩに脅されたからだとも語っている（サンドパイパー・アパートメントのケラーの隣人、ステファニー・フレデリクソンもＦＢＩに脅されたことがわかった）。ケラーはキメル記者の書いた記事を暗に指してこう話している。「新聞に掲載された〝何もお話しできません。面倒なことになるのが心配だから〟というのは私が実際に言ったとおりの言葉です[原注44]」。

クリス・グリアー記者については、本人はニューヨークタイムズの仕事をしていると主張していたが（実際にはニューヨークタイムズの子会社であるサラソタ・ヘラルドトリビューンの仕事をしていた）、ケラーも隣人のフレデリクソンも、証言を変えるようグリアー記者に仕向けられたと述べている。（ちなみにホップシッカー記者の報告によると、グリアー記者はその後「他の記者のコンピュータを盗み見た」ためにトリビューンを解雇されたそうだ[原注45]。）

いずれにせよホップシッカー記者は、ヴェニス地区の多くの人物がいくつかのエピソードを裏付けた証言を引用しているが[原注46]、それにもかかわらず、サラソタ・ヘラルドトリビューンは9・11事件の五周年記念日にまたしても、ケラーが、アタと一緒に暮らしていたという前言を撤回したと報道した。ヒザー・アレン記者が執筆した「アマンダ・ケラーの〝恋人〟」と題する記事は、ケラーがホップシッカー記者に嘘をついたことを認めたと主張している。

陰謀論者たちのせいでアマンダ・ケラーはこの五年間、モハメド・アタの恋人だったと言われてきた。しかし今この元ストリッパーは、当時の恋人は9・11事件とは無関係の飛行訓練学校の訓練生だったと語る。（中略）ニューヨークに本部を置くFBIテロ対策捜査官が最近、9・11事件簿を再調査した結果「二人の関係を裏付けるものは何もない」と語った。この捜査官は連邦検事局とFBIから公表する許可を得たが、匿名であることを条件に話した[原注47]。

この匿名の捜査官が、「FBI事件簿」の中にはアタとケラーの関係を裏付けるものが何もないと言ったのは要注意だ。ヴェニスには関係を裏付けるものがないのかどうか、それについては一言も触れていない。例えば、ホップシッカー記者は多数の証人の言葉を引用している。

◆アタはその後もヴェニスで目撃されている

一月から五月までアタはヴェニスにいて、アマンダ・ケラーと愛人関係にあったというのは、既述のようにホップシッカー記者たちが報告したとおりだが、FBIの時系列報告と矛盾する情報はそれだけではない。アタは五月にサンドパイパー・アパートメントを追い出されたあと、七月と八月にもたびたびヴェニス界隈で目撃されたという報告がある。CNNは二〇〇一年一〇月一日に次のように報道した。

フロリダ州プンタゴルダにあるザ・シッピングポストのオーナーがCNNに語ったところによると、アタと氏名不詳の仲間一人が七月中旬から八月中旬の間にこの店に数回やってきて、少なくとも二回は郵便為替を買いました。「彼はとてもそっけなかった」とジーン・ウォルドーフは言っています。（中略）アタが通っていたフロリダ州ヴェニスの飛行訓練学校は、プンタゴルダから少し北に行ったところにあります。(原注48)

ウォルドーフの証言はAP通信でも報じている。(原注49)

ホップシッカー記者は、アタとアル・シェイがいったんヴェニスを出たあと、9・11事件までの六週間の間に三回、ヴェニスに戻ったと書いていて、新たな証言を四つ引用している。ヴェニス空港近くのスーパーマーケット、パブリクスで働く惣菜コーナーの店員、ベティ・カヴァー。アタとアル・シェイが一時期住んでいた場所に近いレストラン、ペリカンアレーの店主、トムとルネ・アドーナ。ポンパノビーチにあるレンタカー会社のオーナー、ブラッド・ウォリック。そして、ヴェニス・イエローキャブの運転手、ボブ・シンプソン。ウォリックもシンプソンも、アタと接触したことをFBIに報告したと言う。(原注50)しかも運転手シンプソンは、アタが来た最後の時期には、少なくとも一回はハフマン航空学校のオーナー、ルディ・デッカーズと一緒にいるのを見たと話している。これはデッカーズが二〇〇二年の米国議会の委員会で、9・11事件の前の八カ月間、アタには一度も会っていないと述べた証言と食い違う。(原注51)

◆アタの所在に関する食い違いへの9・11委員会の対応

アタは二〇〇一年にはヴェニス周辺にはいなかった、というのがFBIの説明だ。これとは明らかに異なる報告をしているのが地元新聞であり、七月と八月についてはCNNとAP通信であり、さらに報道記者のダニエル・ホップシッカーがこれらの報道の裏を取っている。

アタの所在と行動に関するこの矛盾した報道に対し、9・11委員会はどう対応しただろうか。委員会は単純にすべて黙殺した。二〇〇一年の初めにアタがヴェニスにいたとする地元新聞の記事も、アタとアマンダ・ケラーとの関係を指摘した記事も無視した。七月と八月にアタがヴェニスを訪れたというCNNとAP通信の報道にも言及しなかった。9・11委員会は、FBIの時系列報告に沿って説明したにすぎない。アタもアル・シェイも二〇〇一年一月の初めに海外へ行ったとして、委員会は次のように主張している。

　旅行を終えてフロリダに戻ったアタとシェイは、ジョージアへ行った。（中略）二月一九日にはヴァージニアにいて（中略）、その後すぐジョージアに戻った。（中略）これらの移動の理由については不明である（地元紙によるとこの時期、アタとアル・シェイはヴェニスの近くのノースポートに住んでいた）。四月上旬、アタとシェイはヴァージニアビーチに戻った。（中略）四月一一日、二人はコーラルスプリングズのアパートに引っ越した（ヴェニスの地元紙によるとこの時期、アタはケラーと同棲していた）。（中略）五月二日、（中略）アタは（ジアド・）ジャラと一緒に（マイアミの）北三〇マイル（※五〇キロ弱）のところにいて、フロリダ州ローダーデールレイクスの自動車局を訪れている（ヴェニスの住民の話では、これはアタとケラーの関係が破綻した時期である）。（原注52）

これほど食い違う説明はめったにないだろう。

ホップシッカー記者はさらに、アマンダ・ケラーの語る二〇〇一年初期のアタの行動は、アタの人物像を覆す意味を持っていると指摘し、「モハメド・アタに関する話を聞けば聞くほど、イスラム原理主義者というイメージがどんどん壊れていった」と著書に書いている。（原注53）

アタとアマンダ・ケラーの関係についても、シャーロット・サン紙が報告した（ホップシッカー記者の表現を借りると）「キーウェストでの非常に反イスラム的な三日間のドラッグと酒びたりのパーティー」[原注54]といったエピソードを含め、全国紙は掲載こそしなかったが、一部の大手マスコミ記者は少なくともこの種の記事を読んでいた。二〇〇三年三月に開かれた9・11委員会の第一回公聴会に出たライターによると、マスコミのあるメンバーがリチャード・ベンヴェニスト委員に質問したという。「もしアタがイスラム原理主義組織に属していたなら、なぜコカインを吸ったりストリップバーへ通ったのですか？」。ベンヴェニスト委員はこう答えたと言われている。「そうなんですよ、実に厄介な問題でね」[原注55]。

だが、本当に問題なのは、その一六カ月後に発表された最終報告書で、9・11委員会がこの厄介な問題にまったく触れなかったということだ。

◆結論

モハメド・アタなどハイジャック犯とされている人々の人物像を、9・11委員会は敬虔なイスラム教徒であるとしているが、彼らの実際の行動がその人物像とは矛盾することが、さまざまな情報源から報告されている。この食い違いは、是非とも説明が必要な問題である。なぜこのような矛盾があるのか、なぜ委員会の報告書はこれに言及していないのか、議会とマスコミは原因を追及しなければならない。

第16章

当局はアタの情報の宝庫をどこで見つけたのか

『9・11委員会報告書』の最初のページにはこう書いてある。

二〇〇一年九月一一日火曜日。（中略）空港に向かっていた人々にとって、これ以上望めないほどいい天気だった。（中略）メーン州ポートランド空港に到着した旅行者の中に、モハメド・アタとアブドゥル・アジズ・アル・オマリがいた。アタとオマリは午前六時ポートランド発の、ボストンのローガン国際空港行きに搭乗した。（原注1）

見たところ何の問題もなさそうなこの記述に対して、次のような注記がついている。

アタとオマリがなぜ九月一〇日の朝、ボストンからメーン州ポートランドまで車で行き、翌朝九月一一日には再び（※ボストンの）ローガンへ五九三〇便で戻ることにしたのか、その理由について納得の行く説明ができる物的証拠、証拠書類、あるいは分析的証拠は何もない。（中略）

彼らの理由が何であれ、ボストンへ行く最寄りの空港がこのポートランド・ジェットポートであり、ローガン空港から七時四五分に出発するアメリカン航空一一便への乗り換えに間に合うのがこの便だった。(原注2)

アタがなぜこの旅をしたのか説明がつかないという容認は、FBI長官のロバート（※ボブ）・ミューラーがすでに二〇〇二年九月二六日、連邦議会の9・11事件合同調査会で発言している。このときミューラー長官は、マルワン・アル・シェイがフロリダからボストンへ飛び、ミルナーホテルに宿泊したと言ってから、次のように述べた。

九月九日にはモハメド・アタもミルナーホテルにチェックインして宿泊し、そこでマルワン・アル・シェイと落ち合った。攻撃の前日、正午過ぎにミルナーホテルを出たモハメド・アタは、パークインでアブドゥル・アジズ・アル・オマリを車に乗せ、メーン州ポートランドへ行った。彼らはサウスポートランドのコンフォート・インにチェックインし、その夜アタとアル・オマリが二人でいるところがポートランド周辺で何度か目撃されている。しかし、彼らがそこに行った理由は目下のところ不明である。(原注3)

同じ発言はそれより二週間前、ニューヨークタイムズの9・11事件一周年の記事にも出ている。

（アタとオマリがなぜその旅をしたのかに関しては）多数の説がある。例えば、ポートランドにいる共謀者と接触し、最終的なゴーサインを受けたのだろう、とか、可能性が高いのは、乗り継ぎ便で到着すればボストンのセキュリティーチェックを避けられるからだろうという説など。しかしこれらの説はどれも、リスクを考えると満足のいく説明とは言えない。(原注4)

この「リスクを考えると」という一言が、この旅が極めて謎に満ちていることを物語っている。

◆二つのミステリー　ポートランドへの迂回とアタの荷物

9・11委員会は、九月一〇日にアタとアル・オマリが「理由は依然として不明だが、メーン州ポートランドへ車で行った」と説明したあと、「九月一一日の早朝、ボストンでアメリカン航空一一便に乗り継ぐために、ボストン行きの通勤便に搭乗した」と書いている。(原注5) この通勤便は既述のとおりポートランド空港を午前六時に出発し、ボストンには六時四五分に到着する予定だったので、七時四五分出発予定のアメリカン一一便にアタと仲間が乗り継ぐことが可能だった。

しかし、もしポートランドからボストンへの通勤便が一時間遅れたら、アタとアル・オマリは乗り継ぎはできなかったのだ。この問題については、9・11委員会のスタッフが二〇〇四年六月一六日にわざわざ次のような意見書を提出している（この文章は最終的に報告書の中には入らなかった）。「アタとオマリはポートランドまで遠回りしたために、もう少しで一一便に乗り遅れるところだった」。(原注6) もし乗り遅れていたら、一一便を三人でハイジャックすることになっていただろう。しかもアタは、この一一便を操縦するはずだったうえ、計画全体の主犯でもあったとされている。この作戦計画を何年もかけて練り上げたあげく、中止しなければならなかったかもしれないのだ。アタは九月一〇日にはすでにボストンにいたのに、なぜわざわざこんな大きなリスクを冒したのだろうか。事件から一年たってニューヨークタイムズが掲載したように、また、三年もたってから9・11委員会が認めたように、納得のいく説明は得られていない。(原注7)

このエピソードに関する委員会説にはもう一つ、説明のつかない問題がある。アタ自身は一一便に乗り継ぐことができたのだが、荷物のほうは間に合わず、それが後に重大な発見につながるのだ。先の9・11委員会スタッフの意見書には、ポートランドに迂回したアタとオマリがもう少しで一一便に乗り遅れるところだったと書いたあと、こうつけ加えてある。

　事実、彼らがポートランドで預けた荷物は一一便に積み込まれなかった。九月一一日の事件の後、アタとオマリの荷物の中に極めて重要な証拠が含まれていることがわかった。アタがエジプトで通っていた大学からの手紙、オマリの国際運転免許証とパスポート、ボーイング七五七型機のフライト・シミュレーターのためのビデオカセットなどだ。(原注8)

FBI長官ミューラーは二〇〇二年の合同調査会での証言で、この情報の宝庫を発見したことをこう報告した。

一一便の衝突後、当局は、あのフライトに積まれるはずだったモハメド・アタ名義の荷物を二個回収しました。この荷物を調べたところ、手書きのアラビア語で書かれた手紙があり、翻訳すると、九月一一日の作戦そのものではないが、九月一一日の使命のために準備する方法として利用できる指示が書いてありました。(原注9)

二〇〇六年、ニューズデイ紙にマイケル・ドーマンが「9・11事件解明の鍵が鞄の中に」と題する記事を掲載し、この発見の重要性がさらに増した。この記事によると、アタの荷物の一つにはハイジャック犯たちの氏名をはじめ、これまで報道されてきたこと以上のものが入っていた、とウォレン・フラッグ元ＦＢＩ捜査官が語ったとある。フラッグは二〇〇一年九月にはすでにＦＢＩを退職していたが、彼が教育したことのある若者で9・11事件を担当しているＦＢＩ捜査官からこの情報を得たという。ドーマンの記事によると、フラッグは以下のように話している。

あのアラビア語の書類が全部そこに入っていました。事件解明の鍵が詰まった宝箱です。一体政府がどうやってあんなに早く、事件直後に一九人のハイジャック犯を特定できたと思いますか？　あの荷物の中にあった書類から特定したんですよ。その結果あんなに早く、ハイジャック事件の背後にアルカイダがいることがわかったのです。(原注10)

フラッグ元捜査官の発言が正確な史実であるか否かはともかく、アタの荷物の中にあった貴重なコレクションを事件解明の「宝箱」と形容したことで、この発見の重要性が明らかになった。

しかし、なぜアタの荷物は一一便に積み込まれなかったのだろう。前述の9・11委員会スタッフの意見書は、乗り継ぎの時間が短くて、アタとアル・オマリはかろうじて乗り継いだことを示唆している。しかしこの意見は採用されず、『9・11委員会報告書』には単に、「アタとオマリは六時四五分にボストンに到着した。（中略）六時四五分から七時四〇分までの間に二人は（中略）七時四五分発の（中略）アメリカン航空一一便にチェックインし、搭乗した」と書いてある。(原注11) 言い換えると、通勤用フライトの到着から一一便出発までの間にはまるまる一時間あったということだ。また、アメリカン航空によれば全乗客八一名の荷物中、アタの荷物が唯一の積み残しだったというから、これを地上係員の不注意なミスのせいとするには無理がある。(原注12)

したがって、謎は二つある。なぜアタは危険を冒してポートランドまで移動したのか。そして、なぜアタの荷物は一一便に積み込まれなかったのか。確かに本書は矛盾を検証する本であって、謎をあげつらう本ではないが、ポートランド行きをめぐる大きな矛盾を追及すれば、これらの謎を解く手がかりを得ることもできるだろう。アタが車を運転してポートランドまで行ったとする9・11委員会の説明は、9・11事件直後に流された報道内容と矛盾する点が少なからずある。

◆当初の報道　ボストンとブハーリ兄弟

後の報道によれば、ポートランド行きは、アタがボストンのローガン空港で借りた日産アルティマを運転して行ったことになっている。だが、9・11事件直後の二、三日間に報道された内容はまったく違うものだった。

九月一二日、ＣＮＮのスーザン・キャンディオッティがフロリダのベロビーチからレポートした。

警察筋の情報では、ハイジャック容疑者のうちの二人は（中略）ここに住んでいた兄弟とのことです。（中略）一人はアドナン・ブハーリ、写真があります。（中略）同じくベロビーチに住んでいたもう一人のブハーリである、アミール。（中略）警察関係者が（中略）ＣＮＮに語ったところによりますと、ブハーリ兄弟はボストンを出た二機の飛行機のうちの一機に乗ったと考えられています。（中略）また、メーン州ポートランドで押収された車は、ボストンのローガン空港で貸し出されたレンタカーで、ポートランドまで運転されてきたことがわかりました。メーン州警察は、二人のハイジャック容疑者がＵＳエアに乗ってローガン空港に向かったことを確認しました。（中略）ＦＢＩは別の二人のハイジャック容疑者、（中略）モハメド・アタとマルワン・ユーセフ・アル・シェイについても調べています。彼らはフロリダ州ヴェニスにあるチャーリー・ヴォスの家に数日間滞在し、ハフマン航空学校の訓練コースを取っていました。（原注13）

この報道では、アドナンとアミール・ブハーリという兄弟がボストンからポートランドまでレンタカーを運転して行き、通勤便でボストンに戻ったハイジャック犯のように聞こえる。アタの名前も出てくるが、ポートランドで押収されたレンタカーとの関連ではない。

ＣＮＮのキャンディオッティが、アタとアル・シェイを泊めた人物としてチャーリー・ヴォスに言及しているが、その二日後の九月一四日、前章で述べたシャーロット・サン紙のクリスティー・アーノルドの記事にもこう書いてある。

アタとアル・シェイは、火曜日に世界貿易センターに飛行機を激突させるのを手助けした人物と見られている。（中略）当局がアタの名前を見つけたのはその便の乗客名簿の一つからだった。その後ボストンのローガン空港に乗り捨てられた車が発見され、その車からアタの名前が、サウスヴェニスに住むチャールズとドゥルシラ・ヴォスの住所に結びついた。アタとアル・シェイは二〇〇〇年七月にヴォス宅に短期間滞在していた。（原注14）

この二つの記事では、レンタカーをポートランド空港に乗り捨てたのはブハーリ兄弟であり、アタのほうはボストンのローガン空港にレンタカーを残したと言っているように思われる。

九月一三日、CNNは次のような詳細を報じた（この報道記録はCNNのサイトにはすでにない）。

この二人は兄弟で、（中略）名前はアドナン・ブハーリとアミール・アバス・ブハーリ。（中略）二人はボストンのローガン空港にあるアラモでレンタカーを借り、シルバーブルーの日産アルティマを運転してメーン州ポートランドまで行きました。そして火曜日、午前六時発のUSエアウェイズ五九三〇便に乗り込み、ボストンに戻ったと情報筋は語っています。（中略）CNNが二人の兄弟の身元を突き止める前に、ポートランド警察署のマイク・チトウッド署長は、「この二人が昨日の早朝ボストンに飛んだ。（中略）彼らが連邦捜査の焦点になっている。それ以上は言えない」と述べました。（中略）

ハフマン（航空学校）の簿記係であるチャールズ・ヴォスが、（中略）この学校の訓練生を二人、短期間自宅に滞在させたことがあり、（中略）それがモハメド・アタとマルワン・ユーセフ・アル・シェイだったことが確認されました。（中略）ローガン空港で押収された三菱のセダンは、アタが借りた車だと情報筋は言っています。車の中にはアラビア語で書かれたフライトマニュアルなどの遺留品があり、捜査に「役立つ」と警察関係者は話していました。(原注15)

したがってもともとの話では、日産アルティマをポートランドに残したのはブハーリ兄弟で、三菱車をボストンのローガン空港に残したのはアタになっていたわけである。さらに、当局が捜査に役立つ情報の宝庫を発見したのは、三菱自動車の中だったのだ。後年ミューラーＦＢＩ長官や９・11委員会が言ったように、ポートランドからボストンへの通勤便からアメリカン一一便に積み残された荷物の中ではない。

捜査に役立つ遺留品が、ローガン空港に残されていた三菱車から見つかったことは、同じ九月一三日の別のＣＮＮ番組でさらに明確に述べられている。アイリーン・オコーナーがＣＮＮの生放送で次のように語っている。

米国の連邦捜査当局はローガン空港で押収した車の中の情報から、ハンブルクとの関係を割り出しました。車は三菱で、モハメド・アタが借りたものです。アタはハンブルクのアパートに住んでいました。車の中にはアラビア語の書類があり、それが捜査に非常に役立つと捜査当局は言っています。（中略）車の中には（メーン州ポートランドで見つかったもう一台の車は）ローガン空港で貸し出されたレンタカーで、（中略）FBIと捜査当局はその中の書類から、このブハーリ兄弟との関連を突き止めました。また、（中略）そのレンタカーを運転してポートランドに行った二人の男がポートランド発のUSエアに搭乗し、ローガン空港に着いたあと、あのアメリカン航空とユナイテッド航空が飛び立ったということがわかっています。（捜査当局は）少なくともこの二人が、ハイジャック犯の一部であると確信しています。（原注16）

つまり、ボストンのローガン空港にあった三菱車の中から書類が発見され、そこからアタとの接点が割り出されて捜査の役に立った。一方、ポートランド空港で見つかった日産車の中にあった書類はブハーリ兄弟との関連を示した。早朝のフライトでポートランドからボストンへ飛んだこの兄弟が、ハイジャック犯のうちの二人だと目されている、というわけだ。

同じ日にBBCは、詳細はないものの、同様の基本的な事実をこう報じた。

遺留品を調べていた捜査当局は、（中略）メーン州ポートランドに乗り捨ててあった一台のレンタカーから、フロリダ州ベロビーチにある二軒の家にたどり着きました。ボストンのローガン空港で発見された二台目のレンタカーからは、フロリダ州に住む二人のパイロット、モハメド・アタとマルワン・ユーセフ・アル・シェイの家を突き止めました。(原注17)

◆ある訂正

ところが同じ九月一三日、ＣＮＮが次のような訂正を発表した。

報道を訂正いたします。ＣＮＮは複数の捜査当局の情報から、フロリダ州ベロビーチに住むアドナン・ブハーリとアミール・ブハーリ兄弟が、世界貿易センターに飛行機を激突させたパイロット容疑者であると報道しました。しかしその後、アドナン・ブハーリは今も健在でフロリダにいて、現在ＦＢＩに事情聴取されていることをＣＮＮは知りました。誤った報道をお詫びいたします。（中略）アミール・ブハーリのほうは昨年、小型飛行機の事故で亡くなっています。(原注18)

この発見で、アドナンとアミール・ブハーリ兄弟はどちらも九月一一日に死亡したわけではないことになり、当初の報道が間違っていたということになった。

だが、その結果すぐさま話が完全に変わったわけではない。ＣＮＮは同じ番組の続きで、捜査当局が「ポートランドに残されたレンタカーから発見された証拠」に基づいてブハーリ兄弟を割り出し、一方、ボストンのローガン空港で発見された三菱セダンの中の遺留品からは「別の二人のパイロット、モハメド・アタとマルワン・ユーセフ・アル・シェイにたどり着いた」と説明した。その中に「アラビア語で書かれたフライトマニュアルなどがあり、捜査に〝役立つ〟と関係者は語りました[原注19]」と述べた。翌九月一四日のCNNの報道でも、まだこの同じ相関の枠組みを維持していた。

> 捜査関係者の情報によりますと、（中略）（アタが）借りたレンタカーの三菱セダンはボストンのローガン空港で発見されました。車の中からアラビア語の書類が発見されました。（中略）連邦関係者は当初ブハーリ兄弟を、ボストン始発の飛行機に乗った容疑者と見ていました。（中略）彼らの名前はメーン州ポートランドで発見された車から突き止められたのですが、アドナン・ブハーリの弁護士によると、彼らの身分証明書が盗まれていたようです[原注20]。

以上のように、訂正した直後の報道でも内容はまったく変わっていない。ブハーリ兄弟が容疑者ではなく、身分証明書を盗まれた被害者に変わっただけである。役立つ情報の宝庫が発見されたのはボストンのローガン空港にあった三菱セダンの中であることも、当局がそこからアタへのつながりを得たことも変わらない。

さらに、ハイジャック容疑者の最初のリストを提供した別のCNN番組でも、「アタが借りたレンタカーは、事件後ボストンのローガン空港で発見された」と言った[原注21]。

二日後（九月一六日）スコットランドで、ニール・マッケイが少しだけ内容の異なる記事を書いている。ブハーリ兄弟の話はもう出て来ない。アタがローガン空港で三菱セダンを乗り捨てたという内容は同じだが、マッケイ記者はさらに詳しく、アタとアル・シェイがローガン空港の駐車場で、「他のドライバーと駐車スペースをめぐって口論した」とつけ加えている。(原注22)

◆最終バージョンの登場

しかしアメリカでは、話が大幅に変化し始めた。九月一四日、ＡＰ通信が「世界貿易センターテロ攻撃事件の二人の容疑者」について次のように論じた。

ポートランドで飛行機に乗った容疑者二人のうち一人は、モハメド・アタ、三三歳。（中略）二人は二〇〇一年型の日産アルティマをボストンのレンタカー会社で借りた。その同じ会社から、別の容疑者たちが別の車を借りており、それがボストンのローガン空港で押収されて、その中から犯罪の証拠物件が見つかったのだ。

容疑者たちは（※前夜）メーン州に着くとサウスポートランドにあるコンフォート・インに泊まり、翌朝の飛行機に乗った、とメーン州公安部報道官のスティーヴン・マコーズランドが語った。(原注23)

ここで突然、日産アルティマを運転してポートランドに行ったのはアタと相棒ということに変わり、その二人が九月一〇日の夜コンフォート・インに一泊したことになった。しかしこのＡＰ通信のポートランド・バージョンはまだ未完成で、現在認められている内容に到達する前の段階である。証拠物件の宝庫もまだ、ローガン空港に残された車のほうから見つかったことになっている（ただ、こっちのレンタカーは、名前を伏せた「別の容疑者」が借りたとあり、アタが借りたのではないことになっている）。

公式見解の最終バージョンへの完全移行は、九月一六日のワシントンポストに掲載されたジョエル・アッヘンバッハの記事[原注24]に登場する。興味深いことにこの記者は、前章で見たシャッカムズのエピソードの修正版、つまり、アタはアルコールを飲まなかったと書いたのと同じ人物である。今回アッヘンバッハはこう書いた。

> 当局が特定した一九人のハイジャック容疑者の一人は、モハメド・アタである。（中略）アタは、最初に世界貿易センターに突入したアメリカン航空一一便を操縦したと見られている。ボストンのローガン空港の荷物の中にアタが書いた手紙が発見され、自分は殉教者として天国へ行くために自殺するつもりだと書いてあった。荷物の中にはサウジアラビアのパスポート、国際運転免許証、ボーイング旅客機操縦法のビデオ教本、イスラム教の祈りのスケジュール表も入っていた。捜査当局は、アタとアル・オマリがボストンでレンタカーを借りてメーン州ポートランドまで運転して行き、月曜日の夜はコンフォート・インに宿泊したと見ている。（中略）そして火曜日の朝、ポートランドから短時間飛んでボストンまで行き、一一便に乗り継いだ[原注25]。

アッヘンバッハが書いたこのワシントンポストの記事では、ブハーリ兄弟ではなく、アタとアル・

オマリが、ボストンからポートランドまでレンタカーで行き、コンフォート・インに一泊し、翌朝には通勤便に乗ってボストンへ向かったことになっているのだ。また、犯罪の証拠物件も、ボストンのローガン空港内で積み残されたアタの荷物の中に発見されたという。アタが借りてローガン空港の外の駐車場に乗り捨てた三菱セダンの中ではない。

9・11事件の五日後に出現したこの新バージョンはすぐに肉付けされ、アタとアル・オマリが攻撃の前夜ポートランドにいたという物的証拠とともに、さまざまな詳細が報道された。例えば一〇月五日のポートランド・プレス・ヘラルドは次のように書いている。

FBIは木曜日（一〇月四日）、事件の時系列経緯を詳しく発表した。九月一一日に世界貿易センターを攻撃したハイジャック容疑者のうちの二名は、最後の時間をグレーターポートランドで過ごし、現金自動預け払い機やピザレストランやウォルマートに立ち寄った。（中略）モーテルにチェックインしたあと、アタとアル・オマリは午後八時から九時半の間に数回目撃されている。八時から九時の間にはピザハットで目撃されたあと、八時三一分にはキーバンクのATMの監視カメラに、また八時四一分には、ピッツェリア・ウノの隣にあるファストグリーンATMの監視カメラにも映っている。（中略）九時一五分には、二人はウエスタンアベニューにあるガソリンスタンド、ジェットポートガスに寄って道を聞き、九時二二分にはスカボロにあるウォルマートの監視カメラにアタが映っている。アタはそこで二〇分過ごしたとFBIが報告した。（中略）火曜日の朝、二人は午前五時三三分にチェックアウトした。彼らのレンタカーが空港の駐車場に入った時刻は五時四〇分と記録されている。二人が（※搭乗）カウンターでチェックインをしたのが五時四三分、セキュリティーチェックを通過したのはビデオに映っていた、五時四五分のことだった。(原注26)

ブハーリ兄弟が九月一一日に死亡したわけではないことがわかったために生じた問題、つまり、ポートランド空港に残されたレンタカーから、なぜアタとアル・オマリを割り出すことができたのかという問題が、この新しいバージョンのおかげで解決した。このポートランドの新バージョンでは、この二人が自ら車を借りてポートランドまで運転していったので、レンタカーから足がついたというわけである。

◆ミステリーと矛盾

しかしこの解決法は、本章の初めに論じた二つの謎のうちの一つを生んだ。なぜアタは、計画全体を危険にさらすような旅をしたのか。

また、アタがレンタカーでポートランドへ行ったと変更したことで、ブハーリ問題は解決したが、新たな問題も生まれた。当初、ボストンのローガン空港で犯罪の証拠物件が見つかり、「捜査に〝役立つ〟」と盛んに報道されたことについては、どう説明するのか。証拠物件は、一一便に積み損ねたアタの荷物の中にあったということに変わったものの、この解決法もまた別のミステリーを生んだ。ポートランドからボストンへの通勤便は定刻に到着したので、一一便出発予定時刻まで丸一時間あったのに、なぜアタの荷物だけはこの便に積み込まれなかったのか。

だが、この新バージョンが直面している最大の問題は、それが完全な新説であり、当局が事件直後に語っていた話と違いすぎるということだ。もし日産アルティマを、アタがボストンからポートランドまで運転したのなら、なぜ当局は最初、その車にあった書類からアドナンとアミール・ブハーリ兄弟の名前を割り出したと言ったのだろうか。あれほど捜査に役立ったと言っていた情報の宝庫が、もし本当にローガン空港の中で積み残されたアタの荷物の中で見つかったのならば、なぜ当局は最初、その書類は空港の外にあった三菱車の中で発見したと言ったのだろうか。もしポートランドのコンフォート・インに泊まったのが本当にアタとアル・オマリだったのなら、なぜ当局は最初、ブハーリ兄弟だったと言ったのだろうか。もしポートランドからボストン行きの通勤便に乗ったのが本当にアタとアル・オマリだったのなら（※原文はアル・シェイだが、新バージョンでは、「アタとオマリ」なので、著者のミスと判断した）、なぜ当局は最初、アドナンとアミール・ブハーリ兄弟だと言ったのだろうか。

これらの問題だけでもすでに十分深刻だが、まださらに矛盾する報道があるのだ。

◆新たな矛盾　九月一〇日にアタがニューヨークにいたという報道

二〇〇二年五月二二日、CNNのスーザン・キャンディオッティが驚くべき報道をした。

捜査当局に近い情報筋が水曜日、CNNに語ったところによると、9・11のハイジャック犯モハメド・アタが、事件の前日にマンハッタンにいたことを示すクレジットカードのレシートを、ＦＢＩが発見しました。（中略）また、アタはアブドゥル・アジズ・アル・オマリと一緒にマンハッタンに行った可能性があり、捜査官たちはそう確信しているとも話しています。（原注27）なぜアタはマンハッタンに行ったのだろう。「アタがニューヨークを訪れたのは、世界貿易センターのタワーの位置をＧＰＳにプログラム入力するための最終確認だったのではないかと当局は推測しています（原注28）」。

同じ日、ニューヨーク・デイリーニューズも、基本的に同じ情報を記事にしている。

捜査当局に近い情報筋によると、モハメド・アタは（中略）九月一〇日、おそらく九月九日も、ニューヨークにいた。（中略）世界貿易センターに飛行機が激突する前日、アタがマンハッタンでクレジットカードを使ったことを示す売買処理を、ＦＢＩが発見した。（中略）アタは九月一〇日にボストンまで足を延ばし、青い日産のセダンをレンタルしたとＦＢＩは確信している。そのあとアタとアブドゥル・アジズ・アル・オマリはメーン州ポートランドへ車で行った。（原注29）

この記事には、アタが「ボストンまで足を延ばし」たその〝足〟については触れていないが、記事の要約の中には「アタは世界貿易センターを訪れたあと、ボストンに飛んだとＦＢＩは確信している」とある。理論的には可能だ。朝はマンハッタンにいて、大急ぎで空港へ行き、ボストンに着いたら空港でレンタカーを借り、ＣＮＮの報道に従えばこのときすでにアル・オマリがいて、一緒にポートランドへ車で出発し、到着したらコンフォート・インにチェックインする。チェックインの時刻は、ＦＢＩの発表では午後五時四三分だ。(原注30)

しかしこの記事は、ＦＢＩ筋の情報に基づいているにもかかわらず、アタの具体的な行動に関するＦＢＩ自体の説明とは食い違っている。すでに引用したとおり、議会合同調査会で証言したロバート・ミューラーＦＢＩ長官はこう言ったのだ。

マルワン・アル・シェイはボストンのミルナーホテル（に滞在していた）。九月九日にはモハメド・アタもミルナーホテルにチェックインして宿泊し、そこでマルワン・アル・シェイと落ち合った。攻撃の前日、正午過ぎにミルナーホテルを出たモハメド・アタは、パークインでアブドゥル・アジズ・アル・オマリを車に乗せ、メーン州ポートランドへ行った。(原注31)

この行動が事実なら、九月一〇日にアタがマンハッタンにいることは断じてあり得ない。ＦＢＩまたはその「情報筋」のどちらかが間違っているのでない限り、(原注32)また新たな矛盾が一つ増えたことになる。

◆矛盾への対応

９・11委員会はこれらの矛盾に対して、単にすべてを無視するという対応を示した。ポートランド空港に乗り捨てられた日産車から、アドナンとアミール・ブハーリ兄弟を割り出したというFBIの初期の報告について、委員会は言及しなかった。ブハーリ兄弟が九月一〇日にポートランドのコンフォート・インに宿泊し、翌日ポートランド発ボストン行きの早朝便に乗ったという初期の報告にも触れていない。ローガン空港に残された三菱セダンの中にあった情報から、FBIがアタ（とマルワン・アル・シェイ）を特定したという当初の報道もすべて無視された。この三菱セダンの中に、捜査に非常に役立つ情報の宝庫が見つかったという多数の初期報道があった事実にも言及していない。モハメド・アタが九月一〇日にマンハッタンでクレジットカードを使った証拠を、FBIが発見したという二〇〇二年の報道も完全に黙殺された。代わりに委員会は、あたかもずっと語られ続けきた周知のストーリーであるかのごとく、まったく新しいストーリーを提示したのである。

二〇〇六年のウォレン・フラッグ元FBI捜査官の発言もまた、新たな問題を引き起こした。もしフラッグが主張しているように、アタの荷物に入っていた「事件解明の鍵が詰まった宝箱」に一九人のハイジャック犯の名前があったのなら、なぜ捜査当局はその荷物を調べたあとに、アドナンとアミール・ブハーリ兄弟をハイジャックグループの一部だと主張したのだろう。この作戦の主犯であるアタが、作戦に関わらない人物の名前を入れることが果たしてあるだろうか。しかもブハーリ兄弟の一人は、すでに亡くなっているのだ。

◆結論

アタの荷物の中で発見されたと言われている情報の宝庫が、9・11攻撃の責任をアルカイダに帰する過程で中心的な役割を果たした。しかし、この情報の宝庫に関する公式説明は、事件直後に報道されたバージョンとははなはだしく食い違っている。なぜこれほど矛盾する説明が生まれたのか、なぜ9・11委員会は、当初の異なる説明の存在を無視したのか、議会とマスコミは原因を糾さなければならない。

第17章 ハイジャック犯の存在を知らせた電話は携帯だったのか

四機の旅客機がハイジャックされたという9・11事件の展開の原点になっているのは、マスコミで続々報道され、後年『9・11委員会報告書』にも書かれているとおり、乗客が家族や当局に携帯電話をかけて、中東系のハイジャック犯たちの存在を知らせたことである。機内電話を使ってハイジャック犯の存在を報告したケースも複数あるが、機内の様子を伝えたのは携帯電話が中心的な、あるいは主要な手段であったかのように描写された。例えば、九月一三日のワシントンポストには、チャールズ・レーンとジョン・ミンツがこう書いている。

（乗客のジェレミー・）グリックなどがユナイテッド航空九三便からかけた携帯電話が（中略）あの火曜日の朝、ハイジャックされた四機の機内で起きた恐怖の出来事を最も劇的に伝え、また、いかにしてハイジャックが起きたかについての手がかりを提供した。（原注1）

携帯電話は9・11委員会の説明の中でも中心的な役割を演じており、その土台になっているのが新聞報道である。

最初に世界貿易センターに突入したアメリカン航空一一便からの携帯電話は、なぜか一本も報告されていない。残る三機からの携帯電話に関しては多くの報道がある。本章では、これら三機からかけられたとされる携帯電話の中でも、ハイジャック犯の存在や外見や行動などが語られている通話について、代表的なマスコミ報道と、『9・11委員会報告書』の記述とを中心に検証していく。後述するが、これらの通話の中には、電話を受けた人が、携帯からの電話だと判断した理由を挙げているケースが複数ある。電話をかけてきた人が、携帯からかけていると言ったか、あるいは発信者番号通知で携帯からだとわかったか、どちらかである。

本章の最後では、二〇〇六年のザカリアス・ムサウイの裁判にFBIが提出した報告を見ていくが、驚くべきことに、それまでの報道をすべて覆す内容になっているのだ。それまで何年もの間マスコミや9・11委員会は、乗客たちが携帯電話を使って機内のハイジャック犯の存在を伝えたのだと主張してきたのに、FBIはなぜか反論せずにそれを放置してきたことになる（※第8章参照）。

◆ユナイテッド航空一七五便からの電話に関するマスコミ報道と9・11委員会の報告

二〇〇一年九月一三日、BBCニュースは「痛ましい最後の電話」という番組を放送した。それは以下のように結んでいる。

ビジネスマンのピーター・ハンソンは妻と赤ん坊を伴って、世界貿易センター（※南タワー）

に突入したユナイテッド航空一七五便に乗っていた。彼はコネチカットにいる父親のリー・ハンソンに電話した。電話は二回切れたものの、ナイフで武装した男たちがコックピットを開けさせようとして、客室乗務員たちを刺したことを話した。「スチュワーデスが刺された。(中略)飛行機が降下していく」という言葉を最後に電話が切れた。(原注2)

9・11委員会は、報道されたこの電話の内容を引用したあと、「リー・ハンソンは息子のピーターから二回目の電話を受け」次のような話を聞いたとしている。

お父さん、だんだんひどくなってきたよ――スチュワーデスが刺された――彼らはナイフとメース(※催涙ガスのスプレー)を持っているようだ――爆弾も持っていると言っていた――機内の状況はものすごく悪い。(中略)飛行機がガタガタ揺れている――パイロットが操縦しているんじゃないと思うよ。(中略)あいつらはたぶんシカゴかどこかへ行って、ビルに突っ込もうとしているんじゃないかと思う。(原注3)

BBCも9・11委員会も、使われた電話の種類については特定していないものの、AP通信のある記事は、この電話について「牧師(ボニー・バードット師)は、(ピーター・ハンソンの)父親リー・ハンソンへの電話は携帯だったと確認した」と書いている。(原注4)さらにピーター・ハンソンの姉も、電話は携帯からだったと書いている。(原注5)

このフライトからは乗客のブライアン・スウィーニーも電話をかけたとされていて、それも携帯からだった、とワシントンポストのデヴィッド・マラニスが事件から五日後に報道した。その記事にはこう書いてある。

　ブライアン・スウィーニーは妻のジュリーに電話をした。「やあ、ジュールズ」とブライアン・スウィーニーは自分の携帯電話に話しかけた。「ブライアンだ。飛行機がハイジャックされて、状況はあまり良くない感じだ」。妻のジュリーはマサチューセッツ州バーンズテーブルの家には不在だったので、彼は留守番電話に向かって話していた。声は静かだが、メッセージはすでに運命を悟っていた。「またあとで話せるといいんだが、もしだめだったら、いい人生を送ってくれ。またいつか必ず会えるよ（原注6）」。

9・11委員会によると、スウィーニーは妻にメッセージを残したあと「母親のルイス・スウィーニーに電話をかけ、飛行機がハイジャックされたことと、乗客たちがコックピットに突入しようとしていることも話した（原注7）」という。委員会はこれらの電話が携帯からだったとは書いていないものの、携帯電話だったとするマスコミ報道を否定もしていない。

◆アメリカン航空七七便からの電話に関するマスコミ報道と9・11委員会の報告

（※ペンタゴンに突入した）アメリカン航空七七便からの通話は二本あり、どちらも携帯からだったと報道されたことは広く知られている。

第8章で見たとおり、訟務長官のテッド・オルソンは当初、妻のバーバラ・オルソンが七七便から二回、携帯電話をかけてきたとCNNに語った。電話の種類についてはテッド・オルソンの話は二転三転したが、マスコミは一貫して携帯からの電話だったと報道した。例えば九月一六日のワシントンポストにはデヴィッド・マラニス記者が、「乗客の一人だったテレビのコメンテーター、バーバラ・K・オルソンは、九時二五分までに夫の米国訟務長官セオドア・B・オルソンと携帯電話で話をした」と報告している。(原注8) しかしテッド・オルソンはあるとき、妻が使ったのは機内電話だったと明確に述べ、それが彼の最終的な結論になった。(原注9) ただ、それが英国紙に対する発言だったせいか、米国内ではほとんど反応がなかった。例えば9・11事件の一周年に、CNNはこう報じた。「乗客の政治評論家バーバラ・オルソン（四五歳）は、ハイジャック犯に見つからないように、夫であるテッド・オルソン訟務長官に自分の携帯から電話をかけることができた」。(原注10)

広く流布しているこの見解に、9・11委員会は反論することなくこう書いている。

九時一六分から九時二六分までのどこかの時点で、バーバラ・オルソンは夫の米国訟務長官テッド・オルソンに電話をかけ、飛行機がハイジャックされたことと、ハイジャック犯たちがナイフとカッターナイフを持っていることを報告した。彼女はさらに、ハイジャック犯たちによって（中略）乗客全員が機内後方に集められていることも話した。会話が始まって一分間ぐらいで電話が切れた。（中略）

最初の電話からほどなく、再びバーバラ・オルソンからの電話が夫につながった。飛行機がハイジャックされたことを、パイロットがアナウンスしたと彼女は話した。（中略）訟務長官は、すでに二機のハイジャック機が（※タワーに）激突したことを知らせた。(原注11)

七七便からの電話はもう一本あったとされていて、かけたのは客室乗務員のレニー・メイである。委員会はこう書いている。

九時一二分、レニー・メイはラスベガスに住む母親のナンシー・メイに電話をした。彼女は自分のフライトが六人にハイジャックされていて、乗員乗客全員が後ろに集められていると話した。そして、アメリカン航空に警告するよう母親に頼み、母親とその夫はすぐに実行した。(原注12)

委員会はここでも電話の種類を特定していないが、一般には携帯電話だったと思われている。ラスベガスでは、例えば見出しを「客室乗務員がラスベガスの母親に携帯電話をかける」(原注13)とした記事も出ているなど、報道がそう特徴づけているという事実から、携帯電話が通説だと見なすことができる。

◆ユナイテッド航空九三便からの電話に関するマスコミ報道と9・11委員会の報告

最も明確に携帯電話をかけたと言われているのは、ユナイテッド航空九三便の乗客たちである。前記の二便については、携帯からの電話かどうか触れていない9・11委員会でさえ、九三便に関してだけは「（九時三二分を過ぎると）すぐ、乗客と乗務員たちはGTE（※米国の大手電話会社）機内電話と携帯電話を使って一連の電話をかけ始めた（原注14）」と説明している。

ハイジャック犯たちについて携帯電話を使ったやりとりが最も大きな役割を果たしたとされているのも、このフライトである。例えばワシントンポストのデヴィッド・マラニスは、九月一六日の記事にこう書いている。

　飛行機は瞬時に孤立した乗り物になった。全員が特異な運命共同体になり、しかもすでに、もっと大きなドラマの絆につながっていた。彼らは再び携帯電話をつないだ。機上の人々はニューヨークで起きた事件を知らされ、今度は自分たちの状況を伝え始めた（原注15）。

携帯電話をかけたとされる乗客の何人かについては、この機内の状況が詳しく報道された。前述のワシントンポストに掲載されたチャールズ・レーンとジョン・ミンツの九月一三日付記事にはこう書いてある。

　ユナイテッド航空九三便が空中で命を賭けた最後の瞬間を目前にしていたとき、乗客のジェレミー・グリックが妻のリズベスに携帯電話をかけ、（中略）爆弾だという赤い箱とナイフを振りかざす中東系の男たち三人に、ボーイング七五七のコックピットが占拠されたと話した。頭に赤い鉢巻きをしたテロリストたちが、乗客とパイロットと客室乗務員に、機内の後方へ行くよう命令した。（中略）リズベス・グリックは夫に、ハイジャックされた別のジェット機が世界貿易センターに激突したことを報告した。（中略）グリックは、他の乗客たちとコックピットに押し入ってテロリストたちを制圧することにしたと言った——もっと酷い大惨事をなんとか食い止めようとする抵抗の表われだった。（原注16）

乗客のマーク・ビンガムがかけたとされる電話もまた、携帯電話だと広く報道されている。例えば同じくレーンとミンツ記者がこう書いている。

カルフォルニア州ロスガトスに住むキャシー・ホグランによると、東部標準時午前九時四四分に携帯電話をかけてきた甥のマーク・ビンガム（三一歳）は、ハイジャック犯に立ち向かう計画についてはとくに話さなかった。ビンガムは叔母と母親のアリス・ホグランの二人とどうにか言葉を交わし、飛行機がハイジャックされたことと、愛しているよと言ったが、その直後に電話が「通じなくなった」とキャシー・ホグランは語る。（原注17）

携帯からかけたと広く報道されているもう一本の電話は、オナー・エリズベス・ワイニオからのものだ。例えばニューズウィークの「ユナイテッド航空九三便の最期」と題する記事は次のように書いている。

ニューズウィークが入手した決定的な証拠は、新たにわかった乗客からの電話によって得た情報だと言える。エリザベス・ワイニオ（二七歳）はメリーランドに住む継母に電話をかけた。他の乗客が、家族に電話するようにと携帯を貸してくれたという。ワイニオは途中で「行かなくちゃ」と電話を切ったが、乗客たちが「コックピットを襲撃するところなの」と話していた。(原注18)

さらに別の女性の乗客、マリオン・ブリトンも携帯電話をかけて、ハイジャック犯に関する情報を提供したとされている。その典型的な報道がピッツバーグ・ポストガゼットの記事である。

彼女は、長年の友だちのフレッド・フィウマーノに借りた携帯から、フィウマーノに電話をかけた。そして飛行機がハイジャックされていること、乗客二人が喉を切られたこと、飛行機がUターンしたことなどを話した。フィウマーノは世界貿易センターのタワーが燃えていることを話した。すると彼女は「知っているわ。私たちも降下していくのよ」と言った。（中略）フィウマーノの耳にたくさんの怒号や悲鳴が聞こえ、電話が切れた。(原注19)

客室乗務員の一人も携帯電話をかけたと報道されている。「客室乗務員、ハイジャック犯との戦いを助ける」というタイトルの記事では、サンドラ・ブラッドショーが夫にかけた携帯電話での会話を次のように書いている。

ブラッドショーは午前九時三〇分頃、妻から電話を受けた。（中略）「何が起きたか知っている？　もう聞いた？」。サンディは静かな声で夫にきいた。「ハイジャックされたの」。（中略）三人のナイフを持った男たちに飛行機が乗っ取られたという。彼女はハイジャック犯の一人を間近に見ていた。（中略）「彼はイスラム風の容貌よ」と夫に言った。サンディは話しながら他の客室乗務員たちと、ハイジャック犯たちにぶっかけるための湯を沸かしていた。そばではたくさんの乗客が携帯電話をかけていて、何人かは蜂起しようと打ち合わせている。（中略）サンディの周りでは三人の男性が詩篇の二三番をつぶやいている。（中略）そのうちの一人が明らかにハイジャック犯を襲撃するための電話を始めた。電話がとぎれた。彼女の最後の言葉は「みんながファーストクラスに走っていくわ。私も行かなくちゃ。バイバイ」だった。（原注20）

フィル・ブラッドショーによれば、妻だけでなくほかにも「たくさんの乗客」が携帯電話をかけているとサンディが言っていたという。

事実、ユナイテッド航空九三便からは多数の携帯電話がかけられたと報道されているが、最も有名なのはディーナ・バーネットが夫のトム（トーマス）・バーネットから受けた電話だ。九月一六日のワシントンポストに掲載された前述のデヴィッド・マラニスの記事は、「（もっと大きなドラマに）携帯電話をつないだ」と書いたあと、こう続けている。

カリフォルニアのビジネスマン、トーマス・E・バーネット・ジュニアは妻のディーナに四回携帯電話をかけた。一回目の電話でトーマスはハイジャック犯たちの特徴を話し、彼らが乗客を一人刺した、当局に連絡してくれと言った。二回目の電話では、乗客が死亡した、自分と他の乗客数人は何か手を打つつもりだと言った。妻は、目立つようなことはしないでと懇願したが、それは無理だと彼は答えた。(原注21)

電話はどれもトム・バーネットの携帯からかかってきたとディーナは繰り返し明言している。発信者番号が夫の携帯の番号だったからわかったのだという。(原注22)デイーナ・バーネットの話はマスコミで大きく報道された。例えばCBSの「ジ・アーリー・ショー」では特別枠で取り上げ、「トム・バーネットは九三便から、自宅にいた妻のディーナ・バーネットに四回携帯電話をかけ、自分は他の乗客たちと一緒に〝何か手を打つ〟つもりだと話した」とレポートした。ナショナル・レビュー誌に掲載されたトムの父親、トーマス・バーネット・シニアの手紙には「九三便のトムから妻ディーナへの四回の携帯電話」について書かれている。(原注23)

以上に述べたジェレミー・グリック、マーク・ビンガム、エリザベス・ワイニオ、マリオン・ブリトン、サンドラ・ブラッドショー、そして（四回電話をかけたとされる）トム・バーネットの六人が電話をかけたとされるほか、乗客のエドワード・フェルトと、客室乗務員のシーシー・ライルズも九三便から携帯電話をかけたという報道が多数ある。乗客のフェルトに関しては、ピッツバーグの新聞に代表的な内容の記事がある。

エドワード・フェルトは機内後部のトイレの近くに押しやられた乗客グループの一人だったのだろうと捜査当局は確信している。フェルトはその場所から午前九時五八分に九一一番（※緊急通報番号）に電話をかけ、ウエストモアランド郡のオペレーターに通報した。「飛行機がハイジャックされた。飛行機がハイジャックされた」とフェルトがジョン・ショーに言った。（中略）ショーはエドワード・フェルトと一分一〇秒間話す中で、彼がトイレに鍵を掛けてこもり、電話をかけていることを知った。(原注24)

客室乗務員シーシー・ライルズについてはピッツバーグの別の新聞が、「九三便が墜落する直前、シーシーは自宅（の夫）に二回携帯から電話をかけ、ハイジャックされたことと、夫と息子たちを愛していることを伝えた(原注25)」と報道している。

このように、ユナイテッド航空九三便の乗客や乗務員たちが少なくとも一一本の携帯電話をかけ、ナイフを持った男たちに飛行機がハイジャックされたことを伝えている。この一一本に加えて、ユナイテッド航空一七五便からの二通話と、アメリカン航空七七便からの二通話があるので、携帯電話から少なくとも合計一五本の通話があったと広く信じられてきた。

ところが二〇〇六年、これほど世間が信じている話を、ＦＢＩの報告書が覆したのだ。

◆飛行機からの電話に関する二〇〇六年のＦＢＩ報告書

第８章で見たように二〇〇六年のムサウイ裁判で、四機すべてのフライトからの通話記録が証拠として提出された。ＦＢＩ作成のこの報告書は既述のとおり、司法省の訟務長官だったテッド・オルソンの主張を裏付けることができなかった。オルソン訟務長官は、妻バーバラ・オルソンがアメリカン航空七七便から二回電話をかけてきて、ハイジャックのことを伝えたと言うのだが、この報告書によれば、バーバラ・オルソンからの電話で接続に成功した通話は一本もない。バーバラ・オルソンは「九時一八分五八秒」に司法省に電話をかけたものの「未接続通話」に終わったため、接続時間は「〇秒」になっているのだ。つまり二〇〇六年のＦＢＩ報告書によると、バーバラ・オルソンは七七便から電話をかけたが一度もつながらなかった、ということだ（携帯電話も機内電話も同様）[原注26]。

では、客室乗務員のレニー・メイがかけたとされる電話も携帯電話からだったと広く信じられているが、これはどうだろう。ＦＢＩによると、レニー・メイは九時一一分二四秒に両親に電話をかけたがつながらず、もう一度九時一二分一八秒にかけたらつながり、通話は一五八秒間続いた。ただしこの報告書には、それらの電話に携帯が使われたかどうかは示されていない[原注27]。

ＦＢＩ報告書の七七便に関する部分だけを見ると、携帯電話かどうかが示されていない通話は、ＦＢＩが電話の種類を伏せているのだろうと思う人もいるかもしれない。しかし九三便のほうの通話報告を見れば、その推測が間違っていることがわかる。

マクラッチー・ニュースペーパーズのグレッグ・ゴードン記者はムサウイ裁判を取材し、ユナイテッド九三便からの電話に関するＦＢＩの証言を論じてこう書いている。

機内後部でおびえる乗員乗客たちの中の一三人が、三五回の無線電話（※air phone）と二回の

携帯電話を家族や航空会社の通信指令部にかけた、とＦＢＩテロリズム特別合同捜査班は火曜日に証言した。(原注28)

前述のように、少なくともユナイテッド航空九三便からの一一本の電話は携帯からだったと広く信じられているが、実際には携帯電話はわずか二通話のみだったとＦＢＩは言っているわけだ。

どの二通話が携帯からだったのだろう。ムサウイ裁判で提出された証拠は現在ネット上で、双方向のコンピュータプレゼンテーションという形で一般公開されているが、それによれば、この二通話は乗客のエドワード・フェルトと乗務員のシーシー・ライルズからの電話である。ライルズの九時五八分の電話は「携帯電話」と明記されている。フェルトがかけた電話の図解を見ると、この通話時刻も九時五八分で、「トイレからの通話」になっているということは、携帯電話を使ったと考えて間違いないだろう。もっとも、インターネット上のアクセスが難しいほうの図解にはこう記してある。「午前九時五八分、乗客、エドワード・フェルト、携帯電話使用、(七三二)二四一―ｘｘｘｘ、通話相手はペンシルベニア州ウエストモアランド郡緊急通報担当オペレーター、ジョン・ショー」(原注29)。

このＦＢＩの報告書を、グレッグ・ゴードン記者が書いたムサウイ裁判でのＦＢＩ証言の要約と併せて読むと、ＦＢＩ報告書に携帯電話と明示していない通話はすべて、機内電話を意味していることがわかる。ＦＢＩ報告書全体を調べると、ハイジャックされた飛行機四機からの電話すべての中で、携帯電話が使われたのはシーシー・ライルズとエドワード・フェルトの九時五八分の電話しかない。つまり、ユナイテッド航空一七五便とアメリカン航空七七便からの携帯電話はなかったということだ。

ユナイテッド航空九三便からの九時五八分の二通話のみが携帯電話だったということによって、ＦＢＩは別の問題を避けた。第８章で少し触れたが、高高度を飛行中の旅客機から携帯電話はかからないのではないか、とくに、会話ができるほど長く接続状態が続かないのではないか、という懐疑論があるからだ。ＦＢＩは裁判所に証拠を提出しなければならなかったが、これで問題を回避できた。なぜなら、ライルズとフェルトが電話をかけた九時五八分には、公式報告によると飛行機の高度が約五〇〇〇フィートまで下がっていたからだ。

しかしムサウイ裁判に提出されたＦＢＩ報告は、飛行高度の問題を回避できた一方で、新しい問題を生んだ。当局とマスコミが事件当初から報告してきた９・11事件の中心的なエピソードの一つが、ハイジャック機からの携帯電話によってハイジャック犯の存在が伝えられたということであったのに、それが事実ではないことが示されたのだ。

ユナイテッド航空一七五便に関して言えば、ピーター・ハンソンからかかってきたとされる電話は携帯からだったと彼の家族は理解しているが、そうではなかった。ワシントンポストのデヴィッド・マラニス記者などが報道したブライアン・スウィーニーからの携帯電話も、ＦＢＩによれば違っていたことになる。

七七便については、レニー・メイが両親にかけたとされる電話も、家族は携帯からだったと理解しているが、ＦＢＩの報告書はそうではないことを示している。テッド・オルソンは、第８章で見たように妻が携帯電話を使ったという初期の主張を、あとになって機内電話からのコレクトコールに変えたが、アメリカのマスコミは彼女が携帯電話を使ったと言い続けた。しかしＦＢＩの報告書によれば、彼女は携帯電話で通話はできなかった。それどころか、携帯でも機内電話でも、夫とは電話がつながらなかったのだ。

だが、ＦＢＩの報告書が最大の影響を与えるのは、ユナイテッド航空九三便について広く信じられているストーリーである。ムサウイ裁判の記事を取材したグレッグ・ゴードン記者は次のようにも書いている。「九三便の機上の奮闘は、アメリカの最も暗い一日の中の最も輝かしい瞬間であり、少なくとも四本の映画の題材になっている(原注30)」。これらの映画では、報道されている携帯電話のエピソードが中心的な役割を果たしている。それなのに、これらの映画すべてが、虚偽の情報を土台にしていることをＦＢＩの報告書は示唆しているのだ。

つまりＦＢＩは、二〇〇六年に発表した電話に関する報告書によって、マスコミが報道してきた無数の記事が間違っていたことを暗に示した。乗客のジェレミー・グリック、マーク・ビンガム、オナー・エリザベス・ワイニオ、マリオン・ブリトン、トム・バーネット、そして客室乗務員のサンディ・ブラッドショーは全員、機上から携帯電話をかけたと何度も繰り返し報道されてきたというのに、ＦＢＩ報告書は誰もかけていないことを暗に示したのである。少なくともワイニオとブリトンの二人については、電話を受けた人たちが、携帯からかけてきたと明言しているにもかかわらずだ。トム・バーネットにいたっては、多くのマスコミで取り上げられた。

この三人のケースで最も深刻なのがバーネットの場合である。既述のとおり、妻のディーナ・バーネットは、電話は夫の携帯からだった、発信者番号が夫の携帯の番号だったからと繰り返し述べてきた。事件から何年もたってＦＢＩが、彼女の主張が間違っていることを必然的に示す報告書を出したというこの事実を、私たちは一体どう解釈すればいいのか。ＦＢＩによると嘘である話を、長年、繰り返し報道してきたマスコミは、この事実に一体どう対応するのか。

ＦＢＩの報告書はまた、『9・11委員会報告書』も必然的に間違っていることを示している。すでに一部引用したが、ユナイテッド航空九三便について委員会は次のように書いている。

（九時三二分を過ぎると）すぐ、乗客と乗務員たちはＧＴＥ機内電話と携帯電話を使って一連の電話をかけ始めた。（中略）少なくとも一〇人の乗客と二人の乗務員が、家族や友人、同僚など地上にいる人々と重要な情報を交換し合った。誰もが、飛行機がハイジャックされたことを理解した。ハイジャック犯はナイフを振りかざし、爆弾を持っていると主張していた。犯人たちは赤いバンダナをつけていて、乗客は機内後方に集められた。乗客が一人刺され、客室内の床には二人が怪我をしたか死亡して倒れているが、おそらく機長と副操縦士だろう、と電話をかけた人たちが報告した。（中略）乗客からの電話のうち少なくとも五本の通話の中で、その朝世界貿易センターで起きた攻撃についての情報が共有された。乗客と生き残った乗務員がハイジャック犯に逆襲するつもりであることが五本の通話の中で明かされた。そのうちの一本の電話によると、飛行機を奪い返すためにテロリストを襲撃することの是非について、彼らの間で多数決をとったという。（中略）電話をかけた乗客の一人が残した最後のメッセージはこうだった。「みんながファーストクラスに走っていくわ。私も行かなくちゃ。バイバイ」。(原注31)

9・11委員会が要約した機内情報の多くが、すでに見てきたように携帯からかけられたとされる電話に基づいている。委員会自体も、これらの通話のうちのいくつかは携帯からだったと書いている。

これらの携帯電話からとされる報告が、公式説明を裏付ける証拠として、異説を論破するために、広く使われてきた。例えばあるジャーナリストは、「九三便は、乗客がハイジャック犯と戦って墜落したのではなく、アメリカのミサイルに撃ち落とされた」という異なる見方を紹介したあと、「しかし携帯電話の会話から、あの飛行機に乗っていた乗客たちがハイジャック犯に立ち向かう計画だったことを私たちは知っている」と述べている。（原注32）

しかし二〇〇六年、これまで断定的に言われてきた携帯電話の会話が、実は存在しなかったことがFBIによって明らかにされたのだ。

◆FBIへのいくつかの疑問

ムサウイ裁判のために提出された旅客機からの通話記録に関するFBIの報告書は、以上のようにバーバラ・オルソンやトム・バーネット、その他の人々からの電話について新たな諸問題を引き起こした。それだけでなく、FBIそのものに対する疑問も持ち上がった。

第8章で見たとおり、二〇〇六年のムサウイ裁判で提出された通話記録の報告書は、もともと二〇〇一年九月二〇日にはすでに完成していたようである。もしそうならFBIは、（シーシー・ライズとエドワード・フェルトを除き）トム・バーネットなどの人たちが携帯電話をかけたと信じられている状況に対し、この報告書が相反する証拠になることを当初から知っていながら、マスコミが九三便で起きた出来事の虚像を描き続けるのを何年も放置していたことになる。ＦＢＩはプレスリリースを出すだけで軌道修正できたのに、(原注33) なぜそうしなかったのか、理由を質す必要がある。

また、第8章で検証したアメリカン航空の回答と考え合わせると、バーバラ・オルソンに関するＦＢＩの記述には問題がある。ＦＢＩの報告書によれば、テッド・オルソンの主張とは逆に、バーバラ・オルソンは七七便から一度も通話ができなかった。九時一八分五八秒にかけた司法省への電話は「不接続」だった。そこで、このつながらなかった電話には、どんなタイプの電話が使われたのかという疑問が生じる。ＦＢＩのユナイテッド航空九三便に関する報告を見れば、携帯電話と特筆していない限り、機内電話からかけられたと理解すべきであることがわかる。バーバラ・オルソンの不接続電話には携帯電話と特筆していない。ということは、機内電話が使われたということだ。しかし、第8章で見たとおり、アメリカン航空の担当者が二〇〇六年に回答した文書によれば、アメリカン航空七七便の座席には機内電話は設置されていなかったのだ。

◆結論

一般の人々は、マスコミ報道や映画や『9・11委員会報告書』によって、一七五便、七七便、そして九三便の三機の乗客たちが、愛する人に携帯電話をかけ、飛行機がハイジャックされたことを伝えたと信じ込まされてきた。電話を受けたとされる人々の少なくとも何人かは、携帯からの電話だったと信じるに足る理由を挙げている。携帯からかけていると本人が言ったか、あるいは発信者番号通知が携帯番号を表示していたからだ。しかし、二〇〇六年にムサウイ裁判で提出されたＦＢＩの報告書によると、携帯電話を使って家族に電話をかけた乗客はどのフライトにもいない（※唯一、携帯電話を使った乗客のエドワード・フェルトは、緊急通報にかけただけで、家族にはかけていない）。なぜこのような矛盾が存在するのか、議会とマスコミは答えを見出す必要がある。

また、議会とマスコミはFBIにいくつかの疑問を問いたださなければならない。なぜFBIは、携帯電話でのやりとりを報道し続けるマスコミを放置したのか。なぜ、法廷に証拠を提出せざるを得なくなった二〇〇六年まで、すべての関連問題機からの電話を合計しても、携帯からの通話は二本しかなかったことを公にしなかったのか。なぜそのとき、プレスリリースを出して世間の誤解を正そうとしなかったのか。そして、バーバラ・オルソンが七七便から電話をかけようとしたと結論づけた根拠は何だったのか。

しかし最も重要な問題は、ほかならぬこの携帯電話で伝えられたとされる情報が中心的な役割を担い、アルカイダの実行部隊によって飛行機がハイジャックされたという筋書きが確立されたという事実である。事件から五年後にFBIが、あれは作り話だったと人知れず宣言するようなストーリーが、なぜ全国に垂れ流されたのか、議会とマスコミは原因を究明する必要がある。

第18章

ビン・ラディンを首謀者とする確証はあるのか

公式説明では、９・11攻撃の究極の責任者はオサマ・ビン・ラディンである、と主張することが何よりも重要な核になっている。政府高官やマスコミは、あたかも確たる証拠があるかのようにビン・ラディンの責任を語り続けている。言い換えれば暗に、その証拠が存在すると主張しているのだ。だが、そのような証拠は未だかつて提示されたことがない。それればかりか、ＦＢＩの報道官もが、ＦＢＩは証拠を握っているだろうという推測と矛盾する発言をしているのだ。

◆９・11委員会の見解

『９・11委員会報告書』は全編、オサマ・ビン・ラディンが９・11攻撃の首謀者であるという考えを大前提にして構成されている。第二章は「宣戦布告」というタイトルで始まり、攻撃の歴史的背景を解説している。一九九八年のファトワー（※fatwa イスラム法に基づく宣告）で、オサマ・ビン・ラディンがイスラム教徒の責務として「地球上のいかなる場所でも、いかなるアメリカ人をも殺害するよう命じた」ことを論じている。(原注1) 第五章ではハリド・シェイク・モハメド（報道では通常、ＫＳＭと表記される）のことを「9・11攻撃の主たる計画立案者[原注2]」と表現したあと、KSMの供述に基づく主張とされるものを多数注記に紹介し[原注3]、ビン・ラディンがこの攻撃を承認したのだとKSM本人が発言したと書いている。

> KSMはトラボラでビン・ラディンとの会合を手配し、このアルカイダのリーダーにテロ作戦のメニューを提案した。（中略）米国のビルに飛行機を激突させるために、パイロットの訓練を含めた作戦を提案したのもKSMだった。この作戦がやがて9・11作戦になる。（中略）ビン・ラディンは（中略）最終的に一九九八年後期か一九九九年初め、9・11作戦のゴーサインを出すことに決めた。（中略）アメリカの政策に影響を与えるには国の経済を標的にするのが最も効果的だとKSMは説いた。（中略）KSMは米国経済の首都をニューヨークと考えていたので、それが第一の攻撃目標になった。（中略）ビン・ラディンは一九九九年の三月か四月にKSMをカンダハル（※アフガニスタンの都市）に呼び、アルカイダはKSMの提案を支援すると告げた。（中略）ビン・ラディンはホワイトハウスとペンタゴンの破壊を希望し、KSMは世界貿易センターの攻撃を望んだ。（中略）まもなくビン・ラディンは自爆攻撃作戦要員を四人選んだ。（中略）（そのうち二人は）すでに合衆国のビザを取得していた。（中略）KSMはまだ彼らに会っていなかった。ビン・ラディンから受けた唯一の指示は、その二人に米国でパイロットの訓練を受けさせるということだけだった。（中略）グループのリーダーとしてビン・ラディンに選ばれた（モハメド・）アタは、数回ビン・ラディンに会って追加の指示を受けたが、その中には承認された

攻撃目標リストの草案もあった。(※ターゲットは)世界貿易センターと、ペンタゴンと、連邦議会議事堂だった。(中略)ビン・ラディンと(モハメド・)アテフ(※アルカイダの最高幹部とされる)がこの作戦の主たる責任者である(中略)ことは明らかである。(原注4)

ビン・ラディンがあの攻撃を承認し、一部は自ら計画もしたということを、9・11委員会は疑いの余地がないかのように書いている。この断定的な姿勢は、ブッシュ政権から提供された証拠の確さが反映されたのだろうか。

◆ブッシュ政権は確たる証拠を提示したか

二〇〇一年九月二三日、国務長官のコリン・パウエルがNBCの番組ミート・ザ・プレスに出演した。以下は司会者のティム・ラサートと交わされたやりとりである。

ラサート　あなたはあの攻撃が絶対にオサマ・ビン・ラディンの仕業であると確信しているのですか?

パウエル　あの攻撃が、ビン・ラディン率いるアルカイダ・ネットワークの責任であるのは間違いないと確信しています。(中略)だから我々が実施する作戦の第一段階は、アルカイダとオサマ・ビン・ラディンを追跡することです。(中略)

ラサート　みんなを安心させるために、ビン・ラディンとその組織があの攻撃に関与していたことを示す政府白書を発表していただけますか？
パウエル　我々は諜報部や捜査当局の情報など、あらゆる情報を必死に集めているところです。近い将来（※in the near future）、ビン・ラディンをあの攻撃に結びつける証拠を明確に説明した文書を発表できると思います。(原注5)

翌日のニューヨークタイムズは、パウエルの発言に言及してこう書いた。

ブッシュ政権は、オサマ・ビン・ラディンとアルカイダ・ネットワークが米国へのテロ攻撃に関与していたことを示す証拠を公表する予定である。軍事的対応が正当であることを示して、世界、とくにイスラム諸国の理解を得ることが狙いだ。(原注6)

ところが同じ日の朝（九月二四日）、パウエルとブッシュ大統領は一緒にホワイトハウスのローズガーデンに現われ、約束を撤回した。以下がその記者会見での質疑応答だ。

質問　大統領、昨日パウエル国務長官が言われた報告書をいつ発表されますか？　ビン・ラディンやアルカイダなどの関与を示す証拠をまとめた文書ですが。
大統領　国務長官は、その文書について話せたらうれしいと言ったんです。最初に私から言っておきたいんだが、先週の木曜日に私は国民に向けて演説をし、その中で非常に長い時間を割いて、我々がまず対処するべき最初のテロリスト組織はアルカイダであるという話をしました。その理由は、多くの機密情報が、一人の人物と一つのグローバルなテロ組織の関与を指し示しているからです。しかし法的裏付けを求めている諸君のために、我々はすでにオサマ・ビン・ラディンを起訴しました。彼はテロ活動の容疑で起訴されている。（中略）国務長官、この件に関してコメントがあるならどうぞ。

パウエル国務長官　彼は我が国の大使館を爆破したかどで、すでに起訴されていることを指摘しておきます。我々が情報を収集し、世界中の我が国の友好国や同盟国と話し合い、もっと協力を得れば、彼の活動やネットワークの活動に関する情報がもっと集まってくるでしょう。そのほとんどが機密情報だが、よく調べれば情報公開できる部分が見つかるはずです。そういう情報は皆さんと共有できるので、そうします。我々はそのつもりです。しかし大部分は機密扱いになっています。だが、この人物が率いるこのネットワークに（中略）責任があることは、疑問の余地がありません。慎重に扱わなくてもいい、あるいは機密扱いにしなくてもいい情報は提供が可能なので、我々は最善の努力をしようと、私はそう考えています。（原注7）

というわけで、パウエルはブッシュのリードに従って、ビン・ラディンの責任を示す多数の情報はあるものの、そういう証拠はどれも目下は機密情報であるため、将来的には機密を解かれた証拠を提供するよう努力する、と語った。また、パウエルは前日の日曜日にはラサートに、9・11攻撃の責任がビン・ラディンにあるのは「間違いないと確信している」と語ったが、月曜日になるとブッシュとパウエルは、オサマ・ビン・ラディンが「テロ活動」の容疑ですでに起訴されており（ブッシュ発言）、とくに「我が国の大使館を爆破した」ことで起訴されている（パウエル発言）ことを強調した。

同じ日の午後、ホワイトハウス報道官アリ・フライシャーの記者会見で、次のようなやりとりがあった。

質問　アリ、昨日パウエル国務長官はビン・ラディンに関して、機密扱いではない情報を報告書にして出すつもりだと極めて明確に言いました。しかし今日は大統領に発言を撤回され、長官も（中略）報告書を出すことについては後退したようですが（中略）。

フライシャー報道官　いや、そうではなく、ただ、国務長官が日曜日の番組で実際に使った言葉が誤解されたのだと思います。長官は一定の期間内に――彼は「まもなく（soon）」と言ったと思うが、何らかの文書が見せられるようになるだろうと言ったのです。今日、国務長官が言っていたように、（中略）「提供が可能なので、機密扱いでなければ」ということで（中略）。

質問　昨日はもっとはっきり断言していましたが（中略）。

報道官　彼は「まもなく」と言ったと思う。私は今日、国務省の聡明な高官に言われたのだが、あれは国務省流のまもなく・・・・・・・・ということです。したがって、大統領と国務長官が言ったことは完全に首尾一貫しています（中略）。

質問　国民は「まもなく」と言われたから、まもなくだと思いましたが（中略）。

報道官　（中略）我が国が攻撃されたあとすぐ、即刻取った行動は捜査の開始でした。（中略）関連情報は漏らさず集められています。その情報の一部は（中略）機密事項に分類され、然るべく扱われます。時とともに扱いが変わって、いつとはわからないが、ある種の文書は機密が解除されるでしょう。それが歴史のパターンであり、国務長官もそういうことを言っていたのだと思います（中略）。

質問　（中略）我々は国務省の白書について話しているんですよね？

報道官　誰か白書と言ったのかな、気がつかなかった。昨日、国務長官は白書については一言も言っていないでしょう。

質問　これは同盟国、とくにアラブやイスラムの同盟諸国がぜひとも証拠を見たがっているという象徴ではないんですか、（中略）我々が証拠をつかんでいることを確認したいという。

報道官　（中略）情報を集め、すべての道がアルカイダに通じているのを知っているのは合衆国だけではありません。他国も似たような情報収集の手段を持っています。

質問　しかしアリ、これらの行為の背後にビン・ラディンがいるというとき、（中略）常に「それは機密情報だ。我々を信じろ」という答えしかない、（中略）全般的にそういうことのように見えます。政府が行動を決める根拠とする情報が、すべて機密情報に分類されるというのは、本当に民主主義に資することでしょうか？

報道官　アメリカ国民はわかってくれると思います。国家が平時から戦時に移行するときは、政府が一定の情報を秘密にする必要がある。国民はそれを理解してくれるでしょう（中略）。

質問　わかりました、（中略）情報を公開しないというんですね。しかし、ビン・ラディンに対する問題を一般市民が、アメリカ人だけでなく、世界中の人々が理解できるように、証拠を一般公開する予定はありませんか。

報道官　パウエル国務長官が言ったとおり、それができる希望はあり、時がたてば時宜を得てそうする希望はあると思います。（中略）しかし、すぐにはそういう情報が出てこないこともあり、アメリカ国民はそれも理解してくれると思います。(原注8)

数日後、ニューヨーカー誌に掲載されたセイモア・ハーシュの記事には、彼が取材した政府高官によると、「先週、あの攻撃とオサマ・ビン・ラディンの組織との関係を示す証拠をリストにして白書を出すと約束したのに、ブッシュ政権が出さないと決めた背景にある重要な要素」は、単に「確実な情報がない」だけだと書いている。ハーシュ記者は「司法省高官」の言葉を次のように引用している。

司法省高官は、みんなが期待した（パウエルの）白書は、確かな事実が欠けているため発表することができなかったと語った。「売り込むのに十分な材料がなかった(原注9)」。

そのあとハーシュは、ＣＩＡ高官の言葉を引用している。

政府は、ほとんどの情報が機密扱いであるためまだ発表できない、とマスコミ発表することによって、（※情報公開の）延期を正当化した。しかし先週、ＣＩＡのある幹部が認めたところによると、テロリストの作戦行動や資金の出処、計画立案に関する確たる情報を、情報部門はまだ持っていないとのことである。「いつかわかるだろうが、現時点ではわからない」と幹部は語った。（原注10）

前述のように、九月二四日のアリ・フライシャーの記者会見では、「同盟国、とくにアラブやイスラムの同盟諸国」が、「我々が証拠をつかんでいることを確認したい」から、証拠を見たがっているのではないか、と記者が質問した。その三日前の九月二一日にはＣＮＮの報道がこの問題を扱い、アメリカは「ビン・ラディンに（9・11攻撃の）最重要容疑者のレッテルを貼った」と報告してこう続けた。

ブッシュ大統領は木曜日の夜、タリバンに対して、ビン・ラディンのアルカイダ組織のリーダーたちを全員引き渡すことと、（※アフガニスタン）国内のアルカイダ基地を閉鎖することを要求しました。タリバン側は、米国で先週起きた攻撃にビン・ラディンが関与しているという証明あるいは証拠なしに、ビン・ラディンを引き渡すことはできないとアメリカの要求を拒否しました。（中略）タリバンのパキスタン駐在大使、アブドゥル・サラム・ザイーフは金曜日、証拠なしにビン・ラディンを強制移送することは、「イスラムに対する侮辱」を意味すると語りました。（原注11）

このCNNの番組はそのあと、政府が持っていると主張している証拠は、9・11事件におけるビン・ラディンの責任を証明するものではないと報道した。

米国政府当局は、他の襲撃事件で収集したアルカイダに結びつく情報が、必要な証拠になると言っています。「オサマ・ビン・ラディンはすでに起訴されている」とフライシャー報道官は述べ、「タンザニア、ケニアといった東アフリカでの爆破事件で起訴されているほか、米艦コール爆破事件へのアルカイダ組織とオサマ・ビン・ラディンの関与を示すものもある。大統領は昨夜、自らの諸条件を明確にし、議論も交渉もしないと言った」と語っています。(原注12)

つまりブッシュは、「議論しない」と言うことによって、9・11事件の責任がビン・ラディンにあることを示す証拠の提示を排除したわけである。いずれにせよCNNは、タリバン側の立場を次のように紹介して締めくくった。

ビン・ラディン自身はすでにこの攻撃との関わりを否定しており、タリバン幹部も、この攻撃にビン・ラディンが関与するのは不可能だったはずだと繰り返し述べています。（中略）タリバンは、金曜日の（※ブッシュの）記者会見はこの件に関する最後通告であり、ブッシュ大統領の最後通告はイスラム教徒にとって大きな脅威だ、とCNNに語りました。「世界中のイスラム教徒が怒っている。イスラム圏全体を危険に陥れかねない」とザイーフ（※パキスタン駐在大使）は述べています。「我々は証拠さえ見せてもらえば協力する用意がある。もしアメリカ政府機関がビン・ラディンに責任を負わせることに傾注しているのなら、真犯人を捕まえることはできないだろう（原注13）」。

証拠の問題は五週間後に再び持ち上がり、ＡＰ通信のキャシー・ギャノンが次のような記事を書いた。

米国主導の空爆作戦開始から四週間がたち、あるタリバン高官は、紛争を終わらせるために喜んで交渉に応じると語った。ただし、オサマ・ビン・ラディンが９・11攻撃に関わったことを示す証拠を要求した。（中略）「我々は戦いを望まない」とムタキはＡＰ通信に語った。「我々は交渉する。しかし話し合うにあたっては、我々を主権国家として扱うことを求める。我々はアメリカの命令を受ける属州ではない。我々はオサマの関与を示す証拠（※の提示）を求めてきたが、彼らは拒否した。なぜだ」。国務省の報道官リチャード・バウチャーは、タリバンはすでに十分な証拠を持っていると語った。「オサマ・ビン・ラディンが９・11爆撃の責任者であることを知るには、テレビを見るだけでいい。責任があるのは疑問の余地がない（原注14）」。

つまり、二〇〇一年一一月初旬になってもまだ、ブッシュ政権は確たる証拠を提示しておらず、その必要はないと主張していたのだ。

◆ブレア政権はビン・ラディンの責任を示す確証を公開したか

証拠を公開するという仕事は英国政府に引き継がれた。二〇〇一年一〇月四日、トニー・ブレア首相は「米国におけるテロリストの残虐行為の責任」と題する文書を発表した。「政府によって導き出された明らかな結論」を列挙し、「オサマ・ビン・ラディンと、彼が率いるテロリスト・ネットワークであるアルカイダが、二〇〇一年九月一一日の残虐行為を計画し実行した」と書いてある。(原注15)ところがこの文書は、次のような一文で始まるのだ。「この資料は、オサマ・ビン・ラディンを法廷で訴追し得る理由を提供するものではない」。つまりこの文書は、確たる証拠をいっさい提供しない、と冒頭で断わり書きを入れているわけである。

それでも、もちろん確証は存在するのだとほのめかしている。序文には「情報源を引き続き完全に守る必要があるため、この資料には、英国政府が知り得た情報のすべてが含まれているわけではない」と書いてある。次いで、さまざまな状況証拠を示してからこう続けている。「ビン・ラディンとその関係者の罪状を示す非常に明確な証拠があるが、国家機密に関わる内容であるため公表はできない」。(原注16)だが、ブレア政権作成のこの資料自体は、「オサマ・ビン・ラディンを法廷で訴追し得る」に足る証拠を何も提供しなかった。

翌日ＢＢＣがその証拠の弱さを指摘し、「捜査と証拠」と題するレポートでこう報告した。

公開された証拠には、オサマ・ビン・ラディンと九月一一日の攻撃を結びつける直接証拠は何一つない。最も有力なものでも状況証拠です。（中略）この証拠は、法廷で審理されているわけでもない。これは、世界中の政府を説得してアメリカ主導の対テロ戦争を支援させることが最大の目的であり、次の目的は世論も味方につけること。必要なのはそれだけです。（原注17）

戦争に行くには十分な証拠かもしれないが、法廷に行くには十分ではない、とBBCは言いたいようだ。

いずれにせよブレア政権も、ブッシュ政権と同様、ビン・ラディンの9・11攻撃の責任を示す確たる証拠を提示しなかった。

◆FBI「確たる証拠はない」

FBIのホームページには「最重要指名手配テロリスト」と題するサイトがある。その中のオサマ・ビン・ラディンのページのトップに、「米国外での米国人殺害。米国外での米国人殺害の共謀。死者を出した連邦政府施設への攻撃」と容疑が書いてあり、説明はこうなっている。

オサマ・ビン・ラディンは、一九九八年八月七日に起きたタンザニアのダルエスサラームおよびケニアのナイロビにある米国大使館爆破事件への関与で指名手配されている。これらの攻撃によって二〇〇名以上が殺害された。その他、世界各地でのテロ攻撃の容疑者でもある。（原注18）

「FBI最重要指名手配逃亡犯一〇名」というサイトにも「オサマ・ビン・ラディン」のページがある。[原注19]いずれのページにも9・11攻撃のことには一言も触れていない。

二〇〇六年六月五日に「マックレイカー・レポート」（※インターネットサイト）の編集者、エド・ハースがこのことを不思議に思い、FBI本部に連絡して理由を尋ねた。当時のFBI主席調査報道官レックス・トゥームは、「オサマ・ビン・ラディンの指名手配のページに9・11事件が掲載されていない理由は、オサマ・ビン・ラディンと9・11を結びつける確たる証拠をFBIが何も持っていないからです」と答えたという。詳しい説明を請われて、トゥームは以下のように述べた。

ビン・ラディンは9・11との関連では正式起訴はされていません。（中略）FBIは証拠を集め、証拠が集まったら司法省に提出します。司法省はその証拠が連邦大陪審に送致するに足るものであるかどうかを決めます。一九九八年の米国大使館爆破事件では、ビン・ラディンは大陪審によって正式起訴され、起訴内容が確定しました。9・11事件に関しては正式な起訴と起訴内容の確定を受けていません。なぜならFBIは、ビン・ラディンと9・11を結びつける確たる証拠をつかんでいないからです。[原注20]

トゥームFBI報道官の発言によれば、二〇〇一年九月二四日にコリン・パウエルやアリ・フライシャーが示唆したように、FBIは東アフリカ（タンザニアとケニア）の大使館爆破に関してはビン・ラディンの責任を立証する確証をつかんでいるが、9・11攻撃に関しては持っていないということだ。この発言の翌日、二〇〇六年六月六日、マックレイカー・レポートのサイトにトゥームの言葉が紹介された。(原注21)

次の日、トゥームの「確たる証拠がない」という発言が、INN（国際ニュースネットワーク）のニュース番組「ワールドレポート」でも引用された。編集者のクレア・ブラウンがFBIのトゥームに電話をして、その引用が正確であることをすでに確認していた。(原注22)

同じ二〇〇六年の八月二〇日、エド・ハースは続報記事を掲載し、なぜ政府は「オサマ・ビン・ラディンを起訴するのに必要な証拠をまだ司法機関に提出していないのか」と疑問を投げかけた。

実際には有罪判決を得るための証拠よりも、大陪審の起訴状を取るための証拠のほうが、敷居ははるかに低いのだ。それでもなお、米国政府はまだオサマ・ビン・ラディンの起訴状も取れず、（中略）その理由も、公文書ではいまだに曖昧模糊としてよくわからない。(原注23)

ハースはその記事の中で、「なぜオサマ・ビン・ラディンがまだ起訴されていないのか（中略）司法省広報課に（中略）何度も説明を求めた」と報告し、二〇〇六年六月一四日には広報課職員のスタッフ・アシスタント、アーサー・シュウォーツに次のような質問をいくつかしたと書いている。

司法省は現在も、二〇〇一年九月一一日の事件への関与の容疑で、オサマ・ビン・ラディンの起訴を連邦大陪審に求めているのか。

司法省はオサマ・ビン・ラディンと9・11事件を結びつける確たる証拠を持っているのか。(原注24)

それから数週間にわたって、ハースはシュウォーツにメールや電話を数回したという。しかしシュウォーツはこの質問を「ほかの職員」に回したと言うばかりで、「ほかの職員」が誰であるのか、その連絡先を教えることを拒否した。(原注25)

二〇〇六年八月一五日、シュウォーツからは回答が得られないと確信したハースは、司法省広報課の別の職員、マット・レバロンに連絡を取った。今回は一つしか質問をしなかった。「なぜオサマ・ビン・ラディンは、9・11事件を画策した容疑で連邦大陪審から起訴されていないのか」。これにも返事は一度も来なかった。(原注26)

しかしハースの二本の記事はインターネット上で論争を巻き起こし、そのせいか大手マスコミでもこの問題が取り上げられた。二〇〇六年八月二八日、ワシントンポストのダン・エゲンが「ビン・ラディン、大使館爆破で最重要指名手配?」と題して、冒頭にこう書いている。

アルカイダの指導者オサマ・ビン・ラディンは、FBIの「最重要指名手配犯一〇名」のリストに長年にわたって掲載されている名うてのメンバーだ。このリストには、一九九八年八月七日の東アフリカの米国大使館爆破事件の容疑者と書いてある。だが、それよりもっと忌まわしい二〇〇一年九月一一日という日付は、同じFBI告知の中にはどこにも見当たらない。この奇妙な省略は、アルカイダの最も成功した最悪のテロ攻撃をビン・ラディンが許可したことに対し、司法省はこれまでのところ、正式な刑事訴追をしないと決定していることを明確に表わしている。[原注27]

エゲンの記事は新聞の論説的なコラムではなく、報道のページに掲載されていたのだが、ＦＢＩの「オサマ・ビン・ラディン」のウェブページに９・11事件が記載されていないのは取るに足りないことだと、読者を安心させる役を買って出ている。

> （※９・11事件の）記載がないことは、（中略）９・11ハイジャック事件の背後に米国政府か他の権力が関わっていると考える陰謀論者に恰好の餌を与えた。彼らの見方では、９・11事件への言及がないことは即ち、（事件と）アルカイダの関与は確定していないことを意味する。もちろん、政府と独立機関の徹底的な調査は逆の結論を出している。（中略）ＦＢＩ職員によると指名手配のポスターは単に、実際に刑事訴追されている案件を告知するという政府の長年の慣例を反映しているにすぎないという。[原注28]

ハースが八月二〇日付記事で問いただしたのは、なぜ政府はビン・ラディンに対し、現実には９・11事件での「刑事訴追」を求めていないのかという疑問だ。エゲン記者はこの問題についてレックス・トゥームの言葉を引用している。

「謎はどこにもない」とFBIのレックス・トゥーム報道官は言う。「ここに9・11をつけ加えてもかまわないが、現時点ではその必要がないので入れていない。（中略）理由」[原注29]。

この答えを信用できるか（さらに言えば理解できるか）という問題はさておき、この発言はトゥーム報道官がハースに示した回答とは根本的に異なる。ハースに対しては、「（オサマ・ビン・ラディンは）9・11事件に関しては正式な起訴と起訴内容の確定を受けていません。なぜならFBIは、ビン・ラディンと9・11を結びつける確たる証拠をつかんでいないからです」[原注30]と答えている。まるで違う答えだ。それなのにエゲン記者は、この回答を追及するどころか、無視しているのだ。

エゲンはまた、FBIのビン・ラディンのページに9・11への言及がないことを正当化しようとして、元ニューヨーク市連邦検事局事務所の検事、デヴィッド・N・ケリーの言葉を引用している。

外部から見ると少し変に見えるかもしれないが、法的見地からは妥当なことだ。（中略）もし私が政府の人間で、正式な告発がされていない人物を指名手配写真に入れるように言われたら困惑するだろう。その人物が誰であろうと関係なく[原注31]。

しかしこれは、ハースが提起した問題をそらしただけだ。ビン・ラディンが9・11事件の容疑で正式起訴されない限り、FBIは9・11のことをビン・ラディンのページに載せない。ハースはそれを承知したうえで、こう質問したのだ。「なぜオサマ・ビン・ラディンは、9・11事件を画策した容疑で連邦大陪審から起訴されていないのか」。マスコミはこの質問をすべきではないと、ワシントンポストは本気で考えているのだろうか。

いずれにせよ、ハースがこれらの問題を報告したおかげで、驚くべき矛盾が明らかになった。9・11事件の責任者はオサマ・ビン・ラディンであることは疑問の余地がないという考えを、政府高官たちは数えきれないほど何度も表明してきたが、その考えは次の三つの事実と矛盾している。

一．ビン・ラディンは9・11事件の関連ではFBIに指名手配されていない。

二．指名手配されていないのは、大陪審によって起訴されていないからである。

三．ビン・ラディンが9・11事件に関して正式な起訴と起訴内容の確定を受けていないのは、FBIが、彼と9・11を結びつける確たる証拠をつかんでいないからである。

◆9・11委員会は確たる証拠を提示したか

FBIの「最重要指名手配逃亡犯一〇名」と「最重要指名手配テロリスト」のホームページで、ビン・ラディンが指名手配されている理由に9・11事件が挙げられていないという事実に対して、9・11委員会はどう説明しているだろう。この事実は二〇〇六年までは広く知られていなかったので、二〇〇四年に『9・11委員会報告書』を発表した9・11委員会も、その事実を知らなかったのだろうと考える人もいるかもしれない。

ところが二〇〇四年二月、「9・11委員会のための遺族運営委員会」が9・11委員会に対して多数の質問を提出し、ブッシュ大統領の回答を求めたのだが、その質問の一つが、「FBIの〝最重要指名手配逃亡犯一〇名〟のポスターにあるオサマ・ビン・ラディンのプロフィールに、9・11攻撃が含まれていないという事実について、コメントして下さい」というものだった。(原注32) 委員会がこの事実について、ブッシュ大統領にコメントを求めたという証拠はない。いずれにせよ委員会は、この事実について言及していない。単に、ビン・ラディンの責任について何の疑義も呈されなかったかのように書いているだけだ。

これほど自信を持って断言できるからには、おそらく委員会自体が、9・11攻撃に対するオサマ・ビン・ラディンの責任を示す確たる証拠を入手できたのだろう。もしそうなら、証拠の中核になっているのは、この章の初めに論じたKSM（ハリド・シェイク・モハメド）の供述ではないだろうか。既述のとおり委員会は「KSMへの尋問(原注33)」を多数引用しながら、ビン・ラディンについて多くのことを学んだと書いている。その中にはこの既述もある。

KSMはビン・ラディンに（中略）作戦メニューを提案した。（中略）この作戦がやがて9・11作戦になる。（中略）ビン・ラディンは（中略）最終的に一九九八年後期か一九九九年初め、9・11作戦のゴーサインを出すことに決めた。（中略）まもなくビン・ラディンは自爆攻撃作戦要員を四人選んだ。（中略）グループのリーダーとしてビン・ラディンに選ばれたアタは、数回ビン・ラディンに会って追加の指示を受けたが、その中には承認された攻撃目標リストの草案もあった。（※ターゲットは）世界貿易センターと、ペンタゴンと、連邦議会議事堂だった。(原注34)

KSMの供述は確たる証拠にならないのだろうか。とうてい無理だ。

二〇〇六年、9・11委員会のトーマス・ケインとリー・ハミルトン正副委員長は、『前代未聞9・11委員会の内幕』（※巻末の凡例参照）という共著を出版した。この内輪話で明らかになったことの一つは、彼らが一番苦労したのが、「勾留されている最重要証人たち、（中略）とりわけ最も有名な攻撃の首謀者ハリド・シェイク・モハメド、そして、ヨーロッパから攻撃をコーディネートするのを助けた（ラムジ・）ビン・アルシブと接触することだった」という。(原注35) 証人たちと接触することがなぜ重要だったのかを著者は次のように書いている。

彼らを含む拘留者たちが唯一、策略の内部情報を得ることができる我々の情報源だった。もし委員会が9・11攻撃に関して権威ある説明を提供することを命じられていたなら、その拝命の当然の結果として我々は、指示すれば、これらの拘留者たちが9・11に関して語るべきことを知る権限を与えられていただろう。(原注36)

ところが委員たちは、拘留者を誰一人尋問することが許されなかったのだ。「せめて拘留者の様子を観察し、どの程度彼らを信用できるか評価できるように」、尋問の様子をマジックミラーから観察することを要請したのだが、それすらも拒否された。最低限この程度の接触がないと、「拘留者の説明の信頼性を評価することなどできない(原注37)」と彼らは信じていたのに、最終的に委員会は、「尋問を行った人々と会うことすらできなかった」という(原注38)。

彼らが拘留者に最も接近できたのは、CIAの「プロジェクトマネージャー」だった。このマネージャーに、拘留者に訊く質問を提出し、彼を通して回答を得ることが許された。しかし、これが意味することは、ケインとハミルトンが指摘しているように、「受け取った情報は、二人の仲介者を経ていた。拘留者から尋問者へ、その尋問調書を書く担当者へ、そしてようやく委員会のスタッフへ。それも、口述筆記ではなく、報告書の形で(原注39)」。その結果、彼らはこう書いている。

我々は（中略）拘留者の供述の信頼性を評価する方法が何もなかった。ハリド・シェイク・モハメドのような人物が（中略）真実を語っているかどうか、果たして知る術があっただろうか(原注40)。

ケインとハミルトンのこの修辞的な問いかけが明らかにしたことは、9・11委員会もまた、ブレア政権や、米国国務省、FBI、司法省といったブッシュ政権全般と同様、9・11攻撃の責任がオサマ・ビン・ラディンにあるという確たる証拠を提供しなかったということである。

◆結論

9・11事件の責任がオサマ・ビン・ラディンにあることは疑問の余地がない、と政府の報道官たちは直接的に、あるいは間接的に、数えきれないほど語ってきた。だが、確たる証拠がないことを、FBIは明白に認め、他の機関は暗に認めている。この容認は、政府の主張と真っ向から対立する。

このような矛盾がなぜ存在するのか、議会とマスコミは問いたださなければならない。同時に、その答えがいかであれ、ビン・ラディンとアルカイダが9・11事件を起こしたことを示す確たる証拠がある、という仮定に立って決定された諸政策を、正当化するに足る証拠が本当にあるのか、議会とマスコミは事実を解明する必要がある。(原注40)

第４部　ペンタゴン攻撃に関する疑問

第19章

ハニ・ハンジュールはペンタゴン攻撃機を操縦し得たか

９・11事件の重要なポイントのひとつは、ペンタゴンに突入したアメリカン航空七七便のボーイング七五七型機が、サウジアラビアの青年、ハニ・ハンジュールによって操縦されていたという、政府とマスコミと９・11委員会の説明である。この公式説明に対し、アメリカン航空七七便がたどった航跡どおりにボーイング七五七を操縦するのは、ハンジュールには不可能だったという反論が多数報道された。その一部は『９・11委員会報告書』にまで反映されている。専門家によると、あの軌道で飛ぶには極めて高度な操縦技術が必要だったはずであるのに、ハンジュールはごく小型の飛行機さえろくに操縦できない、とんでもないパイロットだったという報告ばかりなのだ。

◆七七便の軌跡

９・11委員会はその報告書で次のように説明している。

九時三四分、ドナルド・レーガン・ワシントンナショナル空港が、ホワイトハウス方面に向から正体不明の飛行機についてシークレットサービスに通報した。アメリカン航空七七便はペンタゴンの西南西五マイルに来ると、ペンタゴン方向に三三〇度の急旋回を始めた。旋回を終えたときには二二〇〇フィート降下しており、ペンタゴンやワシントンのダウンタウンに機首を向けていた。ハイジャック機の操縦者はスロットルを全開にしてペンタゴンへと突っ込んでいった。(原注1)

委員会は後段で、このハイジャック機の操縦者をハニ・ハンジュールと特定している。(原注2)

あまり知られていないことだが、最初に発表されたFBIのハイジャック犯リストには、ハンジュールの名前が載っていなかったという興味深い事実がある。九月一四日午前一〇時頃、CNNの「ブレイキングニュース」でジャーナリストのケリ・アリーナが口頭で伝えたところでは、そのリストには「モシア・ケインド」(Mosear Caned)といった発音の名前が入っていた。(原注3)ところが、同じ日の午後二時にCNNが発表したリストでは、その名前がハニ・ハンジュールに入れ替わっていた。(原注4)九月一九日のワシントンポストの記事は、ハンジュールの「名前がアメリカン航空の乗客名簿に載っていない」ことについて説明を試み、「ハンジュールはチケットを持っていなかったのかもしれない」と示唆した。(原注5)では、どうやってハンジュールは搭乗できたのかが問題になった。だが、それらの疑問にはおかまいなしに、ハンジュールはハイジャック犯の一人であるだけでなく、七七便の機首をワシントン方向へ向けてペンタゴンに突入した操縦者だと素早く決定されてしまった。

ハンジュールが操縦したと特定されるより前に、七七便の最後数分の航跡が、高度な技術を要する飛行だったことがすでに報道されていた。例えば九月一二日付のワシントンポストには、マーク・フィッシャーとドン・フィリップがこう書いている。

飛行機が自爆の使命を帯びてホワイトハウスへ向かっているように見えたちょうどそのとき、同機を操縦する人物が極めて急角度の方向転換をした。見ていた人々は操作性の高いジェット戦闘機の飛行を連想した。同機は二七〇度右に旋回し、西からペンタゴンへと向かっていった。（中略）並外れた技術による飛び方だったので、熟練したパイロットが操縦桿を握っていた可能性が非常に高いと航空関係者は語った。(原注6)

翌九月一三日にはジョン・ハンチェットが同紙に記事を書いている。

少なくとも、激突した三機の飛行技術はどれも非常に優れているように見えた。（中略）とりわけペンタゴンに突入した飛行機の操縦者が、突入の直前に行なった低空での二七〇度の急旋回はほぼ空軍並みの正確さで、捜査官たちはその技術に舌を巻いた。(原注7)

この操縦には特殊な熟練が必要だという事実については、その後も報道が続いて説得力を増した。事件の十日後ＣＢＳは、「難しい高速での旋回降下」が「あれほどスムーズに」できたことから、ハイジャック犯たちの「飛行技術」は非常に優秀だったに違いないと述べた。(原注8)一〇月にはＣＢＳのバーバラ・ウォルターズが、9・11事件当日の朝、ダレス国際空港のレーダー室にいた航空管制官のダニエル・オブライエンをインタビューした。オブライエン管制官は「正体不明の飛行機がダラスの南西を非常に高速で移動して」ワシントン上空の保護空域に向かっていくのを見たと語った。

速度といい操作性といい、旋回のやり方といい、レーダー室にいた私たちベテランの航空管制官全員が、軍用機だと思いました。(原注9)

◆ハンジュールの無能力に関する報道

七七便の軌跡はパイロットの並外れた技能を示していたが、ハニ・ハンジュールは優れた操縦者にはほど遠いことを明示する報告が次々と発表された。

九月一九日、キャピタルニューズサービス(※メリーランド大学のジャーナリズム学部が運営する新聞社)のジャスティン・パプロツキが同社のニュースサイト「メリーランドニューズライン」に記事を掲載した。9・11事件以降、メリーランド州の小規模飛行場のオーナーたちが財政赤字に苦しんでいるという報告の中に、その一例として、同州のボウイやミッチェルヴィルに近いフリーウェイ飛行場という小規模飛行場に関する次のような一節がある。

フリーウェイ飛行場では、ハイジャック容疑者ハニ・ハンジュールが飛行機を借りようとしたとき、ハンジュールの技能を判定した。ハンジュールは八月の第二週、教官とともに三回飛行機に乗ったが、操縦があまりにも下手なので飛行機のレンタルを断った、と同飛行場の主任飛行教官マーセル・バーナードが語った。(原注10)

九月二一日にはメリーランド州グリーンベルトの新聞に詳細が載った。

（メリーランド州ミッチェルヴィルのフリーウェイ）飛行場のマネージャーで主任飛行教官のマーセル・バーナードが、先週の自爆攻撃事件を調査中のＦＢＩ捜査官に語ったところによると、（ハンジュールは）この六週間のうちに三回、（セスナ一七二型単発機で）教官と一緒に飛んだ。ハンジュールは最近、一人で飛行機に乗りたいので一機借りたいと問い合わせをしてきたが（中略）、二人の教官がハンジュールの操縦技能をテストした結果、貸し出しを断った。「操縦技能が全般にわたってあまりにも未熟だったので、（教官たちは）それ以上は訓練せずに飛行機の貸し出しを断わった」とバーナードは述べている。(原注11)

その二日後の九月二三日、ニューズデイ紙がこのいきさつを全国に流した。「アメリカの試練　ハイジャック犯たちの足取りを追う」と題された記事にトーマス・フランクがこう書いている。

ワシントンの西二〇マイル（約三二キロ）にあるメリーランド州ボウイのフリーウェイ飛行場に勤める飛行教官シェリ・バクスターは、ＦＢＩが四件のハイジャック事件の容疑者一九人のリストを発表したとき、ハイジャック犯とされるハニ・ハンジュールの名前を目にしてすぐに気がついた。FBIが七七便の操縦者として容疑者リストに挙げているのはハンジュールだけだが、そのハンジュールが、事件の一カ月前に同飛行場に来て、小型飛行機を借りたいと言ったのだ。だが、やさしい声でしゃべるこの痩せた男に、バクスター教官と同僚教官ベン・コナーとで八月第二週に三回テスト飛行をさせた結果、セスナ一七二型単発機の制御と着陸の技能に問題があることがわかった。ハンジュールは連邦政府の操縦士ライセンスと、六〇〇時間の飛行経験を一覧できる飛行日誌を見せたのだが、それでもなお主任教官のマーセル・バーナードは練習を打ち切り、飛行機は貸せないと断った。(原注12)

一〇月一五日、ワシントンポストが「ハンジュールのパラドックス」と題する記事で、この問題を大きく取り上げた。教官たちがハンジュールの「能力を疑問視した」出来事をいくつか挙げ、フリーウェイ飛行場が飛行機の貸し出しを拒否した経緯を説明したほか、この記事にはこうも書いてあった。「どこで、どんなふうにして（ハンジュールが事業用操縦士免許を）取得したのかという疑問が消えないが、連邦航空局はこれについて論じることを拒否している」。(原注13)

翌年にはさらに、ハンジュールの無能ぶりに関する報道が全米に広がった。二〇〇二年五月四日にはニューヨークタイムズにジム・ヤードリーが「無能で知られた訓練生」と題する記事を書いた。

ハニ・ハンジュールについては（中略）、二〇〇一年二月に航空局に報告が上がっていた。フエニックスの飛行訓練学校で彼の操縦技能が非常に劣っていることと、英語の理解力があまりにも不十分であることがわかり、ハンジュールの操縦士免許は本物なのかと教官たちが疑問に思ったのだ。(原注14)

ヤードリー記者の記事の最後にはこの飛行訓練学校の元従業員の言葉が引用してあり、「(ハンジュールが)飛行機でペンタゴンに突入することができたことに驚いた」、「彼は全然操縦できなかった」とある。(原注15)

その一週間後CBSニュースが、「連邦航空局は9・11事件のハイジャック犯について警告を受けていた」という証言を報じた。

> (ジェットテクという)アリゾナの飛行訓練学校のマネージャーたちは(ハンジュールについて)少なくとも五回、連邦航空局に報告した。(中略)ハンジュールの英語力と操縦技能があまりにも劣っていたので(中略)、操縦士のライセンスを持たせておくべきではないと考えたからだ。「あのレベルの技能で事業用のライセンスを一つでも持っていたことが信じられなかった」とマネージャーのペギー・シェヴレットは語った。(原注16)

なお、このジェットテクはニューヨークタイムズの記事にあったのと同じ飛行訓練学校で、パンナム国際フライトアカデミーが所有している。

本章ではハンジュールの操縦技術が不適格だったという報告と、アメリカン航空七七便をペンタゴンに突入させるには高度な技術が必要だったとする報道との間に存在する矛盾に焦点を絞っているが、以上の各種報道は矛盾の存在を暗に示す内容である。だが、9・11事件一周年の日には、ワシントンポストが矛盾を明示した。「七七便のコックピットに至る謎の旅」という見出しで、スティーヴ・ファイナルとアリア・イブラヒムが書いている。「ハンジュールの経歴については、矛盾すると思われるいくつかの事実が一致を見ないまま放置されているため、彼の人物像を明確に説明できる者は一人もいない」として、その最初の実例をこう書いている。

事件のあと（中略）航空技術の専門家たちが出した結論は、急角度の旋回のあと急降下して正確にペンタゴンに突入するというアメリカン航空七七便の最後の操縦は、「教科書どおりの旋回と着地を実際にやってのけた（中略）、優れた才能の持ち主」の仕業ということだった――捜査当局者はそう述べている。（中略）ところが事件の数カ月前、（ハンジュールは飛行機の）操縦テストに合格点を取ることができなかった。教官たちはハンジュールの未熟な技能と乏しい英語力に非常な危険を感じたため、操縦士のライセンスが本物かどうか確認するよう連邦航空局に通報した。（中略）ハンジュールが飛行機の貸し出しを申し込んで断られた（メリーランド州）ボウイにあるフリーウェイ飛行場の飛行教官たちも、九月一一日が来るまで、ハンジュールには操縦能力がないのではないかと疑っていた。（原注17）

これらの報道で明らかなように、ハンジュールが操縦不適格者であるという証言がCBS、ニューズデイ、ニューヨークタイムズ、ワシントンポストという全国ネットのマスコミによって報道され、二〇〇一年から二〇〇二年までの間に全米に知れ渡った。しかもワシントンポストは、ハンジュールは操縦ができないという証言と、ペンタゴンに向かって急降下していったときの七七便には高度な操縦技術が必要だったという情報とでは、辻褄が合わないことを明確に打ち出した。では、9・11委員会はこの矛盾をどう説明しただろう。

◆9・11委員会の矛盾への対応

9・11委員会はその報告書の中で、ハンジュールには操縦技能が欠けていたという報道の一部を引用した。サウジアラビアの飛行訓練学校で何度も不合格になったことも指摘した。さらには、ハンジュールが二〇〇〇年一二月にパンナム国際フライトアカデミーでボーイング七三七のシミュレーション訓練を始めたものの、「成績が標準よりはるかに低いことがわかり、アカデミーの教官が訓練を続けることを思いとどまらせた」ことも報告している。(原注18) 9・11事件の数カ月前、二〇〇一年夏の出来事についても言及した。このときハンジュールは、ニュージャージー州テターボロのエアフリート訓練システムズ社が所有する小型飛行機に教官と同乗し、ハドソン・コリドー（※人口密集地帯の主要輸送ルート）を飛んだのだが、そのあと「もう一度飛びたいとハンジュールが言ったとき、教官は彼の操縦技能が劣っていることを考えて断った」と委員会は書いている。(原注19) アリゾナの飛行教官がハンジュールのことを「とんでもないパイロット」だと形容したことまで記載してある。(原注20)

ところが委員会は一方では、ハンジュールが非常に熟達していたことを示唆しているのだ。『9・11委員会報告書』の注記の中で、KSM（ハリド・シェイク・モハメド）が言ったとされる言葉を引用していて（第18章で見たとおり、この種の引用はすべて信憑性に問題がある）、「ペンタゴンの仕事はとくに、今回の作戦チームの中で最もベテランのパイロットであるハンジュールに割り当てた、とKSMは主張している」という。(原注21)「KSMは主張している」と書いているので、委員会は必ずしもこの供述を事実と認めたわけではないことを匂わせてはいる。しかし、もしハンジュールが「とんでもないパイロット」で、教官が二度と単発機に同乗しなかったほどひどかったのなら、なぜKSMはハンジュールを「作戦チームの中で最もベテランのパイロット」と形容できたのだろう。これについては委員会は追及していない（他の三人のハイジャック機操縦者がハンジュール以上にひどかったと言えば、辻褄を合わせることができたはずだが、報告書ではその可能性については触れていない）。

それどころか、ハンジュールの操縦能力評価に関するあらゆる報道と相反する説明をしているのだ。

ハンジュールはメリーランド州ゲイサーズバーグにあるコングレッショナル・エアチャーターズで、教官の監督のもとに難易度の高い認定試験を受け、巧みに操縦してアプローチの難しい小規模飛行場に着陸した。ハンジュールが地形認識ナビゲーションシステムを使いこなしたので、空軍のパイロットから訓練を受けたのではないかと教官は思った。(原注22)

二〇〇一年八月の時点のハンジュールの操縦能力について、この教官は一体どうやって、これほど他の情報と著しく異なる評価を下せたのだろう。この教官は誰なのか。この証言はどのようにして裏付けられたのだろうか。

９・11委員会はこれらの疑問にはいっさい答えていない。この証言に関しては唯一、「エディー・シャレフのインタビューより（二〇〇四年四月九日）」と付記されているだけだ。だが、大規模な調査をしたところ、ハンジュールがコングレッショナル・エアチャーターズに通ったという記録がまったくなく、委員会が照会先にしている「エディー・シャレフ」なる人物もいないことがわかった。(原注23)

いずれにせよ９・11委員会は、証言の食い違いについては何の対応もしなかった。単に矛盾する証言を両方載せただけである。七七便が三三〇度の急旋回をしながら、数分で数千フィートのスパイラル急降下をした模様だということは書いてある。しかし、この操縦には「並外れた技術」が必要で、「ほぼ空軍並みの正確さ」で操縦できるパイロットだったはずだ、という専門家の指摘には触れていない。ハニ・ハンジュールほど操縦能力のない人物に、どうやってあんな操縦ができたのかという疑問をひたすら避け、とにかくハンジュールが操縦したのだと言うばかりである。

委員会が疑問を呈さなかったことも大問題だが、ブッシュ大統領に言及したくだりにこの問題の根幹がよく表われている。「元パイロットだったブッシュ大統領は、一部の操縦が明らかに優れていたこと、とりわけハンジュールが高速でペンタゴンに突入したことに衝撃を受けた(原注24)」。委員会はここでもまた、なぜハンジュールはそんなに優れた操縦ができたのかをまったく問題にしていない。

◆矛盾への対応　ポピュラーメカニクス誌の場合

ポピュラーメカニクス誌は9・11事件に対する異説を故意におとしめる記事を発表していたが、二〇〇六年にはそれを改訂した一種の拡大版として、『9・11の神話を暴く』と題する本を出版した。(原注25) 序文はジョン・マケイン上院議員が書き、米国国務省が本を推薦している。(原注26) したがってこれは、言わば9・11事件の公式論文と見なすことができる。この本では矛盾をどう説明しているだろう。

『9・11の神話を暴く』は、「ハイジャック機を操縦した者の中に、大型旅客機クラスのジェット機を操縦した経験のある者は一人もいない」ことを認めていて、彼らの「操縦技術は未熟きわまりなかった」と書いている。(原注27)

しかし一方では、操縦者たちの「技術は高くなかったかもしれないが」、ハイジャックした時点で飛行機はすでに飛行中であるため、高度な技術は必要なかったとしている。「彼らは目標地点を定めて進みさえすればよかった」。ハイジャック犯たちはおそらくGPS（全地球測位システム）のポータブル機を持っていただろうから、「飛行管理システムに目的地を入力して、ナビゲーション画面を見ながら操縦するだけでよかった」とポピュラーメカニクスは主張している。(原注28)

ツインタワーを狙った二機についてその説が正しいかどうかという問題はさておき、七七便がたどったとされる軌跡については、この説は確実に間違っている。七七便はスパイラル急降下をしたあと事実上地面まで降下して、ペンタゴンの一階と二階の間に突入した。この急降下をポピュラーメカニクスの執筆者たちはどう説明したか。彼らは単に無視したのだ。

七七便の最後の数分については次の一カ所だけ言及している。

> 七七便の（中略）フライトレコーダーには、ハンジュールがレーガン・ナショナル空港に自動操縦指示を入力したことが記録されている。（中略）ハンジュールは最後の八分間のみ、手動操縦した。（原注29）

だが、この最後の八分間こそ、飛行機が「並外れた技術」で、「ほぼ空軍並みの正確さ」で飛んだとされているのだ。

そのスパイラル急降下についてポピュラーメカニクスはどう書いているか。何も書いていない。ハイジャック機全機をまとめて、「最大三三〇度の急旋回をし、ときには急降下した」とだけ書いてある。三三〇度の急旋回をしたのは、ハンジュールが「最後の八分間」に「手動操縦した」七七便であったことにはいっさい触れていない。航空会社のパイロットが一人ならず、あの最後の数分間の操縦は、ハンジュールのような素人には不可能だと語っている。例えば元パンアメリカン航空のパイロットで、米国空軍の元パイロットでもあるテッド・ムーガは次のように述べている。

> ペンタゴン突入機の操縦は（中略）、高度七〇〇〇フィートからのスパイラル急降下だった。（中略）ずば抜けて才能のあるパイロットでないとできることではない。（中略）素人が操縦して、あれに少しでも近い飛び方ができるというだけでも、私には想像できない。（原注30）

◆結論

ハニ・ハンジュールが七七便を操縦してペンタゴンに突入したという主張は、彼の操縦技能に関するすべての報道と矛盾する。この矛盾を、9・11委員会もポピュラーメカニクスも解決していない。なぜこのような矛盾が存在するのか、なぜ9・11委員会は解明せずに放置することが許されているのか、議会とマスコミは理由を問いたださなければならない。

第20章

何がCリングに穴をあけたのか

ペンタゴン攻撃で明らかになっているもうひとつの大きな矛盾は、ペンタゴンの第二ウェッジCリングにできた直径約九フィート（約二・七メートル）の丸い穴に関する問題だ。この穴は攻撃機の軌跡とされる方向のほぼ延長線上にあり、外壁の突入地点からおよそ三一〇フィート（約九五メートル）のところにある。何がこの穴をあけたのだろうか（※五角形のペンタゴンビルの角を中心に五つのブロックに分け、ウェッジ番号で呼ぶ。また、中心から外に向かってドーナツ状に五棟に分かれていて、最も内側のドーナツをAリング、最も外側をEリングと呼ぶ。リングとリングの間には廊下が通っている）。

◆当初の説明

当初この穴は、七七便の機首があけたとされていた。ストライクゾーンはペンタゴンの第一ウェッジだが、突入した攻撃機の軌跡が、ペンタゴンの五つのリングの外から三番目、Cリングに到達した時点で第二ウェッジにずれていた。９・11事件の二日後、ドナルド・ラムズフェルドがＡＢＣの番組「グッドモーニング・アメリカ」に登場して次のように述べた。

（飛行機は）一階と二階の間に突入し、（中略）三つのリングを突き抜けました。機首だと聞いたが――それはまだそこに、中庭まであと一リングぐらいという非常に近い場所に残っていた。(原注1)

その二日後、ペンタゴン修復プロジェクトのプログラムマネージャーであるリー・エヴィが、ペンタゴンの記者会見で言った。

飛行機は（中略）EリングとDリングとCリングを貫通しました。（中略）機首はCリングの奥の壁をかろうじて破り、AEドライブ（※廊下）に少しだけ突き出していました。(原注2)

マスコミもこの説明を報道した。例えばニューズウィークは九月二八日にこう掲載した。

アメリカン航空七七便のボーイング七五七型機は（中略）推定時速四五〇マイル（※海里で換算すると八三三キロ）の速度で、五角形の巨大なランドマークの南西角に激突し、五階建て建物の最も外側にあるEリングのウェッジを幅一〇〇フィート（三〇メートル）にわたって損壊、DリングとCリングをも貫通した。(原注3)

この記事は機首についてとくには触れていないが、飛行機がCリングまで貫通したと書いている。

機首はおそらく先頭を行ったのだろうと考えられる。

◆問題

一般にはこの説明が受け入れられたが、問題がひとつあり、疑問視する人たちが現われた。問題は、ボーイング七五七型機の機首が非常に壊れやすくできていることである。したがって七七便の機首は、鋼鉄で補強されたコンクリート造りのEリングの外壁を貫通することはできない。まして、スチールメッシュと厚さ八インチ（約二〇センチ）の煉瓦で造られたCリングにまで、大きな穴をあけられるわけがない、というのだ。

例えばフランスのティエリ・メサンはこう指摘している。

飛行機の機首には（中略）電子ナビゲーションシステムが装備されている。装置から発せられる電波を通すために、機首は金属ではなく炭素繊維で作ってある。したがって非常に壊れやすく、貫通するよりも破砕されてしまう。(原注4)

メサンはこれもひとつの根拠として、ペンタゴンに突入したのは飛行機ではなく、バンカーを貫通するために使われるようなミサイルだと主張している。(原注5) メサンのミサイル説は多方面から攻撃を受け、米国国務省からも攻撃された。(原注6) だが、ミサイル説には同調しなくても、機首説には異を唱える人々が増え、やがて、Cリングの穴はボーイング七五七の機首によってあいたものではないというメサン説が主流になる。それを以下に説明しよう。

◆公式報告

ペンタゴンに関する最初の公的な報告は、二〇〇二年に発表されたヴァージニア州アーリントン郡作成の「対応結果報告」である。ペンタゴン攻撃に対する地元当局の対応という点に絞った報告であるため、建物の被害についてはほとんど触れていないが、Cリングの被害に関しては次のような記述がある。

七七便はペンタゴンのEリングの外壁から突入し、被害はCリングの奥の壁をも通過して、総距離約二八五フィート（約八七メートル）に及んだ。(原注7)

この記述は、飛行機の機首がCリングまで貫通したとする当初の説明を裏付けているように読めるが、実際には、被害がCリングの壁をも通ったと言っているにすぎない。詳細についてはやはり、主たる公式報告のほうを参照するべきだろう。

主たる公式報告とは、米国土木学会（ASCE）が二〇〇三年に発表した「ペンタゴン建物性能報告」である。Cリングの損害に関するこの記述も、当初の説明と符合しているように読める。

飛行機は斜めにビルに突入した。（中略）損壊箇所は西側の外壁から北東方向に延び、Eリング、Dリング、Cリングまで完全に貫通している。(中略) 第二ウェッジで (中略) Cリングから A E ドライブに向かって東壁に穴があいていた。この壁の欠損部は、機体がビルの西外壁に突入した地点から約三一〇フィート (約九四・五メートル) の距離にある。飛行機の残骸は第一ウェッジを斜めに約二二五フィート (約六八・五メートル) 帯状に延び、次いでCリングの第二ウェッジ部分を斜めに約八五フィート (約二六メートル) 貫通していた。(原注8)

この記述は、実際には当初の説明と符合してはいない。ここで主張されているポイントは三つだけである。(一) 損壊はCリングまで達している。(二) Cリングに穴があいている。(三) 飛行機の残骸の一部が穴をとおり抜けた。

ここには、飛行機がCリングの穴をあけたとは書いていない。何が穴をあけたのかについては、まったく触れていないのだ。(原注9)

この「ペンタゴン建物性能報告」は当初の説明を裏付けなかったばかりか、当初の説明とは明確に矛盾する記述を含んでいる。とりわけ次の箇所がそうだ。

建物内部に約一六〇フィート (約五〇メートル) 突入した時点で、(中略) 機体の主要な部分がもとの構造を保ち得た可能性は極めて低い。(中略) むしろ建物に突入後、早い段階で破壊されたものと思われる。したがって、飛行機がその全長とほぼ同じ距離を進むまでの段階で、機体の枠組みはまず間違いなく破壊されたはずだ。(原注10)

機体がCリングまでの距離のほぼ中間地点に達するまでに全体の枠組みが壊れたのなら、それ以上機首を前進させるものはなくなったということだ。

しかしこの報告書には、飛行機の残骸の一部がCリングに到達したと書いてある。

最長距離を進んだ残骸は、建物への突入地点から飛行機の全長のほぼ二倍を進み（中略）、突入点から三一〇フィート（約九四・五メートル）の地点に落ちていた。

この残骸の内容について、建物性能報告書はこう述べている。

ほとんどの乗客の遺体は、最長距離を進んだ機体の残骸の近くで発見された。前部着陸ギア（比較的頑丈で重い部品）とフライトレコーダー（機体後部に搭載されていた）も、突入点から三〇〇フィート（約九一・五メートル）近く内部に入ったところで発見された。それとは対照的に、機体前部周辺にいたと思われる乗客数人（ハイジャック容疑者）の遺体は、飛行機がビルに激突した地点に比較的近いところで発見された。(原注11)

実に不可解な説明である。前部着陸ギアは「比較的頑丈で重い部品」だから、これほど遠くまで進んだと言いたいように思える。それならばなぜ、「ほとんどの乗客の遺体」も同じくらい遠くまで進むことができたのだろう。乗客たちは客席の後部に集められたと報道されているが、もし本当にそんな遠くまで進めたのだとしたら、飛行機の前部にいたとされているハイジャック犯たちの遺体は、なぜビル突入地点に近い後方で発見されたのだろう。

ただ、本書が論じる主眼はそういうミステリーではなく、あくまで矛盾点である。Ｃリングの穴について当初の説明と矛盾するのは、この報告書の次のくだりである。

これらのデータから、機体前部はビルに激突すると同時に事実上、崩壊したが、その過程で穴をあけ、胴の後部を建物内部へ通したことが推測される。（原注12）

「機体前部はビルに激突すると同時に事実上、崩壊した」というこの「機体前部」には、当然、壊れやすい機首が含まれているはずだ。

それならば、この米国土木学会の「ペンタゴン建物性能報告」は、明言はしていないものの、ラムズフェルドと修復プロジェクトのプログラムマネージャーであるエヴィの説明と完全に食い違う。彼らは、七七便の機首がＣリングの穴をあけたと言ったのだ。

土木学会の報告は別の説明を示してくれなかったが、その後ほどなく、ポピュラーメカニクス誌が新たな説明を提供した。同誌は前章で見たように、９・11事件に関しては公的機関に近い役割を持つ。

◆ポピュラーメカニクスの新解釈

前章で引用したポピュラーメカニクス誌の二〇〇五年の9・11事件関連記事には、Cリングの穴についてはごく短く触れているだけである。「Cリングにきれいにあいた穴は幅一二フィート（約三・七メートル）である。（中略）米国土木学会は、この穴をあけたのはジェット機の胴体ではなく、着陸ギアだと結論づけた（原注13）」。

ところが既述のように、土木学会の報告書にはそういうことは書いていない。前部着陸ギアは突入点から三〇〇フィート（約九一・五メートル）のところで発見されたと書いてあるだけだ。つまりこの発見場所は、穴のあいた壁より約三メートル手前の地点になる。着陸ギアが穴をあけたという示唆は、土木学会の報告書にはない。

物理的に不可能なことを示唆するわけにはいかないだろう。スチールメッシュとコンクリートでできたこの壁に、もし着陸ギアが大きな穴をあけたとしたら、穴をくり抜いたあと三メートルも後方に戻ることはあり得ない。土木学会報告の執筆者たちが穴の原因について触れなかったのは、当然と言えば当然である。

にもかかわらず、なぜかポピュラーメカニクスの記事の執筆者たちは、穴をあけたのは前部着陸ギアだと書いた。うっかり勘違いしたわけではない。なぜなら二〇〇六年に彼らが出版した『9・11の神話を暴く』の中で、同じ執筆者たちがこの主張を一気に拡大したからである。

ポピュラーメカニクスの執筆者たちは、機首が穴をあけたのだというラムズフェルドとエヴィの説明には触れないまま、「穴は（中略）建物内部を通過していく七七便の機首があけたものではない」と機首説を明確に退けた。そして、自説を次のように展開している。

機体のシェル（※外殻）も含めて密度の低い部分は（中略）激突の衝撃で事実上崩壊したが、密度が高くて重い部分は、（衝撃で）できた穴を通過して建物の奥へ進むことができた。（その結果）最も重くて密度の高い飛行機部品のひとつ（着陸ギア）が（中略）最も遠くまで飛んでいき、（中略）それが原因となってCリングの壁に穴があいた。（原注14）

ポピュラーメカニクスの執筆者たちは土木学会どおりの説明をしているつもりのようだが、実際には大きく異なる説明になっている。着陸ギアが穴をあけたと書いただけでなく、「密度が高くて重い部分」だけが「建物の奥へ進むことができた」と説明したために、乗客の遺体のほとんどがCリングの近くで発見されたという土木学会の発表を無視する結果になった。

だが、私たちがここで重視するのはそのことではない。ペンタゴンの損壊に関する公式報告である米国土木学会の説明が、攻撃直後にペンタゴンのスポークスマンたちが発表したCリングの穴の説明とは食い違っているという事実である。しかも、土木学会の「ペンタゴン建物性能報告」が暗に示しただけのことを、ポピュラーメカニクスは明確に示した。政府よりも土木学会の説明のほうを支持したそのポピュラーメカニクスを、国務省は読者に参照するよう勧めている。（原注15）ということは、国務省自ら、ペンタゴン当局の当初の説明は間違っていたという見方を支持しているわけだ。

なぜこんな矛盾が放置されているのだろうか。飛行機の前部が、Cリングに到達するよりはるか手前で崩壊したのであれば、修復プロジェクトマネージャーのリー・エヴィはなぜ「機首はCリングの奥の壁を（中略）破り、AEドライブに少しだけ突き出していた」と言ったのだろう。なぜラムズフェルドは9・11事件の二日後に、「機首だと聞いたが――それはまだそこに、中庭まであと一リングぐらいという非常に近い場所に残っていた」と言ったのだろう。

◆証言と食い違う報告

しかも、食い違いはそれだけではない。土木学会の「ペンタゴン建物性能報告」はラムズフェルドと修復プロジェクトのプログラムマネージャーのエヴィの説明と矛盾するだけでなく、複数の証人の報告とも食い違う。例えば米国空軍の軍医総監ポール・K・カールトン・Jrは、何が起こったかわからなかった状況をこう話している。

　私はテロリストの爆弾だと思った。（中略）だが、着陸ギアが見えた。BリングとCリングの間の通路の床にあった。それを見たとき、飛行機がペンタゴンに突っ込んだことがわかった。飛行機がEとDとCの棟を貫通してそこまで来たことは明らかだった。(原注16)

別の証人、ケヴィン・シェイファー海軍大尉をヴァージニア・パイロット紙のアール・スウィフトが取材している。ペンタゴン攻撃のあとどうにかCリングの穴をとおり抜けたシェイファー大尉の話を、スウィフト記者はこう書いている。

シェイファー大尉はペンタゴンのBリングとCリングの間に巡らされている廊下に出た。（※ボーイング）七五七の機首の大きな塊と前部着陸ギアが数フィート先の床にあり、Bリングの壁にもたれかかっていた。(原注17)

つまりカールトン軍医総監とシェイファー大尉によると、着陸ギアはCリングの壁から三メートル手前にあったわけではない。Cリングの壁を通り抜けて、AEドライブと呼ばれる廊下にあったのだ。それも、Bリングの壁にもたれていたということは、廊下の向かい側まで横断したことになる。さらに、機首の一部も同じ場所にあったとシェイファー大尉は述べている。

◆結論

以上のように、Cリングの穴の原因説明についてはいくつか疑問がある。例えば、七七便の機首によって穴があいたとした場合、なぜ修復プロジェクトマネージャーのリー・エヴィは、機首が穴から突き出していたと言い、ケヴィン・シェイファー大尉はBリングの壁にもたれていたと言ったのか。また、米国土木学会の「ペンタゴン建物性能報告」に書いてあるように、着陸ギアがCリングより一〇フィート（約三メートル）手前（※外側）にあったのが事実なら、少なくともシェイファー海軍大尉とカールトン軍医総監という二人の高官が、着陸ギアはCリングを貫通してAEドライブにあったと証言しているのはなぜなのか。だが、最大の問題はそれではない。土木学会の報告書が示唆し、ポピュラーメカニクス誌が明示したのは、〝七七便の機首はCリングに到達するはるか手前で崩壊したはずだから、Cリングの穴は機首があけたものではない〟ということだ。では、なぜラムズフェルドとエヴィは、〝機首が穴をあけ、その後もまだ機首の形をとどめていた〟と証言したのだろう。なぜこういった矛盾が存在するのか、議会とマスコミは原因を究明しなければならない。

第21章　ペンタゴン攻撃の時刻、ワシントン上空にいたのは空軍機か

公式説明によると、ペンタゴン攻撃は完全な不意打ちだった。正体不明の航空機が一機、あの方向に向かっていたことを知っていた人間は、ペンタゴンにも軍部にもまったくいなかった。攻撃を受ける前になぜペンタゴンの人々を避難させなかったのかという質問に対して、例えばペンタゴンのスポークスマンの一人はこう答えた。「要するに我々は誰も、この航空機がペンタゴンの方向に接近してきたことに気づいていなかった」(原注1)。

9・11委員会も、軍は知らなかったとの主張を支持し、この正体不明の航空機がワシントンに向かっているという警告は九時三六分までなかったと説明している。ペンタゴン攻撃は九時三八分だったので、わずか「一、二分」前に知ったことになる(原注2)。

警戒する時間が短かったため、ペンタゴンは当時飛行中だった非武装の貨物機C一三〇Hに命じて、接近中の不審機が「ボーイング七五七」と確認することしかできなかった、と委員会は説明している(原注3)。

◆ペンタゴンが攻撃される前に、ワシントン上空で目撃された謎の飛行機

だが、ペンタゴン攻撃の時間帯に、同じく正体不明の別の飛行機がワシントン上空を飛んでいたという報告が複数あったため、軍は知らなかったという主張が当初から疑問視された。事件当日の朝九時五四分頃、CNNのホワイトハウス担当記者ジョン・キングが、ホワイトハウスに隣接するラファイエット公園から中継していてこう言った。

十分ほど前に白いジェット機が上空を旋回していました。今はホワイトハウス上空を飛んでいる飛行機は一機もありません。この空域は飛行が制限されています。先ほどのジェット機が、悪事を働く目的があると考える理由はどこにもなかったわけですが、シークレットサービスは非常に心配して上空のジェット機を指さしていました。(原注4)

キング記者はホワイトハウス上空を「制限」されている空域（特定の時間帯に民間機の飛行を禁止する空域）だと言ったが、この上空は実際には飛行禁止空域（民間機の飛行を常に禁止する空域）である。(原注5)この事実から、問題のジェット機は軍用機だったと考えられる。この中継から少しあとの午前一〇時一五分、同じCNNの別の記者ケイト・スノーが軍用機の可能性をはっきりとレポートした。

およそ二〇分前、議事堂上空を旋回する飛行機を目撃しました。あれが空軍機だったかどう

か定かではありませんが、私が取材したセキュリティガードによると、あの飛行機が原因となって議事堂から人々が避難することになった模様です。(原注6)

この飛行機についてはNBCのワシントン担当主席記者であるボブ・カーもレポートしていて、政府の航空機であることを直接的に示唆した。彼はホワイトハウスの避難を報告しているときにこう言った。

ここホワイトハウスでも、今朝は極めて現実離れしたさまざまな光景が見られました。その中で、ホワイトハウスに近いラファイエット公園上空で白い飛行機が、非常に大型のジェット機が、異例のパターンで飛んでいました。非常にゆっくりと一度だけ旋回し、そのあとはまったく見かけません。あの飛行機は何なのかと多くの人が心配していました。(中略)単なる推測ですが、現在は米国の領空では飛行機がすべて緊急着陸させられていて、あの飛行機は真っ白でしたから(中略)、何らかの政府の公用機だろうとほとんどの人が話しています。(原注7)

ABCでは画面に「九時四一分」と表示されているときに、アンカーマンのピーター・ジェニングズがリアルタイムで問題の飛行機の様子を中継した。

今現在、ホワイトハウス上空で飛行機が一機、旋回しています。地上では人々を避難させているところです。（中略）アメリカ人ならほとんどの人が知っていると思いますが、この国ではホワイトハウスほど（中略）堅固に防衛されている建物はほかにありません。（中略）ホワイトハウスの屋上には地対空ミサイルの発射台も装備されています。(原注8)

ジェニングズは、軍の飛行機だと明言はしなかったが、ホワイトハウスの地対空ミサイルがその飛行機を撃墜しないという事実を指摘することによって、暗に軍用機であることを示唆している。

◆当局の沈黙と否定

ワシントン上空を飛んでいた正体不明の飛行機に関する以上の報道は、ペンタゴン攻撃が不意打ちだったとする公式説明の土台を揺さぶる証言である。もし問題の飛行機が本当に、いくつかの特徴が示すように軍用機だったなら、もしペンタゴンが攻撃される前からそこにいたのなら、ペンタゴンに近づいてくる突撃機の存在をまったく知らなかったという軍の主張は、質問の集中砲火を浴びるだろう。

第19章で見たとおり、公式報告によると七七便は三三〇度のスパイラル急降下をしてペンタゴンに突入している。同機のフライトレコーダーの情報に基づいているとされる国家運輸安全委員会（NTSB）の報告書には、このスパイラル急降下に三分〇二秒かかったと書いてある。(原注9)もしワシントン上空に軍用機がいたのなら、七七便のこのスパイラル飛行だけでなく、それ以前にワシントンへ接近してくるところから監視できる位置にいたことになる。軍が突撃機の接近に気づいたのはわずか「一、二分前」だったという９・11委員会の主張もあり得ないことになる。

したがって、この謎の飛行機が本当に軍用機だったのか、もしそうなら、ペンタゴンが攻撃される前からワシントン上空にいたのか、という問題を解明することが重要だ。

９・11事件以降、ＣＮＮやＮＢＣ、ＡＢＣの既述の報道記録は公開されているにもかかわらず、二〇〇四年に発表された『９・11委員会報告書』には、この謎の飛行機について一言も言及していない。接近してくる航空機の存在を知らなかったというペンタゴンの主張が、これらの報道と矛盾する可能性があるのに、その事実を完全に無視したのである。

二〇〇六年、アダム・シフ下院議員（カリフォルニア州選出、民主党）は、ワシントン上空にいた航空機の報道について選挙人の一人から教えられ、(原注10)この選挙人の代理としてペンタゴンに質問状を送り、この航空機の情報を請求した。二〇〇六年一一月八日、米国空軍からシフ議員に返事が来た。

二〇〇一年九月一一日の午前九時三〇分から一〇時三〇分までの時間帯に、ホワイトハウスに近い制限空域にいた可能性のある正体不明の航空機に関し、貴方が（選挙人の代理として）情報を求めた依頼状に回答いたします。

空軍当局は当該航空機に関する情報をいっさい持っておりません。(原注11)

その後一年近くたってからＣＮＮが、ペンタゴンの否定は嘘であると報道した。

◆二〇〇七年九月一二日にCNNが暴露報道

事件当時、謎の飛行機についてレポートしたCNNのジョン・キングが、二〇〇七年九月一二日にCNNの番組「アンダーソン・クーパー三六〇」で新しい情報を発表した。以前のレポートと著しく異なるのは、問題の飛行機の鮮明な映像が入っているビデオに焦点を当てたことだ。ジョン・キングはこの飛行機が「四発ジェット機で、全米で最も厳しい立入禁止空域をゆっくりと旋回した」と指摘し、「私たちが目撃したものは何だったのか、いまだに誰も公式説明をしてくれません」と報じた。(原注12)

ジョン・キングはさらなる新情報を報告した。「この件に詳しい政府関係者が二人、あれは軍用機だったとCNNに語りました。二人によると、詳細は機密とのことです」。次に、アダム・シフ議員が一〇カ月前に知ったことを説明してから、キングはこう言った。「ペンタゴンに問い合わせると、あれは軍用機ではないと力説します(原注13)」。

だが、キングは決定的な反証を示した。二枚の写真を並べてこう説明したのだ。

CNNが放送したビデオと空軍の公式写真とをこうして見比べてみると、謎の飛行機は軍の中でも最高機密に属する航空機、空軍のE—四Bであると思われます。尾翼にある国旗、胴体のストライプ、そして七四七型コックピット部分のすぐ後ろにある、隠しようのないふくらみ。(原注14)

番組ではこのあと、退役した元米国空軍少将ドン・シェパードが登場し、両者が似ていることを証言してから、ジョン・キングがこうつけ加えた。「Ｅ―四Ｂは最先端技術を結集した、空飛ぶ司令部です」(原注15)。

◆Ｅ―四Ｂ

Ｅ―四Ｂとは、ボーイング七四七―二〇〇型機の軍用バージョンである。キングがなぜ「空飛ぶ司令部」と表現したのか、戦略空軍（※核兵器などによる戦略爆撃の防御や早期警戒の指揮等を担当する統合軍）のホームページでＥ―四Ｂを見ればわかる。

Ｅ―四Ｂは国家空中作戦センター（ＮＡＯＣ）として、大統領、国防長官、統合参謀本部（ＪＣＳ）のために活動します。地上の指揮統制センターが破壊されたときなど国家の非常事態に、Ｅ―四Ｂは高度なサバイバル機能を発揮し、指揮、統制、通信の中枢となって米国軍を指揮し、緊急戦時体制を敷き、行政当局の活動を調整します。（中略）Ｅ―四Ｂの運用は統合参謀本部が指揮し、米国戦略コマンド（※USSTRATCOM アメリカの戦略軍）によって執行されます。（中略）高性能衛星通信システムは、戦略的戦術的な衛星システム間の通信や、空中における国家作戦センターの通信を世界的規模で改善しています。（中略）大統領や国防長官、統合参謀本部を直接的にサポートするため、Ｅ―四Ｂは常に少なくとも一機、世界中の厳選された基地のどこかで待機しています(原注16)。

空軍のエアフォース・シビルエンジニア誌の記事でもE―四Bが「実に驚異的な航空機」と形容され、国家の非常事態には「国の最高司令部」として機能し、「指令、統制、通信の中枢となって米国軍を指揮し、緊急戦時体制を敷く」と書いてある。もしペンタゴンが破壊された場合にはE―四Bが軍隊の総指揮を司る場として使われるため、「地球最後の日の飛行機」と呼ばれることもあるという。(原注17)

この描写で明らかなように、E―四Bはただの軍用機ではない。並外れて高性能な指令、統制、通信の機能を装備しているのだ。ワシントン上空に現われたE―四B機は、ペンタゴンが攻撃される前の状況を監視できるタイミングだったのだろうか。

◆E―四Bはいつからワシントン上空にいたのか

二〇〇七年のCNN番組で、ジョン・キングはレポートの冒頭に「飛行機は午前一〇時直前に上空に現われました」と言った。しかしレポートの最後では、「超大型飛行機が大統領官邸の上空に来たのと同時に、川向こうのペンタゴンで煙が上がり始めました」と述べた。(原注18)したがってキングの最後の言葉は、既述のとおり、ABCのピーター・ジェニングズが、画面に九時四一分と表示されているときに、飛行機がホワイトハウス上空を飛んでいると中継した証言と齟齬はない。キングの冒頭の言葉は、飛行機が現われたのはペンタゴンが攻撃されたあとだと言いたいのかもしれないが、キングが飛行機に〝気づいた〟時間を指していることは間違いない。いずれにしても問題は、この飛行機がペンタゴンの攻撃時刻九時三八分よりも前からワシントン上空にいたという証拠が、あるかどうかだ。

ＣＮＮがこの二〇〇七年九月一一日に報道した録画は、当時の記録の短い断片映像だが、もともとは全編で一八分間あった。その六分二〇秒のところでカメラが上空にパンし、Ｅ―四Ｂを映し、二九秒間そのまま飛行機を追っている。二分以上あとの八分四〇秒を過ぎたところで、ホワイトハウスの後方に突然煙が上がり、男性たちが携帯電話で話す会話から、ペンタゴンが攻撃されたことを彼らが初めて知ったことがわかる。つまりこのビデオでは、ペンタゴンが攻撃される少なくとも二分前には、Ｅ―四Ｂはすでにワシントン上空を飛んでいたことになる。(原注19)

９・11事件の二日後に放送された別のＣＮＮ報道はこう報告した。

米国陸軍旅団長であり、軍事支援担当本部長でもあるクライド・ヴォーンは事件当日の朝、ペンタゴンに飛行機が突入したときは車に乗っていて、州間高速道路三九五号線の近くにいたと記者に語りました。ヴォーン旅団長は車の座席に座ったまま「空を念入りに見回していた。見えたのは飛行機が一機だけ、左回りの急角度の旋回姿勢で、ジョージタウン上空をのんびり飛んでいるように見えた」と述べています。「あれがその飛行機だったのかもしれない。ああいう飛び方をしている飛行機は見たことがない」。（中略）その数分後、ヴォーン旅団長は激突する飛行機を目撃しました。(原注20)

もしヴォーン旅団長が、「ジョージタウン上空をのんびり飛んでいる」飛行機がペンタゴンに激突したのを見たと思ったなら、もちろんそれは間違いだ。彼の証言はむしろ、ペンタゴンが攻撃される何分か前に、E―四Bがワシントン上空を飛んでいたことを裏付けている。

同じ見方をする証言はほかにもある。同じ九月一三日にイギリスのテレビ「チャンネル四」がこう報道した。「（七七便の）激突直前に、街の上空を大きく傾斜して飛ぶ民間機の映像が記録されました」(原注21)。米国の首都を旋回する軍用機の目撃報道もあります。その数分後、国防総省が攻撃された。

さらに、新たな証拠も登場した。事件当日、ホワイトハウスのすぐ隣にある行政府ビルで全米納税者会議に出席していたリンダ・ブルックハートが、写真を提供したのだ。行政府ビルから避難するよう指示されたブルックハートは、頭上の飛行機を目にして、持っていたペンタックスの三五ミリカメラで写真を撮った。〝そのあと〟ペンタゴンのほうから煙が上がるのが、ホワイトハウス周辺にいた人々から見えるようになったという(原注22)。

したがってリンダ・ブルックハートの証言と写真、CNNの録画、ヴォーン旅団長の証言、そしてチャンネル四の報道はすべて、互いに補完し合い、辻褄が合っている。

◆公式否認の意味

9・11事件報道の中で、CNNのジョン・キングはホワイトハウス上空の飛行機について、「先ほどのジェット機が、悪事を働く目的があると考える理由はどこにもなかった」(原注23)と語っている。問題のジェット機が軍用機だったとわかったところで、この見方は原則として変わらないだろう。例えばこの飛行機は合法的な任務で来ていて、たまたまペンタゴンが攻撃される直前にワシントン上空に現れただけだと言うこともできる。

事実、二〇〇三年に出版された米国海兵隊の元情報担当准尉、ダン・ヴァートンの著書には、E—四Bが文官と武官を両方乗せて「首都の外側にある飛行場」から出発したと書いてある。そして、「離陸したばかりのときに」ペンタゴン攻撃が起こったとある。このフライトは「前もって計画されていた国防総省の軍事演習を行なう」予定だったそうだ（原注24）（この演習は〝グローバル・ガーディアン〟と呼ばれ、国家空中作戦センター（NAOC）の飛行機三機が参加するはずだった（原注25））。だが、E—四Bは離陸したとたん「直ちに軍事演習を中止し、（中略）現実の国家空中作戦センターになる準備をせよとの命令を受けた」とヴァートン元情報担当准尉はつけ加えている（原注26）。したがってこの記述で、事件当日朝E—四Bがワシントン上空にいた理由は説明がつく。

ただ、ホワイトハウス上空で目撃された飛行機が軍用機だったことを、軍が否定したという事実は残る。CNNのジョン・キングが言った前述のコメント、「ペンタゴンに問い合わせると、あれは軍用機ではないと力説します」というのは、ペンタゴンの誰かが記者に、単に軽い感じで非公式の否定をしただけかもしれない。

しかし先に書いたとおり、米国空軍は連邦議会議員への回答書簡の中で、「空軍当局は当該航空機に関する情報をいっさい持っておりません」ときっぱり否定している。もし問題の飛行機が完全に合法的な訓練をしていたE—四Bだったのなら、なぜ軍は嘘をついたのだろう（事件の朝E—四Bのフライトがあったことをヴァートン元情報担当准尉に話した軍関係者は、そのフライトについての事後報告書を自ら書いたことも話した。このヴァートンの証言から、軍は単なる勘違いで否定したのではなく、嘘をついたという結論が裏付けられる（原注27））。

しかも、問題の飛行機を知らないと否定した政府機関は、軍だけではない。二〇〇七年、CNNのジョン・キングのレポートは、最後にこう結んでいる。

川向こうのペンタゴンで煙が上がり始めるちょうどそのとき、大統領官邸上空にいた超大型飛行機については、事件から六年たった今も、ペンタゴンとシークレットサービスと連邦航空局は、少なくとも公開できる説明は何もないと述べています。（原注28）

おそらくキングのこの言葉は、前述のシフ議員の選挙人がCNNに提供した情報を指しているのだろう。この選挙人は二〇〇七年六月に、ワシントン上空を飛ぶE－四Bの映像がCNNの録画ファイルに映っていることをCNNに知らせ、（原注29）同時に、彼とシフ議員とでペンタゴンに質問状を出したことや、シークレットサービスと連邦航空局に手紙を送ったこともCNNに教えた人物である。

この選挙人は情報公開法（FOIA）に基づく請求を合衆国シークレットサービスに送り、「二〇〇一年九月一一日、九時三〇分から一〇時〇〇分までの時間帯に、ホワイトハウス近辺を飛んでいた、あるいはホワイトハウス上空を旋回していた航空機に関する、シークレットサービス職員による観察記録の情報」の公開を求めたのである。シークレットサービスを管轄する米国国土安全保障省から届いた回答にはこう書いてあった。「シークレットサービスの記録システムを調べた結果、シークレットサービスのファイルには、貴方の請求に関わる記録書類は何もないことがわかりました（原注30）」。この回答を見た限りでは、書面による記録についてのみ述べているとはいえ、シークレットサービスは問題の飛行機について何も知らないという意味になる。

しかし先に引用したように、ＣＮＮのジョン・キングは９・11事件当日の朝の放送で、「先ほどのジェット機が、悪事を働く目的があると考える理由はどこにもなかったわけですが、シークレットサービスは非常に心配して上空のジェット機を指さしていました（原注31）」と言っているのだから、シークレットサービスの回答が事実でないことは確実である。したがって国土安全保障省の回答は、少なくとも誤解を招く回答と言わざるを得ない。

シフ議員の選挙人は二〇〇六年六月一九日、連邦航空局に対しても、情報公開法に基づいて問題の航空機を識別した記録の情報開示を請求した。二〇〇七年二月二日、連邦航空局が「識別記録はない」との回答を送ってきた。これもシフ議員が選挙人の代理として連邦航空局に請求を送ったので、回答もシフ議員のもとに届いた（原注32）。

つまりジョン・キングがＣＮＮで「大統領官邸上空にいた超大型飛行機については、事件から六年たった今も、ペンタゴンとシークレットサービスと連邦航空局は、少なくとも公開できる説明は何もないと述べています」と言ったのは、シフ議員と選挙人に送られてきたこれらの回答を暗に示しているのだろう。だとすればキングの言葉は、この三つの政府機関が否定したことを十分には伝えきれていない。これは、「少なくとも公開できる説明は何もない」という単純な回答ではないのだ。彼らは情報公開法に基づく開示請求に対して、また、米国国会議員に対して、問題の航空機に関する記録は皆無である、と公式に、かつ明確に否定したのである。とくに米国空軍は、「当該航空機に関する情報をいっさい持っておりません」と全面否定した。

◆リー・ハミルトンと9・11委員会

ＣＮＮのジョン・キングはワシントン上空の飛行機についてこれらの新情報を報道したとき、「9・11委員会の公式報告書には一言の言及もない」と指摘したあと、次のように言った。「委員会のリー・ハミルトン副委員長は、誰かが謎の飛行機について話していたことをうっすら覚えていると述べました。しかしそれを調べたスタッフたちは、事件に関連する案件として議題にのせることはしなかったとのことです」。そのあとハミルトン本人が登場してこう述べた。「大事件の調査をしているときは無数の問題が出てきます。それを全部整理することはとうてい無理です。この問題は一度も、委員会の中で議題にのせるほどのレベルには至りませんでした」(原注33)。つまりハミルトン副委員長は、ペンタゴンが攻撃されたときにワシントン上空に飛行機がいたという目撃証言を、9・11委員会が無視したのは当然のことだと暗に言っているのである。

委員会は、ペンタゴンに突撃してくる不審機の存在を軍が知らなかったという考えを擁護した。ペンタゴンが人々を避難させず、一二五人もの犠牲を防ぐ対応を取らなかったことについても、軍が知らなかったことを土台にしているためか、委員会はペンタゴンの誰をも責めなかった。それどころか、攻撃されるまで「一、二分」しかなかったから、当時飛行中だった軍の貨物機に不審機の識別を命じたと『9・11委員会報告書』で説明しているのだ。

それなのに、ワシントン上空にいた謎の飛行機の目撃証言が、委員会の議題にのせるほど重要ではなかったなどと、どうしてハミルトン副委員長はそんなことが言えたのだろう。ワシントンの上空は、軍用機以外はすべて飛行禁止の空域だという事実を考えれば、謎の飛行機が軍用機にほぼ間違いないことはハミルトンにもわかっていたはずだ。ワシントン上空に軍用機がいたのなら、ペンタゴンに接近中の不審機の識別をわざわざＣ一三〇Ｈ貨物機などに命じる必要がどこにあっただろう。また、突入機は三分間もの間、スパイラル急降下をしてから激突しているのに、ペンタゴン幹部が不審機の接近に気づかなかったという主張も信じ難いものになる。ペンタゴンがなぜ人々を避難させなかったのかという疑問がいっそう深まるばかりだ。

◆結論

９・11事件当日、ペンタゴン攻撃の直前に、ワシントン上空に並はずれて高性能な装備をした軍用機がいたことは、今や周知の事実となっている。この軍用機が何をしていたのか、何を監視していたのか、なぜ連邦航空局と軍は、この飛行機に関する自国の国会議員からの照会に偽りの回答を出したのか、そして、なぜ９・11委員会はこの問題にいっさい触れなかったのか、議会とマスコミはこれらの答えを求めなければならない。

第５部　世界貿易センター（ＷＴＣ）の倒壊に関する疑問

第22章 ジュリアーニ市長はタワーの倒壊をなぜ事前に知っていたのか

9・11事件の中でも最も驚くべき出来事は、世界貿易センターのツインタワーが完全に倒壊したという事実である。あまりにも予想外の倒壊だっただけに、当時ニューヨーク市長だったルディ・ジュリアーニが、タワーの倒壊を事前に知ったと発言したこともまた、驚くべき事実である。

◆ジュリアーニの発言とその後の説明

事件当日、当時ABCニュースのアンカーマンだったピーター・ジェニングズがインタビューした中で、ジュリアーニがあの朝、世界貿易センター第七ビルの二三階にあった（ニューヨーク市）非常事態管理局（OEM）の司令センターから、部下の職員たちを避難させたあと、何があったのかを語っている。

我々はバークレー・ストリート七五に本部を置きました（※WTC第七ビルの向かい側に臨時本部を置いた）。警察本部長、消防本部長、非常事態管理局長も集まっていました。そこで作業を

していると き、世界貿易センターが倒れると言われたのです。事実、私たちがビルの外に出る前にタワーが倒壊したので、私たちはビルに一〇分か一五分閉じ込められましたが、やっと出口を見つけて外に出ました。(原注1)

最初に倒壊したのは南タワー、時刻は午前九時五九分。したがってジュリアーニは、九時五九分より少し前に「世界貿易センターが倒れる」と聞いたことになる。

それからの数年間は、このジュリアーニの発言が問題になることはなかったが、二〇〇七年五月にWNBC局が、ビデオカメラを持った少人数のグループがジュリアーニに質問しているところを報道した。(原注2) 若い女性がジュリアーニに取材し、彼がピーター・ジェニングズに言った話と、「鉄骨構造の建物が火災で倒壊した前例は過去にない」という事実を指摘したうえで、「どうしてビル内にいた人々には知らされなかったのですか？　このことを知っていた人はほかに誰がいましたか？」と質問した。それに対してジュリアーニは、「タワーが倒壊することは知りませんでした」と答えた。そこでグループの中の男性が、ピーター・ジェニングズとの会話の中でジュリアーニが実際に、タワーが倒壊することを事前に知らされたと話した事実を言って、「タワーが両方倒壊することを事前にあなたに教えたのは誰ですか?」と訊ねた。ジュリアーニはこう答えた。

タワーが倒壊するとは思っていなかった。(中略) 一般のビルが崩れるのと同様、時間が長くかかればタワーだって崩れるだろうというのが我々の理解だった。つまり七時間、八時間、九時間、一〇時間以上かかればね。私の知る限り、タワーが内部爆発すると思っていた人は一人もいない。あれはまったくの驚きだった（原注３）」。

これは説明になっていない。むしろ前言を翻したと言わざるを得ない。なぜならジュリアーニが当初ジェニングズに語った、「世界貿易センターが倒れると言われたのです。事実、私たちがビルの外に出る前にタワーが倒壊した」という言葉は、倒壊が間近に迫っているのがわかっていたことを明らかに示しているからだ。

それはともかく、ジュリアーニの二〇〇七年の発言では、歴史的根拠に基づいてタワーの倒壊を予想したように聞こえる。タワーが、直後であろうと一〇時間後であろうと、倒壊すると予測できるような前例が実際にあっただろうか。専門家たちは、ないと答える。

◆専門家の証言と歴史的経験

二〇〇一年、ニューヨークタイムズの記者ジェームズ・グランツがこう報じた。「近代的な鉄筋構造の高層ビルが、消火できない火災を原因として倒壊した前例は一つもない、と専門家たちは言っている（原注４）」。

二〇〇二年、連邦緊急事態管理庁（ＦＥＭＡ）の連邦保険および緩和局の局長代理ロバート・Ｆ・シアが、下院の科学委員会が開いた貿易センター倒壊に関する公聴会で証言した。シアは「二五年間の経験」に基づいてこう述べた。「世界貿易センター（※の倒壊）は（中略）率直に言って（中略）変則です。あの日、状況を見ていた人で、私自身を含め、あのタワーが倒壊すると思っていた人は一人もいません（原注5）」。〝変則〟とは、周知の法則に反することであるから、ツインタワーの倒壊にはぴったりの表現だ。なぜなら、火災によって完全に倒壊した鉄筋の高層ビルは過去に例がないからである。

例えば一九八八年、ロサンゼルスのファースト・インターステート銀行ビルの火災は三時間半激しく燃え続けた。この六二階建てのビルの五階分は内部が消失したが、構造上の損傷は皆無だった（原注6）。この例だけ見ても、貿易センターの北タワーと南タワーがそれぞれ一〇二分間と五六分間燃えただけで全壊するなど、誰も予想しなかったのは当然である。

だが、ジュリアーニは二〇〇七年のインタビューで、自分も部下も「七時間、八時間、九時間、一〇時間以上」で倒壊すると思ったと言っているが、これはどうだろうか。一九九一年フィラデルフィアのワン・メリディアンプラザの大火災は一八時間燃え、三八階のうち八階分の内部が破壊された。FEMAの報告によれば、「猛火にさらされ（中略）、梁と桁が垂れ下がってねじれた」が、「支柱には明らかな損傷がなく、荷重を支え続けた」とある（原注7）。

一九七五年に遡ると、世界貿易センターの北タワーで火災があった。被害は一〇階分に及び、「まるでジェット戦闘機と闘っているような」消火活動だったと言われたが、「ビルは大した損傷もなく耐えた（原注8）」。したがって鉄筋構造の高層ビル火災の歴史には、タワーの倒壊を予想させる根拠はどこにもない。とはいえ、もちろんタワーには飛行機が激突している。この事実は、タワーの倒壊を予想させる根拠になり得るだろうか。

よく知られていることだが、この種の高層ビルは大型旅客機の衝突による衝撃にも耐え得るような設計になっている。一九六四年、WTCタワーの設計中に、大型旅客機による衝突にどの程度耐え得るかという分析が行なわれた(原注9)。

タワーの建設に関わった数人の人たちが、彼らの設計の特色についてコメントしている。ツインタワーを設計したワージントン・スキリング・ヘレ&ジャクソンという建築会社のレスリー・ロバートソンは、タワーは大型旅客機の衝突にも耐えるように設計されていると語った(原注10)。構造設計の主たる責任者である建築家のジョン・スキリングは、一九九三年（二月に地下駐車場で爆弾が爆発した〝世界貿易センター爆破事件〟のあと）、もしジェット燃料を満載した旅客機がタワーに衝突したらどうなるかを検討した。スキリングは「大火災になり」、「多くの死者がでるだろう」、しかし「ビル構造は残るだろう」と言っている(原注11)。二〇〇一年一月、ツインタワーの建築現場責任者だったフランク・デ・マルティーニはどちらのタワーも、「ジェット機が何度か衝突してもたぶん大丈夫だ」と語っている(原注12)。

ニューヨーク市も参考になる歴史的経験をしている。一九四五年、B二五がエンパイアステートビルの七九階に衝突し、高さ二〇フィート（※六メートル余り）の穴があいた。大規模な火災も起きたが、この破壊では部分的に崩壊することすらなかった(原注13)。B二五はもちろんボーイング七六七よりはるかに小さいが、エンパイアーステートビルもツインタワーに比べればはるかに小さい。

◆グランドゼロでの予想

専門家の証言や歴史的経験が示すのと同様、現場の消防士や救急医療関係者たちもまた、倒壊をまったく予想していなかったと報告している。ニューヨーク市消防局（救急医療サービスも特殊部門として含まれる）の隊員約五〇〇人による口述記録があるお陰で、彼らの証言を聞くことができる。この証言集は9・11事件後まもなく録音されたもので、その後、長期に渡る法的手続きを経て、[原注15]二〇〇五年にようやくニューヨークタイムズのウェブサイトで一般公開された。[原注16]以下はそのごく一部の例である。

ブレンダン・ウィーラン消防副隊長の証言。「燃えている階だけは崩れるかもしれないと思った。（中略）タワー全体が落ちてくるとは思いもしなかった」。[原注17]

捜査公判局のマレー・ムラド捜査官の証言。「あんなふうに倒壊するとは誰も予想だにしなかった」。

ブライアン・ディクソン消防大隊長は、「ある階で（中略）あらゆるものが吹き飛んだ」あと、南タワーの上部階が崩れて落ちて来るのではないかと思ったが、「すべての階が崩落するとは考えもしなかった」と言う。[原注19]

ジョン・ペルッジャ救急医療サービス本部長は、両タワーに飛行機が突入したあとの様子を次のように語っている。

（北タワーを）見上げると（中略）、ビルの外側の構造がひどい損傷を受けているのが見えた。（中略）そのときの（中略）光景からは、まさか両方のタワーが全壊するなんて考えは頭の片隅にもなかった。（中略）我々はいつもみんなから、専門家たちから、このようなビルは飛行機がぶつかっても大丈夫だと聞かされてきた。そんなふうに設計されているんだ、と。（中略）飛行機が衝突した。でもOKだ。飛行機が衝突するように造ってあるんだから。ほんとに、誰もがそう信じていたんじゃないかな。飛行機に衝突されてもいいように造られているんだと、みんな何年も前に聞いていた[原注20]。

チャールズ・クラーク隊長は、別の消防士から走れと言われたあとの出来事をこう説明している。

我々は走り出した。（中略）本当にビルが倒壊し始めたなんて嘘だと思っていた。（中略）ビル全体が丸ごと崩れ落ちてくるなんて信じられなかった[原注21]。

救急医療班の隊長マーク・ストーンは、そのときの思いをこう表現している。

私は振り返って貿易センターを見て、そんなばかなと口に出した。（中略）あの世界貿易センターが崩れ落ちるなんて思った正気の人間が、一体どこにいるだろう。（中略）世界のどこにもいない。あのビルが倒れるなんて思った人間は世界中に一人もいない[原注22]。

ウォレン・スミス消防士は、瓦礫が落ちてくるのを見たと言ったあと、「あのビルがどこまで崩れるのか我々にはわからなかった。ただ、全壊するとは考えてもいなかった」と話し、さらにあとのほうでこうつけ加えた。

あそこのビルが（※複数）全壊することがあり得るなんて、とうてい信じられない。（中略）そんなばかな、一体どういうことだという感じだった。（中略）一九九三年のことがあるので、タイタニック号のような心境がちらっと胸をよぎった。みんなあのときの被害を見ているが、それでもあのときはビルは崩れなかった。（中略）私は、絶対倒れないビルだと思っていた。（中略）繰り返すが、ああいうビルが倒壊したのはいまだかつて一度もなかったことだ。(原注23)

「ああいうビルが倒壊したのはいまだかつて一度もなかったことだ」というスミス消防士の言葉は、グランドゼロに立ち会った専門家と消防士たちの証言の要約だと言っていい。

ツインタワーの倒壊は、現場にいた専門家たちにも完全に予想外だったというのが、これらの証言から引き出される結論だが、それは9・11委員会も認めている。委員会が知る限り、「現場にいた（消防）本部長の誰もが、どちらのタワーも完全に倒壊することなどあり得ないと信じていた」と委員会の報告書には書いてある。(原注24)

だが実際には、倒壊を恐れていた消防本部長が一人いた。9・11委員会は報告書では触れていないが、ニューヨーク市消防局長のトーマス・ヴォン・エッセンからこの事実を知らされていた。消防局長は、北タワーの崩壊で亡くなったレイ・ダウニー消防本部長から「ボス、これらのビルは倒壊する可能性があると思いますよ」と言われた。(原注25)このダウニー本部長の言葉には特別な重みがある。なぜなら彼は、9・11委員会のティモシー・レーマー委員も指摘したように、ビル倒壊の専門家なのだ。(原注26)事

実、ダウニー本部長のことを「米国随一の倒壊専門家」と呼んでいる消防局スタッフもいる。(原注27)

ダウニー本部長は、爆発物がビル内に仕掛けられているにちがいないと考えていた。彼の甥が書いた本によれば、南タワーが倒壊する（※九時五九分）より前の九時二〇分というかなり早い時間に、ダウニーはそう信じるに至ったという。(原注28)そして南タワーが倒壊したあと、ニューヨーク市消防局付き牧師の一人によると、ダウニーは「あの上のほうに爆弾があった」と言ったとされているのだ。(原注29)

したがって、「現場にいた」（消防）本部長の誰もが、どちらのタワーも完全に倒壊することなどあり得ないと信じていた」という委員会の説明は、あくまでも、〝飛行機の衝撃と火災から発生した損傷を原因とする倒壊はあり得ない〟と思っていた、という意味なのだろう。そうだと仮定すれば、ダウニー本部長の言葉は、９・11委員会の説明と矛盾するわけではない。

その後、国立標準技術院（ＮＩＳＴ）がツインタワー倒壊の公式報告を発表したが、委員会と同じ結論を支持した。北タワーについてＮＩＳＴの最終報告書にはこう書いてある。

当該建築物の構造安定性に関する複数の評価の範囲で言えば、ＷＴＣ第一ビル指揮所では、重大な損傷が建物に起きていたことを認識していた。（中略）彼らの消防経験から、消防活動中は建物がそのまま立っているであろうと思われたが、衝突部分と火災部分一帯には局部的な崩壊状況が起きることは予想された。建物が完全に倒壊するだろうと思った者は、インタビューされた中には一人もいない。(原注30)

ＮＩＳＴはまた、タワー内部での作業を計画する任務を負っていたニューヨーク市消防局指揮官たちの言葉を引用している。

これらの指揮官たちは（中略）、火事で破壊された階では部分的に崩れ得ることを予想していた。大規模な崩壊や完全なビル全壊はまったく予想していなかった。（原注31）

したがって、火災と構造上の損傷を合わせても、ジュリアーニがどこかの情報源から得たように、タワー全体の倒壊を予想するだけの客観的根拠はなかったことになる。直ちに倒壊するか、七時間から一〇時間後に倒壊するかの問題ではない。世界貿易センターが倒れると予想したジュリアーニとその情報源は、何らかの客観的根拠を持っていたことが示唆されるが、現場の事情に通じた他の人々全員の見解とは、明らかに食い違っている。

◆矛盾への対応

９・11委員会はこの食い違いにどう対応しているだろうか。報告書にはまったく触れられていない。ジュリアーニ市長は委員会で証言しているのだが、委員会は、ジュリアーニがピーター・ジェニングズに言った発言については質問していない。

〈９・11委員会公聴会でのジュリアーニ証言〉

公聴会ではジュリアーニは事実、違う話をしている。バークレーストリート七五のオフィスにいたときのことをジュリアーニはこう語っている。

机が揺れ始め、制服組の警察本部長エスポジトが（中略）〝タワーが落ちた、タワーが倒れた〟と言う声が聞こえました。まず頭に浮かんだのは、世界貿易センターの屋上にあるテレビ塔のどれかが落ちたと思いました。タワー全体が倒れたとは思いつきませんでしたが、彼が言ったとおりで、（中略）外にはものすごい量の瓦礫が見えました。最初は地震のように感じ、次に原子雲のように見えました。そこで我々はすぐに、このビルにいるのは危険だ、倒れるかもしれないと思いました。ビルは損傷を受けていました。揺れていました。それで警察本部長と私は、警察副本部長も一緒に、全員をビルから退避させなければいけないと決めたのです。(原注32)

この公聴会バージョンでは、ジュリアーニはツインタワーの倒壊を事前に警告されたわけではないことになっている。「タワー全体が倒れたとは思いつきませんでした」とさえ言っている。彼が経験したのは単に、タワーの一つが崩れ落ちたという事実だけだ。彼が倒れるかもしれないと恐れた建物はタワーではなく、自分がいるバークレーストリート七五のビルになっている。ジュリアーニが話を変えたことについて、９・11委員会の委員は誰一人、本人に質問しなかった。

９・11委員会の正副委員長であるトーマス・ケインとリー・ハミルトンは、共著の中で〝９・11委員会の内幕〟を書き、ジュリアーニに質問したときはいい仕事をしなかったとして次のように認めている。「委員会の公聴会で行なう証人喚問の中では、ジュリアーニ市長への質問はいい出来ではなかった。我々は厳しい質問をせず、公文書に書くために必要な情報をすべて得ることもしなかった」(原注33)。もっとも、彼らが考えていた「厳しい質問」とは、タワーにいた従業員や消防士たちの生命を救ったはずの無線の不備などの件で、情報伝達の失敗に関する質問に限られている。確かにそれも重要な質問だった。9・11事件に関連してジュリアーニが怠ったあれやこれやの問題については、他の著者たちが詳細に論じている(原注34)。しかし、最も厳しい質問は、ジュリアーニが事前にタワー倒壊を知っていたと発言した報道に関するものであったはずだ。

〈9・11口述記録と非常事態管理局〉

事前にジュリアーニに倒壊を知らせた情報源は誰だったのか。もし委員会がこの件を調査し報告していたら、少なくとも部分的にはその答えが得られていただろう。ニューヨーク市消防局（FDNY）が作成した口述記録には、この問題に関連する情報が含まれていたのだ。この証言記録は、9・11委員会がその仕事を終えた翌年の二〇〇五年まで一般公開されなかったが、委員会は自由にアクセスすることができていた(原注35)。しかも委員会がこの記録を十二分に活用していたことは明らかである。なぜなら報告書に「五〇〇人のFDNY内部インタビュー記録の再調査」を実施したと記しているだけでなく(原注36)、『9・11委員会報告書』の注記を調べると、市消防局の口述記録を極めて広範に利用していたことがわかるからだ(原注37)。したがって委員会は、ジュリアーニが事前にビル倒壊を知ったその情報源をめぐる問題についても、複数の証言を報告できたはずである。

例えばアルバート・チュリ本部長の証言を委員会が報告していれば、この本部長が以下のように証言していたことを一般人も知ることができたのだ。

三時間くらいは大丈夫だろうと私は思った。高層ビルでは防火壁の耐久性は通常三時間とされている。（中略）その時点では構造的に不安定な徴候は何もなかった。そのあと、（ピーター・）ガンチ消防本部長の補佐役スティーヴ・モジェッロが指揮所にやってきて、このビルが構造的に安全ではないという報告をＯＥＭ（非常事態管理局）から受けたと言った。もちろん、我々の注意はすぐその知らせに集中し、ピーター（ガンチ本部長）が、その報告は誰から来たのかと尋ねた。そこでスティーヴ（モジェッロ補佐）がＥＭＴ（救急救命士）スタッフを指揮所に連れてきた。知らせを届けるために送られて来た伝令のようだった。ガンチ本部長が、この報告はどこから来たのかと訊いた。相手は（中略）、よくわからない、とにかくＯＥＭ（非常事態管理局）がこれを報告していると答えた。（原注38）

モジェッロ補佐の証言を調べれば、この〝ＥＭＴスタッフ〟とは、救急救命士のリチャード・ザリッロのことだとわかったはずである。（原注39）ザリッロ自身はこう語っている。

ジョン（ペルッジャ救急医療サービス本部長）がやって来て私に言った。ガンチ本部長を探し出してこのメッセージを伝えなければいけない、ビルが危ないことになっている、避難しないといけない、倒壊するだろう、と。私はオーケーと言った。（中略）消防指揮所のほうへ歩いて行くと、スティーヴ・モジェッロ（補佐）がいた。スティーヴ、ボスはどこだ、メッセージがあるんだ、と言うと彼が、どんなメッセージだと訊くので私は、ビルが倒壊するんだ、全員を避難させないといけないと答えた。彼は呆気に取られた顔で、誰がそう言ったんだと訊くので、私は、ＯＥＭ（非常事態管理局）でジョンと一緒だったんだ、ＯＥＭが、ビルが倒壊すると言っている、我々は引き揚げないといけないと言った。彼（※スティーヴ・モジェッロ）は私を（ピーター・）ガンチ本部長のところへ連れて行った。(原注40)（モジェッロ補佐が）ピート（ガンチ本部長）に、ビルが倒壊するという連絡が来ていますと言った。一体どいつがそんなことを言ってるんだと（本部長が）応じた。そこでスティーヴが私を中に入れた。そこにはスティーヴ以外にガンチ本部長、フィーハン局長がいて、最初はたしかチュリ本部長もいた。私は彼らに言った。聞いて下さい、私は今ＯＥＭにいたら伝言を受け取りました。ビルが倒壊するだろう、全員を退避させろ、とのことです。その瞬間、雷鳴のような轟音が上から落ちてきた。それが、ビルが崩れたときだった。最初のタワーの倒壊だった。(原注41)

ザリッロ救急救命士が救急医療サービス（ＥＭＳ）のジョン・ペルッジャ本部長からこの伝言を受けたことを、委員会は知ることができる立場にあった。委員会が知ることができたのはこれだけではない。ペルッジャ本部長は、世界貿易センタータワーへ向かう途中で消防司令センターから連絡を受けたと話したあと、次のような証言をしている。

非常事態管理局（ＯＥＭ）が活動を開始していると彼らから知らされた。私は、ＯＥＭや警察の指揮統制センターの人員配置の責任者だ。（中略）私は協議していた。ロタンズ氏と、もう一人は建築局の代表だと思うのだが、確かではない。エンジニア風の人物だった。我々数人がロビーで集まって話していた。私が注意を引かれたのは、両タワーが受けた構造上の損傷が極めて深刻な状態だと彼らが信じていることだった。彼らは、ビルの安定性が危険にさらされていると強く確信していて、北タワーは今にも倒壊する危険があると感じていた。私は救急救命士のザリッロをつかまえてその情報を伝え、すぐガンチ本部長のいる指揮所へ行くように命じた。（中略）私はザリッロに言った。「ガンチ本部長に、本部長にだけ会うんだ。ビル全体の安全性が極めて危なくなっている、すぐにも倒壊しそうな危険な状態だと彼らは信じている。この情報を伝えてくれ（原注42）」。

彼らが倒壊しそうだと話していたのは「片方のビルだけなのか、両方のビルなのか」とインタビューで訊かれて、ペルッジャ本部長はこう答えている。

そのとき我々が受け取った情報では、両方のビルが深刻な損傷を受けているが、最初に衝突された北タワーが今にも倒壊する危険があると彼らは感じている、とのことだった（原注43）。

ペルッジャ本部長が言及している「ロタンズ氏」とは、非常事態管理局（ＯＥＭ）の副局長、リチャード・ロタンズのことである。したがって、タワーが倒壊しそうだという情報は非常事態管理局から来たというザリッロ救急救命士の証言は、ペルッジャ本部長によって裏付けられている。

現場にいた専門家や消防士たちは誰一人、タワーが倒壊するとは予想もしていなかった。そんな考えは頭の片隅にもなかったと証言している人たちさえいる。この事実を考えれば、委員会はリチャード・ロタンズに、なぜ倒壊すると予想したのか訊ねるべきだった。また、ペルッジャ本部長の言う「建築局の代表」かもしれない「エンジニア風の人物」の正体を突き止める努力をするべきだった。

ただ、９・11委員会は実際には、チュリ本部長、モジェッロ補佐、ザリッロ救急救命士、ペルッジャ救急医療本部長が語ったエピソードについて明らかに言及していて、問題の人物のことも暗に示しているのだ。(原注44)「九時五七分頃、一人の救急医療サービス救護員がニューヨーク市消防本部長のところにやってきて、世界貿易センター第七ビルの前にいるエンジニアが、ツインタワーは今にも全壊する危険があるとたった今コメントした、と忠告した」。しかし委員会は、このエンジニアの正体を突き止めて、なぜこのようなことを言ったのか調べた形跡はまったく見られない。

◆結論

いずれにせよ、９・11口述記録で明らかになった重要な事実は、タワーが倒壊するという事前情報が非常事態管理局（ＯＥＭ）に端を発していたことである。このニューヨーク市の管理局とジュリアーニ市長はどういう関係だったのだろうか。当時、非常事態管理局の局長を務めていたリチャー

ド・シーラーが、ジュリアーニに直接報告するという関係だった。（原注45）

したがって、バークレー・ストリート七五でジュリアーニたちが、タワーが倒壊すると「言われた」とジュリアーニが言う場合、問題の発言の主は彼自身のスタッフなのである。タワーが全壊することなどあり得ないというのが事実上、誰もが信じていた常識であり、頭の片隅にも浮かばない予想であるのに、なぜ彼らは倒壊することを事前に知っていたのだろう。議会とマスコミは、9・11委員会が怠ったことを実行する必要がある。つまり、ジュリアーニとその直属である非常事態管理局スタッフは、他の人たちが知り得ない何を知っていたのか、ジュリアーニに質問しなければならない。

第23章 WTCツインタワーで爆発はあったのか

ツインタワーの倒壊は、飛行機の衝突と、それによる火災からの損傷によって引き起こされた結果である、と政府や公式報告、マスコミは説明してきた。タワー内の爆発はすべてジェット燃料の火災によるものとされている。爆弾や爆発物が倒壊を助けたのではないかという説は、直接間接に否定されてきた。

◆9・11委員会と国立標準技術院（NIST）の見解

『9・11委員会報告書』にはタワー内の爆発の証言についてはいっさい触れていないが、例外として、南タワーが崩壊したとき北タワーにいた何人かの消防士が、何が起こったのかわからず、誤って「爆弾が爆発したのではないかと憶測した」と指摘している。(原注1)

二〇〇六年、9・11委員会の副委員長であるリー・ハミルトンはカナダ放送局（※公共放送局）のインタビューの中で、「制御爆破、制御解体でビルを壊した」という説について訊ねられてこう答えている。

もちろん、我々は非常に注意深く調べたが――いかなる証拠も得られませんでした。見つかった証拠はすべて、飛行機によるものでした。（中略）建物の倒壊をもたらした原因を要約すれば、超高温に熱せられたジェット燃料がこれらの建物の鋼鉄製スーパーストラクチャーを溶解し、倒壊を引き起こしたということです。(原注2)

ジェット燃料が鋼鉄を溶解したと述べたことで、ハミルトンは委員会が前提とした説さえも理解していないことをさらけ出した。委員会は、火災では鋼鉄が溶けなかったとしている。なぜなら、自由に燃え広がる炭化水素の火災は、鋼鉄を溶解するのに必要な温度、華氏二八〇〇度（摂氏一五三八度）より少なくとも一〇〇〇度低いからだ。しかし鋼鉄の強度が弱まった結果、倒壊したと説明している。

ハミルトンがこれを知らないということは、委員会が世界貿易センターの倒壊に関して語れることは実質的に何もないことを反映している。おそらくその主たる説明責任が、ＮＩＳＴの略称で知られる国立標準技術院に委ねられていたからだろう。ＮＩＳＴは二〇〇五年にツインタワーに関する報告書を発表したのだから、翌二〇〇六年にインタビューされたハミルトンはＮＩＳＴの結論を十分に把握していたはずだ、と人が想像するのは無理からぬところではある。ともあれハミルトンが、制御解体の証拠は何もなかったとするＮＩＳＴの見解を共有していることに変わりはない。

ＮＩＳＴの「最終報告書」には、「テロリストたちがジェット燃料を満載した旅客機をビルに激突させたあと、飛行機の衝撃とその後の火災がタワーの倒壊を招いた」となっている。[原注3]また、制御解体として知られる手順のように、爆発物によって、倒壊させたのではないかという疑問については、たった一文だけですましている（ただし、同じ文章が三回使われている）。即ち、「世界貿易センターのタワーが、二〇〇一年九月一一日以前に仕掛けられた爆発物を使用した制御解体によって破壊されたのではないかという仮説については、それを裏付ける証拠をＮＩＳＴは何一つ見出すことができなかった」というのだ。[原注4]

二〇〇五年に「最終報告書」を出したＮＩＳＴは、翌二〇〇六年に「よくある質問への回答」と題する文書を公開し、この問題をより詳しく説明した。[原注5]その中の「ＮＩＳＴはなぜ制御解体仮説を検討しなかったのか」という質問への回答で、ＮＩＳＴは先の一文を繰り返している。

世界貿易センターのタワーが、二〇〇一年九月一一日以前に仕掛けられた爆発物を使用した制御解体によって破壊されたのではないかという仮説については、それを裏付ける証拠をＮＩＳＴは何一つ見出すことができなかった。

この説明を裏付けるものの一つとして、次のことが主張されている。

衝突と火災に遭った階の下の区域では、（ＮＩＳＴ、あるいはニューヨーク市警察、港湾局警察、ニューヨーク市消防局によって収集された）いかなる爆発の証拠もなかった。[原注6]

「衝突と火災に遭った階の下の区域」と範囲を限定したことで、飛行機の衝突、あるいは火災、またはその両方があった階で爆発があったとしても、それは衝突や火災に起因するとして説明がつく、とNISTは言いたいらしい。

本章では、ほかの爆発があったかどうかという一点に絞って検証する。この疑問はもちろん、タワーが制御解体で倒壊したのかという、もっと根本的な疑問にも関連してくる。この根本に関わる問題には検証すべき要素が多数含まれている。飛行機の衝突とそのジェット燃料からの火災というもっともらしい原因では説明のつかない爆発があったのか、という疑問はその中の一つにすぎない。その種の爆発はなかったという公式説明もまた、現場にいた消防士、救急医療関係者、ジャーナリスト、生き延びたツインタワーの従業員、警官など、あまりにも多くの人々の証言と食い違う。

◆消防士たちの証言

前章で述べたように9・11事件後ほどなく、ニューヨーク市消防局（FDNY）の隊員約五〇〇名の9・11口述記録が録音された。この証言集は二〇〇五年、ニューヨークタイムズによって一般に公開された。これらの証言の多くに――ある統計によると四分の一近くに、(原注7)衝突や火災の結果としては説明のつかない爆発が、ツインタワーの倒壊前後に起きていたことを示す描写が含まれていた。既述のように、市消防局には消防士だけでなく救急医療関係者もいる。まずは消防士の証言の中から、飛行機の激突は二番目だが倒壊は最初だった第二タワー（世界貿易センター第二ビル）、つまり南タワーに関する証言から見ていこう。以下は証言者のアルファベット順とする。

〈南タワー〉

リチャード・バナシスキー消防士の証言

すごい爆発だった。まるでテレビを見ているみたいだった。ビルを爆破するときのような。爆発がベルトのようにぐるぐる回っていった。(原注8)

この爆発の描写、「ベルトのようにぐるぐる回っていった」は、爆発がランダムに起きたわけではないことを示している。ジェット燃料の爆発や、飛行機の衝突とそれによる火災の結果として予想されるような、不揃いの爆発とは違ったということだ。

エドワード・カキア消防士の証言

上司と私が南タワーを見ていたら、あれが崩れてきた。実際に崩れたのは下の階で、飛行機が衝突した階ではなかった。（中略）最初我々は建物内部の爆発、爆発物のようだと思った。ボン、ボン、ボン、ボンと続けて起こったから。そのあとタワーが落ちてきた。(原注9)

カキアの証言は、以下に続く他の証言と同様、「衝突と火災に遭った階の下の区域では、（中略）ニューヨーク市消防局によって収集された）いかなる爆発の証拠もなかった」というＮＩＳＴの主張と食い違う。

クレイグ・カールセン消防士の証言

ちょうど第二ビル、南タワーから爆発音が聞こえた。永遠に続くかのようだったが、一〇回くらいの爆発だった。（中略）そのあと、ビルが落ちて来るのに気がついた。（原注10）

南タワーは九時〇三分に衝突があり、九時五九分に倒壊した。誰もが一致していることだが、ジェット燃料は約一〇分間で燃え尽きたはずである。（原注11）したがって倒壊直前の爆発は、ジェット燃料の爆発ではあり得ない。

ジョン・コイル消防署長の証言

タワーが爆発していると思った、本当に――自分にはそう見えた。その後も何時間も、爆発したんだと思っていた。あるいは（中略）飛行機に何か装置が仕掛けてあって、それが爆発したんだ、と。なぜなら、タワーから瓦礫が、我々の頭上を越えて遠くまで飛び散ったからだ。（原注12）

コイルの証言では、何か爆発装置があって爆発したのだろうという最初の解釈を、あとになって間違っていたと考えを変えたことがうかがえる。同じような判断の変更が多くの証言に見られる。しかし本章で検証するポイントは、コイルなどの目撃者が最終的にどんな解釈を受け入れたかではない。

実際に複数の爆発が起こり、コイル証言のように「タワーから瓦礫が、我々の頭上を越えて遠くまで飛び散った」という現象が起こったことがポイントである。

フランク・クルサーズ隊長の証言

最初は爆発だと思った。それが最上階で起きたと同時に、四方向すべてから瓦礫が水平に飛び出していくのが見えた。それから一拍置いて、倒壊が始まったように見えた。(原注13)

NISTの書きぶりでは、飛行機の衝突による爆発であるという説明が通用しないのは、火災と衝突が起きた部分より下の階での爆発だけだと言わんばかりだが、問題の階より上の階の爆発にも同じことが言えるのだ。ジェット燃料がそこまで登っていくことはあり得ないのだから。

これまではコメントを加えてきたが、ここからは証言だけを連続して引用する。

ブライアン・ディクソン消防大隊長の証言

南タワーで燃えていた最下層の階は、本当に誰かがそのまわりに爆発物を仕込んだように見えた（中略）その階全体が吹き飛んだ感じだったからだ。（中略）その階の何もかもが吹き飛ぶのが実際に見えた。なんてことだ、あれは爆発そっくりじゃないかと思った。(原注14)

トーマス・フィッツパトリック副局長の証言

下から三分の二あたりで煙が噴き出すのが見えた。あれは爆発だと思った人たちもいた。（中略）ある特定の階のまわりをぐるっと回って、火花が飛び散っているように見えた。（今考えると、あれは窓か何かがティンセル飾りのようになって落ちてきたのかもしれない）。そのあとビルが倒壊し始めた。私が最初に感じたのは、これはまさにテレビで見るような内部爆発とそっくりだということだった。（原注15）

スティーヴン・グレゴリー消防局長補佐の証言

低い階で閃光をいくつも見た（中略）と思った。エヴァンジェリスタ警部補と話したときは自分からはこのことを言わなかったのだが、警部補が質問してきて、ビル正面の低いところで閃光を見たかと訊くので、見たと答えた。（中略）あのときはそれが何なのかわからなかった。ビルが崩壊するので、その結果いろんなものが爆発しているのだろうとは思ったが、閃光、閃光、閃光の連続で、そのあとビルが落ちてきたように見えた。（中略）ビルの下のほうの階だった。ビルを解体するとき、ビルを爆破するとき、ビルが崩れ落ちるとき、どんな感じかわかるだろう。私が見たのはそれだと思った。（原注16）

ティモシー・ジュリアン消防士の証言

最初は爆発だと思った。飛行機に爆弾が積んであったんだろうと思った。時限装置で、二次的に起爆するタイプだ。（中略）爆発のような音が聞こえた。そのあと割れるような感じの音がして、それから、貨物列車がスピードを上げながら走ってくるような音が聞こえたので、見上げたのを覚えている。そうしたら、あれが落ちて来るのが見えた。（原注17）

ジョゼフ・メオラ消防士の証言

我々が見上げていると（中略）、四方の壁すべてからビルが噴き出してくるように見えた。実際にボンボンという破裂音も聞こえた。それが、倒壊する音だとは思わなかった。（中略）そうだろう、ビルからボンボンと音が聞こえたわけだ。だったら爆発しているだけだと思うだろう。（原注18）

ジョン・マレー消防署長の証言

我々はそこに立って北タワーを見ていたが、南タワーには注意を払っていなかった。見上げたときにはものすごいことになっていた。ビルは、落ちて来たわけじゃない。我々の頭上をすっ飛んでいったんだ。一直線にウエストストリートを越えていった感じだ。（原注19）

ウィリアム・レイノルズ消防士の証言

南タワーからの大きな爆発に注意がそらされた。四方八方に二〇〇フィート（※六〇メートル余）ほども火が噴き出しているように見えた。（中略）（この火は）飛行機が衝突した場所より二〇階ほど下のところだった。（原注20）

ケネス・ロジャーズ消防士の証言

そのとき、南タワーで爆発があった。（中略）私はずっと見ていた。階から階へ次々と。一フロアずつ下へ順々に。それが五階ぐらいまで来たとき、これは爆弾だと思った。なぜなら、同時進行するよう計算された計画に見えたから。（原注21）

デニス・タルディーオ隊長の証言

爆発音がしたので見上げた。ビルが最上階から次々と下へ一階ずつ、ボン、ボン、ボン、ボンとまるで内部爆破されていくようだった。私は仰天して立ちすくんでいた。自分の目が信じられない。このビルが倒れてくるなんて。（原注22）

トーマス・トゥリッツリ消防士の証言

いきなりだった（中略）、爆弾がいくつも破裂するのとそっくりの音がした。ボン、ボン、ボンと七、八回ぐらい。（原注23）

以上、ニューヨーク市消防局職員の多くが証言している南タワーで目撃された現象は、爆発物が爆発したと解釈するのが最も自然であることはほぼ疑いの余地がない。

〈北タワー〉

北タワーが倒壊する直前に現場にいた消防士は南タワーよりはるかに少ないため、証言の数も少ない。それでも、このビル内での爆発を示唆する証言がいくつかあるので一部紹介しよう。

ジョン・コイル消防署長の証言

バッテリーパークに行ったとき初めて父親に電話が通じたので私は言った。「生きてるよ。(中略)危ないところだったが何とか生き延びた」。父が「どこにいたんだ？　あそこにいたのか？」と訊いたので、「そう、あれが爆発したときそこにいたんだ」と答えた。父は「飛行機がぶつかったときそこにいたのか？」と言うので、私は「いや、爆発したときさ。ビルが爆発したときにいたんだ」と答えた。父は「ビルが倒れたときということか？」と言うので、私は「いや、爆発したときだよ」と言った。(原注24)

クリストファー・フェニョ消防士の証言

貿易センターの最上階で爆発があった。貿易センターの一部がウエストサイド・ハイウェイを越えて飛んで行き、フィナンシャルセンター(※WTCの西側、道路を隔ててWFCビルが複数ある)にぶつかった。(原注25)

ケヴィン・ゴーマン消防士の証言

爆発音が聞こえたので見上げたら、三つの階が爆発したように見え、アンテナが落ちて来る

のが見えた。[原注26]

◆救急医療関係者と警察官の証言

〈南タワー〉

マイケル・オーバー救急救命士（ＥＭＴ）の証言

我々は轟音を聞いて（中略）空を見上げた。本当に正直なところを言うと、最初は（中略）爆発そっくりに見えた。ビルが崩れるという感じではなく、一つの階が丸ごと外に吹き飛ばされたように見えた。私は座って見ていた。（中略）崩れ落ちてくるなんて思っていなかった。[原注27]

ダニエル・リベラ救護員の証言（なぜ南タワーが落ちてくるとわかったのかと訊かれて）

ぞっとするような音だった。最初に思ったのは（中略）プロのビル解体を見たことあるだろう？　あちこちのフロアに爆薬をしかけて、そして「バン、バン、バン、バン、バン」と聞こえる、（中略）あれだと思った。あのぞっとする音を聞いたとき、ビルが崩れてくるのが見えた。[原注28]

ニューヨーク市消防局保険サービス部隊長ジェイ・スウィザーズの証言

ちらっとビルのほうを見たら、倒壊するところは見えなかったが、大きな塊が吹き飛ばされていくのが見えた。だから、あれは爆発しかないと信じるようになった。二番目の仕掛けがあったんだろうと思った。[原注29]

〈北タワー〉

ニューヨーク市救急医療サービス部隊長カリン・デショアの証言

（北タワーの）真ん中あたりであのオレンジと赤の閃光が走った。最初は一つだけだった。やがて同じ閃光が立て続けに、ビルをぐるりと回るように起こり続け、ビルが爆発し始めた。破裂音がするたびに、最初はオレンジの閃光、そのあと赤の閃光がビルから飛び出した。私が見えた範囲では、それがビルの両側に回って四方八方で起きた。破裂音と爆発がどんどん大きくなって上下にも広がり、そのあとビル全体に広がった。（中略）爆発がますます大きくなって音も激しくなり、さらにどんどん大きくなって音も激しくなるので、私はみんなに言った。もしこのビル全体が爆発するなら――そのときはまだ、もう一棟（南タワー）が倒壊したことに気づいていなかったが――私は水に飛び込む、と。(原注30)

ニューヨーク・ニュージャージー港湾局警察の警官スー・キーンの証言（北タワー倒壊中の経験）

また新たな爆発があった。そこで私と二人の消防士は階段を下りた。（中略）何度あちこちに体をぶつけたかわからない。爆発があるたびに、体が浮き上がって投げ出された。（中略）また爆発があり、私は二人の消防士と一緒に道路に投げ出された。(原注31)

◆世界貿易センターの従業員たち

以下に引用する従業員たちの証言はすべて、北タワーで働いていた人たちによるものである。ジェネル・ガズマンは、瓦礫から救出された最後の生存者である。北タワーが崩壊する二〇分ほど前に彼女が一三階まで下りたとき、「大きな爆発音が聞こえて目の前の壁が大きく崩れ、私はその向こう側に投げ出された」と語っている。（原注32）

定置機械担当エンジニアのマイク・ペコラロは午前八時四六分頃、同僚と地下六階で閃光を目撃し、大きな爆発音を聞いたあとに経験したことをこう証言している。

（我々はC階まで上がった。そこには小さな機械室があったのに）瓦礫しかなかった。そこにあったはずの五〇トンの油圧プレス機、それが消えていた！（そのあと）駐車場に行くと、そこもまた消えていた。（B階では）重さ三〇〇ポンド（※一四〇キロ弱）の鉄筋コンクリート製の防火扉が、アルミホイルのようにくしゃくしゃになっていた。（やっと地上一階に上がると）ロビー全体が煤で真っ黒になっていて、エレベーターのドアが消えていた。壁の大理石も一部なくなっていた。（原注33）

同じく地下の事務所で仕事をしていた保守管理のスーパーバイザー、アンソニー・サルタラマキアは次のように証言している。

八時四六分頃（中略）我々は巨大な爆発音を聞いた。（中略）そのあと別の爆発が立て続けに聞こえた。（中略）一四、五人ぐらいの人が悲鳴を上げながら事務所に飛び込んで来た。（中略）その直後に床が揺れ始めた。上から、頭の上からタイルが落ちてきて、我々の上に降り注いだ。（中略）男性が一人事務所に入ってきた。黒人男性で、ショックのせいか激しく震えていた。傷だらけだった。両腕から血が流れていた。皮膚がめくれていた。（中略）我々が立っているとさらに爆発が何度か起きた。みんな悲鳴を上げて大混乱になった。（中略）煙が濃くたちこめて曇った。（中略）ビルから出ないといけないことはわかっていた。（中略）八時四六分に爆発を聞いてから我々が脱出するまでの間に、私が聞いた爆発音はたくさんあった。少なくとも一〇回以上。さまざまな手榴弾を使ったような、多様な爆発だった。いろんな種類の手榴弾をビル内部で爆発させたような、そんなふうに聞こえた。（中略）大規模な爆発が一回あって、そのあと我々が出て行くまでの間ずっと、違うタイプの爆発が続いた。(原注34)

ソフト開発会社で働くテレサ・ベリスは、四七階でエレベーターから降りたあと、「ビル全体が揺れた。地震だと思った」と報告している。この揺れは、飛行機が衝突したときに起きた。しかしそれから間もなく、「またビルが揺れた。今度はもっと激しく」と言っている。そのあと階下へ下りて外に出るまでの恐怖の体験のあと、彼女はこう続けている。

至るところで爆発が起きていた。この場所のあらゆるところに爆弾が仕掛けてあって、誰かが操作盤の前に座って起爆ボタンを次々押しているに違いないと確信していた。（中略）また爆発があった。またまた爆発が。どっちへ走ったらいいのかわからなかった。（原注35）

◆テレビの9・11報道

事件当日にはさまざまなネットワークで、爆発を示唆する多数の報道が生中継中にあった。例えばフォックスニュースの記者は、どちらのタワーも崩壊していないときにこう述べている。

FBIが（中略）ロープを張ってこの区域を立入禁止にしました。私たち全員が耳にし、体感したあの大爆発の直前に、彼らは写真を撮ってこの区域の現場を確保していました。（原注36）

ニューヨーク駐在のBBCのビジネス担当特派員、スティーヴン・エヴァンズはBBCの視聴者にこうレポートしている。

私は第二ビルの、二番目に攻撃されたタワーの地下にいました。（中略）爆発がありました。（中略）爆発だとは思いませんでしたが（中略）、でもビルの地下が揺れたのです。私も揺れを感じました。（中略）そのあと私たちが外に出ると二回目の爆発が起き、さらに連続的な爆発がありました。（中略）あの爆発によって、連続的な爆発によって、どれだけの被害が発生したか、どれだけの人が犠牲になったか、今はただ想像するしかありません(原注37)。

エヴァンズ特派員は誰かのインタビューに応じながらこう言っている。

　また大きな、大きな爆発がありました。もう一方のタワーでは炎が外に燃え出し、立ちのぼるあの灰色の煙（中略）。旅客機がタワーの一つに突っ込むのを見たと誰かが言っていました。あれから一時間たって（中略）、もっとずっと低いところで大きな爆発がありました。一体何が爆発を起こしたのか、見当もつきません(原注38)

CBSの記者がダン・ラザー（※アンカー）にこう報告している。

　ダン、こっちに来ればよく聞こえますよ。小さめの爆発が一五分か二〇分置きに起きているのが聞こえます。したがって、この場所にいるのは極めて危険です(原注39)。

CNNのプロデューサー、ローズ・アースはこう説明している。

　消防士たちは救助活動を中止せざるを得ませんでした。彼らは今、燃え盛る巨大なビルを見守るばかりです。世界貿易センターの正面部分は完全に引き裂かれ、それより上の階の多くも

同様です。数分ごとに小さな重い音が、爆発によく似た音が響いてきて、大きな破片が通りに飛んできます。(原注40)

フォックスニュースでインタビューされた人がこう言っている。

地下にいました。突然大きな爆発音がしました。エレベーターのドアが吹き飛ばされ、男性が全身に火傷を負っていました。私は彼を引きずって外に出しましたが、彼の皮膚は全部垂れ下がっていました。(原注41)

MSNBCのリック・サンチェス記者は次のように話している。相手はおそらく（※ニュースキャスターの）クリス・マシュー。

クリス、さっき警察官たちと話したのですが、それによると、世界貿易センターの爆発の一つは、飛行機の衝撃で建物に起きたものとは別に、ビル内に駐車していたバンに仕掛けられていた何らかの爆発装置が原因だった可能性があり、そう考える理由が十分あるとのことです。彼らが恐れているのは、ビル内部や近隣に爆発装置が仕掛けられているかもしれないということです。(原注42)

NBCニュースのパット・ドーソンはこう報告している。

たった今、ニューヨーク市消防局のアルバート・チュリ保安本部長と話したところ、二次装置の可能性、つまり別の爆弾が起爆した可能性があるとの報告を受けているそうです。保安本部長は至急部下を外に出そうとしましたが、また爆発が起きました。最初の飛行機が突入してから（中略）一時間たったとき（中略）、また一方のタワーで別の爆発が起こったとのことです。実際にビル内に装置が仕掛けてあったと保安本部長は考えています。（原注43）

南タワーの崩壊後、爆発の報告が多数あった。あるフォックスニュース記者はこう報告している。

私は世界貿易センターの入口に向かっていました。私のプレス証明書を調べていた警官と話していると突然、非常に大きな爆発音が聞こえました。見上げると、ビルが文字通り崩れ落ち始めたのです。（原注44）

CNNのアーロン・ブラウン（※キャスター）はタワーを見上げながらこう言っている。

たった今、巨大な爆発がありました。煙がもくもくと広がっているのが見えます。あの第二タワーが見えなくなっています。火花と炎が滝のように落ちていて、まるでキノコ雲が爆発し

たように見えます。（原注45）

ＡＢＣニュースではピーター・ジェニングズとドン・ダーラー記者との間で、以下のような会話が交わされた。

ダーラー　飛行機が衝突した第二ビルは今、完全に崩壊しました。まるで解体業者が仕掛けたように建物全体が倒壊したのです。古いビルを解体するときの光景とそっくりでした。ビルが真下に折りたたまれるように崩れ落ち、そこにはもうタワーの姿はありません。

ジェニングズ　片面が全部崩落したのですか？

ダーラー　ビル全体が倒壊したんです。

ジェニングズ　ビル全体が倒壊した？（原注46）

ダーラー　ビルが倒れたのです。

午前一〇時一三分のＣＮＮライブのヘッドラインはこうだった。「ニュース速報　ニューヨークの世界貿易センター、二番目の爆発で倒壊（原注47）」。

一〇時二八分に起きた北タワーの倒壊後には、さらに多くの爆発の報告があった。一〇時二九分にはＣＮＮのプロデューサー、ローズ・アースがアーロン・ブラウンに電話で報告をしている。

私は一ブロックほど離れたところにいました。飛行機が衝突した場所の真下の窓にしがみついている人たちが何人かいました。突然、ビルの最上部が揺れ始めるのが見えました。ビルの北側の窓から人々が飛び下り始めました。（中略）そのとき、ビルの上部全体が吹き飛び、瓦礫の破片が通りに降り注ぎました。(原注48)

MSNBC記者のアン・トンプソンはこうレポートしている。

私はビルから離れようとしました。でも外に出た瞬間、二番目の爆発が聞こえました。そしてまた大きな音が轟いて、煙と粉塵がさらに増えました。私はビル内に駆け込みました。シャンデリアが揺れ、再び黒い煙が充満しました。それから五分間のうちに私たちはまた、もっと多くの煤と埃をかぶりました。消防隊長が入ってきて、もし第三の爆発があったらこのビルは持たないかもしれないから外へ出なさい、と私たちに言いました。(原注49)

タワーの倒壊について記者やネットワークのアンカーたちも感想を述べている。ABCのアンカー、ピーター・ジェニングズは南タワーの倒壊後にこう述べている。

ビルがどのように解体されるか見たことがある人なら、ビルを倒壊させるためには、その基礎部分に仕掛けをしなければならないことがわかるでしょう。(原注50)

両タワーが倒壊したあと、ＣＮＮのルー・ドッブズは言った。

これは何らかの計画の結果です。最初のタワーが倒壊し、二番目のタワーもまったく同じように倒壊するなど、偶然ではあり得ません。どうやってこういうことができたのか、私たちにはわかりません。(原注51)

ＣＮＮのレポーターはこう言っている。

飛行機の衝突のあと、二次的な爆発音が何度も聞こえました。本当はタワーを崩壊させるとどめの一撃になるような何かが、実際に地下になかったのでしょうか。(原注52)

◆翌日の新聞記事とテレビ報道

九月一二日、ロンドンのガーディアン紙はこう書いている。

世界貿易センターのタワー一棟目（※南タワー）が倒壊したとき、警察と消防当局は退避の第一波を実行していた。目撃者の一部は、建物の構造が崩れ落ちる直前、新たな爆発を聞いたと報告している。警察は、「計画された内部爆発」のように見えたと語った。(原注53)

ウォールストリート・ジャーナルの記者ジョン・バッシーは、同紙の社屋から見た光景を報じた。

オフィスの窓から見ると、完璧に同期したような爆発が各階で起こっているのが見えた。（中略）上から下に向かって次々と、何分の一秒かの間隔を置いて、各階が粉々に吹き飛んでいった。(原注54)

ロサンゼルスタイムズはこんな記事を掲載した。

午前九時五〇分（中略）、世界貿易センタータワーの一棟目が倒壊した。（中略）タワー倒壊の直前に爆発があったという報告が複数ある。（中略）そのあとまもなく（中略）世界貿易センタータワーの二棟目が倒壊した。建物の最上部が煙や粉塵とともに爆発した。炎はまったくなく、瓦礫の爆発だけだった。(原注55)

北タワーの地下で負傷した大工のマーリン・クルスは、ABCのピーター・ジェニングズのインタビューを受け、自分の身に起こったことを説明している。

仕事を始めるところで（中略）、貨物用エレベーターに乗りました。そこで最初の爆発が聞こえたんです。エレベーターも爆発しました。ドアが吹っ飛びました。エレベーターが落ちていきました。でも幸運なことに、階と階との間に引っかかったんです。（中略）私は四〇分ほど床に横たわっていました。（中略）（一九九三年の）最初の爆破事件のあと、またこういう爆発があるとは思いもしませんでした。（中略）でも爆発音を聞いたとき（中略）最初に思ったのは、またか、また爆弾でやられたんだってことでした。（原注56）

9・11委員会と国立標準技術院（※NIST）は、これらの証言すべてをどう扱っただろうか。

◆矛盾への対応

9・11委員会の最終報告書のまえがきで、トーマス・ケイン委員長とリー・ハミルトン副委員長が、委員会は「9・11に関する出来事への説明を可能な限り提供する」ことに注力したと書いている。（原注57）では、消防士や救急医療関係者、警察官、ジャーナリスト、世界貿易センター従業員など何十人もの目撃者が、倒壊の前とその最中に、爆発が何度もあったと報告しているのに、委員会はなぜその事実を論じなかったのだろうか。

委員会は、これらの証言を入手できなかったわけではない。ネットワークテレビの事件当日の録画も、翌日の新聞記事もすべて、彼らは容易に手に入れることができた。しかも前章で述べたように、現に報告書の付記の中で、ニューヨーク市消防局の9・11口述記録の引用を非常に多用している。（原注58）もし9・11委員会がこれらの証言内容を知っていたのなら、爆発を示す何十もの証言について、なぜ一言も言及しなかったのだろう。委員会が唯一触れているのは既述のとおり、南タワーが倒壊したとき北タワーにいた消防士が、倒壊が見えないまま「爆弾が爆発したのではないかと憶測した」ケースだけである。(原注59) 実際に爆弾が爆発したことを裏付けるような目撃証言が多数ある中で、なぜ委員会は、明らかな勘違いで爆弾が爆発したと思い込んだケースだけを引き合いに出したのだろう。

二〇〇六年にリー・ハミルトンは、爆発物がタワーを破壊したという説について訊ねられたとき、なぜ、火災で鋼鉄が溶解したため倒壊したと言ったのだろう。それは物理的に不可能だ。しかも、爆破説を裏付ける目撃証言が何十もあることを、委員会のメンバーが知らなかったはずはない。それなのに、爆破説を支持する「いかなる証拠」も見出せなかったと主張しているのだ。

北タワーの用務員ウィリアム・ロドリゲスは、人々をタワーから救出したことで、9・11以降は〝国民的英雄〟と命名され、ブッシュ大統領と一緒に写真を撮られるようになった。ロドリゲスはあの朝、仕事に行ってから多数の爆発を聞き、体に感じたことを、9・11委員会のスタッフメンバーに報告している。ところが彼はこう語っている。「私は9・11委員会と非公開で会って説明したが、爆発物が使われて北タワーが倒壊したことについては、彼らは私の報告を、基本的にすべて無視した」。(原注60) 委員会は「9・11に関する出来事への説明を可能な限り提供する」ことを標榜しながら、〝国民的英雄〟の証言を黙殺し、彼が委員会のスタッフに証言したという事実を報告書の巻末の注にさえも書いていない。これは一体なぜなのだろう。

国立標準技術院（※NIST）はどう対応しただろうか。NISTも口述記録を参照することができた。NISTの「最終報告書」に、ニューヨーク市消防局から入手した「個人面接調査記録」と書いてあるのが市消防局の口述記録を意味するようだ。(原注61) しかし、爆発に関する証言を報告するどころか、既述のように、「衝突と火災に遭った階の下の区域では、（中略）ニューヨーク市消防局によって収集された）いかなる爆発の証拠もなかった」と明確に否定している。実際にはこの口述記録には、低層階での爆発についても、また、ジェット燃料では起き得なかった衝突区域より上の階での爆発についても、いくつかの証言が含まれているのである。

◆結論

公式説明が、消防士や救急医療関係者、警察官、ジャーナリスト、世界貿易センター従業員たちの証言とこれほど食い違っている原因を、議会とマスコミは調査する必要がある。ＮＩＳＴと９・11委員会はなぜ、彼らに与えられた証拠を無視し、その存在までをも否定したのかを糾さなければならない。とりわけマスコミは、９・11事件当日とその翌日に彼ら自身が報道した一次証拠を、なぜ委員会が採用せず、ましてや矛盾する公式説明まで発表したのかを追及する必要がある。

第24章

WTC第七ビルで爆発はあったのか

9・11事件当日の午後五時二〇分頃、四七階建てのWTC第七ビルが約七秒間で完全に崩壊した。本書執筆中の現時点で、第七ビルの倒壊がなぜ起きたのかに関する公式の説明はまったくない。『9・11委員会報告書』は、それが起こったことについてすら言及していない。

WTC第七ビルの倒壊を説明する公式の責任は、国立標準技術院（NIST）に委ねられた。二〇〇五年四月、NISTは「WTC第七ビルの報告は、主報告書の補足として発行する予定である。二〇〇五年一〇月に一次報告書、二〇〇五年一二月に最終報告書を発表の予定」と発表した。(原注1) 二〇〇五年一〇月に世界貿易センターに関する一次報告書が発表されたが、そこにはツインタワーのことしか書かれていなかった。第七ビルの報告は翌二〇〇六年に延期されたが、その八月にNISTは、「(WTC第七ビルに関する) 一次報告書の発表は二〇〇七年初頭になるだろう」と述べた。(原注2) だが、WTC第七ビルの崩壊から六年以上たった二〇〇七年一二月一一日の段階でもまだ、一次報告書は発表されていない（※本書刊行後の二〇〇八年八月、NISTは「世界貿易センター第七ビルの倒壊に関する最終報告書」(Final Report on the Collapse of World Trade Center Building 7)」を発表した。これに対する本書の著者グリフィン博士の論考「WTC第七ビル倒壊の謎　なぜNISTの9・11最終報告は非科学的で間違いだらけなのか（The Mysterious Collapse of WTC Seven Why NIST's Final 9/11 Report is Unscientific and False)」は「Global Research」のサイトで読むことができる）。

◆公式の否定

とはいえNISTは、二〇〇四年に「中間報告」を出していて、そこには第七ビルの倒壊について「火災が鍵となる役割を担ったようだ」と書いてある。もっとも、「その日の午後、一～五階、一〇階、そして一三階以上の階では火災は観察あるいは報告されていない」とも指摘している[原注3]。言い換えれば、この四七階建ての建物のうち、わずか六階分だけ火災が観察されたということだ。そして翌二〇〇五年、NISTは仮報告書を発表したが、そこには「WTC第七ビル倒壊に関する作業仮説」が含まれていた。この仮説によれば、「最初の出来事」は「火災や瓦礫によって発生した（中略）下層階における当初の局部的破損が誘因となり、主たる支柱に構造上の損傷を誘発した」とある。そして、「WTC第七ビルの倒壊が、爆弾、（中略）あるいは制御解体によって引き起こされたという証拠は、何一つ見られなかった」とつけ加えている[原注4]。

したがって今後もNISTは、これまでの公式説を踏襲することになるだろう。WTC第七ビルがなぜ倒壊したのか、まともな公式説明はいまだかつて一つもない（9・11委員会は明確な見解を持っている、とリー・ハミルトン副委員長は主張するかもしれないが[原注5]）。あるのはこの公式仮説だけで、その仮説は、爆発が一因であるという見解を陰に陽に否定している。公式説は、爆発の否定で成り立っているということだ。

しかし複数の記者と公務員は、この否定に相反する証言をしている。

◆WTC第七ビルでの爆発の報告

第七ビルでの爆発の発生を指摘している証言の中にはニュース報道がある。ニューヨーク・デイリーニューズのジャーナリスト、ピーター・デマルコはこうレポートした。

午後五時三〇分（原文のまま）、大きな音が轟きました。ビルのいちばん上の窓がすべて弾け飛びました。次に三九階の窓も全部飛び散りました。そして三八階も。ボン！　ボン！　ボン！　という音だけが聞こえて、やがてビルが灰色の雲の中に沈んでいきました。（原注6）

似たような報告を、ウィンズNYCニュースラジオ（※ニューヨークのラジオ専門局）の記者、アル・ジョーンズが報じている。

人々がその場から逃げ出し始めましたが、私はどうにか振り向いて、摩天楼の内部爆発のような光景を目にしました。まるで制御解体チームが手がけたように、ビル全体が真下に落ちていったのです。またしても、灰色と白の巨大な煙が勢いよく宙に噴き上がり、この道路にも再び煙が押し寄せてきました。（中略）つまりこの爆発で第一、第二ビルが倒壊し、今度はこの第

七ビルが倒壊したわけです。[原注7]

救急医療隊として活動していたニューヨーク大学の医学生ダリルはこう言う。

私たちはビルが火事になっているのでそれを眺めていました。（中略）そうしたら、（中略）あの雷のような音がしました。（中略）振り向くと、ショックでした。（中略）まるで衝撃波がビルを引き裂いたように、窓が全部吹き飛ばされたんです。（中略）一瞬の後、最下部の階がへこみ、ビル全体があとに続きました。[原注8]

９・11の現場に一番乗りして働いた元ニューヨーク市警の警察官クレイグ・バートマーが、おそらく最も詳しい証言をしている。長いインタビューの中で彼はこう語っている。

第七ビルが落ちてきたとき、私はそのすぐ近くにいた。（中略）あれは、単にビルが落ちてきたというような音ではなかった。（中略）あそこで爆発音を聞いたと言う目撃者の証言がたくさんある。（中略）突然、無線ががなりたてた。みんなが「逃げろ、逃げろ、そこから逃げろ！」と叫び始めた。（中略）見上げると、あんな光景を自分が目撃することになるとは想像すらしたことがない。あれがものすごい音とともに真下に落ち始めた。（中略）私は走った。（中略）その間中、「ボン、ボン、ボン、ボン、ボン」という音が聞こえていた。[原注9]

◆マイケル・ヘスとバリー・ジェニングズの報告

あの朝、WTC第七ビルの二三階にある非常事態管理センターを訪れたニューヨーク市所属法人弁護士、マイケル・ヘスからの報告もある。ヘスは午前一一時三四分、UPN9ニュースのフランク・ウッチアルドの生インタビューを受けてこう語っている。

私は二三階の非常事態管理センターにいました。ビル内の電気がすべて消えたので、連れの男性と私が歩いて（※階段を）下りて行くと、八階まで下りたときに爆発がありました。私たちは一時間半ほど八階で煙に、ひどい煙に包まれて閉じ込められていました。でもニューヨーク市消防局が（中略）来てくれて、外に出してくれました。（原注10）

ヘスともう一人の男性を閉じ込めた爆発が、もしヘスの推測どおり、救出される約一時間半前に起きたのであれば、爆発は一〇時より前に起きたことになる。

この結論は、ヘスが言及しているもう一人の男性、ニューヨーク市公共住宅局非常事態業務担当副局長のバリー・ジェニングズの証言で確認できる。ジェニングズの経験は9・11当日のAP通信の記事で以下のように簡単に描写されている。

最初の衝撃（※blast）のあと住宅局職員のバリー・ジェニングズ（四六歳）は、世界貿易センター第七ビルの二三階にある司令センターへ報告に行った。市の法人弁護士であるマイケル・ヘスと一緒になった。二人はまた別の爆発を感じ、音を聞いた。二人は助けを呼びながらあわてて階段を駆け下りた。ロビーへ下りたとき、そこはロビーの残骸になっていた。「見回すとロビーは消えていた。地獄の惨状だった」とジェニングズは語った。(原注11)

「最初の衝撃」とは、八時四六分に起きた北タワー攻撃(原注12)のことである。したがって、バリー・ジェニングズがAP通信に語った話によれば、彼とヘスがWTC第七ビルの二三階に着いたのは九時少し前ということになる。

だとすると、彼らが聞いた「別の爆発」とは、九時〇三分に飛行機が南タワーに衝突した音だった可能性が考えられるが、これについては、ジェニングズ自身が否定している。二〇〇二年初頭に放送されたペンステート公共放送の番組でも、ジェニングズはこう述べている。

ええ、私と法人弁護士のヘス氏は二三階にいました。私は彼に「ここから出なければ」と言いました。二人で階段を歩いて下り始めました。八階に着いたとき、大爆発がありました。二人とも吹き飛ばされてまた八階のフロアに戻されました。私はヘスに、「いよいよ我々も死ぬときが来た。ここからはもう出られない」と言いました。私は消火器を持って窓をぶち抜きました。そのときです、ここにいる方が、救いを求める私の声を聞いたのです。ここにいるこの男性が。「待っていて下さい。誰か助けに来ます」と彼が言い続けてくれました。救助の人たちは私たち

を見つけるのに一時間もかかりました。(原注13)

この二人を吹き飛ばし、死の恐怖を感じさせたほどの爆発が、二〇〇ヤード（※約一八〇メートル）離れた南タワーへの飛行機の衝突だったと解釈するのは無理がある。これはやはり、第七ビルで起きた爆発と考えるべきだ。事実そうであることが、ジェニングズのその後の発言で裏付けられた。

OEMEOC（非常事態管理局緊急対策センター、Office of Emergency Management Emergency Operating Center）に着くと、誰もいないことに気づきました。（中略）まだ湯気が立っているコーヒーが見えました。食べかけのサンドイッチもありました。何人かに電話をしたら、その一人が今すぐそこを離れろと言いました。（中略）そこで私たちは階段へ行って下り始めました。六階まで下りたとき、私たちが立っていた踊り場が崩れました。爆発があって、それで踊り場が崩れたのです。私はそこにぶら下がった状態だったので、よじ登るしかなく、また八階まで戻らなければなりません。八階にたどり着くと、辺り一面黒ずんでいました。（中略）ビルは両方ともまだ立っていました。片側を見て、（中略）もう一方も見たからわかりました。（中略）こんなことになる前に一度は六階まで下りたのですが、そこで爆発があったのです。そのせいで私たちは八階まで押し戻されました。ビルは両方ともまだ立っていました。(原注14)

ジェニングズのこれらの説明をヘスの話と併せて読めば、あの朝早く、九時頃に第七ビルで爆発が起こり、彼らが約一時間（ジェニングズ）あるいは一時間半（ヘス）閉じ込められたことがわかる。さらに、AP通信の記事に引用されたジェニングズの言葉は、一階でも大きな爆発が起きていたことを示している。ジェニングズは一階に下りると「ロビーは消えていた」と言っている。(原注15) 彼はこれについて、そのあとこう話している。

一つ、わけがわからないことがあります。（中略）そもそも、どうして世界貿易センター第七ビルが倒れたのか。（中略）私は確かに爆発音を聞いたのです。説明によると、原因は燃料タンクだという。私は昔ボイラー係だった。もし原因が燃料タンクなら、ビルの片側だけになるでしょう。（八階から救出されたあと）ロビーに下りると、ロビーは完全に破壊されていました。まるでキングコングが踏みつぶしていったようだった。（中略）あまりにもひどく壊れていたので、私は壁にできた穴から救出してもらうしかなかったのです。(原注16)

つまりジェニングズの話によれば、単に第七ビルの燃料タンクが爆発しただけではない何かによって、ロビーが破壊されたということだ。

◆ヘスとジェニングズの証言に対するNISTの対応

NISTの文書には、名前こそ挙げてはいないが、ヘスとジェニングズのことに触れているところが二カ所ある。一方には、「午後一二時一〇分から一二時一五分、消防士たちは七階と八階にいる人を複数発見し、建物の外に導いた」と書いてある(原注17)（七階で発見された人物をヘスともジェニングズとも書かず、他の箇所では「当該ビル内の事業の一つを担当する警備員」と記している(原注18)）。この説明の中で最も明白な矛盾点は、ヘスの生インタビュー放送が一一時三四分に始まっているのに、NISTが主張する彼らの救出は三〇分以上も遅い時刻になっていることだ。

ヘスのインタビューの時刻、場所、経過を考えて逆算した場合、救出時刻は何時になるだろう。インタビューが行なわれた場所は、第七ビルから〇・五マイル（※約八〇〇メートル）も離れていない「シティホールから一ブロックほどのブロードウェイ通り」。短く見積もって、救助隊がヘスとジェニングズを建物から外に連れ出すのに五分間、そのあとヘスがシティホールまで行くのにまた五分かかって一一時三〇分に着いたとしても、遅くとも一一時二〇分には救助隊がこの二人を発見しなければ辻褄が合わない。つまり、NISTの主張よりほぼ一時間早い時刻と結論づけることができる。

NISTが緊急対応オペレーションについて発表した二番目の文書には、ヘスとジェニングズについて長めの説明があり、以下はその冒頭である。

両タワーの倒壊に伴い、ニューヨーク市職員一名とWTC第七ビルのビル管理スタッフ一名(原注19)が第七ビル内に閉じ込められた。二人は二三階の非常事態管理局のセンターに行ったが、そこには誰もいなかった。そこでエレベーターで階下に降りようとすると、WTC第二ビル（※南タワー）が倒壊し、第七ビル内の照明がちらついた。この時点で、乗ろうとしていたエレベーターが動かなくなったため、二人は階段を下り始めた(原注20)。

つまりNISTによれば、ジェニングズとヘスは、非常事態管理局センターがもぬけの空になっているのを見て階下に下りようとした、その時刻が、南タワーが倒壊した九時五九分だったことになる。エレベーターが動かなくなったのは南タワー倒壊のせいだとNISTは示唆しているのだ。しかしAP通信の記事で報道されたように、ジェニングズによれば彼とヘスは、八時四六分に北タワーが攻撃されたすぐあと、つまり約一時間早い時刻に、非常事態管理局に着いていたという。ジェニングズ本人の証言と食い違うのはこれだけではない。NISTはさらにこう続けている。

彼らが六階にたどり着いたときWTC第一ビル（※北タワー）が倒壊し、階段の電気が消え、スプリンクラーが短時間作動し、階段が煙と瓦礫で充満した。二人は八階に戻って窓を破り、救いを求めた。(原注21)

NISTによれば、第七ビルが停電したのは、一〇時二八分に起きた北タワーの倒壊が原因だというわけだ。

NISTの時系列では、ヘスとジェニングズが階段を（※二三階から六階まで）一七階分歩いて下りるのに、九時五九分（※南タワー倒壊）から一〇時二八分まで（※北タワー倒壊）まで、二九分間かかったことになる。この非現実的な時間のほかにも、この時系列にはジェニングズ証言と明確に食い違うことがある。本人の説明では、爆発の少しあとで窓の外を見ると（「片側を見て、もう一方も見た」)、「ビルは両方とも(ツインタワー)まだ立っていました」と言っているのだ。(原注22)したがって、ヘスとジェニングズが「爆発」と呼んだものは、九時五九分より前に起きたことであり、一〇時二八分ではない。

ヘスとジェニングズに関するNISTの説明は、直接本人たちにインタビューしたと述べているにもかかわらず、報道された彼らの証言と大幅に矛盾している。(原注23)

NISTがヘスとジェニングズについて言及している二カ所の説明は、うまく辻褄を合わせてあるように見える。一方の文書では、二人が救出されたのは一二時一〇分以降だと主張している。もう一つのNIST文書では、ヘスとジェニングズが言う「爆発」とは、本当は一〇時二八分に起こった北タワーの倒壊のことだとしていて、きちんと符合している。もしそれが事実なら、そして、もし報道されたヘスの発言どおり、二人が一時間半も閉じ込められていたのなら、正午までに救出されることはあり得なかっただろう。逆に言えば、二人が救出されたのは一二時一〇分以降だとするNISTの説明は、「爆発」とは北タワーの倒壊である、という主張を裏付ける役割を果たしているということだ。

◆ヘスとジェニングズの証言に対するジュリアーニの対応

ニューヨーク市所属法人弁護士のマイケル・ヘスがWTC第七ビルに閉じ込められた事実は、ルディ・ジュリアーニ市長によっても語られているが、それはヘスとジェニングズの証言よりむしろ、NISTの主張を裏付けるものである。ジュリアーニは自らの著書『リーダーシップ』の中でマイケル・ヘスを「長年の友」と呼び、こう書いている。

彼が（第七ビルの）八階に着いたとき、第一ビル、つまり北タワーが倒壊し、その一部が世界貿易センター第七ビルの南側の上に落ちてきた。幸いなことにマイクは建物の北側にいた。不幸なことに階段が通れなくなって、閉じ込められてしまった。

マイクは、住宅局の職員と二人だけで八階のオフィスに入った。倒壊したタワーからの煙と埃がビル中に充満していたが、彼らは北側に面していたので、両タワーが崩壊したことを知らなかった。(原注24)

北タワーの倒壊（一〇時二八分）によって第七ビルが損傷を受けたために、ヘスとジェニングズが閉じ込められた、というのはＮＩＳＴと同じ主張だが、それ以外にジュリアーニ市長は、二人がいたところからはツインタワーの倒壊が見えなかった、とも言っている。しかしジェニングズ本人は、その方向が見えて、両タワーがまだ立っているのを見たと証言しているのだ。

◆崩壊の事前情報

ＮＩＳＴの主張と食い違う第七ビルでの爆発については、ヘスとジェニングズをはじめ、先に引用した多数の証言があるが、報道はあまりされていない。それ以上に、めったに報道されないのは、第七ビルの火災に対してほとんど消火作業が行なわれなかったことだ。なぜなら、第七ビルは倒壊すると予想されていたからである。だがこの事実は、NISTの見解とは矛盾しない。NIST文書の一つにはこう書いてある。

FDNY（※ニューヨーク市消防局）の個人面接記録によれば（中略）（WTC第七ビルの）消火活動はいっさい開始されなかった。第七ビル担当の隊長がバークレーストリートとウエストブロードウェイの交差点に着いたとき、多くの消防士や役人たちが第七ビルから出て来るところだった。消防士たちは、第七ビル周辺の数ブロックを立入禁止にしなければならないと言った。なぜなら、彼らはこのビルが倒壊すると思っていたからである。(原注25)

そんな消防士の一人、レイ・ゴールドバック消防隊長がその日の午後の出来事を証言している。

世界貿易センター第七ビルからすべての消防隊が引き揚げることについて、（中略）大論争が続いていた。（ダニエル・）ニグロ本部長は、これ以上怪我人が出るリスクがわずかでもあるなら、危険を冒す価値はないと感じると言った。そこで我々は、第七ビルから全員を引き揚げる決定を下した。ビルが倒壊する可能性があったからだ。（中略）全員を引き揚げ、どの部隊も全部、ノースエンドアベニューのほうまで後退させることに決めた。ビージーストリートを西の端まで行ったところなら、彼らの安全を守れると考えた。(原注26)

安全地帯を設定するこのプロセスについては、市消防局の多くの局員が証言している。ビンセント・マッサ消防士はこう語る。

あの日、何時間かあと、第七が倒れるのを待っていると、我々はビージーストリートをどんどん後退させられ、ほとんど一ブロック遠ざけられた。彼らは第七が倒れることを気にして、しょっちゅう我々の配置を移動させ、崩落区域を指定し、我々を後退させた。[原注27]

救急救命士（ＥＭＴ）のデコスタ・ライトはこう言う。

基本的に彼らは、ビルがどこまで飛散するか計算し、我々がどこまでなら安全に立っていられるか正確にわかるようにした。（中略）五ブロック。五ブロック離れろと。まさにぴったりその地点で、粉塵の雲が止まった。[原注28]

隊員たちがいつ第七ビルから離れたのかについては、目撃者の証言が異なる。ジョゼフ・フォーティス救急救命士は「我々は全員、後退させられた。（中略）あれが倒壊する（中略）ほぼ一時間前に」と言う。[原注29]ダニエル・ニグロ本部長は「（離れろという）あの命令が出てから約一時間半後に崩れ、（中略）世界貿易センター第七ビルが完全に倒壊した」と述べている。[原注30]ウィリアム・ライアン消防副隊長は「三時頃だったと思うが、第七が倒れると彼らが思っていることがわかった」と話している。[原注31]ケヴイン・マクガバン消防士はもっと早い時間を示し、「（命令が出てから）第七ビルが実際に倒れるまで、約三時間あった」と言い[原注32]、ロバート・ソーマー隊長は、撤退が「大ざっぱに言ってたぶん二時頃」だったと言う[原注33]。決定を下した一人であるフランク・フェリーニ本部長は、決定後「五、六時間、我々は消防士たちをあのビルの近くで作業させないようにした」と語っている[原注34]。このフェリーニの証言では、崩壊区域は正午頃に設定されたことになる（※第七ビル倒壊は一七時二〇分頃）。第七ビルの倒壊が極めて早くから予想されていたことを示すこのフェリーニの証言は、クリストファー・パトリック・マレー消防士の記憶とも一致する。マレー消防士は「第七ビルがたぶん倒れるという話は一日中聞いていた」と証言している[原注35]。

いずれにせよ、第七ビルの消火活動をしないと決まったのが何時であれ、満場一致の決定ではなかったということだ。つまりそれは、倒壊が差し迫っているという予想を、みんなが共有していたわけではないことを意味する。例えばトーマス・マッカーシー消防本部長は、9・11口述記録の中でこう述べている。

> （現場の消防士たちは）第七ビルが崩れ落ちるのを待っていた。（中略）三つの階で火が別々に（中略）ただめらめらと燃えていた。まったく驚くべき光景だった。真っ昼間のマンハッタン南部で重要な高層ビルが燃えているというのに、彼らは「わかってるよ」と言うんだから[原注36]。

「三つの階で火が別々にめらめらと燃えていた」と言うことによってマッカーシーは、彼の見通しでは、ビルが倒壊するだろうと予想する客観的根拠はまったくなかったと言っているわけだ。救急救命士デコスタ・ライトも同様の証言をしている。

四階が燃えていたと思う。（中略）一体あなたたちは火事を消す気があるのか、と我々は思っていた。私自身は、（中略）火が燃え尽きるのを待つつもりだなと思っていた。（中略）そうしたら倒壊した。（原注37）

第七ビルの火災をなぜ消そうとしないのかと疑問に感じたことを、三四年の経験を持つニック・ビスコンティ消防副本部長も「今、ＷＴＣ第七ビルが燃えているのに、この火を消火しないなんてことがあるのか、と私は思っていた」と語っている。それでも、「隊員たちを（中略）第七ビルから引き揚げさせる」というフェリーニ本部長の命令を実行しようとすると、他の本部長たちから反対の声があがった。そのうちの一人がこう言った。「ああ、あのビルは倒壊なんて絶対しないよ、飛行機が衝突したわけでもないし。どうして誰もあそこで消火活動をやっていないんだ？（原注38）」。

市消防局長のトーマス・ヴォン・エッセンも、第七ビルから離れて待機させられていた数百人の消防士たちの間を歩いて通り過ぎる際、「どうして我々をあそこに入れさせないんだ？」といった声を聞いている。（原注39）

鉄骨構造の高層ビルが火災によって倒壊した前例は一つもない。この事実を一貫して主張した消防士たちは、第七ビルが倒壊するとは予想もしなかったが、上位者の何人かは予想し、結果的にそのとおりになった。上位者たちはなぜそう予想したのだろう。

制服消防士協会の警備局長だったマイケル・カリッド隊長によると、彼はある時点で、複数のニューヨーク市消防局の幹部と一緒に第七ビルに入って行き、消火活動中だった四、五隊の消防士たちに向けて、階段室の下から、「すべて捨てて逃げろ！」とどなった。なぜそうしたのか。カリッド隊長は「市の非常事態管理局の誰か」から、第七ビルは「基本的に見込みがないから、それを救おうとしてこれ以上犠牲者を一人でも増やしてはならない」と言われたからだという。(原注40)したがって、ジュリアーニ市長率いる非常事態管理局は、ツインタワーの倒壊を事前に知っていただけでなく、第七ビルについても、倒壊するという事前情報の出所であったわけだ。

◆第七ビルを倒壊させるという証言

NISTが答えなければならない質問の一つは、非常事態管理局スタッフなど一部の人々が、どうやって第七ビルの倒壊を何時間も前に知り得たのかということである。理由として考えられるのは、このビルを爆発物で倒壊させるための準備がすでにできていたことを、彼らが前もって知っていたということだ。これを裏付けるような証言がないか見てみよう。

第七ビルの建築主で所有者のラリー・シルバースタインの発言については、さまざまな議論がなされている。二〇〇二年のPBSのドキュメンタリー番組で、彼はこう言っている。

電話が来たことを覚えています、あの、消防局の司令官から。火災を鎮火できるかわからないと言うので、私は、「すでにたいへんな数の人命が失われたから、最も賢明な道はおそらく、それをプルする（※〝pull it〟引き裂く、根こそぎにする、解体するの意味）ことだろう」と言いました。彼らはそう決定し、我々はあのビルが倒壊するのを見守りました。（原注41）

もしシルバースタインの話が言葉どおりの意味であるなら、つまり、意図的に解体させたのなら、彼の発言はＮＩＳＴの仮報告書と明確に食い違う。シルバースタインは、世界貿易センターがテロリストに破壊されたという前提で、何十億ドルもの保険金を期待していただけに、なぜ自ら、ビルの一つを爆発物で倒壊させたことを示唆したのか、これももちろん不可解な話だ。彼のスポークスマンは、シルバースタインが「それ」と言ったのは第七ビルのことではなく、「ビルに残っている消防隊」を引き揚げさせるという意味だと主張している。（原注42）

ともあれ、ビルが意図的に解体されたという見解を明快に示した人物がいる。９・11当日、緊急医療のボランティア隊員としてトリアージサイト（※重傷者を振り分ける仮設緊急医療拠点）設営の責任者を務めた、ＪＰモルガン・チェースの主任コンサルタント、インディラ・シンである。二〇〇五年「銃とバター」というラジオ番組で、プロデューサー兼司会者のボニー・フォークナーにインタビューを受け、次のようなやりとりをしている。

シン　９・11の昼を少し過ぎた頃、第七ビルが倒壊すると言われ、私たちは（作業をしていたトリアージサイトから）撤退しなければなりませんでした。（中略）私は、彼らが第七ビルを壊したんだと信じています。彼らが話しているのを聞いたからです。第七ビルが巻き添えで被害を受け、不安定になったのでこれから壊すんだと話していました。それが本当かどうか、私にはわからないし証明することもできません。私が確実に証言できるのは、一二時か一時頃に、第七ビルが壊れる、あるいは壊されるから、私たちはトリアージサイトから少し離れたペース大学まで移動しなければいけないと言われたことです。

フォークナー　彼らは実際に〝壊す〟という言葉を使ったのですか？　誰がそう言ったんですか？

シン　消防局です。消防局。本当にその言葉を使って、「我々はあそこを壊さなくちゃいけないんだ」と言いました。(原注43)

したがってインディラ・シンの発言は、昼頃にはすでに倒壊の予想が伝達されていたというフェリーニ消防本部長の証言を裏付けたばかりか、なぜ一部の人間が倒壊を予想できたのかという疑問に対しても、あり得る答えを示した。

◆爆発に関する疑問の再考

爆発物が使われたと信じるに足る客観的な理由がもし皆無であれば、シンの発言は簡単に無視できる。だが、これまで見てきたように、第七ビル内での爆発発生については二人の記者（ピーター・デマルコとアル・ジョーンズ）、そして三人のニューヨーク市職員（ピーター・ヘスとバリー・ジェニングズと救急医療隊員）が証言している。

しかも、一般に公開されている証言がほかにもあるのだ。前記のインディラ・シンの証言は、その大部分が「第七が爆発するぞ」と題するビデオで確認できる。これは二〇〇七年四月にイタリアのテレビで放送された番組の一部で、シンが市消防局について話す場面のあと、警察官たちが映ってこう言うのだ。

あのビルから目を離したらだめだよ、そのうち倒れてくるから。（中略）あのビルはもうすぐ爆発する。下がっていなさい。（原注44）

そのあと大きな爆発音が聞こえ、消防士が「下がらないとだめだ。第七が爆発するぞ」と言う。（原注45）第七ビルの倒壊は爆発物によるものだろう、少なくともそう見えたという事実を、ＣＢＳのアンカーであるダン・ラザーが直後にこう表現している。

驚いた、信じられない、どのような形容でもかまいません。今日はこれで三度目です。巧みに仕掛けられたダイナマイトでビルを意図的に爆破解体する、みんながテレビで何度も見たあの映像を思い出させます。（原注46）

さらに、ダン・ラザーよりもはるかに専門的知識を有する人たちは、倒壊が制御解体のように〝見えた〟だけではなく、実際に制御解体だと断言しているのだ。（原注47）

◆結論

ＮＩＳＴはなぜ、世界貿易センター第七ビルが制御解体によって倒壊したという証拠は何もないと否定し、ビル内で爆発があったという記者や市職員たちの証言を無視したのか。また、ＮＩＳＴとルディ・ジュリアーニ市長が説明するマイケル・ヘスとバリー・ジェニングズの体験は、なぜ本人たち自身の説明と著しく異なっているのか。さらに、ジュリアーニの非常事態管理局のスタッフたちはどのような客観的根拠をもとに、第七ビルが倒壊すると消防本部長たちに言ったのか。そして最後に、ＮＩＳＴはこの第七ビル倒壊に関する報告書の提出を何度も延期しているが、本章で論じた矛盾点がその延期に関係しているのか。議会とメディアは以上の疑問を問いただささなければならない。

第25章
ＷＴＣの瓦礫に鋼鉄の溶解を示す証拠はあったのか

もう一つ重要な矛盾があるのは、倒壊した世界貿易センターの瓦礫の中に、火災では発生し得ない高温で鋼鉄が熱せられた証拠があったのかという問題である。とくに重要なのは、鋼鉄が溶けた証拠があるのかという疑問をめぐる食い違いだ。９・11委員会と国立標準技術院（※ＮＩＳＴ）が提出した公式報告書が一方にあり、他方には、清掃作業や救助活動に関わった人々を含む多くの目撃者の証言がある。本章では両者の間に存在する食い違いを検証する。まず、溶解した鋼鉄があったと主張する目撃証言から見てみよう。(原注１)

◆溶解した鋼鉄の目撃報告

溶解した鋼鉄の存在を報告している目撃者は何人かいる。その一人が、ツインタワーを設計したエンジニアリング会社の社員レスリー・ロバートソンだ。ユタ建築構造技術者協会の会長ジェームズ・ウィリアムズによれば、二〇〇一年一〇月初めの講演でロバートソンがこう述べたという。「攻撃から二一日たっても、火は相変わらず燃えていて、溶解した鋼鉄がまだ流れていました」。(原注２)

ロンドンに拠点を置く構造技術者協会の会長、キース・イートン博士も証言している。イートン博士は現場視察を終えたあと、「事件の数週間後だというのに、いまだに真っ赤な灼熱の溶融金属」のスライドを見せられたという。(原注3)

何人かの消防士も同様の証言をしている。ニューヨークポスト紙は、ドキュメンタリー『二次被害』の書評に、消防士たちがグランドゼロで「溶解した鋼鉄の川に出くわした」と話していたことを報じている。(原注4)そのうちの一人、フィリップ・ルヴォロ消防隊長は、「下に下りてごらん、溶けた鋼鉄が流れてるのが見えるよ、溶けた鋼鉄がね。鋳物工場の流路みたいに、溶岩みたいに流れているんだ」と語っている。(原注5)ニューヨーク州空軍のガイ・ラウンズベリーは、グランドゼロでの数週間の任務中につけていた日誌にこう書いた。「高さ五、六階相当の瓦礫の山が、タワーの残骸のすべてだ。（中略）その頂上からは煙が絶え間なく昇っている。このタワーの残骸の心臓部に、まだ溶けた鋼鉄があるんだと、ある消防士が私たちに言った(原注6)」。

健康管理の専門家たちも同様の証言をしている。国立環境保健センターのロナルド・バーガー博士は事件の翌日にグランドゼロに行き、「溶解した鋼鉄の熱を感じ、目撃もした」と報告している。(原注7)ジョンズ・ホプキンス大学公衆衛生学部のアリソン・ゲイ博士は、国立環境衛生科学研究所の要請を受けて9・11後まもなく、科学者チームの団長として現場を訪れ、「火がまだ勢いよく燃えていて、煙も非常に濃い。（※瓦礫を取り除いて）露出したいくつかの穴の中に、溶解した鋼鉄が見つかっている」と報告している。(原注8)

鉄骨の端が溶けているのを見た、と証言している目撃者も複数いる。グランドゼロで牧師を務めた米国聖公会執事のハーブ・トリンプはこう語っている。「地下で長い間火が燃えて、二〇〇〇度（※摂氏一〇九三度）にまでなっていた。（中略）私は多くの建築請負業者と話をしたが、彼らは、穴にたまった溶融鋼を実際に見た、鉄骨が熱で全部溶けてしまっていたと言っていた」(原注9)。救助と清掃作業に何カ月も携わったブロンクスの消防士、ジョー・オトゥールは、地中深くから引き上げられた鉄骨から「溶解した鋼鉄がぽたぽた垂れていた」と話している(原注10)。

遺体確認用にコンピュータ機器を提供した会社の副社長、グレッグ・フーチェクも、「ときどき、作業員が残骸から鉄骨を引き出すと、その端が溶けて滴り落ちていた」と言う(原注11)。トム・アーターバーンはウェイストエイジ誌にこう書いた。「攻撃から約二カ月半、（中略）ＮＹＤＳ（ニューヨーク市公衆衛生局）が残骸撤去作業の中心を担ってきた。（中略）溶解した鉄骨から遺体まで、あらゆるものを扱った」(原注12)。

以上のように、鋼鉄が溶けていたという証言証拠は非常に有力で、しかも証言者の大部分が清掃作業に関わっていた人たち、つまり内部関係者なのである。

◆問題点

公式説明では、世界貿易センターの倒壊の原因は火災（それと、両タワーは飛行機の衝突、第七ビルはタワー倒壊の瓦礫による外部破壊）だとされているので、これらの証言が問題を引き起こした。鋼鉄はおよそ華氏二八〇〇度（摂氏一五三八度）にならないと溶解しないのだ。ジェット燃料といった炭化水素物質は、開放型の拡散火災で燃焼した場合、たとえ理想的な環境であっても、華氏一八三二度

（摂氏一〇〇〇度）を超えることはない。したがって、溶解した鋼鉄があったということは、これらのビルの破壊にはジェット燃料以外のエネルギー源が関わっていたということになる。公式説明とのこの食い違いに対して、NISTと9・11委員会はどう対応しているだろうか。

◆問題への対応

9・11委員会は最初の公聴会で、溶融金属に関する証言を聞いている。ニューヨーク市設計建築局長のケン・ホールデンが、グランドゼロの作業員が直面している状況を説明して言った。「地下は今なお非常に高温で、溶解した金属が第六ビルの側壁から滴り落ちていました」（原注13）。

しかし『9・11委員会報告書』は、この証言には触れていない。WTCの崩壊とその結果できた瓦礫に関しては、委員会は事実上いっさい言及せず、NISTに対応を預けたのが現実であるので、委員会の対応は理解できなくもない。となると鍵になるのは、NISTが、溶融金属の存在を示す証拠をどう扱ったかということだ。

NISTは、あの火災で構造鋼材が溶解することはあり得ない、と明確に断じた。倒壊の鋼鉄科学調査に携わったNISTチームの責任者で金属学者のフランク・ゲイル博士はこう言っている。「ジェット燃料だからあれほど激しい火災になったのだ、というのが一般の直感的な反応だろう。それで鋼鉄が溶けたのだと思った人も多かったはずだ。実際はそうではなく、鋼鉄は溶けていない」（原注14）。

しかし、ここには疑問が二つある。一つは、あの火災が原因で、構造鋼材は溶けたのか溶けなかったのか。火と鋼鉄の関係について科学的な事実を理解する者は誰もが、溶けていないことで一致している。もう一つの疑問は、原因は何であれ、ＷＴＣの鋼材は溶けたのか溶けなかったのか。ゲイル博士は溶けなかったと述べている。ではなぜ、これほど多くの目撃者が、溶けた鋼鉄を見たと証言しているのだろう。

二〇〇五年に発表されたＮＩＳＴの「最終報告書」では、建物内部に事前に爆発物がセットされた証拠は皆無であると否定している。(原注15) したがって溶けた鋼鉄は存在しない、と暗に示したわけだが、肝心の問題に関する明確な言及はなかった。

翌二〇〇六年にＮＩＳＴが発表した「よくある質問への回答」の中には、「なぜＮＩＳＴの調査では、ＷＴＣタワーの瓦礫中に溶解した鋼鉄があったという報告を検討しなかったのか」という質問が入っている。(原注16) 問題への言及を避けた結果、ＮＩＳＴにはこの質問が多く寄せられたことを自ら認めたわけだ。しかしその回答としてＮＩＳＴは、フランク・ゲイル博士が当初断言したことを繰り返しただけで、「ＮＩＳＴの調査員と（他の）専門家たちは（中略）、倒壊以前にタワー内部のジェット燃料で発火した火災で鋼鉄が溶解したという証拠は、何一つ発見できませんでした」と書いている。(原注17) 質問は、なぜＮＩＳＴは、瓦礫の中の溶解した鋼鉄の報告について触れなかったのかという内容であるのに、ここでもＮＩＳＴは疑問に答えていない。問題をそらし、火災は鋼鉄を溶解しなかったという、物理科学者の間では議論にもならない常識を回答しているのだ。つまり、ＮＩＳＴが暗に言わんとするところは、溶けた鋼鉄は存在しなかった、ということなのである。

とはいえＮＩＳＴは、鋼鉄が溶解する可能性を全否定したわけではない。回答の続きにはこう書いている。「ある特定の状況下で、瓦礫中の鋼鉄が倒壊後に一部、溶解したことが考えられる。ビルが立っていたときの火災や爆発への短時間の露出よりも、瓦礫の山の中で長時間、燃焼にさらされたことによって引き起こされた高温のために、瓦礫の中で鋼鉄の溶解が発生した可能性が高い」と説明している(原注18)。しかし、炭化水素が燃焼する山の中で鋼鉄が溶解するというのは、明らかに前代未聞の珍事である。なぜそのほうが、爆発物で鋼鉄が溶解するよりも、起こり得る可能性が高いのか、ＮＩＳＴはその理由を説明していない。

ＮＩＳＴの立場としては単に、溶解した金属は存在しないと否定したいだけのように見える（鋼鉄よりもはるかに融点の低いアルミニウムは除く）。これがＮＩＳＴの基本的な回答であることは、ＮＩＳＴの主要科学者の一人であるジョン・Ｌ・グロスが、オースティンのテキサス大学で講演した際の発言に表われている。「タワーの下の溶解した鋼鉄のプール」の説明を求められたグロスは、質問者の「溶解した鋼鉄のプールがあったという前提」に異議を唱え、こう答えた。「あったと言う目撃者を、（中略）私は誰一人知らない(原注19)」。しかし本章の最初に記したように、あったと言っている目撃者は多数いるのだ。

◆鋼鉄の硫化、酸化、蒸発

二〇〇一年末、ウスター工科大学（ＷＰＩ）の三人の教授が、ＷＴＣ第七ビルから回収された鉄骨の一部の分析結果報告を、ある科学誌に投稿した。教授の一人は、防火工学が専門のジョナサン・バーネット、あとの二人は、材料科学の教授、ロナルド・Ｒ・ビーダーマンとリチャード・Ｄ・シソン・Ｊｒである。三人は「この梁材の中に予期せぬ鋼鉄の腐食が見られたため、この鋼鉄内部で起きた微細構造変化を調べる必要が生じた」として、以下の仮分析報告を提供した。

急速な鋼鉄劣化は、硫黄の存在に起因する粒子間溶解を伴う酸化によって加熱された結果であった。酸化鉄と硫化鉄の共融混合物の生成が、鋼鉄中に液化を発生させ得る温度を下げる。これは、鋼鉄梁のこの部分において温度が摂氏一〇〇〇度に達していたことを強く示唆している。(原注20)

鋼鉄は通常摂氏一五三八度にならないと溶解しないが、この教授たちは、硫黄が介在する共融混合物があると融点が下がる、と指摘しているのだ。

この教授たちの技術的分析が示す重大な意味は、科学者ではない人々には見落とされがちだが、これがビル倒壊の公式説明を脅かす力を持っていることを二〇〇一年一一月末、ニューヨークタイムズの記事が示した。ジェームズ・グランツ記者がこう書いている。「制御できなくなった火災と構造上の損壊の両方が相まってビル倒壊を可能にしたのかもしれない、と一部のエンジニアたちは言っている。しかし、それでは説明できないことがある。瓦礫中の鋼鉄類の一部が蒸発したように思われることだ(原注21)」。これを、バーネット教授の報告として紹介している。

さらにその後、グランツ記者がエリック・リプトンとの共同執筆で再びニューヨークタイムズに、ウスター工科大学教授たちの分析結果の重要性について書いた。この記事が掲載された二〇〇二年二月二日の時点では、同教授たちはすでにツインタワーの鋼鉄破片の分析まで行なっていた。

この調査で明らかになったおそらく最も深遠なミステリーは、世界貿易センターのツインタワーと、原因不明のまま倒壊した四七階建ての第七ビルから回収した、極めて薄い鋼鉄の断片をめぐる問題である。この鋼鉄は明らかに溶解しているが、これらのビル内の火災は、鋼鉄を完全に溶解するほど高温にはなり得なかったと考えられている。(原注22)

この発見がなぜ最も深遠なミステリーになったかという理由は、グランツとリプトン両記者が明快に解説している。即ち、建物内の火災が鋼鉄を溶解するのに十分な高温に達していなかったにもかかわらず、鋼鉄が明らかに溶解しているということだ。

数カ月後の二〇〇二年五月、FEMAが発表した世界貿易センター倒壊に関する報告書の付録には、このウスター工科大学の三教授がより詳しい分析を報告している。第七ビルの鋼鉄に関して、三教授はその分析結果を以下のように要約している。

(一)　鋼鉄の薄片化は、酸化と硫化が組み合わさったことによる高温腐食によって起こった。
(二)　鋼鉄が摂氏一〇〇〇度近い高温腐食環境で熱せられることによって、鉄、酸素、硫黄の共融混合物が生成され、それが鋼鉄を液化させた。
(三)　鋼鉄粒子境界が硫化されることで、鋼鉄の腐食と浸食が加速された。(原注23)

タワーの鋼鉄断片の分析も同様な結果になり、酸化反応と「高濃度の硫化物」のことにも言及している。彼らの結論では「腐食」と「浸食」が「極めて異例」であることが強調され、さらにこうつけ加えられている。「硫黄の由来について、明確な説明はいっさい確認されていない」。(原注24)

この報告の重要性は、ウスター工科大学（WPI）の出版物に書かれた「溶融鋼の〝深遠なミステリー〟」と題する記事によって素人にもわかりやすく説明された。ここにはジョーン・キラウ・ミラーがこう書いている。

通常のオフィス火災では、融点が華氏二八〇〇度（※摂氏一五三八度）の鋼鉄は、たとえ劣化し曲がることはあっても、溶けることはない――防火工学の教授ジョナサン・バーネットは、この事実を繰り返し世間に訴えてきた。ところが、WPI（※ウスター工科大学）が回収したWTCの鋼鉄の金属学調査を行なった結果、共融反応と呼ばれる特異な現象が鋼鉄の表面で起き、それが粒子間溶解を引き起こして、強固な鋼鉄梁をスイスチーズに変えてしまったことが明らかになった。（中略）ニューヨークタイムズはこの発見を、〝この調査で明らかになったおそらく最も深遠なミステリー〟と呼んだ。第七ビルのサンプル一点とツインタワーの一方の構造柱一点を調査したこの結果の重要性は、それらの破壊された金属の重い塊を見るだけで一目瞭然だ。厚さ一インチ（※二・五四センチ）の柱が半分の薄さになっている。端のほうは巻き紙のようにカールし、先端はほとんど剃刀の刃のように薄くなっている。もとは穴あきではなかった鋼鉄のフランジ（※輪縁）に、一ドル銀貨より大きな穴がいくつかあいていて、そこから光が差し込んでいる。火災に詳しい教授たち全員が、このスイスチーズ状の外観にはショックを受け

た。歪みや曲がりはあるだろうと予想していたが、まさか穴があいているとは。(原注25)

公式報告書はこの〝深遠なミステリー〟をどう扱っているだろうか。

◆矛盾への対応

「ミステリー」という言葉そのものがまさに矛盾の存在を示している。世界貿易センターの倒壊について公式説明では、鋼鉄の加熱を可能にした唯一のエネルギー源は火災となっている。ところが、FEMA報告書に寄稿したこれら三人の科学者によると、第七ビルと一方のタワーから回収された鋼鉄は、火災では起こり得ない現象を示していた。この現象はFEMAの調査の中で報告されたほか、ニューヨークタイムズに二度も取り上げられたのだから、その後発表される公式報告でも当然説明されるだろう、と予想するのが普通だ。

ところが『9・11委員会報告書』は、この問題には触れていない。もっとも9・11委員会は、ツインタワーの倒壊に関してほとんど論じていないだけでなく、第七ビルが倒壊したという事実にすら一言も触れていない。それを考えれば、たぶん驚くことではないのだろう。

驚くべきは、ツインタワーと第七ビル倒壊の説明を担っているはずのNISTが、その最終報告書に「回収された鋼鉄から判明したこと」という見出しを設けながら、この現象には触れていないことだ。なぜNISTは、FEMAの報告書という公式文書の中で、ウスター工科大学の三教授が〝回収された鋼鉄から判明したこと〟を指摘しているのに、それを黙殺したのだろうか。

この疑問にはとりわけ重要な意味がある。なぜなら、三教授が報告した現象、つまり鋼鉄の酸化と硫化は、もしサーマイト（サーマイトと硫黄の混合物）を使ったカッターチャージ（※鋼材切断用焼夷剤）を用いて鋼鉄が切断された場合、副産物として発生することが予想される現象だからである。この事実は二〇〇六年、ＮＩＳＴの「よくある質問への回答」に取り上げられている。

ＮＩＳＴは、世界貿易センタータワーが制御解体で倒壊したという証拠がないか調べたのですか？　鋼鉄に爆薬やサーマイト（※テルミット）の残留テストをしたのですか？　サーマイトと硫黄の混合物（即ちサーメイト）なら、〝熱いナイフでバターを切るように鋼鉄を薄切りにする〟ことができます。（原注26）

この質問に対してＮＩＳＴは、「鋼鉄中のこれらの化合物の残留テストはしなかった」と回答している。その理由は次のとおり。

ＷＴＣの鋼鉄に対してサーマイト／サーメイトの成分分析を行なっても、必ずしも決め手にはなりません。これらの金属化合物はもともと、ＷＴＣタワーの建設に使われた建材に含まれていました。硫黄も、内装の間仕切り材として普及している石膏ボードに含まれています。（原注27）

だが、それがもし妥当な説明であるなら、ウスター工科大学の教授たちはなぜその現象を〝深遠なミステリー〟だと考えたのだろう。

◆結論

世界貿易センターの倒壊をもたらしたエネルギー源は、重力と飛行機の衝撃以外では唯一、火災だったとNISTは主張している。グランドゼロの瓦礫中に溶けた鋼鉄があったという証拠など、何一つなかったかのような書き方だ。NISTの主要科学者の一人、ジョン・L・グロスは、溶けた鋼鉄の存在を証言している目撃者を一人も知らないと断言している。しかし、溶けた鋼鉄があったと証言している権威ある目撃者も何人かいる。しかも、一部蒸発している鋼鉄は、必然的に硫化と酸化を伴うので、公式説とはさらに相容れないものとなるだろう。ニューヨークタイムズは、世界貿易センターに関するFEMA報告に寄稿した権威ある科学者たちが、問題の鋼鉄は第七ビルとタワーの一方から回収されたものだと証言していることを報じている。なぜNISTがこのような証言を無視し、しかも食い違った説明をしたのか、議会とメディアは問いたださなければならない。

要約と結論

9・11事件の公式説明は内部矛盾に満ちている。本書ではそのうち、以下の二五項目を検証した。

1　サラソタの教室でのブッシュ大統領の行動

9・11事件一周年にホワイトハウスが発表した説明では、ブッシュは二番機が世界貿易センターに激突したことをアンドリュー・カードから聞かされた直後に教室を出たことになっている。しかし、教室にそのまま居続けたことを示すビデオ映像や報道と食い違う。

2　チェイニー副大統領がホワイトハウス地下の大統領危機管理センターに入った時刻

9・11委員会によれば、チェイニーが入室したのは午前一〇時少し前になっている。しかし、ペンタゴン攻撃以前に入室していたというノーマン・ミネタ運輸長官やチェイニー自身も含めた、高官たちの証言と矛盾する。

3　ペンタゴンへ接近中の飛行機に対して、チェイニーが確認を出した命令の内容とその時刻

ノーマン・ミネタは、ペンタゴン攻撃前にチェイニーが、接近中の飛行機に対して迎撃待機命令を確認するような会話をしたことを証言したが、9・11委員会は、ペンタゴン攻撃後の一〇時一〇分以降に交戦許可を確認した会話であるという、矛盾した報告をしている。

4　誰が全航空機着陸命令を出したのか

ノーマン・ミネタとジェーン・ガーヴィーは、ミネタがディック・チェイニーの前で全機着陸命令を出したと主張していて、この命令を決定したのはベン・スライニーだとする9・11委員会と食い違う。

5　チェイニーが撃墜許可を出した時刻

9・11委員会は、チェイニーが撃墜許可を出したのは一〇時一〇分以降だと主張しているが、ユナイテッド航空九三便の墜落以前にその許可を受けたとするリチャード・クラークや軍幹部数人の報告と食い違う。

6　九時一〇分から一〇時までのリチャード・マイヤーズ空軍大将の行動

マイヤーズ自身は、連邦議会議事堂のマックス・クレランド議員事務所にいたと証言しているが、ペンタゴンでリチャード・クラークのテレビ会議に参加していたというクラークの説明

と矛盾する。

7　九時一〇分から九時四〇分までのドナルド・ラムズフェルド国防長官の行動

ラムズフェルド自身は自分の執務室にいたと説明しているが、ペンタゴンの盗聴防止付きテレビ会議スタジオでリチャード・クラークのテレビ会議に参加していた、というクラークの説明と食い違う。

8　七七便に乗っていたバーバラ・オルソンからの二回の電話

テッド・オルソン訟務長官が妻のバーバラから、七七便がハイジャックされたとの電話を受けたという主張は、ムサウイ裁判で提出されたＦＢＩ報告書と矛盾する。ＦＢＩ報告書によると、バーバラ・オルソンが（※夫の勤務先の）司法省にかけた電話が一回あるが、「不接続」だったので通話時間は「〇秒」となっている。座席の機内電話からだったというテッド・オルソンの主張も、七七便には機内電話がなかったというアメリカン航空の報告と食い違う。

9　アメリカン航空一一便に関する第一報を軍が連邦航空局から受けた時刻

９・11委員会は第一報を八時三八分としている。しかし二〇〇二年のＡＢＣ番組は、軍の対応に関わっていた多くの幹部とのインタビューから八時三一分頃と報じたほか、ＦＡＡボストン管制センターの軍との連絡担当官コリン・スコギンズは、北東防空セクター（※ＮＥＡＤＳ）

への第一報を八時三〇分より前と示唆するなど、矛盾する証言が多数ある。

10　ユナイテッド航空一七五便に関する第一報を軍が受けた時刻

一七五便が南タワーに激突した九時〇三分まで通報がなかったとする9・11委員会の主張は、二〇〇三年五月二二日の連邦航空局の覚書が示唆していることと矛盾し、二〇〇一年九月一八日発表の「NORAD対応時刻」とは明確に食い違い、国家軍事指揮センターのモンタギュー・ウィンフィールド准将およびNORAD（※北米航空宇宙防衛司令部）のマイケル・ジェリネック大尉の説明とも明確に食い違う。

11　アメリカン航空七七便に関する第一報を軍が受けた時刻

軍はペンタゴンが攻撃されるまで通報を受けなかったとする9・11委員会の見解は、NORADの二〇〇一年九月一八日の時系列報告、同年九月一五日のニューヨークタイムズ記事、二〇〇三年の連邦航空局の覚書、およびシークレットサービス副長官の説明と矛盾する。

12　ユナイテッド航空九三便に関する第一報を軍が受けた時刻

軍は九三便が墜落するまでハイジャックされたことを知らなかったとする9・11委員会の主張は、二〇〇一年のNORADの時系列報告、二〇〇二年の（チェイニーを含む）ホワイトハウス関係者の発言、リチャード・クラークの説明、ロバート・マー大佐やラリー・アーノルド少将、モンタギュー・ウィンフィールド准将を含む軍当局者の発言と食い違う。

13 米軍はユナイテッド航空九三便を撃墜できる態勢にあったのか

その態勢にはなかったとする9・11委員会の主張は、ディック・チェイニー、リチャード・クラーク、ポール・ウォルフォウィッツ国防副長官、およびロバート・マー大佐、リチャード・マイヤーズ大将、ラリー・アーノルド少将、モンタギュー・ウィンフィールド准将、マイク・ホーゲン少将、アンソニー・クチンスキー少尉を含む何人かの軍当局者の説明と矛盾する。

14 9・11事件のような攻撃が事前に想定されていたか

想定されていなかったとするホワイトハウス、ペンタゴン、9・11委員会の主張は、政府と軍当局者多数の発言と矛盾し、また、9・11事件と同様のシナリオに基づいた複数の軍事演習の報告と矛盾する。

15 9・11事件の容疑者たちは本当に敬虔なイスラム教徒だったのか

旅客機をハイジャックしたとされる容疑者たち、とくにモハメド・アタは敬虔なイスラム教徒だったという9・11委員会の主張は、彼らの女性関係とアルコールと麻薬使用を指摘する数多くの報告と矛盾する。

16　モハメド・アタが残したとされる情報の宝庫の発見場所

ポートランドからボストンへ行った通勤用飛行機から、アメリカン航空一一便に積み込まれずに残された荷物の中に、手がかりが多数発見されたと9・11委員会は主張している。しかし、9・11事件翌日以降の当初のニュース報道とは食い違う。報道では、遺留品が発見されたのは、アタがボストンのローガン空港の駐車場に残した三菱車の中としている。

17　乗客が家族にハイジャックを知らせた携帯電話

旅客機にハイジャック犯たちがいる、と乗客たちが携帯通話で知らせたとするマスコミと9・11委員会の主張は、携帯電話で家族に電話をかけた乗客はいないとする二〇〇六年のムサウイ裁判に提出されたFBI報告と食い違う。

18　オサマ・ビン・ラディンを9・11攻撃の首謀者だとする証拠

ブッシュ政権と9・11委員会は、ビン・ラディンを首謀者とする確たる証拠があるかのような言動をしているが、確たる証拠は何一つないと言明しているFBIと食い違う。FBIは、ビン・ラディンを指名手配するテロ容疑の罪状リストの中に9・11事件を入れていない。

19　ハニ・ハンジュールはアメリカン航空七七便をペンタゴンまで操縦できたか

ホワイトハウスと9・11委員会はハンジュールが同機を操縦したと主張しているが、ハンジュールは大型ジェット旅客機どころか、単発エンジン機さえ満足に操縦できなかったというさまざまな証拠が大手マスコミで報道されている。とくにアメリカン航空七七便が最後の数分間にたどったとされる軌道は、極めて高度な技術を持った操縦士であることを示し、公式発表と著しく矛盾する。

20　ペンタゴンのCリングにできた穴の原因

ドナルド・ラムズフェルドと修復担当者リー・エヴィは、Cリングの穴がアメリカン航空七七便の機首によってできたと説明したが、土木学会の「ペンタゴン建物性能報告」は激突と同時に機体前部が破壊されたとし、ポピュラーメカニクス誌は、穴は飛行機の着陸ギアでできた、と食い違う主張をしている。

21　ペンタゴン攻撃の前後、ホワイトハウス上空で目撃された飛行機の正体

軍は、この飛行機の関連情報はない、軍用機ではないと否定しているが、E—四B空軍機であったことを示すCNNの映像と、それを認めた元軍幹部の説明と矛盾する。

22　ルディ・ジュリアーニ市長が事前に知っていたツインタワーの倒壊

ジュリアーニは、タワーの倒壊を予想できる歴史的根拠があるかのような主張をしたが、多数の専門家たちの見解と矛盾し、現場の消防士たち全員の考えと明らかに食い違う。

23　ツインタワー内部で、火災とジェット燃料の爆発以外の原因で起こった爆発はあったか

他の原因による爆発はいっさい起こらなかったと国立標準技術院（ＮＩＳＴ）および９・11委員会は主張しているが、多数の消防士、救急医療関係者、世界貿易センター従業員の証言と、９・11事件の当日および翌日の新聞テレビ報道と矛盾している。

24　ＷＴＣ第七ビル内部で、火災以外の原因で起こった爆発はあったか

他の原因による爆発はいっさい起こらなかったとＮＩＳＴおよび９・11委員会は主張しているが、ジャーナリスト、救急医療関係者、警察官、そしてビル内に閉じ込められた二人の市職員の説明と食い違う。

25　ＷＴＣの瓦礫中に、鋼鉄が溶解した証拠があったか

ＮＩＳＴは、溶融鋼の証拠は何一つ見つからなかったと主張しているが、現場に入った多くの専門家の説明と食い違い、また、三人の科学者が第七ビルとタワーから回収した鋼鉄を分析した結果、鋼鉄が硫化、酸化、蒸発した証拠を示したと報告した内容と矛盾する。

９・11事件後まもなく、ブッシュ大統領がアメリカ国民に対して――とくに議会とメディアに対してと思われるが、「九月一一日の攻撃に関するとんでもない陰謀説を許してはいけない」と言った。（原注１）

そのような説は当然拒否すべきだと誰もが思うことではあるが、「九月一一日の攻撃に関するとんでもない陰謀説」という言葉の意味は、必ずしも明確ではない。

「とんでもない」という形容だけでは、9・11事件に関する無数の陰謀説を見分ける役には立たない、というのが第一印象ではないだろうか。なぜなら、この事件を扱う陰謀説は一つ残らず、とんでもない内容だからである。ブッシュが擁護する9・11事件の公式説明自体も、陰謀説であることは明らかだ。陰謀とは「人を欺く行為、あるいは違法行為、あるいは悪事を、共同で謀議すること」である。(原注2) したがって、何らかの事件に関する陰謀〝説〟とは、その種の謀議によって事件が発生したと解釈する説を意味する。9・11事件の公式説明は、オサマ・ビン・ラディンと複数のアルカイダのメンバーが関わった謀議によって事件が発生した、という解釈だ。

つまり、公式説明自体が一つの陰謀説なのである。

では、「とんでもない陰謀説」とはどういうものなのか、その判断基準は何なのか、私たちはそれを問う必要がある。

科学の原則から言えば、良い理論と悪い理論とを識別する基本的な判断基準が二つある。まず、良い理論は、それに関連する事実と矛盾していてはいけないというのが第一の判断基準だ。9・11事件の公式説明に対する批判の多くは、公式説明がこの基準を満たしていないことを批判してきた。例えば、なぜツインタワーと第七ビルが倒壊したのか、旅客機の衝突による破壊と火災だけでは説明がつかないではないかと指摘する。

ただ、飛行機がビルに衝突したらその建築物はどう反応するか、鋼鉄が高温に熱せられるとどう反応するか、こういった技術的なことが関わってくると、多くのジャーナリストと政治家は、判断するだけの専門的知識が自分にはないと感じる。

しかし、いかなる専門知識をも必要としない、というのが良い理論の第二の判断基準だ。良い理論は首尾一貫し、内部矛盾があってはならないというだけである。内部に矛盾を持っている説は受け入れられない。もし矛盾を数多く含んでいたら、まさに「とんでもない」説になるわけだ。

9・11事件の公式陰謀説には、少なくとも二五の矛盾があるので、これこそが明らかにとんでもない説である。それでもなお、この公式陰謀説が、二つの国家に対する武力攻撃を正当化するために利用され、その結果、何千人ものアメリカ人を含む、一〇〇万人以上の死者を出した。この公式陰謀説はまた、不法な拘禁や引き渡し、拷問、不当なスパイ行為、人身保護令状の拒否といった基本的人権の無視など、米国憲法を全般的に弱体化させることの正当化にも利用された（※人身保護令状とは、とくに不当に拘束された被拘禁者の人身保護を目的として、拘禁の事実関係を聴取するため被拘禁者を出廷させる令状）。

9・11の公式説明という名のもとに正当化されてきた異常な事態の展開を考えると、この公式説にある多数の矛盾こそが、実は全体の虚偽性を示しているのではないのか。議会とマスコミは、この答えを求めなければならない。

訳者あとがき

きくちゆみ

９・11疑惑について書かれた本は数多くあるが、デヴィッド・レイ・グリフィン博士ほど膨大な報道記録や本やインターネット上の情報を丹念に調べ上げ、事実関係を緻密に分析できる人を私は知らない。このテーマで一冊だけ選ぶなら私は迷わず本書を選ぶ。

本書は、*The Contradictions An Open Letter to Congress and the Press*, David Ray Griffin, Olive Branch Press, Interlink Publishing Group, Inc.,2008の全訳である。サブタイトルにある通り、米国議会と報道機関（マスコミ）に対する公開質問状という形で、米政府高官たちの事件当時の発言と政府発表、大手の新聞やテレビ報道を元に、その中に存在する矛盾を見事に明らかにしている。

よって、９・11疑惑を初めて知る人にとっては「９・11事件とは本当は何だったのか」を考えるきっかけになるだろうし、９・11疑惑をよく知る人にとっても、初めて知る事実が多く含まれているだろう。また、誰でも理解できる単純な事実（発言）の比較がテーマなので、本書を読むのに専門的知識は必要ないし、誰にとってもわかりやすく、興味深い本に仕上がっている。

著者のグリフィン博士は、カリフォルニアのクレアモント神学院およびクレアモント大学院の名誉教授（宗教哲学）で、現在カリフォルニア州サンタバーバラに妻と暮らしている。専門は「プロセス神学」という私にはなじみのない学問だが、「神学者のあなたがなぜ9・11事件を調べているのか?」という私の質問に対して、「真実を探求することがプロセス神学であり、私の仕事なのだ」と答えてくれた。

ある日、大学教授仲間から紹介されたホームページを見て、9・11事件の公式発表の矛盾点に気づいたグリフィンは、調査を開始する。そして、大学を退官した二〇〇四年、この事件をテーマにした彼の最初の著作 ***The New Pearl Harbor : Disturbing Questions about the Bush Administration and 9/11***（邦訳『9・11事件は謀略か「21世紀の真珠湾攻撃」とブッシュ政権』、緑風出版、二〇〇八年）を発表した。

この本は米国で瞬く間にベストセラーになった。以降、彼の9・11事件に関する一連の著作は米国と世界各地で「9・11真相究明運動」の理論的支柱となっている。

本書の特徴は、いわゆる「陰謀論」を一切排除していることだ。二五章に渡って繰り返し引用されるのは、当時のブッシュ大統領、チェイニー副大統領、ラムズフェルド国防長官、ミネタ運輸長官、マイヤーズ大将、クラーク大統領特別補佐官といった米国政府中枢の人物たちの発言だ。それらが互いに矛盾しているので、政府内の誰かが嘘を言っていることを示唆する。それを明らかにするのは、議会やマスコミの責任である、とグリフィンは主張する。

これら二五の矛盾は、どれ一つとっても深刻な意味を持つものばかりで、9・11委員会報告書の信憑性を瓦解させるのに十分な内容だ。とりわけ、米国での報道を詳しく見ていない日本の読者にとって、本書から受ける衝撃は大きいだろう。

グリフィン博士の真実を探求する並外れた情熱は、９・11事件に関する著作だけで九冊にも達していることからも明らかだ。

以下、出版年順にそれらの著書名を記す（未邦訳書の邦訳名は仮訳）。

1、*The New Pearl Harbor: Disturbing Questions about the Bush Administration and 9/11*（2004）（邦訳『９・11事件は謀略か「21世紀の真珠湾攻撃」とブッシュ政権』、緑風出版、二〇〇八年）

2、*The 9/11 Commission Report: Omissions and Distortions*（2005）（９・11委員会報告書：省略と歪曲、二〇〇五年、未邦訳）

3、*Christian Faith and the Truth Behind 9/11: A Call to Reflection and Action*（2006）（クリスチャンの信条と９・11の背後にある真実：省察と行動の呼びかけ、二〇〇六年、未邦訳）

4、*9/11 and the American Empire: Intellectuals Speak Out*（2006, co-edited with Peter Dale Scott）（９・11とアメリカ帝国：知識人は語る、二〇〇六年、ピーター・デール・スコットとの共著、未邦訳）

5、*Debunking 9/11 Debunking: An Answer to Popular Mechanics and Other Defenders of the Official Conspiracy Theory*（2007）（９・11デバンカーの嘘を暴露する：ポピュラーメカニクスと政府陰謀論擁護者への回答。二〇〇七年、未邦訳）

6、*9/11 Contradictions: An Open Letter to Congress and the Press*（2008）（本書）

7、*The New Pearl Harbor Revisited: 9/11, the Cover-Up, and the Exposé*（2008）（新しい真珠湾攻撃の

再考：9・11事件隠蔽と暴露、二〇〇八年、未邦訳）
8、*Osama bin Laden: Dead or Alive?*（2009）（オサマ・ビンラディン：死んでいるのか、生きているのか？、二〇〇九年、未邦訳）
9、*The Mysterious Collapse of World Trade Center 7: Why the Final Official Report about 9/11 Is Unscientific and False*（2009）（世界貿易センター第七ビルの不可解な崩壊：なぜ、9/11に関する最終公式報告書が、非科学的で、偽りなのか、二〇〇九年、未邦訳）

9・11事件の真実を追究しようとすると、公式説明の擁護者から「政府の9・11委員会報告書をちゃんと読んだのか」と言われることがある。私は報告書の原書を手元におき、必要に応じて参考にはしているが、精読はしていない。

しかしグリフィンは『9・11調査委員会報告書』が発表されるや否や、隅から隅まで精読し、調査と検証を重ね、*The 9/11 Commission Report: Omissions and Distortions*（2005）を発表した。その結果、多額の税金を投じた報告書のほとんどが省略と歪曲によって成り立っている、と結論した。

興味深いのは、この本が出た翌年の二〇〇六年、9・11調査委員会で議長を務めたトーマス・ケイン氏と副議長のリー・ハミルトン氏が共著*Without Precedent : The Inside Story of the 9/11 Commission*（前代未聞：9・11委員会の内幕、未邦訳）を発表し、同委員会が9・11に関する情報を集めようとしても、ＣＩＡやＮＯＲＡＤ（北米航空宇宙防衛司令部）などの国家機関による非協力と妨害によって、十分な調査ができなかったことを暴露したことだ。この事実は、残念ながら日本ではほとんど知られていない。

また事件から七年たった二〇〇八年十一月、それまで公式報告書では説明がなかった世界貿易センター第七ビルの崩壊に関して、やっとＮＩＳＴ（米国標準技術局）が最終報告書を発表した。

しかし、これに対してもグリフィン博士は、即座に *The Mysterious Collapse of World Trade Center 7: Why the Final Official Report about 9/11 Is Unscientific and False*（2009）を発表して、徹底的に反論している。

世界貿易センター第七ビルは、ノース・タワー（第一ビル）から第六ビルと通りを隔てて北側にあった四七階建てのビルだが、飛行機が突入してもいないのに、あの日の午後5時過ぎ、ほぼ自由落下の速度でビル敷地内にストンと崩壊した。当時、このことはほとんど報道されず、知る人も少なかったが、９・11真相究明運動の努力の結果、少しずつ有名になってきた。

この崩壊に関しては、さすがの米国政府も報道機関も「一体何が起きたのか理解するのに苦労している」と語り続けてきたのだが、この最終報告書は第七ビルの崩壊を完璧に説明しているという。

しかしグリフィンは、融点が摂氏二六二三度というモリブデンが溶けていたことや、粉末状になったビルの瓦礫の中に球状になった鉄の微粒子が通常の一五〇倍も含まれていたことを指摘し、ＮＩＳＴは「都合の悪い証拠はなかったことにし、捏造、偽装、データ改竄はお手のもの」と批判する。鳴り物入りで発表された最終報告書は、グリフィンに言わせれば「基本的科学原則に従わずに、確立された科学的基準にも合わない科学的詐欺であり、連邦の一科学機関によってなされた以上、犯罪行為」ということになる。

ＮＩＳＴはこの報告書の中で実際、自説を支持するために、虚偽の〝証拠〟をでっちあげ、制御解体のあらゆる証拠を、無視、隠蔽、あるいは歪曲したのだ。結局、ＮＩＳＴの最終報告書は、第七ビルの崩壊を説明できていない。

グリフィンや９・11真相究明運動の不断の努力によって、こうした嘘や矛盾が次々と明らかになっても、報道機関が大きく取り上げない限り一般の人々が知るチャンスはほとんどなく、９・11事件から始まった「対テロ戦争」は今も続く。この原稿を書いている今も、イラクやアフガニスタンは「対テロ戦争」の戦場にされ、戦火はパキスタンやパレスチナにも広がり、次はイランが標的にされている。

人々は日々いのちや生活を奪われ、町は破壊され、「チェンジ」を公約して当選したオバマ大統領も、ブッシュ路線を踏襲してアフガニスタンへの増派を決定してしまった。

「対テロ戦争」を終わらせるには、９・11事件の公式説明の嘘を明らかにし、事実を広めるのが最も効果があると私は考える。９・11真相究明運動は今や全米はもちろん、ほとんどの西側諸国の大都市に存在しており、日本でも遅ればせながら二〇〇六年に「第１回911真相究明国際会議」が開催された。

二〇〇八年の「第２回９・11真相究明国際会議」にはグリフィン博士が招かれ、東京で基調講演をした。その時、秋田、大阪、神戸、名古屋と国会議員会館でも講演したグリフィンに通訳兼オーガナイザーとして同行したが、当時六九歳という年齢にも拘らず、彼は全く疲れを見せることもなく、終始ユーモアたっぷりの冗談で私を笑わせてくれた。

二〇一〇年二月十九日にサンフランシスコで行われた「9・11の真実を求める建築家とエンジニアたち（AE911Truth.org）」の記者会見で彼と再会した。9・11事件の公式説明に異議を申し立て、再調査を要求する建築家とエンジニアの数が千名を越えたことを発表する会見だった。

この席でも、冴え渡る頭脳と観客を笑わせる話術は健在で、米国政府と大手メディアよる「アルカイダ単独犯人説」（これもまた一つの陰謀論にすぎないので、グリフィンは「政府陰謀説」と呼ぶ）をことごとく論駁していた。彼は真実を明らかにするまで、決して探求をやめないだろう。

ここ数年、日本における9・11真相究明運動も少しずつ広がりを見せ、事件に関する書籍とDVD（映像資料）もだいぶ揃ってきた。私は政府公式説明（グリフィンは「政府陰謀説」と呼ぶ）に異論を唱える複数のドキュメンタリー映画の日本語版を製作し、紹介してきたが、特に推薦したいのは、「911の真実を求める建築家とエンジニアたち」代表・リチャード・ゲイジ氏の最新DVD『9/11：真実への青写真』（二〇一〇年）だ。

ゲイジ氏のDVDをご覧になり、本書を読んだ人なら、9・11事件の公式発表に疑問を持つ人たちを「陰謀論者」とは呼べないはずだ。むしろ、「オサマ・ビンラディンを首謀者とするアルカイダによる単独犯行説」のほうがインチキ臭いことに気づくだろう。

前訳書『9・11事件は謀略か』の「序論」で、グリフィン博士は「政府の共犯の可能性」について、程度の軽い方から重い方までを8段階で論じていた。

①虚偽説明の構築
②情報機関が何かを予期

③情報機関が特定の事態を予期
④情報機関が計画に関与
⑤ペンタゴンが計画に関与
⑥ホワイトハウスが何かを予期
⑦ホワイトハウスの特定の事前知識
⑧ホワイトハウスが計画に関与

というものだ。

本著の二五の矛盾に対して、米国議会とマスコミは説明責任を負うが、その説明がされないならば、ますます⑧の「ホワイトハウスが9・11事件の計画に関与」していた疑いは濃厚になる。9・11事件が真に独立した機関によって再調査されなくてはならない所以だ。

9・11事件をより深く理解するための関連書籍と映像資料を巻末にまとめたので、参照してほしい。ほとんどのDVDと一部の書籍は、グローバルピースキャンペーンストアで扱っており、インターネットで注文できる。

グローバルピースキャンペーンストア：http://store.globalpeace.jp/

また、9・11事件の真実を追及しているHPとしては、

「どうじまるHP」：http://doujibar.ganriki.net/00mokuji.html

「911の真実を今」：　http://www5.pf-x.net/~gotama/

きくちゆみのブログ：http://kikuchiyumi.blogspot.com/

などを参照してほしい。

本書の翻訳は、翻訳者として大先輩である加藤しをりさんと半分ずつ行い、加藤さんが引用元を一つ一つインターネットで確認しながら文章全体をまとめ、参考資料を作った。もし、本書が読みやすく、原文に忠実に仕上がっていたとすれば、それは加藤さんの力量によるものだ。

緑風出版の高須次郎さんには、『9・11事件は謀略か』に続いてお世話になった。このようなリスクの高い、しかし歴史を変えうる重要な本を出版してくださることに心から感謝する。翻訳が遅々として進まない私を隣で励まし、サポートしてくれた森田玄がいなければ、本書は完成しなかった。ありがとうございます。

本書が9・11の真実が広まる一助となり、一刻も早く「対テロ戦争」が終焉し、戦場とされた地に穏やかな日常が戻ることを願いつつ。

田んぼで鳴くカエルの声を聞きながら

「9・11」をより深く知るための資料リスト［第一刷発行日順］

前提理解用（アメリカという国について知っておくべきこと）

書名	著者／編者／制作者	出版社の順
アメリカ経済のユダヤ・パワー	佐藤唯行	ダイヤモンド社
A Different Nuclear War – Children of the Gulf War	森住卓	劣化ウラン弾禁止を求めるグローバル・アソシエーション
戦争中毒	ジョエル・アンドレアス／監訳 きくちゆみ	合同出版
［DVD］テロリストは誰？	フランク・ドリル 編集	日本語版 グローバルピースキャンペーン／監訳 森田玄・きくちゆみ
アメリカはなぜイスラエルを偏愛するのか	佐藤唯行	ダイヤモンド社
［DVD］IRAQ FOR SALE	Brave New Films	日本語版人民新聞社／訳 脇浜義明
エコノミック・ヒットマン	ジョン・パーキンス／訳 古澤秀子	東洋経済新報社
［コミック］実録 アメリカの陰謀スペシャル（1〜3巻）	mashroom.jp	宙（おおぞら）出版
闇の世界金融の超不都合な真実	菊川征司	徳間書店
新版 300人委員会：［上・支配される世界／下・陰謀中枢の正体］	ジョン・コールマン／監訳 太田龍	成甲書房
金融のしくみは全部ロスチャイルドがつくった	安部芳裕	徳間書店

9・11事件の真相

書名	著者/編者/制作者	出版社の順
仕組まれた9・11―アメリカは戦争を欲していた	田中宇	PHP研究所
[DVD] 911ボーイングを捜せ！航空機は証言する	Power Hour Productions	日本語版 ハーモニクスプロダクション／監訳 森田玄・きくちゆみ
季刊『真相の深層』	木村愛二 編	木村書店
911事件の真相と背景	三浦英明・木村愛二	木村書店
[DVD] 真実を求める遺族たちの「9/11 PRESS FOR TRUTH」	日本語版 人民新聞社	9・11テロ捏造
日本と世界を騙し続ける独裁国家アメリカ	ベンジャミン・フルフォード	徳間書店
暴かれた9・11疑惑の真相	ベンジャミン・フルフォード	扶桑社
9・11イラク戦争コード	木村愛二	社会評論社
[DVD] LOOSE CHANGE 2ND EDITION―911の嘘をくずせ	A LOUDER THAN WORDS LLC PRODUCTION	日本語版 ハーモニクスプロダクション／監訳 森田玄・きくちゆみ
9・11マスターキーから何が見える？	柴野徹夫 編	憲法9条メッセージ・プロジェクト
WTCビル崩壊の徹底究明―破綻した米国政府の「9・11」公式説	童子丸開	社会評論社
9・11事件は謀略か「21世紀の真珠湾攻撃とブッシュ政権」	デヴィッド・レイ・グリフィン／訳 戸田清・きくちゆみ	緑風出版
9・11テロの超不都合な真実	菊川征司	徳間書店

続9・11の謎―「アルカイダ」は米国がつくった幻だった	成澤宗男	金曜日
テロ&戦争詐欺師たちのマッチポンプ　なぜ世界は黙ってこれを見過ごすのか	きくちゆみ　童子丸開	徳間書店
[DVD] 9／11：真実への青写真　建築の専門家による「崩壊」の徹底検証	Architects & Engineers for 911Truth	日本語版　ハーモニクスプロダクション　童子丸開他訳

公式説明・9・11疑惑否定論

書名	著者／編者／制作者	出版社の順
マンハッタン　9月11日―生還者たちの証言	ディーン・E・マーフィー／監訳　村上由見子	中央公論新社
陰謀論の罠―9・11テロ自作自演説はこうして捏造された	奥菜秀次	光文社
[コミック] 9・11オフィシャル・レポート	シド・ジェイコブソン　アーニー・コロン	日本語版　イースト・プレス／監訳　福井晴敏
9／11委員会レポートダイジェスト　9/11 COMMISSION	訳　松本利秋・ステファン丹沢・永田喜文	WAVE出版

gov/NISTNCSTAR1CollapseofTowers.pdf
20. JOM（※鉱物金属素材学会の会報）vol.53、2001年12月号に掲載のJ・R・バーネット、R・R・ビーダーマン、R・D・シソンJr.の記事「WTC第7ビルから出たA36鋼の微細構造初期解析（An Initial Microstructural Analysis of A36 Steel from WTC Building 7）」。www.tms.org/pubs/journals/JOM/0112/Biederman/Biederman-0112.html
21. ニューヨークタイムズ、2001年11月29日付ジェームズ・グランツの記事「世界貿易センター第7ビル倒壊にディーゼル燃料関与か、と技術者たち（Engineers Suspect Diesel Fuel in Collapse of 7 World Trade Center）」。www.nytimes.com/2001/11/29/nyregion/29TOWE.html
22. ニューヨークタイムズ、2002年2月2日付のジェームズ・グランツ、エリック・リプトンの記事「タワー倒壊の手がかりを求めて（A Search for Clues in Towers' Collapse）」。query.nytimes.com/gst/fullpage.html?res=9C04E0DE153DF931A35751C0A9649C8B63〈→http://www.nytimes.com/2002/02/02/nyregion/02SITE.html?pagewanted=1〉
23. FEMAの「世界貿易センター建物性能研究（World Trade Center Building Performance Study）」。付録Cに掲載のジョナサン・バレット、ロナルド・R・ビーダーマン、リチャード・D・シソンJr.の記事「限定的冶金検査（Limited Metallurgical Examination）」。911research.wtc7.net/wtc/evidence/metallurgy/WTC_apndxC.htm
24. 同上。
25. WPI（※ウスター工科大学）のジャーナル「変革（Transformations）」、2002年春号掲載のジョーン・キラウ・ミラーの記事「溶融鋼の〝深遠なミステリー〟（The 'Deep Mystery' of Melted Steel）」。www.wpi.edu/News/Transformations/2002Spring/steel.html
26. 第24章注2、NIST「よくある質問への回答」質問12。
27. 同上。

■要約と結論

1. 2001年11月10日のジョージ・W・ブッシュ大統領の国連総会演説。www.whitehouse.gov/news/releases/2001/11/20011110-3.html〈→http://georgewbush-whitehouse.archives.gov/news/releases/2001/11/20011110-3.html〉
2.『アメリカンヘリテージ英英辞典』（Boston: Houghton Mifflin、1969年）より。

(Messages in the Dust: What Are the Lessons of the Environmental Health Response to the Terrorist Attacks of September 11?)」。www.neha.org/9-11%20report/index-The.html

8. ジョンズ・ホプキンス公衆衛生マガジンの2001年晩秋号「公衆衛生に総力を結集：テロの流れを科学で変える（Mobilizing Public Health: Turning Terror's Tide with Science)」。www.jhsph.edu/Publications/Special/Welch.htm

9. タイムズヘラルドレコードの2002年9月8日付記事「牧師が語る（The Chaplain's Tale)」。archive.recordonline.com/adayinseptember/trimpe.htm

10. ナイトライダー、2002年5月29日付のジェニファー・リンの記事「遺体回収作業関係者、グランドゼロでの数カ月を振り返る（Recovery Worker Reflects on Months Spent at Ground Zero)」。www.whatreallyhappened.com/ground_zero_fires.html

11. 政府コンピュータニュース（Government Computer News)、2002年9月11日付のトルーディー・ウォルシュの記事「遺体回収作業に携帯情報端末が活躍（Handheld APP Eased Recovery Tasks)」。www.gcn.com/21_27a/news/19930-1.html〈→http://www.gcn.com/Articles/2002/09/09/Handheld-app-eased-recovery-tasks.aspx〉

12. 「Waste Age（※廃棄物処理の時代)」に掲載のトム・アーターバーンによる2002年4月1日付記事「突撃開始：ニューヨーク市公衆衛生局員、人生最大のチャレンジ（D-Day: NY Sanitation Workers' Challenge of a Lifetime)」。wasteage.com/mag/waste_dday_ny_sanitation

13. 9.11委員会公聴会、2003年4月1日。www.9-11commission.gov/hearings/hearing1/witness_holden.htm

14. 2004年5月7日放送のABCニュースが引用した、Firehouse.comのアンディ・フィールドの2004年2月7日付記事（2007年6月14日更新）「WTC倒壊の急進的な新説を見る（A Look Inside a Radical New Theory of the WTC Collapse)」。cms.firehouse.com/content/article/article.jsp?sectionId=46&id=25807

15. 第23章と24章参照。

16. 第24章注2、NIST「よくある質問への回答」質問13。wtc.nist.gov/pubs/factsheets/faqs_8_2006.htm

17. 同上。

18. 同上。

19. グロスの発言は動画で見られる「NISTのエンジニア、ジョン・グロスが溶融鋼の存在を否定（NIST Engineer, John Gross, Denies the Existance［原文のまま］of Molten Steel)」。video.google.com/videoplay?docid=-7180303712325092501&hl=en

グロスは全米建造物安全性調査チームのメンバー13人の1人で、NIST（国立標準技術院）の「世界貿易センターのタワー倒壊に関する最終報告書」（2005年9月発表）冒頭のリストにも入っている。第23章注3参照。wtc.nist.

の諸説（Zembla Investigates 9/11 Theories）」cgi.omroep.nl/cgi-bin/streams?/tv/vara/zembla/bb.20060911.asfからの抜粋である。

翌2007年にジョウェンコは、その後考えが変わっていないかと聞かれ、「もちろん変わらない（中略）。設計図や構造を見たが、火災であんなふうにはなり得ない、（中略）絶対に」と答えている。patriotsquestion911.com/engineers.html#Jowenko〈→全文日本語訳されたサイトhttp://www.asyura.com/07/war89/msg/441.html〉

また、ユタ州立大学の著名な工学部教授ジャック・ケラーも第7ビルの倒壊について「明らかに制御解体の結果だ」と述べている。www.ae911truth.org/supporters.php?g=ENG〈→http://www.ae911truth.org/profile.php?uid=998929〉

スイス連邦工科大学にも、第7ビルがプロによって解体された「可能性が非常に大きい」と声明を出した構造工学部の教授が2人いる。ユーゴ・バッハマン（patriotsquestion911.com/engineers.html#Bachmann）と、イョルグ・シュナイダー（patriotsquestion911.com/engineers.html#Schneider）だ。

■第25章　ＷＴＣの瓦礫に鋼鉄の溶解を示す証拠があったのか

1. 一部の目撃者が「溶けた鋼鉄（molten steel）」と描写している物質は、（特定の物質を使って鋼鉄を溶かしたときに副産物として生じ得る）「溶けた鉄（molten iron）」と言ったほうがより適切かどうかという議論があるが、本章では論考の目的を考慮し、あえて触れないこととする。
2. ユタ構造技術者協会のSEAUニュース、2001年10月付のジェームズ・ウィリアムズの記事「WTCは構造上は成功（WTC a Structural Success）」。www.seau.org/SEAUNews-2001-10.pdf
3. 「構造技術者（Structural Engineer）」、2002年9月3日付の記事「ニューヨーク視察でわかったWTC惨事の規模（New York Visit Reveals Extent of WTC Disaster）」P.6。web.archive.org/web/20031117155808/www.istructe.org.uk/about/files/president/Tour-2002-NewYork.pdf
4. ニューヨークポスト、2004年3月3日掲載のルー・ルメニックの記事「廃墟を果敢に直視する（Unflinching Look Among the Ruins）」。〈→http://s3.amazonaws.com/nasathermalimages/public/images/UNFLINCHING%20LOOK%20AMONG%20THE%20RUINS_print.html〉
5. ルヴォロの証言はDVD『市民の犠牲（*"Collateral Damages"*）』に引用されている。Infowars.net掲載の2006年11月17日付スティーヴ・ワトソンの、この部分に関連する論考を参照。http://infowars.net/articles/november2006/171106molten.htm
6. 2001年12月の「ナショナルガード（州軍）」に掲載のガイ・ラウンズベリーの記事「〝聖地〟での任務（Serving on 'Sacred Ground'）」。findarticles.com/p/articles/mi_qa3731/is_200112/ai_n9015802
7. 国立環境保健協会、2003年9月掲載のフランチェスカ・ライマンの記事「埃からのメッセージ：9月11日テロ攻撃に対する環境保健の対応で得た教訓

History" Doubleday、2002年）P.175-176。

41. この証言はYouTubeで見られる。www.youtube.com/watch?v=CahEva8zQas
　もともとは2002年放送のPBSドキュメンタリー「アメリカの再建（America Rebuilds）」の一場面で、PBSホームビデオとして入手できる。www.pbs.org/americarebuilds

42. 米国務省「9/11が暴かれた？　過ちを繰り返す陰謀説の新刊書（9/11 Revealed? New Book Repeats False Conspiracy Theories）」を参照。usinfo.state.gov/media/Archive/2005/Sep/16-241966.html〈→http://www.america.gov/st/webchat-english/2009/April/20090428110108atlahtnevel0.7957117.html〉
　シルバースタインの発言に関する争点の一つは、「pull it」が制御解体を意味する俗語かどうかということだ。俗語ではないとする見解については、米国務省サイト「誤報を識別」（第19章注26の訳注参照）の中の「主な9/11事件陰謀論（The Top September 11 Conspiracy Theories）」usinfo.state.gov/media/misinformation.htmlと、デヴィッド・ダンバー、ブラッド・レーガン編『9/11の神話を暴く：なぜ陰謀論者たちは事実を直視できないのか：ポピュラーメカニクスが徹底調査』（*"Debunking 9/11 Myths: Why Conspiracy Theories Can't Stand Up to the Facts"* Hearst Books、2006年）のP.57–58を参照。俗語だとする見解についてはwww.pumpitout.com/audio/pull_it_mix.mp3を参照。

43. 2005年4月27日放送のKPFA番組「銃とバター（Guns and Butter）」。gunsandbutter.net/archives.php?page=13〈→http://www.kpfa.org/archive/id/16057〉
　引用されているやりとりの一部がビデオ「第7が爆発するぞ（Seven Is Exploding）」で見られる。www.youtube.com/watch?v=58h0LjdMry0

44. 注43「第7が爆発するぞ」。

45. 同上。

46. ダン・ラザーの発言はYouTubeで見られる。www.youtube.com/watch?v=Nvx904dAw0o

47. ダニー・ジョウェンコはオランダの制御解体の専門家で、ジョウェンコ爆破解体会社（Jowenko Explosieve Demolitie B.V.）のオーナー経営者である。ジョウェンコは9.11事件で3棟目のビルが崩壊したことを知らないまま、第7ビルの倒壊映像を見せられコメントを求められた。ジョウェンコは録画を見たあと「これは単に支柱を爆破しただけだ。残りは内側に陥没する」と言った。本当にそう思うかと訊かれて、「これは絶対に内部爆破だ。雇われたプロの仕事だよ。専門家のチームがしたんだ」と答えた。これは9.11事件で起こったことだと聞かされ、最初は信じられずに「本当に?」と何度も確認した。このインタビューは動画「ジョウェンコのWTC第7ビル解体インタビュー」は（Jowenko WTC7 Demolition Interviews）」www.youtube.com/watch?v= HgoSOQ2xrbI〈→http://www.youtube.com/watch?v=k3DRhwRN06I〉で見られる。
　この2006年のビデオは、オランダのテレビ番組「ゼンブラが調査する9月11日

18. 国立標準技術院「NIST NCSTAR 1–8：世界貿易センターの惨事に関する建造物と火災の安全性についての連邦調査：緊急対応活動（Federal Building and Fire Safety Investigation of the World Trade Center Disaster: The Emergency Response Operations）」第5章9項。wtc.nist.gov/NISTNCS TAR1-8.pdf〈→http://wtc.nist.gov/pubs/NISTNCSTAR1-81.pdf〉
19. バリー・ジェニングズは本文で述べたように、市当局の公共住宅局の非常事態業務担当副局長であり、単なる「当該ビル内の事業の一つを担当する警備員」ではない。マイケル・ヘスもニューヨーク市所属法人弁護士で、単なる「市職員」ではない。
20. 国立標準技術院「NIST NCSTAR 1–8」第5章9項。注18参照。
21. 同上。
22. バリー・ジェニングズの証言記録は注16参照。
23. 注18、国立標準技術院「NIST NCSTAR 1–8」P.110注380。
24. ルドルフ・W・ジュリアーニ、ケン・カーソン著『リーダーシップ』（講談社、2003年。*"Leadership"* Hyperion、2002年）P.20。
25. 注18、国立標準技術院「NIST NCSTAR 1–8」P.110。
26. 口述記録：消防隊長レイ・ゴールドバック（Captain Ray Goldbach）P.14。
27. 口述記録：消防士ビンセント・マッサ（Firefighter Vincent Massa）P.17。
28. 口述記録：救急救命士デコスタ・ライト（EMT Decosta Wright）P.12。
29. 口述記録：救急救命士ジョゼフ・フォーティス（EMT Joseph Fortis）P.15。
30. 口述記録：消防本部長ダニエル・ニグロ（Chief Daniel Nigro）P.10。
31. 口述記録：消防副隊長ウィリアム・ライアン（Fire Lieutenant William Ryan）P.15。
32. 口述記録：消防士ケヴィン・マクガバン（Firefighter Kevin McGovern）P.12。
33. 口述記録：消防隊長ロバート・ソーマー（Captain Robert Sohmer）P.5。
34. 口述記録：消防本部長フランク・フェリーニ（Chief Frank Fellini）P.3。
35. 口述記録：消防士クリストファー・パトリック・マレー（Firefighter Christopher Patrick Murray）P.12。
36. 口述記録：消防本部長トーマス・マッカーシー（Chief Thomas McCarthy）P.10-11。
37. 口述記録：救急救命士デコスタ・ライト（EMT Decosta Wright）P.11。
38. ファイアーハウスマガジン、2002年8月掲載の記事「WTC：これが彼らの体験：ニック・ビスコンティ副本部長（WTC: This Is Their Story: Deputy Chief Nick Visconti）」。www.firehouse.com/terrorist/911/magazine/gz/visconti.html〈→http://newyorkfirefighters---stevenwarran.blogspot.com/2010/02/firehouse-magazine-reports-deputy-chief.html〉
39. トーマス・ヴォン・エッセン著『強い心：ニューヨーク市消防局での生と死』（*"Strong of Heart: Life and Death in the Fire Department of New York"* William Morrow、2002年）P.45。
40. ディーン・E・マーフィー著『9月11日：ある口述史』（*"September 11: An Oral*

Eyewitness Testimony Transcribed by Rolf Lindgren)」で文字化され、「9/11の真実を求める学者たち(Scholars for 9/11 Truth)」のサイトの「NIST、9/11の〝衝撃発生〟を調査:新たな目撃者が学者たちのこれまでの研究成果を裏付ける(NIST Exploring 9/11 'Blast Events'; New Witness Confirms Scholars Previous Findings)」に2007年7月1日付で引用されている。rinf.com/alt-news/911-truth/nist-exploring-911-blast-events-for-wtc-7-new-witness-confirms-scholars-previous-findings/693

インタビューのこの筆記録の中には、ジェニングズとヘスが北タワーへの攻撃直後にWTCへ行ったという部分の発言が含まれていないが、リンドグレンはインタビュー全編の情報を入手していて、そのことを加筆説明している。ジェニングズの言葉「私は、世界貿易センター第7ビルの23階の非常事態管理局へ行って人員を配置するように頼まれた」を引用したあとにリンドグレンが、「これは北タワーが攻撃された直後である」と注を入れている。

13. ペンステート公共放送(※ペンシルベニア州立大学の放送局)で2002年3月1日に放送された「私たちの安全を守る(Keeping Us Safe)」。is124.ce.psu.edu/Edcomm/WITNweb/2423/script.html〈→ジェニングズ証言の動画 http://www.youtube.com/watch?v=5LO5V2CJpzI&feature=related〉
14. ジェニングズの証言はYouTubeで聞くことができる。www.youtube.com/watch?v=NttM3oUrNmE(※動画は注13参照)

この発言は注12の「WTC第7ビル目撃者証言筆記録」でロルフ・リンドグレンが文字化している。

15. 注11、AP通信「トレードタワーでの光景(The Scene at the Trade Towers)」。
16. 注14のバリー・ジェニングズのビデオと、「WTC第7ビル目撃者証言筆記録、ロルフ・リンドグレン作成(WTC 7 Eyewitness Testimony Transcribed by Rolf Lindgren)」参照(※ジェニングズの後日インタビュー:youtube.com/watch?v=kxUj6UgPODo&feafure=related)。ロビーに関するジェニングズの詳細な証言は、OEM局長リチャード・シーラーの発言と矛盾しているようだ。シーラーは、そのロビーにトリアージセンターを設営しようとしたという。しかしウェイン・バレットとダン・コリンズは、事件当日のシーラーの行動に関する本人の主張は何一つ信用できないことを説明し、とくに次の点を強調している。「当時まだタワーにいた情報筋によると、シーラーの次席であるリチャード・ロタンズ副局長はまだ第7ビルにいたのに、トリアージの命令はいっさい受けなかったという。第7ビルは危険だとしてすでに退避が終わっていたのだから、そんなところにトリアージの場所を作るのはナンセンスで、手配もまったくしなかった」。第22章注34『大いなる幻想:ルディ・ジュリアーニと9/11の語られざる関係』(*"Grand Illusion: The Untold Story of Rudy Giuliani and 9/11"* HarperCollins、2006年)のP.32参照。
17. NISTの2004年6月付報告「付録L:WTC第7ビルに関する中間報告」L-18。wtc.nist.gov/progress_report_june04/appendixl.pdf

情報源は記載されていない。

1518131/28031.htm 〈→http://www.whale.to/b/szy6.html〉
61. 注3、NIST（国立標準技術院）の「最終報告書」P.163。

■第24章　ＷＴＣ第七ビルで爆発はあったのか

1. NISTのサイト「NISTと世界貿易センター」の2005年4月5日付報告「世界貿易センターの惨事に対するNISTの対応（NIST Response to the World Trade Center Disaster）」のP.4、「調査完了までのスケジュール（Schedule for Completion of Investigation）」。wtc.nist.gov/pubs/WTC%20Part%20IIC%20-%20WTC%207%20Collapse%20Final.pdf
2. NISTの2006年8月30日付報告「よくある質問への回答」質問14。wtc.nist.gov/pubs/factsheets/faqs_8_2006.htm
3. NISTの2004年6月付報告「付録L：WTC第7ビルに関する中間報告（Appendix L: Interim Report on WTC 7）」L-34。wtc.nist.gov/progress_report_june04/appendixl.pdf
4. NISTの報告「WTC第7ビル（WTC 7 Collapse）」P.6。wtc.nist.gov/pubs/WTC%20Part%20IIC%20-%20WTC%207%20Collapse %20Final.pdf
5. カナダ放送協会のエヴァン・ソロモンによるインタビューで（2006年8月21日放送のCBCニュース「9/11：真実と嘘と陰謀：リー・ハミルトンをインタビュー（9/11: Truth, Lies and Conspiracy: Interview: Lee Hamilton）」）、ハミルトン副委員長はこう言った。「第7ビルに関しては、すぐ近くであの巨大なタワーが2棟崩壊した余波だったと私たちは信じている」。www.cbc.ca/sunday/911hamilton.html 〈→http://911blogger.com/news/2007-05-20/david-ray-griffin-interview-lee-hamilton?page=1〉
6. クリス・ブルとサム・エルマン編『グランドゼロ：現場にいた若きレポーターが語るそれぞれの体験』（*"At Ground Zero: Young Reporters Who Were There Tell Their Stories"* Thunder's Mouth Press、2002年）のP.97に引用されている。
7. ジョーンズの発言はドキュメンタリー「911目撃者（911 Eyewitness）」の28分25秒参照。video.google.com/videoplay?docid=65460757734339444
8. この発言は同上の動画の31分30秒参照。
9. 「本音を語る：クレイグ・バートマーのインタビュー（Speaking Out: An Interview with Craig Bartmer）」。video.google.com/videoplay?docid=-2283625397351664218〈→http://www.youtube.com/watch?v=Uso9sCOakEQ〉
10. WWOR-TVで2001年9月11日放送のUPN9ニュース。ビデオは午前10時37分から始まり、ヘスのインタビューは57分目なので、時刻は11時34分。〈→http://www.youtube.com/watch?v=BUfiLbXMa64&NR=1〉
11. AP通信「トラヴァースシティー・レコードイーグル」（ミシガン州北部の新聞）の2001年9月11日付「トレードタワーでの光景（The Scene at the Trade Towers）」。www.record-eagle.com/2001/sep/11scene.htm 〈→http://archives.record-eagle.com/2001/sep/11scene.htm〉
12. この事実は後のインタビューでバリー・ジェニングズによって語られる。その一部が「WTC第7ビル目撃者証言筆記録、ロルフ・リンドグレン作成（WTC 7

45.「9/11再訪：爆弾は使われたのか?」（注36参照）。www.youtube.com/watch?v=PWgSaBT9hNU
46. 同上。
47. このヘッドライン（Breaking News: Thied Explosion Collapses World Trade Center in New York）はビデオで見られる。www.youtube.com/watch?v=mrQZEBlNh04〈→http://www.distractiv.org/9-11-Revisited-Many-reports-of-explosions-going-off/_OYyTh93rzGs.html〉
48.「9/11再訪：爆弾は使われたのか?」。
49. 注36、「究極のペテン」。トンプソンは「10時30分」と言ってレポートを始めているが、北タワーは10時28分に倒壊したので、数分間ずれている。
50.「究極のペテン」。
51. 同上。
52. 同上。
53. ガーディアンの2001年9月12日付記事「特集：米国でのテロ事件（Special Report: Terrorism in the US）」。www.guardian.co.uk/september11/story/0,11209,600839,00.html〈→http://www.guardian.co.uk/world/2001/sep/12/expertopinions.charlieporteronmensfashion〉
54. ウォールストリート・ジャーナル、2001年9月12日掲載のジョン・バッシーの記事「台風の目：絶望とカオスの旅（Eye of the Storm: One Journey Through Desperation and Chaos）」。online.wsj.com/public/resources/documents/040802pulitzer5.htm
　他のメディアではバッシーの次の言葉が引用されている。「あの金属的な轟音が聞こえ、見上げると（中略）各フロアが次々と外に向かって爆発していくのが見えた。私は〝なんてことだ、連中はビルを倒すつもりなのだ〟と思った。連中が誰であれ、爆破装置は点火された。事実ビルは内側からの爆発で崩壊していった。私は爆発を見た」。これを掲載しているのはニュージアム、アリシア・シェパード、キャシー・トロストの共著で、トム・ブロコウ序文執筆『危険に突撃：9/11ニュース速報の裏側』（*"Running Toward Danger: Stories Behind the Breaking News of 9/11"* Rowman & Littlefield、2002年）のP.87である。
55. ロサンゼルスタイムズ、2001年9月12日掲載のジェラルディン・ボーム、マギー・ファーリーの記事「ニューヨークとペンタゴンにテロ攻撃（Terrorists Attack New York, Pentagon）」。web.archive.org/web/20010912044735/www.latimes.com/news/nationworld/nation/la-091201main.story
56. 注36、「究極のペテン」。
57.『委員会報告書』P.xvi。
58. 第22章注37参照。
59.『委員会報告書』P.306。
60. アークティックビーコンのサイトに掲載の2005年6月24日付グレッグ・シマンスキーの記事「WTC地下の爆発と火傷による負傷者が、9/11の公式説明を粉砕する（WTC Basement Blast and Injured Burn Victim Blows 'Official 9/11 Story' Sky High）」。www.arcticbeacon.citymaker.com/articles/article/

28. 口述記録：救護員（Paramedic Daniel Rivera）P.9。
29. 口述記録：消防局保険サービス部隊長（Captain Jay Swithers）P.5。
30. 口述記録：市救急医療サービス部隊長（Captain Karin Deshore）P.15-16。
31. スーザン・ヘーゲンとメアリー・カルーバ著の『グランドゼロの女性たち：勇気と共感の物語』（*"Women at Ground Zero: Stories of Courage and Compassion"* Alpha Books、2002年）のP.65-66と68に引用されている。
32. ガズマンの話は、「報告（ニュージャージー州ベルゲン郡）」に2003年9月10日掲載のマイク・ケリーの記事「WTCの瓦礫から救出された最後の生還者が生活を再建し、恐怖を振り返る（Last Survivor Pulled from WTC Rebuilds Life, Recalls Horror）」の中に含まれている。「What Really Happened」のサイトで閲覧できる。www.whatreallyhappened.com/wtc_mcmillan.html
　ちなみにガズマンは「ジェネル・ガズマン・マクミラン（Genelle Guzman McMillan）」と名乗っているが、9/11の2カ月後にロジャー・マクミランと結婚したとケリーが書いている。
33. 「チーフエンジニア」のウェブサイトに2002年に掲載された「私たちは忘れない：恐怖の一日（We Will Not Forget: A Day of Terror）」。www.chiefengineer.org/article.cfm?seqnum1=1029
34. 「9.11に疑問を呈する愛国者たち」のウェブサイト。www.patriotsquestion911.com/survivors.html#Saltalamacchia
35. ディーン・E・マーフィー著『9月11日：ある口述史』（*"September 11: An Oral History"* Doubleday、2002年）P.9–15。
36. この発言はダスティン・マグフォードのビデオ「9/11再訪：爆弾が使われた?（9/11 Revisited: Were Explosives Used?）」で見られる。Google：video.google.com/videoplay?docid=4194796183168750014、またはYouTube：www.youtube.com/watch?v=PWgSaBT9hNU。このビデオの一部は、ルーカスが制作したビデオ「究極のペテン（The Ultimate Con）」にも収められている。ここで引用されているこのフォックスニュースの発言やその他多くの発言が、同じく「究極のペテン」と題したコンパクトなバージョンに含まれていて、これもYouTubeで見ることができる。www.youtube.com/watch?v=yIgoXQWiSlM
　本書に引用しているこれらの証言は、カナダのブリティッシュコロンビア州ビクトリアのエリザベス・ウッドワースによって文字化された。
37. 2001年9月11日放送のBBCニュース。www.archive.org/details/bbc200109111736-1818の動画の11分弱のところからエヴァンズのインタビューが始まる。
38. 「究極のペテン」（両バージョンとも。注36参照）。
39. 同上。
40. 同上。
41. 同上。
42. 同上。
43. 同上。
44. 同上。

P.3。
9. 口述記録：消防士エドワード・カキア（Firefighter Edward Cachia）P.5。
10. 口述記録：消防士クレイグ・カールセン（Firefighter Craig Carlsen）P.5–6。
11. NIST（国立標準技術院）が行なった世界貿易センター倒壊の調査主任、シアム・サンダーは、ジェット燃料はすべて「おそらく10分以内に燃え尽きただろう」と述べた。Firehouse.comに掲載の2004年2月7日付アンディ・フィールドの記事「WTC倒壊の急進的な新説を見る（A Look Inside a Radical New Theory of the WTC Collapse）」。cms.firehouse.com/content/article/article.jsp?sectionId=46&id=25807
　NIST自体が「ジェット燃料による当初の火災は最大数分で消えた」と書いている（注3、NISTの「最終報告書」P.179）。
12. 口述記録：消防署長ジョン・コイル（Fire Marshal John Coyle）P.7–8。
13. 口述記録：本部長フランク・クルサーズ（Chief Frank Cruthers）P.4。
14. 口述記録：大隊長ブライアン・ディクソン（Battalion Chief Brian Dixon）P.15。他の証人たちと同様ディクソンも、公式解釈を受け入れるに至ったことをはっきりと告白し、「たぶん、ある意味で時間がたってわかってきたせいか、そう、タワーは実際に単に倒壊しただけだ。そのために窓が吹き飛んだのであって、あそこで爆発があったせいではなく、窓が吹き飛んだということだろう」と言っている。なお、本文でも力説したように、ここでの筆者の関心はあくまで、これらの証人たちが報告している現象である。彼らがあとになってその現象の解釈を変えたかどうかではない。
15. 口述記録：副局長トーマス・フィッツパトリック（Deputy Commissioner Thomas Fitzpatrick）P.13–14。
16. 口述記録：局長補佐スティーヴン・グレゴリー（Assistant Commissioner Stephen Gregory）P.14–16。
17. 口述記録：消防士（Firefighter Timothy Julian）P.10。
18. 口述記録：消防士（Firefighter Joseph Meola）P.5。
19. 口述記録：消防署長（Fire Marshal John Murray）P.6。
20. 口述記録：消防士（Firefighter William Reynolds）P.3–4。
21. 口述記録：消防士（Firefighter Kenneth Rogers）P.3–4。
22. タルディーオの証言は、ニューヨークタイムズのウェブサイトで公開されている市消防局の口述記録には含まれていないが、デニス・スミス著『グランドゼロからの報告：世界貿易センターでの救助作業のドラマ』（*"Report from Ground Zero: The Story of the Rescue Efforts at the World Trade Center"* Penguin、2002年）のP.18に引用されている。
23. 口述記録：消防士トーマス・トゥリッリ（Firefighter Thomas Turilli）P.4。
24. 口述記録：消防署長ジョン・コイル（Fire Marshal John Coyle）P.15。
25. 口述記録：消防士クリストファー・フェニョ（Firefighter Christopher Fenyo）P.3。
26. 口述記録：消防士ケヴィン・ゴーマン（Firefighter Kevin Gorman）P.6。
27. 口述記録：救急救命士（EMT Michael Ober）P.4-5。

たので、(中略) 私はリッチーに、こっちに来てさっき私に言ったことを本部長に話してくれと言った。本部長はリッチーから直接伝言を聞いた。おそらくその25秒か30秒ほどあとだったと思うが、ビルが落ちてきた。(中略) 本部長がリッチーに、どこからの情報かと訊ねた。OEMだとリッチーが答えた。(中略) 私には、たしかペルッジャから聞いたと言っていた」。

40. ピーター・ガンチ本部長はこのあと亡くなる。クリス・ガンチ著『ニューヨーク市消防局本部長、ピーター・J・ガンチの生涯』(*"Chief: The Life of Peter J. Ganci"* Orchard、2003年) 参照。
41. 口述記録:救命救急士リチャード・ザリッロ (EMT Richard Zarrillo) P.5-6。
42. 口述記録:消防本部長ジョン・ペルッジャ (Chief John Peruggia) P.4、17。
43. 同上、P.17-18。
44. 『委員会報告書』P.302。
45. 非常事態管理局とリチャード・シーラー局長については、バレットとコリンズの共著『大いなる幻想』(注34参照) P.13と31–35を参照。

■第23章　ツインタワーで爆発はあったのか

1. 『委員会報告書』P.306。
2. 2006年8月21日放送のCBCニュース「9/11:真実と嘘と陰謀:リー・ハミルトンをインタビュー (9/11: Truth, Lies and Conspiracy: Interview: Lee Hamilton)」、インタビューアーはエヴァン・ソロモン。www.cbc.ca/sunday/911hamilton.html
3. NIST (国立標準技術院)「世界貿易センターのタワー倒壊に関する最終報告書 (*Final Report on the Collapse of the World Trade Center Towers*)」の「要約 (Abstract)」2005年9月発表。wtc.nist.gov/NISTNCSTAR1CollapseofTowers.pdf 〈→2008年発表分 http://wtc.nist.gov/media/NIST_NCSTAR_1A_for_public_comment.pdf〉
4. NISTの「最終報告書」P.xxxviii、146、176。
5. NISTの2006年8月30日付「よくある質問への回答」。wtc.nist.gov/pubs/factsheets/faqs_8_2006.htm
6. 同上。
7. 「9/11研究ジャーナル」vol.2 (2006年8月) に掲載されたグレイム・マックイーンの記事「118人の目撃者:ツインタワー内部の爆発を証言する消防士たち (118 Witnesses: The Firefighters' Testimony to Explosions in the Twin Towers)」P.49–123。www.journalof911studies.com/articles/Article_5_118Witnesses_WorldTradeCenter.pdf
　マックイーンの記事の副題は目撃者を消防士に限定したように見えるが、実際には救急医療関係者も多い。ニューヨーク市消防局の口述記録のうち、ニューヨークタイムズのウェブサイトで公開されたのが503人分だが、マックイーンはその中から、爆発を示唆する現象を証言した男女という基準で選んだ。その結果、503人中の23%に当たる118人の証言がこの記事で取り上げられている。
8. 口述記録:消防士リチャード・バナシスキー (Firefighter Richard Banaciski)

Men Out: Life on the Edge at Rescue 2 Firehouse" Henry Holt、2004年)。

29. 口述記録:ジョン・ディレンディック牧師(Father John Delendick)P.5。南タワーの最上部が爆発したように見えたあと、ディレンディック牧師はジェット燃料が爆発したのかとダウニーに訊ねた。「(ダウニーは)あまりにも均等だから、あの部分に、あそこに爆弾がいくつかあると思うと言った。その後、あれはすべて、滴り落ちるジェット燃料が原因だと説明されている。しかしダウニーは、あまりにも均等だと言っていた」。
30. 国立標準技術院「NIST NCSTAR 1-8:世界貿易センターの惨事に関する建造物と火災の安全性についての連邦調査:緊急対応活動(Federal Building and Fire Safety Investigation of the World Trade Center Disaster: The Emergency Response Operations)」P.72。wtc.nist.gov/pubs/NISTNCSTAR1-81.pdf〈→http://wtc.nist.gov/pubs/NISTNCSTAR1-81.pdf〉
31. 同上、P.75-76。
32. 9.11委員会公聴会、2004年5月19日。www.9-11commission.gov/archive/hearing11/9-11Commission_Hearing_2004-05-19.htm
33. 『爆弾証言』P.228-231。
34. ウェイン・バレットとダン・コリンズ著『大いなる幻想:ルディ・ジュリアーニと9/11の語られざる関係』(*"Grand Illusion: The Untold Story of Rudy Giuliani and 9/11"* HarperCollins、2006年)。その短いバージョンとしては、ビレッジ・ボイスに2007年8月7日掲載されたウェイン・バレットの記事「ルディ・ジュリアーニの9/11に関する5つの大嘘(Rudy Giuliani's Five Big Lies About 9/11)」参照。www.villagevoice.com/news/0732,barrett,77463,6.html
　ロバート・グリーンワルドのサイト「ルディの実態:司令センター(The Real Rudy: Command Center)」も参照。therealrudy.org/?utm_ source=rgemail
35. ニューヨークタイムズの記者ジム・ドワイヤーが2005年8月の記事「9/11の口述記録数千件を今日、市が公開」の中で、「市は当初、9.11委員会(中略)の調査員にこの記録を見せることを拒否したが、法的手段に訴えられそうになったときに許可した」と書いている。〈→http://www.nytimes.com/2005/08/12/nyregion/12records.html〉
36. 『委員会報告書』P.554注209。
37. 『委員会報告書』第9章の注99、102、109、116、117、119、124、125、126、128、134、136、163、166、167、168、171、172、175。市消防局がこの記録のためのインタビューを行なった日付は2001年9月から2002年1月までである。
38. 口述記録:アルバート・チュリ本部長(Chief Albert Turi)。
39. スティーヴン・モジェッロ消防署長(Fire Marshall Steven Mosiello)は口述記録のP.8-10でこう語っている。「リッチー・ザリッロが私のところに走ってきて、(中略)これらのビルは今すぐにも倒壊する恐れがあると言った。(中略)私はガンチ本部長のほうに駆け寄ってつかまえ、本部長、これらのビルは今すぐにも倒壊する恐れがありますと言った。(中略)本部長は、誰がそう言ったんだと訊い

16. 9/11の口述記録をすべて見られるサイト：graphics8.nytimes.com/packages/html/nyregion/20050812_WTC_GRAPHIC/met_WTC_histories_full_01.html
17. 口述記録：ブレンダン・ウィーラン消防副隊長（Lieutenant Brendan Whelan）、ページ番号なし。
18. 口述記録：マレー・ムラド消防副隊長（Lieutenant Murray Murad）P.18。
19. 口述記録：ブライアン・ディクソン消防大隊長（Battalion Chief Brian Dixon）P.15。
20. 口述記録：ジョン・ペルッジャ救急医療サービス本部長（Chief John Peruggia）P.17-18。後述するようにペルッジャは、タワーが倒壊すると言われてこの報告を伝えた。しかしタワーが倒壊するだろうというメッセージは、それまでの彼自身の見通しと反することがこの証言の中で示されている。
21. 口述記録：チャールズ・クラーク隊長（Captain Charles Clarke）P.5。
22. 口述記録：マーク・ストーン隊長（Captain Mark Stone）P.19、25。南タワーの攻撃後、世界貿易センターに駆けつけてセントジョン病院で救護員を務めたジェームズ・ドブソンも、同様の証言を行なっている。「忘れちゃいけないよ、あの時点でタワーが倒壊するなんて誰一人考えていなかったから。当然、可能な限りタワーに近づかなくちゃと思っていた」SEIU/1199ニュースに2001年11月掲載された「勇気と献身（Courage and Devotion）」に引用されている。911digitalarchive.org/webcontent/1199seiunews/courage1199.html〈→http://static.911digitalarchive.org/REPOSITORY/OTHER_OBJECTS/373object.html〉
23. 口述記録：ウォレン・スミス副隊長（Lieutenant Warren Smith）P.14-15、30-31、32。
24.『委員会報告書』P.302。
25. 9.11委員会公聴会、2004年5月18日。www.9-11commission.gov/archive/hearing11/9-11Commission_Hearing_2004-05-18.htm
　ヴォン・エッセンはこの話をすでに著書に書いていた。『強い心：ニューヨーク市消防局での生と死』（*"Strong of Heart: Life and Death in the Fire Department of New York"* William Morrow、2002年）P.22。2002年7月24日、AP通信の書評に取り上げられた。「元ニューヨーク市消防局長、自らの9.11を語る（Former NYC Fire Commissioner Tells His Version of Sept. 11）」。www.news-star.com/stories/072402/lif_5.shtml
26. レーマー委員がダウニー本部長のことを「非常に、非常に尊敬されているビル倒壊の専門家」と評している。www.9-11commission.gov/archive/hearing11/9-11Commission_Hearing_2004-05-18.htm
27. これはニューヨーク市消防局の大隊長、ロバート・イングラムの米国上院の公聴会での発言。commerce.senate.gov/hearings/101101Ingram.pdf〈→http://www.gpo.gov/fdsys/pkg/CHRG-107shrg1066/html/CHRG-107shrg1066.htm〉
28. トム・ダウニー。『最後に出た男：第2消防レスキュー隊の最前線』（*"The Last*

pdf/Tr-049.pdf

8. ジェームズ・グランツとエリック・リプトン著『都会の空：世界貿易センターの建設と倒壊』（*"City in the Sky: The Rise and Fall of the World Trade Center"* Times Books、2004年）P.230。「火災エンジニアリング」に2002年10月掲載のノーマン・J・グローヴァーの記事「倒壊の教訓（Collapse Lessons）」。www.fireengineering.com/articles/article_display.html?id=163411〈→http://www.fireengineering.com/index/articles/display/163411/articles/fire-engineering/volume-155/issue-10/world-trade-center-disaster/volume-ii-the-ruins-and-the-rebirth/collapse-lessons.html〉
9. 前注、グランツとリプトン著『都会の空』P.131-132、138-139、366。
10. 2002年3月7日放送のBBC2の番組ホライズン「世界貿易センターの倒壊（The Fall of the World Trade Center）」。www.bbc.co.uk/science/horizon/2001/worldtradecentertrans.shtml
11. シアトルタイムズ、1993年2月27日掲載のエリック・ノールダーの記事「ツインタワーはジェット機の衝突に耐える設計（Twin Towers Engineered to Withstand Jet Collision）」。archives.seattletimes.nwsource.com/cgi-bin/texis.cgi/web/vortex/display?slug=1687698&date=19930227
　注8、グランツとリプトン著『都会の空』P.138にも一部引用されている。
12. ジム・ドワイヤーとケヴィン・フィン著『102分：ツインタワー内部でのサバイバル秘話』（*"102 Minutes: The Untold Story of the Fight to Survive Inside the Twin Towers"* Times Books、2005年）のP.149、ヒストリーチャンネルのインタビューからの引用。このデ・マルティーニは最初に北タワーが攻撃されたあと救助を手伝い、タワー崩壊とともに亡くなったのだが、急行エレベーターが落ちることを心配していた、と確かにドワイヤーとフィンは書いている（P.146）。しかしビル全体が、鋼鉄の支柱も1本残らず倒壊することを予想するのとは、比較にもならない。
13. 注8、ノーマン・J・グローヴァーの記事「倒壊の教訓」。
14. ニューヨークタイムズ、2005年8月13日掲載のジム・ドワイヤーの記事「膨大なアーカイブ記録から見える9/11事件の新しい風景（Vast Archive Yields New View of 9/11）」。www.nytimes.com/2005/08/13/nyregion/nyregionspecial3/13records.html?_r=1&oref=slogin
15. 2002年の初期、ニューヨークタイムズは情報公開法に基づいて口述記録のコピーを請求したが、マイケル・ブルームバーグ市長の執行部は拒否した。そこでタイムズは9/11の犠牲者の遺族数家族と連名で訴訟を起こした。長い歳月を経てついにニューヨーク控訴裁判所は市に記録の公開を命じた（一部の例外と編集が認められた）。ニューヨークタイムズに2005年8月12日掲載されたジム・ドワイヤーの記事2本「9/11の口述記録数千件を今日、市が公開（City to Release Thousands of Oral Histories of 9/11 Today）」。www.nytimes.com/2005/08/12/nyregion/12records.html?ex=1281499200&en=b245bfd8ba497f9a&ei=5088と、「膨大なアーカイブ記録から見える9/11事件の新しい風景」（※注14）を参照。

31. 2001年9月11日午前9時52分放送のCNNニュース「ホワイトハウスから退避(The White House Has Been Evacuated)」。transcripts.cnn.com/TRANSCRIPTS/0109/11/bn.06.html
32. 筆者はピナクルから受け取ったこの書簡のコピーを持っている。
33. 注12、「アンダーソン・クーパー 360°」のジョン・キングの放送部分。
34. 『委員会報告書』P.34。

第5部　世界貿易センター(WTC)の倒壊に関する疑問

■第22章　ジュリアーニ市長はタワーの倒壊をなぜ事前に知っていたのか

1. これは9月11日当日、ABCニュースのピーター・ジェニングズに言った言葉で、「What Really Happened」サイトの「9/11当日、誰がジュリアーニにWTCが倒壊すると言ったのか(Who Told Giuliani the WTC Was Going to Collapse on 9/11?)」に文字と音声の記録がある。www.whatreallyhappened.com/wtc_giuliani.html
2. 2007年5月29日放送のWNBC.com「ジュリアーニ、ニューヨークの基金調達活動家と対決(Giuliani Confronted at New York Fundraiser)」。www.wnbc.com/politics/13404578/detail.html 〈→http://www.911truth.org/article.php?story=20070531214622106〉
　本文の引用部分はこの録画から直接聞き取った発言で、WNBCの概要説明(次の注3参照)には含まれていない。
3. このインタビューのビデオがインターネットで見られる。video.wnbc.com/player/?id=112179 〈→www.dailymotion.com/video/x24f7x_giuliani-confronted-about-911-lies_news〉
4. ニューヨークタイムズ、2001年11月29日掲載のジェームズ・グランツの記事「世界貿易センター第7ビル倒壊にディーゼル燃料関与か、と技術者たち(Engineers Suspect Diesel Fuel in Collapse of 7 World Trade Center)」。www.geocities.com/streakingobject/07NYTimes7WTCwhy.html 〈→http://www.nytimes.com/2001/11/29/nyregion/29TOWE.html?pagewanted=1〉
5. 2002年3月6日の下院での科学委員会公聴会「9/11から学ぶ:貿易センター倒壊を理解する(Learning from 9/11: Understanding the Collapse of the World Trade Center)」。commdocs.house.gov/committees/science/hsy77747.000/hsy77747_0f.htm
6. 連邦緊急事態管理庁(FEMA)、1988年「カリフォルニア州ロサンゼルスのインターステート銀行ビル火災(Interstate Bank Building Fire, Los Angeles, California)」。www.lafire.com//famous_fires/880504_1stInterstateFire/FEMA-TecReport/FEMA-report.htm
7. 連邦緊急事態管理庁(FEMA)「高層オフィスビル火災:ペンシルベニア州フィラデルフィアのワン・メリディアンプラザ(High-Rise Office Building Fire One Meridian Plaza Philadelphia, Pennsylvania)」。www.interfire.org/res_file/

s3.amazonaws.com/911timeline/2001/channel4news091301.html
22. ガフニーの記事「世界最先端のエレクトロニクスを装備した軍用機が、なぜ9/11にホワイトハウス上空を旋回?(注19参照)」。
23. 注4、「ホワイトハウスから退避」。
24. ダン・ヴァートン著『ブラックアイス:サイバーテロの見えない恐怖』(*"Black Ice: The Invisible Threat of Cyber-Terrorism"*、Osborne/McGraw-Hill、2003年)P.143–144。問題の軍事演習については第7章に書いてあり、この部分はインターネットで読むことができる。www.webcitation.org/5QueD1mCx
25. オマハ・ワールドヘラルド紙、2002年2月27日掲載のジョー・デイカの記事「9/11、戦略コマンドの内幕:オファット(※ネブラスカ州の空軍基地)の演習が突如本番に(Inside StratCom on Sept. 11: Offutt Exercise Took Real-Life Twist)」(www.democraticunderground.com/discuss/duboard.php?az=view_all&address=125x87082)と、空軍ウェザーオブザーバー誌2002年7・8月号に掲載されたマーゴ・ビョークマン少佐の記事「気象担当州兵と在郷軍人が戦時編制(Weather Guard and Reservists Activate)」P.22–24参照。www.afweather.af.mil/shared/media/document/AFD-061020-055.pdf
26. 注24、ヴァートン著『ブラックアイス』P.144。ヴァートンの主張によると、このE-4Bはグローバルガーディアンの演習に参加する予定で9時30分頃離陸したとされているが、9時3分に第二のタワー攻撃が起きた直後に演習は中止されたという報告と食い違っている。前項注25のビョークマンが書いた記事と、ジョー・デイカの記事「ブッシュが到着したとき、オファットは歴史が動いていることを感じた(“When Bush Arrived, Offutt Sensed History in the Making” オマハ・ワールドヘラルド、2002年9月8日)」を参照。ただし、デイカがこれより早い時期に書いた前項の記事「9/11、戦略コマンドの内幕」には「軍当局は、世界貿易センターの両タワーとペンタゴンが攻撃されたあと演習を中止した」と記されている。
27. 2007年9月22日にダン・ヴァートンがマーク・ガフニーに送ったメール。もし米空軍がこのフライトに関する事後報告書を持っているなら、「空軍当局は当該機に関する情報をいっさい持っておりません」という回答は、この組織の記憶力が悪いゆえの単なるミスと解釈することはできないだろう。
28. 注12、「アンダーソン・クーパー 360°」のジョン・キングの放送部分。
29. ピナクル(選挙人、注10参照)は、このビデオが「CNN画像ソース」というサイトにリストされているのを見つけてCNNに知らせた。2007年6月5日、CNNから来た返事には、確かにこのビデオを所有しているとの確認があった。このCNNビデオは極めて重要である。なぜなら、リンダ・ブルックハートの写真とディスカバリーチャンネルのビデオには(ほかにも2件ほどあるが)問題の飛行機が映っているものの、このE-4Bがホワイトハウス上空を飛んでいることを証明できるのはCNNの映像だけだからだ。
30. この書簡には2007年5月15日のスタンプが押されていて、差出人には国土安全保障省、情報公開とプライバシー保護法担当特別捜査官、キャシー・J・ライヤリーの署名がある(筆者はピナクルから送られたこの書簡のコピーを所有)。

14. 同上。CNNは、この飛行機の特定をしたリサーチ担当者の名前を一人もクレジットに入れていないが、この3つの特徴の比較はマーク・ガフニーの記事と極似している（CNNがその記事をもとにリンダ・ブルックハートの写真を入手したのはまず間違いない。注10参照）。ガフニーはこの飛行機の正体をピナクルから教えられ、それを「9/11謎の飛行機」の記事にこう書いていた。「ドキュメンタリードラマから取ったスチール写真は、米国空軍のウェブサイトにあるE-4Bの公式写真と一致する。（中略）注目してほしいのは、垂直安定板（尾翼）には米国国旗が、胴には青いストライプと紋章が描かれていることだ。しかし決め手になるのは、747型のコックピットのすぐ後ろにある〝出っ張り〟である」。ガフニーが「ドキュメンタリードラマ（docudrama）」と言っているのは、2005年8月にディスカバリーチャンネルで放送されたテレビ用映画『フライトの逆襲（*"The Flight that Fought Back"*）』のことである。このフィルムの中に、事件の朝ホワイトハウスの近くにいた誰かが撮影した、謎の飛行機の映像が3秒間入っている。ガフニーはそれをピナクルから教えられた。www.dsc.discovery.com/convergence/flight/flight.html
15. 注12、「アンダーソン・クーパー 360°」、ジョン・キングの放送部分。
16. エアフォース・リンク、「米国空軍オフィシャルサイト」の「E-4B」。www.af.mil/factsheets/factsheet.asp?fsID=99〈→http://www.af.mil/information/factsheets/factsheet.asp?fsID=99&page=2〉
17. 2006年のエアフォース・シビルエンジニアVol.14、No.2に掲載されたジェームズ・P・ゼモーテルの記事「空中作戦センターのクルーの使命を果たすシビルエンジニア（※土木技師）（CEs Still Have Aircrew Mission）」P.16-17。www.afcesa.af.mil/userdocuments/periodicals/cemag/AFCE_V14n02.pdf+CEs+Still+Have+Aircrew+Mission&hl=en&ct=clnk&cd=2&gl=us&client=safari〈→http://www.afcesa.af.mil/shared/media/document/AFD-080127-022.pdf〉
18. 注12、「アンダーソン・クーパー 360°」のジョン・キングの放送部分。
19. 2007年7月の「9/11研究ジャーナルNo.13」に掲載されたマーク・H・ガフニーの記事「世界最先端のエレクトロニクスを装備した軍用機が、なぜ9/11にホワイトハウス上空を旋回？（Why Did the World's Most Advanced Electronics Warfare Plane Circle over the White House on 9/11?）」P.16–18。www.journalof911studies.com/volume/200704/911MysteryPlane.pdf
　ビデオ「ホワイトハウスから退避」のことがこのガフニーの記事の注15に説明されている。
20. 2001年9月13日放送のCNN番組「ペンタゴンの死傷者に入っていたかもしれない中将（Three-Star General May Be Among Pentagon Dead）」。archives.cnn.com/2001/US/09/13/pentagon.terrorism
　この記事の説明どおり、「近くのロナルド・レーガン・ナショナル空港から発着する民間航空機は、ジョージタウン上空を飛ばない」。
21. 2001年9月13日放送、チャンネル4のニュース番組「ハイジャック機内で何が起きたのか（Aboard the Hi-jacked Planes）」、レポーターはマーク・イーストン。

に近いホワイトハウス上空で、無標識の白いジェット機が異例のパターンで飛んでいるのを見たという目撃者が数人いる事実を、私は5年近く前に知りました。

P-56制限空域であるワシントン上空に、白いジェット機が現われたときのBBCの録画映像から、ピンぼけですが写真を2枚手に入れることができました。また、NBCニュースのレポーターが、ホワイトハウス上空を旋回するこの無標識の飛行機を描写する録音音声を見つけることもできました。

2001年9月11日朝、ある人がホワイトハウスの敷地から退避したとき、白いジェット機の写真を35mmで撮りました。私はつい最近その人物と連絡を取ったのですが、4発エンジンの機体が鮮明に写っています。標識はいっさいなく、(※ボーイング) 747-400に酷似していて、制限空域であるホワイトハウスの真上をゆっくりと飛んでいます。この写真を撮った人から聞いたところでは、この正体不明の飛行機はペンタゴンのほうに方向転換して飛び去り、見えなくなった直後に77便が衝突して巨大な煙が上がったそうです。

この人は写真のコピーをFBIに渡したのですが、この航空機の正体はいっさい特定されず、『9.11委員会報告書』には一言も触れられていません。(中略)。

これがどういう航空機であったのか、史上空前規模のテロ攻撃が行なわれているそのさなかに、全米で最も厳しい制限空域で、誰が乗って、何をしていたのか、犯罪・テロ・本土防衛司法委員会所属の下院議員であられる貴方が、もしお気づきのことがあったら是非教えていただきたいと思います。

「9/11の真相を求めるパイロットたち」のサイトにフォーラムがあることを知ったピナクルは2006年11月27日、写真の存在やディスカバリーチャンネルのE-4Bの録画や、この件で要望を出したことをフォーラムに報告した。また、連邦航空局や米国空軍に問い合わせ状を送ったが、白いジェット機のことは「何も知らない」という返事が来たこともフォーラムで報告した。あるときピナクルは、ブルックハートの鮮明な写真のことをマーク・ガフニー (※環境・平和活動家) に知らせたところ、ガフニーは「9/11謎の飛行機 (The 9/11 Mystery Plane)」と題してネットに記事を掲載した。www.rense.com/general76/missing.htm

2007年のCNNのジョン・キングによる報道では、ブルックハートやピナクルやガフニーのことには触れなかったが、ガフニーの記事から取ったと思われるブルックハートの写真を放送した。

11. アダム・シフ下院議員宛ての2006年11月8日付返信には、〝ペンタゴン空軍部、議会問題渉外オフィス、問い合わせ課課長代理、カレン・L・コック中佐〟というサインが入っていた。因みにこの返信はこの日の早朝、ファックスでシフ議員に送られてきたのだが、そのわずか数時間後にドナルド・ラムズフェルドが国防長官を辞任した。
12. CNNの2007年9月12日放送「アンダーソン・クーパー360°(Anderson Cooper 360°)」のジョン・キングの部分。transcripts.cnn.com/TRANSCRIPTS/0709/12/acd.01.html
13. 同上。

2.『委員会報告書』P.34。
3.『委員会報告書』P.25-26。
4. 2001年9月11日午前9時52分放送のCNN生中継「ホワイトハウスから退避（The White House Has Been Evacuated）」。transcripts.cnn.com/TRANSCRIPTS/0109/11/bn.06.html

キングが発言する時刻は録画で見られる。www.archive.org/details/cnn200109110929-1011
5. 2001年9月28日付の連邦航空局プレスリリース「制限空域をパイロットに通告、侵入者には軍事行動（Pilots Notified of Restricted Airspace; Violators Face Military Action）」。web.archive.org/web/20011023082620/www.faa.gov/apa/pr/pr.cfm?id=1415

本文後段で論じるように、CNNは間違えたことを2007年9月12日に訂正し、ホワイトハウス上空は「全米で最も厳しい立入禁止空域」と言い直した（下記注12参照）。
6. 2001年9月11日午前10時放送のCNN番組「ワシントンDCとニューヨーク両方でテロ攻撃（Terrorists Attacks in Both Washington D.C. and New York）」。transcripts.cnn.com/TRANSCRIPTS/0109/11/bn.05.html
7. NBCのボブ・カーの発言は音声ファイルで聞くことができる。alkali.colug.org/~kaha/whiteplane.mp3〈→http://www.archive.org/details/nbc200109110954- 1036〉
8. 2001年9月11日午前8時53分放送のABCニュース「複数の飛行機が世界貿易センターに激突（Planes Crash into World Trade Center）」。www.fromthewilderness.com/timeline/2001/abcnews091101.html

この部分の録画が見られる。「ABC：9/11午前9時41分、ホワイトハウス上空を旋回する飛行機（ABC—Plane Circling over White House at 9:41 AM on 9/11）」。video.google.ca/videoplay?docid=-54205931111081490&q=9%2F 11+pentagon+abc&total=70&start=0&num=10&so=0&type=search&plindex=0〈→http://www.youtube.com/watch?v=_z9r_itnme4〉
9. 国家運輸安全委員会制作の77便のアニメーションによれば（video.google.com/videoplay?docid=6529691284366443405&q=AA77+animation&total=4&start=0&num=10&so=0&type=search&plindex=0）、スパイラル急降下は午前9時34分に始まり9時37分02秒で終わる。
10. この選挙人は、「9/11の真相を求めるパイロットたち」のサイトのフォーラムに（z9.invisionfree.com/Pilots_For_Truth/index.php?showtopic=483 &st=0）「ピナクル（Pinnacle）」というハンドルネームで多数の意見を投稿している男性である。本文後段で触れるリンダ・ブルックハートが撮影したワシントン上空の白いジェット機の写真に基づき、この選挙人は2006年5月に、それがE-4Bであることを発見した。そこで2006年6月4日、アダム・シフ下院議員に次のように書き送った。

2001年9月11日、77便がペンタゴンに激突する前後の時間に、ペンタゴン

state.gov/media/Archive/2005/Jun/28-581634.html（※第19章注26の訳注参照）

7. アーリントン郡「9月11日ペンタゴン攻撃への対応結果報告（Arlington County After-Action Report on the Response to the September 11 Attack on the Pentagon）」2002年、P.A-8。www.arlingtonva.us/departments/Fire/edu/about/docs/after_report.pdf〈→http://www.arlingtonva.us/departments/Fire/Documents/after_report.pdf〉
8. 米国土木学会（ASCE）が2003年1月に発表した「ペンタゴン建物性能報告（*Pentagon Building Performance Report*）」P.28。http://www.fire.nist.gov/bfrlpubs/build03/PDF/b03017.pdf
9. この指摘をしたのはサミ・イリ・カージャンマー（Sami Yli-Karjanmaa）である。カージャンマーはこの「性能報告」に対して、筆者の知るかぎり最も強力な批判をしている。www.kolumbus.fi/sy-k/pentagon/asce_en.htm
10. 注8、米国土木学会「ペンタゴン建物性能報告」P.40。
11. 同上、40。
12. 同上、40。
13. ポピュラーメカニクスの記事「9/11の神話を暴く（9/11: Debunking the Myths）」2005年3月。www.popularmechanics.com/technology/military_law/1227842.html?page=1
14. 『9/11の神話を暴く』（第19章注25参照）P.70。
15. 米国務省サイト「誤報を識別」の中の「主な9/11事件陰謀論（The Top September 11 Conspiracy Theories）」、2006年9月19日付。usinfo.state.gov/xarchives/display.html?p=pubs-english&y=2006&m=August&x=20060828133846esnamfuaK0.2676355（※第19章注26の訳注参照）

　第19章注26で指摘したとおり、この文書にはポピュラーメカニクスの本に関する言及はすでになくなっているが、ポピュラーメカニクス誌の記事への参照リンクは引き続き多数ある。とくにペンタゴンに関しては記事のパート6へ読者を導くのだが、パート6には、Cリングの穴は「ジェット機の着陸ギアによってあいた」ものであり、胴体が原因ではないという説明がある。
16. ディーン・マーフィー著『9月11日：ある口述史』（*"September 11: An Oral History"*、Doubleday、2001年）P.216。
17. アール・スウィフトの「9/11：ペンタゴン内部にいた人々が果たした務め（Inside the Pentagon on 9/11: The Call of Duty）」。hamptonroads.com/pilotonline/special/911/pentagon3.html〈→http://web.archive.org/web/20040730074824/http://www.hamptonroads.com/pilotonline/special/911/pentagon3.html〉

■第21章　ペンタゴン攻撃の時刻、ワシントン上空にいたのは空軍機か

1. ニューズデイの2001年9月23日掲載記事「ペンタゴン空襲で見えた脆弱性（Air Attack on Pentagon Indicates Weaknesses）」。s3.amazonaws.com/911timeline/2001/newsday092301.html

（※「誤報の識別」の政府系参照URLは、第8章注24も含めてすべてリンク切れになっている。本書翻訳時点で閲覧できた「誤報の識別」サイトは次の3つである。

2006年10月25日付：http://web.archive.org/web/20061205233456/usinfo.state.gov/xarchives/display.html?p=pubs-english&y=2006&m=August&x=20060828133846esnamfuaK0.2676355

2009年4月19日付：http://www.america.gov/st/webchat-english/2009/April/20050628163417atlahtnevel0.1261103.html

2009年5月5日付：http://www.america.gov/st/webchat-english/2009/May/20060828133846esnamfuaK0.2676355.html

例えば上記2009年4月19日付のURL自体に「20050628」と入っているので、このサイトの最初の発表日は2005年6月28日だった可能性がある）

27. 『9/11の神話を暴く』P.5、7。
28. 同上、P.6。
29. 同上、P.7、6。フリーウェイ空港のマネージャー兼主任教官、マーセル・バーナードが報告したハンジュールの無能さに関する発言は本章で引用したとおりだが、意外にもこのポピュラーメカニクスの本でも次のように引用している。「（ハイジャック機が）飛んでさえいれば、あとは機首をビルに向けてぶつかっていくだけだ。それぐらいならあの男でもできただろうと私は確信している」（トーマス・フランクの記事「ハイジャック犯たちの足取りを追う」より。本章注12参照）。ただし、このバーナードの発言は9.11事件から2週間たっていないので、77便が飛んだとされる軌跡について知らなかった影響があるかもしれない。かたやポピュラーメカニクスの著者たちは事件から数年後に執筆し、フライトレコーダーのデータを引用したり、330度のスパイラル急降下だったことも示している。
30. 「パイロットと航空関連の専門家たちが9.11委員会報告書を問う（Pilots and Aviation Professionals Question the 9/11 Commission Report）」。www.patriotsquestion911.com/pilots.html

■第20章　何がCリングに穴をあけたのか

1. 2001年9月13日放送のABC番組「グッドモーニング・アメリカ」。
2. 2001年9月15日のペンタゴンの記者会見。www.defenselink.mil/transcripts/transcript.aspx?transcriptid=1636
3. ニューズウィーク、2003年9月28日掲載の記事「9.11、ペンタゴンの地で（On the Ground at the Pentagon on Sept. 11）」。www.msnbc.msn.com/id/3069699〈→http://www.newsweek.com/id/75861〉
4. ティエリ・メサン著『ペンタゲート』（*"Pentagate"* Carnot Publishing、2002年）P.60。
5. 同上、P.61-63。
6. 米国務省「誤報を識別」の「飛行機がペンタゴンに衝突した？（Did a Plane Hit the Pentagon?）」。2005年6月28日作成、2006年10月2日更新。usinfo.

line=complete_911_timeline&the_alleged_9/11_hijackers= haniHanjour

エディー・シャレフという人物については、元図書館員のエリザベス・ウッドワースが全国の電話番号簿とGoogleを駆使して調べたが、エディー・シャレフという名の飛行訓練学校教官が実在する証拠を見つけることができなかった（2007年8月23日付メール）。コオペラティブ・リサーチに貢献する一人、マシュー・エヴェレット（※「9.11タイムライン完全版」のサイト管理人）は、レクシスネクシスのサーチを使って探したが何も見つからなかった（2007年8月23日付メール）。しかしブラッドリー・オルソンというジャーナリストが書いた記事に出会った。オルソンは、ゲイサーズバーグのコングレッショナル・エアチャーターズのことを『9.11委員会報告書』の注記で知り、2006年にこの飛行訓練学校に電話取材したときのことをこう書いている。「電話に出たゲイサーズバーグのコングレッショナル・エアチャーターズの男性は、名前を名乗ることを拒み、同社では今はもう飛行訓練をしていないと言った」。参照：ボルティモア・サンに2006年9月9日掲載のブラッドリー・オルソンの記事「メリーランド州は、ハイジャック犯たちの最後の立ち寄り先のひとつ（Md. Was among Last Stops for Hijackers）」。www.baltimoresun.com/news/custom/attack/bal-te.md.terrorist09sep09,0,5567459.story〈→http://www.baltimoresun.com/news/maryland/bal-te.md.terrorist09sep09,0,238349.story〉

24.『委員会報告書』P.334。

25. デヴィッド・ダンバー、ブラッド・レーガン編『9/11の神話を暴く：なぜ陰謀論者たちは事実を直視できないのか：ポピュラーメカニクスが徹底調査』（*“Debunking 9/11 Myths: Why Conspiracy Theories Can't Stand Up to the Facts: An In-Depth Investigation by Popular Mechanics”* Hearst Books、2006年）。

26. 米国務省がこの本を推薦しているのは、同省のウェブサイトで「誤報を識別（Identifying Misinformation）」と題する2006年10月25日付の文書の中の「主な9.11事件陰謀論（The Top September 11 Conspiracy Theories）」である。usinfo.state.gov/media/misinformation.html

このサイトにはポピュラーメカニクス2005年3月号の記事「9/11の神話を暴く」に多数のリンクを貼ってあるうえ、最後にはこう書いている。「また、2006年8月にはポピュラーメカニクスが上記の参照記事を拡大し、『9/11の神話を暴く：なぜ陰謀論者たちは事実を直視できないのか』という本にまとめた。上記の9/11事件陰謀論を暴く記事などが数多く含まれるだけでなく、新たに優れた記事が追加されている」。しかし2007年8月には、ポピュラーメカニクスの本に関するコメントがこの文書から消え、日付は現状2006年9月19日になっている（2006年10月25日のバージョンを読めるサイト：www.jackbloodforum.com/phpBB2/viewtopic.php?=&p= 58499〈→http://www.jackbloodforum.com/phpBB2/viewtopic.php?f=5&t=11023&p=58499〉）。

とはいえこの国務省サイトには、ポピュラーメカニクスの本を積極的に参照している文書がほかにもある：「『911の嘘をくずせ』を暴く（'Loose Change' Debunked）」。usinfo.state.gov/xarchives/display.html?p=pubs-english&y=2007&m=March&x =2 0070330134723abretnuh0.9919245 htm 〈→ http://911review.com/cache/errors/pentagon/abcnews102401b.html〉

10. メリーランド・ニューズライン、2001年9月19日掲載のジャスティン・パプロツキの記事「空港のオーナーは収益急落でパニック（Airport Owners Panic over Plummeting Profits）」。www.newsline.umd.edu/justice/specialreports/stateofemergency/airportlosses091901.htm
11. グリーンベルトガゼット、2001年9月21日掲載のジョエル・ファーファリの記事「テロリスト捜査で突如脚光を浴びるフリーウェイ空港（Freeway Airport Thrust into Spotlight amid Terrorist Investigation）」。web.archive.org/web/20030908034933/http://www.gazette.net/200138/greenbelt/news/72196-1.html
12. ニューズデイ、2001年9月23日掲載のトーマス・フランクの記事「ハイジャック犯たちの足取りを追う（Tracing Trail Of Hijackers）」。www.pentagonresearch.com/Newsday_com.htm 〈→ http://newsmine.org/pdfs/hijacker-had-no-skill.pdf〉
13. ワシントンポスト、2001年10月15日掲載のエイミー・ゴールドスタイン、リーナ・H・サン、ジョージ・ラードナーJr.の記事「ハンジュールのパラドックス（Hanjour: A Study in Paradox）」。www.washingtonpost.com/ac2/wp-dyn?pagename=article&node=&contentId=A59451-2001Oct14
14. ニューヨークタイムズ、2002年5月4日掲載のジム・ヤードリーの記事「無能で知られた訓練生（A Trainee Noted for Incompetence）」。newsmine.org/archive/9-11/suspects/flying-skills/pilot-trainee-noted-for-incompetence.txt 〈→ http://newsmine.org/content.php?ol=9-11/suspects/flying-skills/pilot-trainee-noted-for-incompetence.txt〉
15. 同上。
16. 2002年5月10日放送のCBSニュース「連邦航空局は9.11のハイジャック犯について警告を受けていた（FAA Was Alerted to Sept. 11 Hijacker）」。www.cbsnews.com/stories/2002/05/10/attack/main508656.shtml
17. ワシントンポスト、2002年9月10日掲載のスティーヴ・ファイナルとアリア・イブラヒムの記事「77便のコックピットに至る謎の旅：自爆パイロットのイスラム原理主義への転向はなお不明瞭（Mysterious Trip to Flight 77 Cockpit: Suicide Pilot's Conversion to Radical Islam Remains Obscure）」。s3.amazonaws.com/911timeline/2002/wpost091002b.html
18. 『委員会報告書』P.225-226。
19. 『委員会報告書』P.242。
20. 『委員会報告書』P.520注56。
21. 『委員会報告書』P.530注147。
22. 『委員会報告書』P.531注170。
23. ハンジュールがコングレッショナル・エアチャーターズに通ったとされる件は、コオペラティブ・リサーチの「2001年8月：ハニ・ハンジュールは認定試験を受けて合格したのか？（August 2001: Hani Hanjour Successfully Takes Certification Flight?）」を参照。www.cooperativeresearch.org/timeline.jsp?time

33. 本章注3参照。
34.『委員会報告書』P.149、155、166。
35.『前代未聞』P.118。
36.『前代未聞』P.118-119。
37.『前代未聞』P.122-123。
38.『前代未聞』P.122、119、124。
39.『前代未聞』P.124。
40.『前代未聞』P.119。
41. この件での優れた報道はルイジアナ州シュリーヴポートのKSLA12が放送したジェフ・フェレルの番組「FBIとオサマ（FBI and Osama）」である。インターネットで見られるサイトは注19参照。

第4部　ペンタゴンに関する疑問

■第19章　ハニ・ハンジュールはペンタゴン攻撃機を操縦し得たか

1.『委員会報告書』P.9。
2.『委員会報告書』P.239。
3. 2001年9月14日放送のCNN番組「ハイジャック容疑者18名の名簿（List of Names of 18 Suspected Hijackers）」。transcripts.cnn.com/TRANSCRIPTS/0109/14/bn.01.html
4. 2001年9月14日午後2時放送のCNN番組「ハイジャック容疑者と特定された人物のFBIリスト（FBI List of Individuals Identified As Suspected Hijackers）」。archives.cnn.com/2001/US/09/14/fbi.document/
5. ワシントンポスト、2001年9月19日掲載の記事「飛行機4機、編成チームも4組（Four Planes, Four Coordinated Teams）」。www.washingtonpost.com/wp-srv/nation/graphics/attack/hijackers.html
6. ワシントンポスト、2001年9月12日掲載のマーク・フィッシャーとドン・フィリップスの記事「77便の乗客：〝私たちの飛行機がハイジャックされた〟（On Flight 77: 'Our Plane Is Being Hijacked）」。www.washingtonpost.com/ac2/wp-dyn?pagename=article&node=&contentId=A14365-2001Sep11
7. デトロイトニューズ、2001年9月13日掲載のジョン・ハンチェットの記事「残骸のコンピュータシステムの中に襲撃者たちの手がかり（Clues to Attackers Lie in Wreckage, Computer Systems）」。www.detnews.com/2001/nation/0109/13/a03-293072.htm
8. 2001年9月21日放送のCBSニュース「最大のターゲットはペンタゴン（Primary Target: The Pentagon）」。www.cbsnews.com/stories/2001/09/11/national/main310721.shtml
9. 2001年10月24日放送のABCニュース20/20「〝飛行機を全部着陸させろ〟：管制官が回想する9.11（'Get These Planes on the Ground': Air Traffic Controllers Recall Sept. 11）」。web.archive.org/web/20011024150915/http://abcnews.go.com/sections/2020/2020/2020_011024_atc_feature.

(FBI and Osama)」はインターネットで見ることができる。video.google.com/videoplay?docid=-6443576002087829136と、www.youtube.com/watch?v=fnUQczDktgI&eurl=http%3A%2F%2Fwww%2Ebrasschecktv%2Ecom%2Fpage%2F150%2Ehtml
20. マックレイカー・レポート、2006年6月6日付のエド・ハースの記事「〝ビン・ラディンと9.11を結ぶ確たる証拠はない〟とFBI（FBI Says, 'No Hard Evidence Connecting Bin Laden to 9/11）」。www.teamliberty.net/id267.html〈→http://www.informationclearinghouse.info/article13664.htm〉
21. 同上。
22. 2006年6月7日放送のINN「ワールドレポート」のヘッドラインの部分は、以下で見ることができる。muckrakerreport.com/sitebuildercontent/sitebuilderfiles/bin_laden_fbi.mov
　ハースからの2007年8月18日付メールによると、ハースはINNの記事掲載後、クレア・ブラウンと話をした。ブラウンはトゥームFBI報道官に電話したとき、ハースがトゥームの言葉として引用した記事を読み上げた。するとトゥームは〝確かに私はハース氏にそのとおりのことを言った〟と答えたという。
23. マックレイカー・レポート、2006年8月20日付のエド・ハースの記事「事実：オサマ・ビン・ラディンは9.11事件への関与では起訴されていない（Fact: Osama bin Laden Has Not Been Indicted for His Involvement in 9/11）」。www.teamliberty.net/id290.html〈→http://www.freemasorrywatch.org/fact.osama.bin.laden.has.not.been.indicted.for.his.involvement.in.911.html〉
24. 同上。
25. 同上。
26. 同上。1年後ハースは、いまだに司法省の誰からも質問に対する回答を受け取っていないと報告している（2007年8月18日付メール）。
27. ワシントンポスト、2006年8月28日付のダン・エゲンの記事「ビン・ラディン、最重要指名手配の容疑は大使館爆破？（Bin Laden, Most Wanted For Embassy Bombings?）」。www.washingtonpost.com/wp-dyn/content/article/2006/ 08/27/AR2006082700687.html
28. 同上。
29. 同上。
30. エド・ハースの記事「〝ビン・ラディンと9.11を結ぶ確たる証拠はない〟とFBI（FBI Says, 'No Hard Evidence Connecting Bin Laden to 9/11）」。
31. ダン・エゲンの記事「ビン・ラディン、最重要指名手配の容疑は大使館爆破?」。
32. 「9.11独立調査委員会のための遺族運営委員会（FSC）」のメンバーが作成した「FSCから9.11委員会への質問状とその回答評価（FSC Questions to the 9/11 Commission With Ratings of Its Performance in Providing Answers）」の質問21。www.911pressfortruth.org/file_download/11〈→http://www.justicefor911.org/Appendix4_FSCQuestionRatings_111904.php〉

7. 2001年9月24日付のホワイトハウス発表「大統領、オニール財務長官、パウエル国務長官による、大統領命令に関する発言（Remarks by the President, Secretary of the Treasury O'Neill and Secretary of State Powell on Executive Order）」。www.whitehouse.gov/news/releases/2001/09/20010924-4.html
8. 2001年9月24日放送のCNN「ホワイトハウス報道官アリ・フライシャーによるホワイトハウス日例ブリーフィング（記者会見）（Daily White House Briefing by White House Press Secretary Ari Fleischer）」。transcripts.cnn.com/TRANSCRIPTS/0109/24/se.21.html
9. ニューヨーカー、2001年10月1日掲載のセイモア・ハーシュの記事「何がまずかったのか：CIAと米国情報機関の失敗（What Went Wrong: The C.I.A. and the Failure of American Intelligence）」。cicentre.com/Documents/DOC_Hersch_OCT_01.htm〈→http://www.newyorker.com/archive/2001/10/08/011008fa_FACT〉
10. 同上。
11. CNN、2001年9月21日放送「ホワイトハウス、タリバンに警告：〝我々が勝つ〟（White House Warns Taliban: 'We Will Defeat You'）」。archives.cnn.com/2001/WORLD/asiapcf/central/09/21/ret.afghan.taliban/
12. 同上。
13. 同上。
14. AP通信、2001年11月1日付のキャシー・ギャノンの記事「タリバン、米国が敬意を払えば喜んで交渉する用意あり（Taliban Willing to Talk, But Wants U.S. Respect）」。nucnews.net/nucnews/2001nn/0111nn/011101nn.htm#300
　「喜んで交渉する、とタリバン幹部（Taliban Willing to Negotiate—Official）」にも引用されている。english.peopledaily.com.cn/english/200111/01/eng20011101_83655.html
15. 2001年10月4日放送のBBCニュース、英国首相官邸が「米国のテロ残虐行為に対する責任（Responsibility for the Terrorist Atrocities in the United States）」を発表。news.bbc.co.uk/2/hi/uk_news/politics/1579043.stm
16. 同上、第62項。
17. BBCニュース、2001年10月5日放送「捜査と証拠（The Investigation and the Evidence）」。news.bbc.co.uk/2/hi/americas/1581063.stm
18. 連邦捜査局（FBI）「最重要指名手配テロリスト：オサマ・ビン・ラディン（Most Wanted Terrorists: Usama bin Laden）」。www.fbi.gov/wanted/terrorists/terbinladen.htm
19. 「FBI最重要指名手配逃亡犯10名：オサマ・ビン・ラディン（FBI Ten Most Wanted Fugitives: Usama bin Laden）」。www.fbi.gov/wanted/topten/fugitives/laden.htm
　この事実を指摘したのは、ルイジアナ州シュリーヴポートにあるKSLA12放送局のニュースキャスター、ジェフ・フェレルである。その番組「FBIとオサマ

/s_90401.html
25. ピッツバーグ・ポストガゼット、2001年10月28日付の記事「乗務員：シーシー・ライルズ（Flight Crew: CeeCee Lyles）」。www.post-gazette.com/headlines/20011028flt93lylesbiop8.asp
26. 「合衆国対ザカリアス・ムサウイ（United States v. Zacarias Moussaoui）」裁判の証拠番号P200054号。www.vaed.uscourts.gov/notablecases/moussaoui/exhibits/prosecution/flights/P200054.html
　この書類は、「9.11事件のフライトからの電話接続詳細説明（Detailed Account of Phone Calls From September 11th Flights）」のサイトのほうが簡単に見られる。911research.wtc7.net/planes/evidence/calldetail.html#ref1
27. 同上。
28. マクラッチー・ニュースペーパーズ、ノックスニューズ・コム、2006年4月12日付のグレッグ・ゴードンの記事「検察官が93便のコックピットの録音を再生（Prosecutors Play Flight 93 Cockpit Recording）」。www.knoxsingles.com/shns/story.cfm?pk=MOUSSAOUI-04-12-06&cat=WW
29. 本章注26参照。
30. 注28、ゴードンの記事「検察官が93便のコックピットの録音を再生」。
31. 『委員会報告書』P.12-13。
32. ザ・プログレッシブ、2006年9月18日付のマシュー・ロスチャイルドの記事「9/11陰謀説はもうたくさんだ（Enough of the 9/11 Conspiracy Theories, Already）」。www.alternet.org/story/41601/
33. もし問題の通話が本当は携帯電話からではなかったとしたら、なぜこれらの人たちは携帯からかかってきたと真剣に報告したのか、これは当然の疑問である。しかし本書の目的は矛盾を指摘することに限定しているため、この問題は枠をはみ出してしまう。これに対する答えを見出すことは、議会とマスコミによる調査の目的の一つにするべきである。

■第18章　ビン・ラディンを首謀者とする確証はあるのか

1. 『委員会報告書』P.47。
2. 『委員会報告書』P.145。
3. 『委員会報告書』第5章、注1、10、11、16、32、40、41。このいずれにも「KSMへの尋問（interrogation(s) of KSM）」が含まれている。
4. 『委員会報告書』P.148、149、153、154、155、166。
5. 2001年9月23日放送のNBC「ミート・ザ・プレス（Meet the Press）」。www.washingtonpost.com/wp-srv/nation/specials/attacked/transcripts/nbctext092301.html
6. ニューヨークタイムズ、2001年9月24日付のジェーン・パーレスとティム・ウィーナーの記事「米国はビン・ラディンのテロ関与の証拠を公表の予定（US to Publish Terror Evidence on bin Laden）」。query.nytimes.com/gst/fullpage.html?res=9D01EFDB143AF937A1575AC0A9679C8B63

グリックはGTEエアフォン（※機内電話）を使った、という報道もある。2001年10月28日付のピッツバーグ・ポストガゼットに掲載されたデニス・B・ロディの記事「93便、40人の命、1つの運命（Flight 93: Forty Lives, One Destiny）」。www.post-gazette.com/headlines/20011028flt93mainstoryp7.asp

しかしレインとミンツがワシントンポストに描写したように、グリックが使ったのは携帯電話だったと広く信じられていた。例えば事件の二日後、エヴァン・トーマスはニューズウィークにこう書いている。「ジェレミー・グリックはたぶん助からないだろうと思った。ハイジャック犯たちは、ユナイテッド航空93便の乗員乗客45名に、（中略）飛行機を爆破するつもりだと話していた。しかしグリッグは、（中略）携帯電話で妻のリズと話すことができた」。ニューズウィーク、2001年9月13日付の記事「新たな蛮行記念日（A New Date of Infamy）」。www.msnbc.msn.com/id/3069645

17. 注1、レインとミンツの記事「ハイジャック犯への抵抗がペンシルベニア墜落につながった可能性（Bid to Thwart Hijackers May Have Led to Pa. Crash）」。
18. ニューズウィーク、2001年9月22日付のカレン・ブレスラウの記事「ユナイテッド航空93便の最期（The Final Moments of United Flight 93）」。www.public-action.com/911/finalmoments93
19. ピッツバーグ・ポストガゼット、2001年9月22日付のジム・マッキノンの記事「13分間の電話が結ぶ、彼女とヒーローの永遠の絆（13-Minute Call Bonds Her Forever with Hero）」。www.post-gazette.com/headlines/20010922gtenat4p4.asp
20. ニューズ&レコード（ノースカロライナ州グリーンズボロ）、2001年9月21日付のケリー・ホールの記事「客室乗務員、ハイジャック犯たちとの戦いに加勢（Flight Attendant Helped Fight Hijackers）」。webcache.news-record.com/legacy/photo/tradecenter/bradshaw21.htm
21. 注6、デヴィッド・マラニスの記事「2001年9月11日」。
22. サクラメント・ビー、2002年9月11日付グレッグ・ゴードンの記事「遺族が語る悲話、夫からの最後の電話（Widow Tells of Poignant Last Calls）」。holtz.org/Library/Social%20Science/History/Atomic%20Age/2000s/Sep11/Burnett%20widows%20story.htm

　ディーナ・L・バーネット、アンソニー・F・ジョムベッティ共著『反撃：新しい自分を生きる』（*"Fighting Back: Living Beyond Ourselves"* Advantage Inspirational Books、2006年）P.61参照。
23. 2003年9月10日放送のCBSニュース「あれから2年……（Two Years Later…）」。www.cbsnews.com/stories/2003/09/09/earlyshow/living/printable572380.shtml

　ナショナル・レビュー誌掲載の2002年5月20日付の手紙については findarticles.com/p/articles/mi_m1282/is_9_54/ai_85410322参照。
24. ピッツバーグ・トリビューンレビュー、2002年9月8日付のリチャード・ガザリックの記事「フェルト、墜落直前に911（警察への緊急電話番号）に通報（Felt Reaches 9/11 Just Before Crash）」。www.pittsburghlive.com/x/pittsburghtrib

は、9.11事件の2日後にFBIがこの医者を訪れた段階で一件落着したとワイスは書いているが、もし2001年9月13日の段階でFBIがこの人違いを解決したのなら、なぜ2002年5月になって、ハイジャック犯のモハメド・アタが攻撃の前日にマンハッタンにいた証拠をFBIが発見したなどと、「捜査当局に近い情報筋」が発言したのだろう。

■第17章　ハイジャック犯の存在を知らせた電話は携帯だったのか

1. ワシントンポスト、2001年9月13日付のチャールズ・レインとジョン・ミンツの記事「ハイジャック犯への抵抗がペンシルベニア墜落につながった可能性（Bid to Thwart Hijackers May Have Led to Pa. Crash）」。www.washingtonpost.com/ac2/wp-dyn/A14344-2001Sep11
2. BBCニュース、2001年9月13日放送「胸えぐる最期の電話」。news.bbc.co.uk/2/hi/americas/1543466.stm
3. 『委員会報告書』P.8。
4. AP通信、2001年9月11日付、カレン・ガロとジョン・ソロモンの記事「米国の専門家、世界最悪のテロ攻撃設計者としてオサマ・ビン・ラディン容疑者を非難（Experts, U.S. Suspect Osama bin Laden, Accused Architect of World's Worst Terrorist Attacks）」。www.sfgate.com/today/suspect.shtml
5. キャサリン・ハンソン「私の弟（From a Big Sister's Point of View）」。www.petehansonandfamily.com/doc/FROM%20A%20BIG%20SISTER.doc
6. ワシントンポスト、2001年9月16日付のデヴィッド・マラニスの記事「2001年9月11日（September 11, 2001）」。www.washingtonpost.com/ac2/wp-dyn/A38407-2001Sep15
7. 『委員会報告書』p.8。
8. 注6、デヴィッド・マラニスの記事「2001年9月11日」。
9. デイリー・テレグラフ、2002年3月5日付のトビー・ハーンデンの記事「どうすれば飛行機を止められるの、と妻が訊ねた（She Asked Me How to Stop the Plane）」。s3.amazonaws.com/911timeline/2002/telegraph030502.html
10. 第8章注7、2002年9月10日放送のCNN番組「9月11日、最後の愛の言葉（On September 11, Final Words of Love）」。archives.cnn.com/2002/US/09/03/ar911.phone.calls/
11. 『委員会報告書』P.9。
12. 『委員会報告書』P.9。
13. ラスベガス・レビュージャーナル、2001年9月13日付のナタリー・パットンの記事「客室乗務員、携帯電話でラスベガスの母親に電話（Flight Attendant Made Call on Cell Phone to Mom in Las Vegas）」。www.reviewjournal.com/lvrj_home/2001/Sep-13-Thu-2001/news/16989631.html
14. 『委員会報告書』P.12。
15. 注6、デヴィッド・マラニスの記事「2001年9月11日（September 11, 2001）」。
16. 注1、レインとミンツの記事「ハイジャック犯への抵抗がペンシルベニア墜落につながった可能性（Bid to Thwart Hijackers May Have Led to Pa. Crash）」。

ている。（2001年10月5日放送BBCニュース「捜査と証拠（The Investigation and the Evidence）」。news.bbc.co.uk/2/hi/americas/1581063.stm

25. ワシントンポスト、2001年9月16日掲載のジョエル・アッヘンバッハの記事「〝想像もしないだろう〟ハイジャック犯が隣に住んでいるなんて（'You Never Imagine' A Hijacker Next Door）」。www.washingtonpost.com/ac2/wp-dyn?pagename=article& node=&contentId=A38026-2001Sep15&notFound=true

26. ポートランド・プレス・ヘラルド、2001年10月15日付「恐怖の前夜（The Night Before Terror）」。web.archive.org/web/20040404001010/www.portland.com/news/attack/011005fbi.shtml

27. CNN、2002年5月22日放送、スーザン・キャンディオッティ「アタが9月10日ニューヨークにいたという記録があると情報筋（Source: Records Suggest Atta in NYC on Sept. 10）」。archives.cnn.com/2002/US/05/22/hijack.paper.trail

28. 同上。

29. ニューヨーク・デイリーニューズ、2002年5月22日掲載のグレッグ・B・スミスの記事「9月10日ニューヨークにいたハイジャック犯、ナビ装置を使ってWTCに照準を設定（Hijacker in City Sept. 10 Used Navigation Tool to Pinpoint WTC Site）」。foi.missouri.edu/terrorbkgd/hijackerincity.html

30. FBI時系列のこの部分は、2001年10月5日付ポートランド・ヘラルド掲載の「恐怖の前夜（The Night Before Terror）」に報告されている（注26）。

31. 注3、ミューラーFBI長官「陳述記録（Statement for the Record）」。

32. 2002年5月28日付ニューヨーク・ポストの記事「本人確認の危機（Identity Crisis）」。web.archive.org/web/20020607224610/www.nypost.com/news/regionalnews/48924.htm

　この記事を書いたマレー・ワイスは、この関連報道は人違いによる誤報だと言いたいらしい。ボルティモアのジョンズ・ホプキンス大学で医学を教えている別人のモハメド・アタだというのである。だが、ワイス記者の主張には少なくとも問題が三つある。第一に、ジョンズ・ホプキンス大学のモハメド・アタについてワイスは、「9月11日の数日前、新婚の花嫁と一緒にあわただしい終末を過ごすためにニューヨークを訪れた」と書いている。このモハメドが「9月11日の数日前」の「週末」にマンハッタンにいたということは、9月11日の前日、つまり9月10日の月曜日にニューヨークにいた、というのとは違う。第二にワイス記者は、「（アタ夫妻は）9月11日の数日前にテロリストたちのリーダーがツインタワーを下見していたと誤って報道されたときには肝を潰した。腎臓の専門医が妻を、北タワーのウィンドウズ・オン・ザ・ワールドでのディナーに連れて行こうとしただけのことだったとFBIが結論づけたあともまだ、ショックがさめやらなかった」と書いている。しかしワイスは、FBIがその結論に達した根拠を何も示していない。また、CNNもニューヨーク・デイリーニューズも、FBIが撤回したという続報を何も発表していないようだ。むしろ話が立ち消えになった感がある。第三に、「ヘルムスリーホテルと『レ・ミゼラブル』のチケット売り場で使われたクレジットカードの伝票の件」

9064,print.story
11.『委員会報告書』P.1-2。
12. 2002年9月11日掲載のポール・スペリーの記事「航空会社はアタから天国でのウェディングスーツを取り上げた（Airline Denied Atta Paradise Wedding Suit）」。www.worldnetdaily.com/news/article.asp?ARTICLE_ID=28904
13. CNN、2001年9月12日放送「アメリカ攻撃さる：なぜこんなことが起きたのか（American Under Attack: How Could It Happen?）」。transcripts.cnn.com/TRANSCRIPTS/0109/12/se.60.html
14. シャーロット・サン、2001年9月14日掲載のクリスティー・アーノルドの記事「捜索と救助（Search and Rescue）」。www.sun-herald.com/NewsArchive2/091401/tp1ch11.htm?date=091401&story=tp1ch11.htm
およびwww.madcowprod.com/grapentine2.htm
15. 2001年9月13日放送のCNN報道番組「ハイジャック犯の中に2人の兄弟（Two Brothers among Hijackers）」。english.peopledaily.com.cn/200109/13/eng20010913_80131.html
16. CNN、2001年9月13日放送「勾留されたハイジャック容疑者、FBIに協力的（Hijack Suspect Detained, Cooperating with FBI）」。transcripts.cnn.com/TRANSCRIPTS/0109/13/ltm.01.html
17. BBCニュース、2001年9月13日放送「証拠からフロリダが浮上（Evidence Trails Lead to Florida）」。news.bbc.co.uk/2/hi/americas/1542153.stm
18. CNN、2001年9月13日放送「捜査当局、ハイジャック犯数人の身元を突き止めたことを確信（Feds Think They've Identified Some Hijackers）」。edition.cnn.com/2001/US/09/12/investigation.terrorism
19. 同上。
20. 2001年9月14日付のマイク・フィッシュの記事「フロリダの航空学校でハイジャック犯たちが訓練を受けた可能性（Fla. Flight Schools May Have Trained Hijackers）」。archives.cnn.com/2001/US/09/13/flight.schools
21. CNN、2001年9月14日放送「アメリカ攻撃さる：18人のハイジャック容疑者リスト（America Under Attack: List of Names of 18 Suspected Hijackers）」。transcripts.cnn.com/TRANSCRIPTS/0109/14/bn.01.html
22. サンデー・ヘラルド（グラスゴー）、2001年9月16日掲載のニール・マッケイの記事「史上最悪のテロ攻撃のルーツ（The Roots of the Worst Terrorist Attack in History）」。web.archive.org/web/20010924002816/www.sundayherald.com/18498
23. AP通信、2001年9月14日付ポーツマス・ヘラルドに掲載「ポートランド警察、地元の関係先に注目（Portland Police Eye Local Ties）」。archive.seacoastonline.com/2001news/9_14maine2.htm
24. この時点で完全な移行があったと言っても、この新バージョンが即座に全報道界に受け入れられたわけではない。例えば10月5日、BBCニュースは捜査状況の概要を説明する中で、「米国の捜査官がボストン空港でコーラン1冊と飛行機の操縦マニュアルが入ったレンタカーを発見したとの報道があった」と言っ

51. 同上、P302-309。ルディ・デッカーズの証言については、〝移民と権利請求に関する下院司法小委員会〟(Hearing before the Subcommittee on Immigration and Claims of the Committee on the Judiciary, House of Representatives)の公聴会(2002年3月19日)の記録を参照。www.globalsecurity.org/security/library/congress/2002_h/hju78298_0.htm
　デッカーズによると、アタとアル・シェイが2000年12月下旬または2001年1月上旬、ハフマン飛行訓練学校に最後の支払いをしたあと「2001年9月11日まで、ハフマンでは彼らからの連絡は一度もなく、話に出たこともなかった」という。
52. 『委員会報告書』P.229-231。
53. 注34、ホップシッカー著『ようこそ、テロ・ランドへ』P.64。ほかにP.69、82、131でも同様の指摘をしている。
54. 同上、P.68。
55. ロングアイランド・プレス、2004年2月26日掲載のサンダー・ヒックスの記事「簡単な答えはどこにもない:ヒロイン、アルカイダ、フロリダ飛行訓練学校(No Easy Answer: Heroin, Al Qaeda and the Florida Flight School)」。www.mindspace.org/liberation-news-service/archives/000599.html

■第16章　当局はアタの情報の宝庫をどこで見つけたのか

1. 『委員会報告書』P.1。
2. 『委員会報告書』P.451注1。
3. 2002年9月26日の合同情報委員会質疑でのロバート・S・ミューラー3世FBI長官の証言「陳述記録(Statement for the Record)」。www.fas.org/irp/congress/2002_hr/092602mueller.html
4. ニューヨークタイムズ、2002年9月11日掲載のリチャード・バーンスタイン、リチャード・フランツ、ドン・バン・ナッタJr.、デビッド・ジョンストンによる記事「ハイジャック犯たちの汚名への長い道(The Hijackers' Long Road to Infamy)」。この記事はインターネット上ではすでに見られないようである。
5. 『委員会報告書』P.253。
6. 9.11委員会スタッフ声明No.16(9/11 Commission Staff Statement No. 16)、2004年6月16日。
7. 9.11委員会正副委員長トーマス・ケインとリー・ハミルトンは2006年に出版した共著に、あるFBIエージェントの言った推測を報告している。「5人のアラブ系の男たちが11便に乗るためにボストンのローガン空港に全員そろって着く」のを避けるために、アタとアル・オマリがポートランドから飛行機に乗ったのだろう(『前代未聞』P. 245)というのだが、5人が別々の時間に別々の車で到着すれば済む話であり、そのほうがリスクははるかに小さかっただろう。
8. 9.11委員会スタッフ声明No.16。
9. 注3、ミューラーFBI長官「陳述記録(Statement for the Record)」。
10. ニューズデイ、2006年4月17日掲載のマイケル・ドーマンの記事「9.11はやらせだったことを解明する(Unraveling 9-11 was in the Bags)」。www.newsday.com/news/nationworld/nation/ny-uslugg274705186apr17,0,141

34. ダニエル・ホップシッカー著『ようこそ、テロ・ランドへ：フロリダのモハメド・アタと9.11事件の隠蔽』（*"Welcome to Terrorland: Mohamed Atta and the 9-11 Cover-Up in Florida"* MadCow Press、2004年）P.90-92、101。
35. 同上、P.98、283。
36. 同上、P.84、278。
37. 同上、P.35、276。
38. 同上、P.99-100。
39. 同上、P.91、101。
40. 同上、P.59-61、66。
41. 同上、P.34-35、275。
42. 同上、P.276。
43. 同上、P.34-35、280。
44. 同上、P.88-89。
45. 同上、P.62-63、87。2006年10月4日付のダニエル・ホップシッカーの記事「ムサウイ裁判資料で露見、FBIは9.11事件の証拠を隠していた（Moussaoui Trial Documents Show FBI Withheld Evidence in 9/11 Cover-Up）」。www.madcowprod.com/10042006.html
46. 注34、ホップシッカー著『ようこそ、テロ・ランドへ』P.57、58、62–63、65、77、274、276–277、302–309。
47. サラソタ・ヘラルドトリビューン、2006年9月10日掲載のヒザー・アレンの記事「〝恋人〟アマンダ・ケラー（'Lover': Amanda Keller）」。www.heraldtribune.com/apps/pbcs.dll/article?AID=/20060910/NEWS/609100466/1007/BUSINESS
　アラン記者の説明はこう続く。「何よりも、政府がアタの通話記録を調べたところ、この二人はお互いに一度も電話をかけていないのだ」。これに対してホップシッカーは、FBIの報告には肝心の部分が抜けていると指摘している。ノコミス市に本社を置くアタの携帯電話の通信会社ベライゾンから、FBIが押収した記録を見れば、この携帯電話が2001年5月21日まで利用可能だったことがわかるのに、それにもかかわらず、アタがケラーとつき合っていた4月と5月の記録が、FBIの報告には含まれていないというのだ。2006年10月4日付のホップシッカーの記事「ムサウイ裁判資料で露見、FBIは9.11事件の証拠を隠していた」（注45参照）。
48. 2001年10月1日放送のCNN番組「テロ容疑者たちのリーダーにパキスタン経由で送金と情報筋（Sources: Suspected Terrorist Leader Was Wired Funds Through Pakistan）」。archives.cnn.com/2001/US/10/01/inv.pakistan.funds/
49. シアトル・ポストインテリジェンサー、2001年10月2日掲載のAP通信、ラリー・マーガサックの記事「ハイジャック犯の資金ルート追跡が白熱（Hot on the Hijackers' Money Trail）」。seattlepi.nwsource.com/attack/41025_probe02.shtml
50. 注34、ホップシッカー著『ようこそ、テロ・ランドへ』P.302–309。

港に戻る。（中略）翌月、アタとアル・シェイはジョージア州グウィネット郡の飛行訓練学校でパイパーウォリア単発機を借りた。（中略）4月26日、ブロワード郡保安官代理のジョッシュ・ストランボーが交通違反でアタを止めた。（中略）6月29日、アタはラスベガスへ（おそらく）計画の打ち合わせに行った。（中略）7月9日、アタは再びマドリッドへ出かけた。（中略）（その後）米国に戻り、（中略）再びラスベガスへ短期旅行をしたが、たいていはフロリダで過ごした」（タイム誌に2001年9月30日掲載されたジョン・クラウドの記事「アタのオデュッセイア（Atta's Odyssey）」より。www.time.com/time/printout/0,8816,176917,00.html

28. シャーロット・サン、2001年9月14日掲載のクリスティ・アーノルドの記事「捜索と救出（Search and Rescue）」。www.sun-herald.com/NewsArchive2/091401/tp1ch11.htm?date=091401&story=tp1ch11.htm〈→www.madcowprod.com/grapentine2.htm〉
29. シャーロット・サン、2001年9月14日掲載のイレイン・アレン・エムリヒとジャン・バティの記事「テロリスト捜査、ノースポートに到達（Hunt for Terrorists Reached North Port）」。www.sun-herald.com/NewsArchive2/091401/tp4ch14.htm〈→www.madcowprod.com/keller.htm〉
30. サラソタ・ヘラルドトリビューン、2001年9月22日掲載のアール・キメル、マイケル・ワーナー、アンディ・クレインの記事「4人目のテロ容疑者、ヴェニスに関係先の可能性ありとドイツ当局（Fourth Terrorist Suspect May Have Venice Ties, German Official Says）」。この記事についてダニエル・ホップシッカーが報告していて、2001年にアタがヴェニスにいたという関連のヘラルドトリビューン記事は、「レクシスネクシスの新聞データベースから削除」されていると書いている。マッドカウ・モーニングニュースに2005年5月3日掲載のホップシッカーの記事「ニュースが行方不明：〝第2の〟ヴェニスのモハメド（'Disappearing' the News: The 'Second' Mohamed in Venice）」参照。www.madcowprod.com/05022005.html
　ホップシッカーは自分のサイトでこれらの記事を見られるようにしている。上記キメルなど3記者の記事も入っていて、エリザベス・ウッドワースの記事「あのハイジャック犯たちって一体誰？　有力な記事が復活（Who WereThose Hijackers, Anyway? A Telling Story Resurrected）」の中でも論じられている。www.911blogger.com/node/11781
31. 前注、キメル、ワーナー、クレインの記事「4人目のテロ容疑者、ヴェニスに関係先の可能性ありとドイツ当局」。
32. サラソタ・ヘラルドトリビューン、2001年9月23日掲載のクリス・グリアーの記事「5人目のパイロット訓練生が消えた（Fifth Pilot Trainee Vanishs）」。www.madcowprod.com/fifthpilot.htm
33. 2001年9月27日のFBIプレスリリース「FBI発表：9月11日に衝突した4機の旅客機のハイジャック犯と目される19名の写真（The FBI Releases 19 Photographs of Individuals Believed to Be the Hijackers of the Four Airliners that Crashed on September 11, 01）」。www.fbi.gov/pressrel/pressrel01/092701hjpic.htm

tst10915.txt

18. ワシントンポスト、2001年9月16日掲載のジョエル・アッヘンバッハの記事「〝想像もしないだろう〟ハイジャック犯が隣に住んでいるなんて（'You Never Imagine' A Hijacker Next Door）」。www.washingtonpost.com/ac2/wp-dyn/A38026-2001Sep15?language=printer
19. ワシントンポスト、2001年9月22日掲載のピーター・フィンの記事「テロへと向かう狂信者の静かな道（A Fanatic's Quiet Path to Terror）」。www.washingtonpost.com/ac2/wp-dyn?pagename=article&node=&contentId=A6745-2001Sep21&notFound=true
20. セントピーターズバーグ・タイムズ、2001年9月27日掲載のシドニー・P・フリードバーグの記事「テロリストの足取り（The Trail of the Terrorists）」。www.sptimes.com/News/092701/Worldandnation/The_trail_of_the_terr.shtml
　この記事だけが珍しく、シャッカムズのエピソードがあった日を9月8日としている。
21. ロサンゼルスタイムズ、2001年9月27日掲載のキャロル・J・ウィリアムズ、ジョン・ソアー・ダールバーグ、H・G・レーザの記事「彼らは専ら待っていた（Mainly, They Just Waited）」。web.archive.org/web/20010927120728/www.latimes.com/news/nationworld/world/la-092701atta.story
22. タイム誌、2001年9月30日掲載のジョン・クラウドの記事「アタのオデュッセイア（Atta's Odyssey）」。www.time.com/time/printout/0,8816,176917,00.html
　アタがクランベリージュースを飲んだというバージョンはオーストラリアのテレビにも登場し、「バーの従業員によるとアタは4時間近く、クランベリージュースを飲みながらピンボールマシーンで遊び、その間アル・シェイのほうは、身元不詳の男性の連れとアルコールを飲んでいた」と報じられた。（2001年11月12日放送のオーストラリアのABCテレビ番組「死のミッション：タイムライン（A Mission to Die For: Timeline）」。www.abc.net.au/4corners/atta/default.htm
23.『委員会報告書』P.248。
24.『委員会報告書』P.161、160。本章注1参照。
25.『委員会報告書』P.253。
26.『委員会報告書』P.227-231。
27. 2003年12月5日発表のFBI報告「ハイジャック犯たちのタイムライン（Hijackers Timeline）」（この資料は現在一般公開されていない模様）。2001年9月末、タイム誌のジョン・クラウドが当時のFBIの説明に基づいて報じた下記の内容は、9.11委員会の説明と合致している。「2000年6月3日、（アタは）ニューアークに到着した。（中略）その後1カ月以内にアタとアル・シェイは、フロリダ州ヴェニスのハフマン・エビエーション・インターナショナルで飛行訓練コースの受講手続きをした。（中略）2人はノコミス市に近いピンク色の小さな家に引っ越した。（中略）12月21日、アタとアル・シェイはパイロットのライセンスを取得した。約1週間後2人は、マイアミのはずれにあるオパロッカ空港のシムセンター社でそれぞれ3時間、ボーイング727のシミュレーターによる訓練を受けた。（中略）（2001年）1月、アタはマイアミからマドリッドへ飛ぶ。（中略）1月10日にはマイアミ国際空ンの記事「辻褄が合わない容疑者たちの行動（Suspects' Actions Don't Add Up）」。web.archive.org/web/20010916150533/www.sun-sentinel.com/news/local/southflorida/sfl-warriors916.story

8. AP通信、2001年9月12日付のケン・トーマスの記事「テロリスト攻撃の捜査、フロリダの関係先を追う（Feds Investigating Possible Terrorist-Attack Links in Florida）」。web.archive.org/web/20030402060235/www.nctimes.net/news/2001/20010912/10103.html〈→http://www.sptimes.com/News/191201/worldandnation/updade5/shtml〉

9. セントピーターズバーグ・タイムズ、2001年9月13日付のバリー・クライン、ウェス・アリソン、キャスリン・ウェクスラー、ジェフ・テスターマンの記事「FBI、航空学校の生徒記録を押収（FBI Seizes Records of Students at Flight Schools）」。www.sptimes.com/News/091301/Worldandnation/FBI_seizes_records_of.shtml

10. ニューヨークタイムズ、2001年9月13日付のデイナ・ケネディとデヴィッド・E・サンガーの記事「攻撃後の捜査；ハイジャック容疑者の足取りを追うFBI、フロリダの航空学校へ（After the Attacks: The Suspects; Hijacking Trail Leads FBI to Florida Flight School）」。query.nytimes.com/gst/ullpage.html?res-9805E6DC1038F930A2575ACOA9679C8B63

11. エリック・ベイリー「少し変わっていた」（注3）。

12. サンデーヘラルド（グラスゴー）、2001年9月16日付のニール・マッケイの記事「史上最悪のテロ攻撃のルーツ（The Roots of the Worst Terrorist Attack in History）」。www.web.archive.org/web/20010924002816/www.sundayherald.com/18498

13. マイアミヘラルド、2001年9月22日付のカーティス・モーガン、デヴィッド・キドウェル、オスカー・コラールの記事「恐怖のプレリュード（Prelude to Terror）」。web.archive.org/web/20010922164519/www.miami.com/herald/special/news/worldtrade/digdocs/000518.htm

14. タイム、2001年9月24日付のジョナサン・マクギアリーとデヴィッド・ヴァン・ビエマの記事「新種のテロリスト（The New Breed of Terrorist）」。www.time.com/time/covers/1101010924/wplot.html

15. ニューズウィーク、2001年9月24日掲載のエヴァン・トーマスとマーク・ホーゼンボールの記事「ブッシュ：〝これは戦争だ〟（Bush: "We're at War"）」（第2章注25）。www.msnbc.msn.com/id/14738203/site/newsweek

16. 同上。タイムとニューズウィークの発行日は9月24日であるが、週刊誌は通常、発行日よりも早く店頭に並ぶ。しかも記事自体はもっと早く書き上げられる。したがって、本文の後段で述べるエピソードの新バージョンが出たのは9月16日付のワシントンポストではあるが、そのあとに出たこれらの雑誌があえてオリジナルバージョンを維持した、とは必ずしも言えない。

17. トロントスター、2001年9月15日掲載のニコラス・ヴァン・ラインの記事「ハイジャック犯たちは地域に根を張り、近隣と交流し、そして襲撃した（Hijackers Set Down Roots, Blended In, Then Attacked）」。www.vcn.bc.ca/~dastow/

agencys-strange-9ll-coincidence/UPI-70461030045607/〉
36. 9.11委員会公聴会、2003年5月23日。www.9-11commission.gov/archive/hearing2/9-11Commission_Hearing_2003-05-23.htm
37. 9.11委員会公聴会、2004年4月13日。www.9-11commission.gov/archive/hearing10/9-11Commission_Hearing_2004-04-13.htm
38.『委員会報告書』P.18、45。
39.『前代未聞』P.257。
40. 本章は、グローバル・リサーチに2007年9月27日掲載されたエリザベス・ウッドワースの記事に負うところ大である。「9月11日の軍事演習：事件の再調査が必要な理由（The Millitary Drills of September 11th: Why a New Investigation is Needed）」。www.globalresearch.ca/index.php?context=va&aid=6906

第3部　オサマ・ビン・ラディンとハイジャック犯たちに関する疑問

■第15章　モハメド・アタたちは敬虔なイスラム教徒だったのか

1.『委員会報告書』P.160。報告書にはこう書いてある。「アタは、ドイツに到着したときは敬虔な信者に見えたが、狂信的ではなかった。とくに、自らリーダーであることを主張する傾向がますます顕著になるにつれて、それが変わっていった」。委員会は、アタが「原理主義を選択した」（P.161）と断言しているが、それも考え合わせると、アタが狂信的な信者になったと指摘するだけの正当な根拠があるものと思われる。
2.『委員会報告書』P.154。
3. デイリーメール、2001年9月16日付のエリック・ベイリーの記事「少し変わっていた。普通は離陸と着陸をしたがるものだが、彼らがしたのは方向転換だけ（It Was a Little Strage. Most People Want to Do Take-Offs And Landings. All They Did Was Turns）」。〈→http://findarticles.com/p/news-articles/mail-on-sunday-london-england-the/mi_8003/is_2001_Sept_16/strangemost-offs-landingsall-turns/ai_n36403096/〉
4. ボストンヘラルド、2001年10月10日付のデヴィッド・ウェッジの記事「テロリスト、繁華街のホテルで売春婦とパーティー（Terrorists Partied with Hooker at Hub-Area Hotel）」。web.archive.org/web/20011010224657/www.bostonherald.com/attack/investigation/ausprob10102001.htm
5. サンフランシスコ・クロニクル、2001年10月4日付のケヴィン・フェイガンの記事「テロ工作員が悪徳の街に残した足跡（Agents of Terror Leave Their Mark on Sin City）」。www.sfgate.com/cgi-bin/article.cgi?file=/chronicle/archive/2001/10/04/MN102970.DTL
6. ウォールストリート・ジャーナル、2001年10月10日付の記事「テロリストグループ、男だけのパーティー（Terrorist Stag Parties）」。www.opinionjournal.com/best/?id=95001298
7. サウスフロリダ・サンセンティネル、2001年9月16日付のジョディ・A・ベンジャミ

Word/Early Warnings; The Surprise Was More When Than Whether or How)」。query.nytimes.com/gst/fullpage.html?res=9805E5DC1738F93AA25756C0A9649C8B63

30. MDW（※陸軍ワシントン管区）ニュースサービス、2000年11月3日付のデニス・ライアンの記事「不測の事態の計画：ペンタゴンがMASCAL訓練（※多数の死傷者が出る事態を想定した訓練。Mass Casualtyの略）で非常事態に備えるシナリオのシミュレーション（Contingency Planning: Pentagon MASCAL Exercise Simulates Scenarios in Preparing for Emergencies）」原文：www.mdw.army.mil/content/anmviewer.asp?a=290〈→http://www.globalresearch.ca/articles/RYA404A.html〉

　ワシントンポストが2004年4月22日に掲載の（UPI通信）記事「国防総省、ペンタゴンに飛行機が衝突するリハーサル（DOD Rehearsed Plane Hitting Pentagon）」。http://web.archive.org/web/20050211062128/http://www.washtimes.com/upi-breaking/20040422-090447-8354r.htm〈→http://www.yourbbsucks.com/forum/showthread.php?t=3438〉

31.「アメリカの医学」2001年10月号に掲載のマット・ミンツカの記事「攻撃に備えて訓練していたペンタゴンの医療関係者（Pentagon Medics Trained for Strike）」。www.usmedicine.com/article.cfm?articleID=272&issueID=31〈→http://progressiveindependent.com/dc/dcboard.php?az=show_mesg&forum=218&topic_id=1994&mesg_id=2136〉

32. USAトゥデイ、2004年4月18日付のスティーヴン・コマローとトム・スクイティエリの記事「ジェット機を武器に想定した演習をしていたNORAD（NORAD Had Drills of Jets as Weapons）」。www.usatoday.com/news/washington/2004-04-18-norad_x.htm

33. 米軍プレスサービス、2002年6月4日付のゲリー・J・ギルモアの記事「NORAD主催の演習、最悪のケースのシナリオ（NORAD-Sponsored Exercise Prepares For Worst-Case Scenarios）」。www.defenselink.mil/news/newsarticle.aspx?id=43789

　アマルガム・ヴァーゴ02に関する詳細：www.cooperativeresearch.org/context.jsp?item=a01multiplehijackings

34.「ザ・ビーム」、2002年9月13日付のランス・ロード大将の記事「この1年は一生分の長さ（A Year Ago, A Lifetime Ago）」。www.dcmilitary.com/dcmilitary_archives/stories/091302/19212-1.shtml

35. AP通信、2002年8月21日付のジョン・J・ランプキンの記事「政府機関が計画した9月11日の演習は、ビルに飛行機が突っ込むという想定（Agency Planned Exercise on Sept. 11 Built Around a Plane Crashing into a Building）」。www.911research.wtc7.net/cache/planes/defense/sfgate_exercise_082102.html

　UPI通信に2002年8月22日掲載のパメラ・ヘスの記事「9/11：米国政府機関の奇妙な偶然（U.S. Agencies Strange 9/11 Coincidence）」。〈→http://www.upi.com/Business_News/Security-Industry/2002/08/22/US-

ボブ・ドローギン、マーク・ファインマン、リサ・ゲッター、グレッグ・クライコリアン、ロバート・J・ロペスの記事「警告を見逃した歳月のツケ（Haunted by Years of Missed Warnings）」。www.web.archive.org/web/20030812200356/http://www.latimes.com/news/nationworld/nation/la-101401warn,0,999276.story〈→http://articles.latimes.com/2001/oct/14/news/mn-57084〉
14. 2002年5月17日放送のCBSニュース「自爆ハイジャックの警告レポート（Report Wanrned Of Suicide Hijackings）」。www.cbsnews.com/stories/2002/05/18/attack/main509488.shtml
15. ニューヨークタイムズ、2003年7月25日付の記事「情報活動と9月11日攻撃に関する報告抄録（Excerpts From Report on Intelligence Actions and the Sept. 11 Attacks）」。www.nytimes.com/2003/07/25/national/25TTEX.html?ex=1189569600&en=87b62bfc380ea076&ei=5070
16. 2004年3月24日放送のCNN番組「ブッシュとクリントン政権の幹部がテロ政策を擁護（Bush, Clinton Figures Defend Terrorism Policies）」。edition.cnn.com/2004/ALLPOLITICS/03/23/911.commission/index.html
17. 委員会公聴会2004年4月8日。www.9-11commission.gov/archive/hearing9/9-11Commission_Hearing_2004-04-08.pdf
18. ホワイトハウスの2004年4月13日付記録「大統領、プライムタイム記者会見で国民に演説（President Addresses the Nation in Prime Time Press Conference）」。www.whitehouse.gov/news/releases/2004/04/20040413-20.html〈→http://www.cnn.com/2004/ALLPOLITICS/04/13/bush.highlights.4/index.html〉
19.『委員会報告書』P.17。
20. 委員会公聴会2004年6月17日。www.9-11commission.gov/archive/hearing12/9-11Commission_Hearing_2004-06-17.htm
21.『委員会報告書』P.352。
22.『委員会報告書』P.18、31。
23.『委員会報告書』P.345。
24.『委員会報告書』P.345。
25.『委員会報告書』P.345。
26. ワシントンポスト、2001年10月2日付のジョビー・ウォリックとジョー・スティーヴンズの記事「攻撃前は、違った形を予想していたと政府（Before Attack, U.S. Expected Different Hit）」に引用されている。www.washingtonpost.com/ac2/wp-dyn/A55607-2001Oct1
27. トム・クランシー『日米開戦』（新潮社、1995年。原書は*“Debt of Honor”*、Putnam、1995年）。
28. タイム誌、1995年4月3日付のブルース・W・ネランの記事「狂信の代償（The Price of Fanaticism）」。www.time.com/time/printout/0,8816,982759,00.html
29. ニューヨークタイムズの2002年5月19日掲載記事「一語一区：早期の警告：〝起きるかどうか〟〝どんな方法で〟よりも〝いつ〟が大きなサプライズ（Word for

whitehouse.archives.gov/news/releases/2001/09/20010926-8.html〉
5. 2001年9月30日「筆記録：ラムズフェルド、NBCの〝ミート・ザ・プレス〟に出演（Text: Rumsfeld on NBC's 'Meet the Press'）」。www.washingtonpost.com/wp-srv/nation/specials/attacked/transcripts/nbctext_093001.html
6. 2001年10月17日放送の米軍ラジオ・テレビ局「インタビュー：リチャード・B・マイヤーズ大将（Interview: General Richard B. Myers）」。米軍プレスサービス、2001年10月23日付のキャスリーン・T・レム軍曹による「マイヤーズと9月11日：我々はこの事態を考えていなかった（Myers and Sept. 11: 'We Hadn't Thought About This'）」に引用されている。web.archive.org/web/20011118060728/www.dtic.mil/jcs/chairman/AFRTS_Interview.htm
7. ニューヨークタイムズ、2002年5月16日付のデヴィッド・E・サンガーの記事「ビン・ラディンが飛行機をハイジャックしたがっていると、ブッシュは警告を受けていた（Bush Was Warned Bin Laden Wanted to Hijack Planes）」。www.query.nytimes.com/gst/fullpage.html?res=9C03E2DB1139F935A25756C0A9649C8B63&sec=&spon=&pagewanted=2
　ワシントンポスト、2002年5月16日付のダン・エッゲンとビル・ミラーの記事「ハイジャックの危険があるとブッシュは言われていた（Bush Was Told of Hijacking Dangers）」。www.whitehouse.gov/news/releases/2002/05/20020516-13.html
8. ガーディアン、2002年5月19日付のエド・ヴァリアミーの記事「判断ミス？（A Bad Call?）」。www.guardian.co.uk/september11/story/0,11209,718267,00.html〈→http://www.guardian.co.uk/world/2002/may/19/september11.usa〉
9. ホワイトハウスの2002年5月16日付記録「国家安全保障問題担当大統領補佐官がプレスブリーフィングを開催（National Security Advisor Holds Press Briefing）」www.whitehouse.gov/news/releases/2002/05/20020516-13.html〈→http://911research.wtc7.net/cache/wtc/info/whitehouse_20020516_13.html〉
10. ホワイトハウスの2002年5月16日付記録「アリ・フライシャーのプレスブリーフィング（Press Briefing by Ari Fleisher）」www.whitehouse.gov/news/releases/2002/05/20020516-4.html
11. 2002年5月17日放送のCBSニュース「ブッシュが9月11日以前に知っていたこと（What Bush Knew Before Sept. 11）」。www.cbsnews.com/stories/2002/05/16/attack/main509294.shtml
12. ホワイトハウスの2002年5月17日付記録「9月11日の攻撃への対応について大統領が議論：〝米軍最高司令官賞〟授賞式でのブッシュの言葉（President Discusses Response to September 11 Attacks: Remarks by the President at Presentation of Commander-in-Chief's Trophy）」。www.whitehouse.gov/news/releases/2002/05/20020517-1.html〈→http://georgewbush-whitehouse.archives.gov/news/releases/2002/05/20020517-1.html〉
13. ロサンゼルスタイムズに2001年10月14日に掲載されたスティーヴン・ブラウン、

Recording Ends Before Flight 93's Official Time of Impact)」。www.newsmine.org/archive/9-11/flight93-ua/seismologist-discrepancy.txt
44.『委員会報告書』P.462注168。
45. 注40、キムとボーム「地震学的考察」。
46. 注43、バンチの記事「テープ3分間の矛盾」から引用。ウォレスは当時、南アリゾナ地震観測所の所長で、現在はロスアラモス国立研究所に在籍する。2005年3月4日付「ウォレスが戦略的研究部門の理事長に(Wallace Named Strategic Research Directorate Leader)」。www.lanl.gov/news/index.php/fuseaction /home.story/story_id/2334
47.『委員会報告書』P.30。
48. ニューヨーク・オブザーバー、2004年2月15日付のゲイル・シーヒーの記事「スチュワーデスが早期にハイジャック犯に気づいていた——録音テープより判明(Stewardess ID'd Hijackers Early, Transcripts Show)」。www.observer.com/node/48805
49. 注43、バンチの記事「テープ3分間の矛盾」。
50.『委員会報告書』P.13。
51. 2002年8月20日のNBCニュース番組「デートライン」の「リズ・グリックの勇気(Lyz Glick's Courage)」www.msnbc.msn.com/id/3080114
　リズベス・グリックはこの番組でジェーン・ポーリーのインタビューを受け、自らの証言の最も重要な部分「最初のタワーが崩壊した」ことを夫に話したと繰り返した。
52. ジェレ・ロングマンの2002年の著書『墜落まで34分』(光文社、2003年。原書は*"Among the Heroes: United Flight 93 and the Passengers and Crew Who Fought Back"*、HarperCollins、2002年)P.147-154。
53. 同上。
54.『委員会報告書』P.457注81、82。

■第14章　9・11事件のような攻撃は想定されていたか

1. ホワイトハウスの2001年9月16日付記録「到着時の大統領の言葉(Remarks by the President upon Arrival)」。www.whitehouse.gov/news/releases/2001/09/20010916-2.html〈→http://georgewbush-whitehouse.archives.gov/news/releases/2001/09/20010916-2.html〉
2. ニューズデイ、2001年9月23日付のシルヴィア・アドコック、ブライアン・ドノヴァン、クレイグ・ゴードンの記事「ペンタゴン空襲で見えた脆弱性」(第11章注6参照)www.wanttoknow.info/010923newsday
3. 2001年9月25日放送のCNN番組「連邦航空局、内部再調査でパイロットの武装を検討(Re-examining Itself, FAA Cousiders Arming Pilots)」。archives.cnn.com/2001/US/09/24/gen.pilots.union
4. ホワイトハウスの2001年9月26日付プレスリリース「大統領、イスラム指導者たちと会見(President Meets with Muslim Leaders)」。www.whitehouse.gov/news/releases/2001/09/20010926-8.html〈→http://georgewbush-

17072642/www.aviationnow.com/content/publication/awst/20020603/avi_stor.htm

32. ジェニングズの9.11インタビュー。

33. 『グランドストップ』P.41。

34. 例外が一つある。連邦航空局が2001年9月17日に発表した報告で、時刻を10時04分頃としている。「航空ハイジャック事件の概要（Summary of Air Traffic Hijack Events）」P.22参照。www.oig.dot.gov/StreamFile?file=/data/pdfdocs/cc2006085.pdf

　ところが2003年2月以来、連邦航空局は93便の墜落時刻を10時07分と言うようになった。「2001年9月11日の連邦航空局対応（September 11, 2001: FAA Responds）」を参照。www.faa.gov/Sept11portraits/chronology.cfm

35. ピッツバーグ・ポストガゼット、2002年9月12日付のジョナサン・シルヴァーの記事「恐怖の日：死の攻撃の4番目は、小さなシャンクスビルの町はずれ（Day of Terror : Outside Tiny Shanksville, a Fourth Deadly Stroke）」www.post-gazette.com/headlines/20010912crashnat2p2.asp

36. ピッツバーグ・ポストガゼット、2001年9月13日付のジョナサン・シルヴァーの記事「町にどんな危険があり得たか。ピッツバーグのすぐ南を通過したユナイテッド93便（What Was the Danger to City? Doomed United Flight 93 Passed Just South of Pittsburgh）」。www.911research.wtc7.net/cache/planes/analysis/flight93/postgazette_20010913flightpath.html

　同日の同紙では別の記事でも墜落時刻が10時06分になっている。トム・ギブ、ジェームズ・オトゥール、シンディ・ラッシュ執筆の記事「93便のブラックボックスを捜査官が発見。サマセット郡での墜落機捜索範囲を拡大（Investigator Locate 'Black Box' from Flight 93; Widen Search Area in Sumorset Crach）」。post-gazette.com/headlines/20010913somersetp3.asp

37. ピッツバーグ・ポストガゼット、2001年10月28日付のデニス・ロディの記事「93便、40人の命、1つの運命（Flight 93: Forty Lives, One Destiny）」。www.post-gazette.com/headlines/20011028flt93mainstoryp7.asp

38. フィラデルフィア・デイリーニューズ、2002年11月15日付のウィリアム・バンチの記事「墜落したのはわかっているが、墜落の理由はわからない（We Know it Crashed, But Not Why）」。www.whatreallyhappened.com/flight_93_crash.html

39. 第4章注8参照。

40. 2002年春のウォンヨン・キムとジェラルド・R・ボーム「2002年9月11日の地震学的考察（Seismic Observations during September 11, 2001）」。www.mgs.md.gov/esic/publications/download/911pentagon.pdf

41. 「NORAD対応時刻」。

42. 『委員会報告書』P.30。

43. フィラデルフィア・デイリーニューズ、2002年9月16日付のウィリアム・バンチの記事「テープ3分間の矛盾：コックピットの録音は93便墜落の公式時刻より前で終わっている（Three-Minute Discrepancy in Tape: Cockpit Voice

18. 同上。
19. 第7章で見たように、もともとこれはABCのジョン・マクウェシーとのインタビューでの発言である。
20. 『アメリカ上空の空中戦』P.68。
21. ジェニングズの9.11インタビュー。
22. マイヤーズ大将の指名承認公聴会。
23. テレグラフ(ナシュア市版)、2001年9月13日付のアルバート・マキオンの記事「ハイジャック機のパイロットたちが世界貿易センター突入前にぶつかりそうになった、と連邦航空局職員(FAA Worker Says Hijacked Airliners Pilots Almost Collided Before Striking World Trade Center)」。www.positiontoknow.com/S-11/html/FAA%20worker%20says%20hijacked%20jeltiners%20almost%20collided%20before%20striking%20World%20Trade%20Center.htm

 同じ9月13日に、「連邦航空局職員談:ハイジャックされた旅客機は途中でぶつかりそうになった(FAA Employee: Hijacked Jets Almost Collided En Route)」と題する非常に類似した記事がAP通信に寄稿され、ポートランド・プレスヘラルドに掲載された。www.pressherald.mainetoday.com/news/attack/010913faa.shtml

 本書の引用文はどちらの記事でも見られる。
24. 2001年9月14日放送のPBS番組「PBSニュースアワーのインタビュー:ウォルフォウィッツ国防副長官(Deputy Secretary Wolfowitz Interview with PBS News Hour)」。www.defenselink.mil/transcripts/transcript.aspx?transcriptid=1882
25. ロイターが2001年9月14日に報道した記事「空軍はハイジャック機を撃墜できる態勢にあったとペンタゴン(Pentagon: Air Foce Was in Position to Down Hijacked Jet)」。www.topcops.com/memorial/struggle.PDF
26. 第11章注11参照。
27. 2001年9月16日放送のCBSニュース「ペンシルベニアのジェット機は政府に撃墜されるところだった(Feds Would Have Shot Down Pa. Jet)」。www.cbsnews.com/stories/2001/09/12/archive/main311011.shtml
28. アキン(Aquin)、2002年12月4日付のデイヴ・フォスターの記事「セントトーマス大学卒業生、戦時体制で爆撃機を誘導(UST Grad Guides Bombers in War)」。www.stthomas.edu/aquin/archive/041202/anaconda.html

 E-3セントリーはAWACS(早期警戒管制機)で、最新式のレーダーと監視装置を装備し、戦闘機を標的に導くための支援をする。
29. ニューヨークタイムズ、2001年10月16日付のマシュー・ウォールドとケヴィン・サックの記事「〝我々は飛行機を数機おさえた〟とハイジャック犯が管制官に言った」。s3.amazonaws.com/911timeline/2001/nyt101601.html
30. 『アメリカ上空の空中戦』P.73。
31. エビエーションウィーク&スペーステクノロジー誌、2002年6月3日付のウィリアム・スコットの記事「攻撃に対する即応演習」。web.archive.org/web/200209

4. この否定はいくつかの記事で報じられている。例えばワシントンポストに2001年9月12日掲載のチャールズ・レインとフィリップ・パンの記事「ジェット旅客機はワシントン方面に方向転換後、ペンシルベニアに墜落（Jetliner Was Diverted Toward Washington Before Crash in Pa.）」。www.washingtonpost.com/ac2/wp-dyn?pagename=article&node=&contentId=A14327-2001Sep11
　ピッツバーグ・ポストガゼットに2001年9月12日掲載のジョナサン・シルバーの記事「恐怖の日：死の攻撃の4番目は、小さなシャンクスビルの町はずれ（Day of Terror : Outside Tiny Shanksville, a Fourth Deadly Stroke）」でも報告。www.post-gazette.com/headlines/20010912crashnat2p2.asp
5. ピッツバーグ・ポストガゼットに2001年9月14日掲載のジョナサン・シルバーの記事「NORAD、軍による93便撃墜を否定（NORAD Denies Military Shot Down Flight 93）」。www.post-gazette.com/headlines/20010914norad0914p3.asp
6. 同上。
7. デイリー・ミラー、2002年9月12日付のリチャード・ウォレスの記事「93便に何が起こったか（What Did Happen to Flight 93?）」。www.911research.wtc7.net/cache/planes/evidence/mirror_whatdidhappen.html
8. 2004年12月24日放送のCNN番組「ドナルド・ラムズフェルドにとってのサプライズ訪問（Surprise Trip for Donald Rumsfeld）」。www.edition.cnn.com/TRANSCRIPTS/0412/24/nfcnn.01.html
　ラムズフェルドの発言は同年12月27日、ワールドネットデイリーのサイトで「9.11の飛行機がペンシルベニアで〝撃墜〟された、とラムズフェルドが発言（Rnmsfeld Says 9-11 Plane 'Shot Down' in Pennsylvania）」と題して分析されている。www.wnd.com/news/article.asp?ARTICLE_ID=42112
9. 2004年12月27日放送のCNN番組、ジェイミー・マッキンタイアの「93便の墜落についてはラムズフェルドの失言、とペンタゴン（Pentagon : Rumsfeld Misspoke on Flight 93 Crash）」。www.cnn.com/2004/US/12/27/rumsfeld.flt93/
10. 『委員会報告書』P.13-14。
11. 『委員会報告書』P.41。
12. 『委員会報告書』P.45。
13. 『委員会報告書』P.37。
14. 『爆弾証言』P.7-8。
15. ニューズデイ紙、2001年9月23日付のシルヴィア・アドコック、ブライアン・ドノヴァン、クレイグ・ゴードンの記事「ペンタゴン空襲で見えた脆弱性」。s3.amazonaws.com/911timeline/2001/newsday092301.html
16. USニューズ&ワールドレポート、2003年8月31日付のチトラ・ラガヴァンとマーク・マゼッティの記事「ジグソーのピース：9月11日の最高機密電話会議がテロ事件の解明に新たな光を投じるか」。www.usnews.com/usnews/news/articles/030908/8sept11.htm
17. ジェニングズの9.11インタビュー。

9.『委員会報告書』P.28-29。
10.『委員会報告書』P.28。
11.『委員会報告書』P.29。
12.『委員会報告書』P.29-30。
13.『爆弾証言』P.7。
14. ジェニングズの9.11インタビュー。
15. 2002年9月4日放送のCNN番組「ポーラ・ザーンのアメリカの朝（American Morning with Paula Zahn）」の「ペンタゴン戦闘開始：国家軍事指揮センター（'The Pentagon Goes to War': National Military Command Center）」。transcripts.cnn.com/TRANSCRIPTS/0209/04/ltm.11.html
16.「コード・ワン：空軍力プロジェクション・マガジン」2002年1月号掲載の記事「フロリダ州ティンダル空軍基地の第一航空軍司令官、ラリー・アーノルド少将の談話（Conversation With Major General Larry Arnold, Commander, 1st Air Force, Tyndall AFB, Florida）」。www.codeonemagazine.com/archives/ 2002/articles/jan_02/defense
17.『アメリカ上空の空中戦』P.72。
18. 9.11委員会公聴会、2003年5月23日。
19. 同上。
20. 連邦航空局覚書。
21.『委員会報告書』P.28。
22. 9.11委員会公聴会、2004年6月17日。事件当日の朝、ハーンドンにある〝軍専用室〟にいた連絡将校については第11章注43参照。
23. 9.11委員会公聴会、2004年6月17日。ワシントンDCの連邦航空局本部に連絡将校が常駐していたことは、パメラ・フレーニが「連邦航空局での国防総省現場出張所」と表現している（『グランドストップ』P.21）。
24.『委員会報告書』P.41。
25.「スポットライト：バーバラ・リッグズ」コーネル大学学長女性諮問委員会、2006年春号。pccw.alumni.cornell.edu/news/newsletters/spring06/riggs.html
26. ジェレ・ロングマンの2002年の著書『墜落まで34分』（光文社、2003年。原書は*"Among the Heroes: United 93 and the Passengers and Crew Who Fought Back"*、HarperCollins、2002年）P.107-110。
27.「アメリカは忘れない」。

■第13章　軍が93便を撃墜したことはあり得るか

1. ケープコッド・タイムズ、2002年8月21日付、ケヴィン・デニーの記事「第三次大戦が始まったと思った（I Thought It Was the Start of World War III）」。archive.capecodonline.com/special/terror/ithought21.htm
2. マイヤーズ大将の指名承認公聴会を開いた上院軍事委員会の2001年9月13日の記録。emperors-clothes.com/9-11backups/mycon.htm
3. 同上。

31.『委員会報告書』P.27。
32.『委員会報告書』P.24。
33. 同上。
34. ホードンからの2006年12月22日付メール。
35. 9.11委員会公聴会、2003年5月23日。
36. ガーディアン、2001年10月17日付のマイケル・エリソンの記事「〝我々は飛行機を数機おさえた。静かにしろ〟そして沈黙（'We Have Planes. Stay Quiet'—Then Silence）」。www.guardian.co.uk/wtccrash/story/0,1300, 575518,00.html
37.「アメリカは忘れない」。
38.『グランドストップ』P.59。
39. チェイニーのTV出演。
40.『爆弾証言』P.7。
41. スターガゼット（エルマイラ市版）、2006年6月5日付のガース・ウェイドの記事「ロナルド・レーガンを護衛した生粋のエルマイラ出身者（Elmira Native Protected Ronald Reagan）」。
42.「スポットライト：バーバラ・リッグズ（Spotlight on : Barbara Riggs）」コーネル大学学長女性諮問委員会、2006年春号。www.pccw.alumni.cornell.edu/news/newsletters/spring06/riggs.html
43. 9.11委員会公聴会、2004年6月17日。ハーンドンの司令センターにある〝軍専用室（military cell）〟には事件当日の朝、実際には3人の連絡将校がいた（ジョン・ツァバラネク大佐、マイケル・アン・チェリー中佐、ケヴィン・ブリッジズ少佐）。彼らは「直ちに連邦航空局の（中略）司令センターの行動と軍の部隊との調整に関与した」とされている。コオペラティブ・リサーチの「9.11タイムライン完全版（Complete 911 Timeline）」の「8:50AM」と「Before 9:03AM」参照。www.cooperativeresearch.org/context.jsp?item=a850phonebridges
44. 9.11委員会公聴会、2004年6月17日。
45.『グランドストップ』P.21。

■第12章　軍はいつ93便の緊急事態を知ったのか

1. 2001年9月17日のCNN番組「政府は連邦航空局の警告に対応せず、と政府筋」。http://archives.cnn.com/2001/US/09/16/inv.hijack.warning
2.「NORAD対応時刻」。
3. 9.11委員会公聴会、2003年5月23日。www.9-11commission.gov/archive/hearing2/9-11Commission_Hearing_2003-05-23.htm
4. 同上。
5.『委員会報告書』P.34。ハイジャックの開始に関する発言は『委員会報告書』P.11。
6.『委員会報告書』P.34。
7.『委員会報告書』P.38。
8.『委員会報告書』P.30。

taki/bunker.cfm

F16が速度1500マイルを出せるのは高々度だけ（第10章注7参照）という事実を加味しても、サミュエリの指摘は当たっている。海抜高度でも900マイル出せるのだから。www.aerospaceweb.org/aircraft/fighter/f16

11. ニューヨークタイムズ、2001年9月15日付のマシュー・ウォールドの記事「ペンタゴン、死のジェット機を追尾するも、阻止できず（Pentagon Tracked Deadly Jet but Found No Way to Stop It）」。query.nytimes.com/gst/fullpage.html?res=9802E5D91F38F936A2575AC0A9679C8B63
12. 前章で指摘したとおりトム・フロッコの報告によると、ローラ・ブラウンは最初は国家軍事指揮センターのテレビ会議が8時20分か8時25分頃始まったと言っていたが、その後上司と話した結果、開始時刻を8時45分に変更した。
13. 9.11委員会公聴会、2003年5月22日。www.9-11commission.gov/archive/hearing2/9-11Commission_Hearing_2003-05-22.htm
14. 連邦航空局覚書。ローラ・ブラウンが連邦航空局の上級職員であるという事実から（筆者は2004年8月15日、電話で話す中でそれを知った）、彼女が自ら覚書を書いたとしても不自然ではない（第10章注19参照）。
15. 連邦航空局覚書。
16. 2004年8月15日、ローラ・ブラウンへの電話インタビュー。
17. 9.11委員会の速記者がスペリングを〝Tindel〟と誤記。
18. 9.11委員会公聴会、2003年5月23日。www.9-11commission.gov/archive/hearing2/9-11Commission_Hearing_2003-05-23.htm
19. 同上。
20. 同上。
21. 『委員会報告書』P.34。アメリカン航空77便について委員会の説明と食い違う重要な報告の一部が「迷走する9.11フライト：AA77便について誰がいつ、何を知ったか（The Lost Flight : Who Knew What and When about Flight AA 77 on 9/11）」と題する動画にまとめられている（第2章注33参照）。video.google.com/videoplay?docid=7140292755378838617&hl=en
22. 『委員会報告書』P.34。
23. 同上。
24. 同上。
25. 『委員会報告書』P.36。
26. 『グランドストップ』P.20。
27. 『グランドストップ』P.22。
28. ウォールド「ペンタゴン、死のジェット機を追尾するも、阻止できず」。
29. 「アーリントン郡：9月11日ペンタゴン攻撃への対応結果報告（*Arlington County : After-Action Report on the Response to the September 11 Attack on the Pentagon*）」。2002年、C-45。www.arlingtonva.us/departments/Fire/edu/about/docs/after_report.pdf〈→http://www.arlingtonva.us/departments/Fire/Documents/after_report.pdf〉
30. 『委員会報告書』P.9。

邦航空局の警告に対応せず、と政府筋」。archives.cnn.com/2001/US/09/16/inv.hijack.warning

4. 2001年10月17日のガーディアンと、2001年10月17日のニューヨークタイムズと、2001年11月23日のボストングローブ。
5. 例外はウォールストリート・ジャーナルで、「アメリカの作戦の専門家たちは連邦航空局から連絡を受けた。ワシントンDCのダレス空港を離陸した別のアメリカン航空の飛行機、77便がトランスポンダーを切ってUターンした、とのことだった」と報じた。2001年10月15日付、スコット・マッカートニーとスーザン・ケアリーの記事「9.11ハイジャック事件の展開を恐怖の中で見守り対応したアメリカンとユナイテッド（American, United Watched and Worked in Horror as Sept. 11 Hijackings Unfolded）」。s3.amazonaws.com/911timeline/2001/wallstreetjournal101501.html
6. ワシントンポスト、2001年9月12日付の記事「2001年9月11日テロ攻撃事件タイムライン（Timeline in Terrorist Attacks of Sept. 11, 2001）」。www.washingtonpost.com/wp-srv/nation/articles/timeline.html
　ニューズデイの2001年9月23日付記事「ペンタゴン空襲で見えた脆弱性（Air Attack on Pentagon Indicates Weaknesses）」、執筆はシルヴィア・アドコック、ブライアン・ドノヴァン、クレイグ・ゴードン。s3.amazonaws.com/911timeline/2001/newsday092301.html
7. ニューヨークタイムズ、2001年10月16日付のマシュー・ウォールドとケヴィン・サックの記事「〝我々は飛行機を数機おさえた〟とハイジャック犯が管制官に言った（'We Have Some Planes,' Hijacker Told Controller）」。s3.amazonaws.com/911timeline/2001/nyt101601.html
8. 連邦航空局のジェーン・ガーヴィー局長が9.11委員会の公聴会に出たとき、リチャード・ベン・ヴェニスト委員が、連邦航空局は77便を見失ってから30分間、軍に通報しなかったと述べ、そのあとガーヴィー局長に質問した。「77便に関してNORADへの通報が遅れた原因が連邦航空局にあったかどうか、調べましたか?」。
9. ニューズデイが2001年9月23日に質問を掲載した。「なぜペンタゴン幹部は警戒せず、人々を避難させなかったのか」（注6、アドコック、ドノヴァン、ゴードン執筆の「ペンタゴン空襲で見えた脆弱性」）。その後2007年に出版されたスティーヴ・ヴォーゲル著『ペンタゴンの歴史』（*"The Pentagon: A History"* Random House、2007年）にはこう書かれている。「国家軍事指揮センターは午前9時31分に、ハイジャック機がワシントンに向かっているとの報告を受けた。しかしペンタゴン職員に警戒を呼びかけたり退避させるような措置はいっさい取らなかった」（P.429）。
10. ジョージ・サミュエリはこう書いている。「F16は時速1500マイルで飛べる。150マイル飛ぶのに30分かかったのなら時速300マイル、つまり能力の20%ということだ」（2002年1月15日、ニューヨークプレス15/2:9「9/11とあの戦闘機を今一度振り返る：緊急性ゼロのスクランブル（Another Look at 9/11, and Those Unscrambled Jets: Nothing Urgent）」。www.nypress.com/15/2/

12. 2006年9月9日のMSNBCの報道番組デートライン「アメリカの空（The Skies over America）」の4分09秒参照。www.msnbc.msn.com/id/14754701/
13. 「アメリカは忘れない」。
14. ジェニングズの9.11インタビュー。
15. 2001年12月9日トロントスターのスコット・シミーの記事「9.11当日のNORADの現場（The Scene at NORAD on Sept. 11）」。911research.wtc7.net/cache/planes/defense/torontostar_russiangame.html
16. 『グランドストップ』P.17。
17. 『グランドストップ』P.33。
18. ニューハウス・ニューズサービスのハート・シーリーによる2002年1月25日付記事「危機シミュレーションのさなか、〝突然、本物の攻撃になった〟（Amid Crisis Simulation, 'We Were Suddenly No-Kidding Under Attack'）」。s3.amazonaws.com/911timeline/2002/newhousenews012502.html
19. 連邦航空局覚書。この覚書は長らく、パメラ・フレーニが書いたと広く思われてきたが、9.11委員会が2003年5月23日に論議したとき（www.9-11 commission.gov/archive/hearing2/9-11Commission_Hearing_2003-05-23.htm）、911委員会のリチャード・ベン・ヴェニスト委員が「アズムス氏とシュースラー氏」が書いた文書として紹介している。しかし筆者が2004年8月15日（日）に在宅のローラ・ブラウンと電話で話した際には、彼女が自分で書いたと追認した。もちろん、ブラウンが上記2人からそう答えるように言われていた可能性はある。とくにリンダ・シュースラーは、ハーンドンにある連邦航空局司令センターの戦術作戦マネージャーである。
20. 9.11委員会公聴会、2003年5月23日。www.9-11commission.gov/archive/hearing2/9-11Commission_Hearing_2003-05-23.htm
21. 同上。
22. 『委員会報告書』P.36。
23. この時刻を裏付けるものが報告書には何一つ引用されていない。単にこう書いてあるだけだ。「テレビ会議の時刻については連邦航空局の記録〝時系列経緯ADA-30〟の2001年9月11日を参照」（この記録はwww.gwu.edu/~nsarchiv/NSAEBB/NSAEBB165/faa1.pdfで見ることができる）。ちなみにローラ・ブラウンの報告によると、9.11事件直後に連邦航空局は、その日以降の記録をすべてFBIに提出するよう求められた。しかし、大きな飛行機事故があるといつもは国家運輸安全委員会（NTSB）に記録を提出する（2004年8月15日の電話インタビューより）。この時系列表に、黒で塗りつぶされた箇所がこれほど多いのはそのせいだろうか。

■第11章　軍はいつ77便の緊急事態を知ったのか

1. 「NORAD対応時刻」。
2. CNNの時系列表参照。archives.cnn.com/2001/US/09/16/inv.hijack.warning
3. 「NORAD対応時刻」。前章注4の2001年9月17日のCNN番組「政府は連

コギンズからの2007年1月8日付メール)。この論争は映画『ユナイテッド93』に反映されている。

15. ウェブサイト「9/11の真相を求めるパイロットたち」の2006年12月13日付映像「元ボストン管制センター管制官ロビン・ホードンの談話 (A Chat with Former Boston Center Controller Robin Hordon)」。video.google.com/videoplay?docid=-9147890225218338952&hl=en
16. 『委員会報告書』P.37。
17. 『爆弾証言』P.2。
18. トム・フロッコのウェブサイト、2004年6月17日付の記事「新米、9.11事件で苦境に立たされる? (Rookie in the 9-11 Hot Seat?)」。tomflocco.com/fs/NMCCOpsDirector.htm

■第10章　軍はいつ175便の緊急事態を知ったのか

1. 『委員会報告書』P.21。
2. 『委員会報告書』P.31。
3. ワシントンポストの2001年9月12日付記事「2001年9月11日テロ攻撃事件時系列経緯 (Timeline in Terrorist Attacks of Sept. 11, 2001)」。www.washingtonpost.com/wp-srv/nation/articles/timeline.html
4. 2001年9月17日のCNN番組「政府は連邦航空局の警告に対応せず、と政府筋 (Officials: Government Failed to React to FAA Warning)」。archives.cnn.com/2001/US/09/16/inv.hijack.warning
5. 「NORAD対応時刻」。
6. エビエーションウィーク&スペーステクノロジー誌に2002年6月3日掲載のウィリアム・B・スコットの記事「攻撃に対する即応演習 (Exercise Jump-Starts Response to Attacks)」。web.archive.org/web/20020917072642/www.aviationnow.com/content/publication/awst/20020603/avi_stor.htm
7. F15は時速1800マイルでも飛べるが、この速度は空気の薄い高々度でのみ可能。海抜高度で時速915マイル、高度36000フィートで時速1650マイルなので、筆者の計算ではそのほぼ中間を飛行したものと推定した。home.att.net/~jbaugher1/f15_6.html
8. 『委員会報告書』P.23。
9. 『委員会報告書』P.21-23。
10. レスリー・ミラー「航空交通の異変は軍に即刻通報されるようになった (Military Now Notified Immediately of Unusual Air Traffic Events)」。www.signonsandiego.com/news/nation/20020812-1404-attacks-faamilitary.html 〈→www.wanttoknow.info/020812ap〉
　同様の記事をAP通信のスティーヴ・ルブランが2003年8月12日に書いている。「連邦航空局管制官たちが911事件の詳細を語る (FAA Controllers Detail Sept. 11 Events)」。www.boston.com/news/daily/12/attacks_faa.htm
11. 「アメリカは忘れない」。オーティス空軍基地は〝オーティス州空軍基地〟に変わっている。

25.『委員会報告書』P.455注57。
26. 注21参照。一つだけ小さな違いがある。ムサウイ裁判のFBI報告には3回目の通話が159秒、つまり2分39秒続いたとなっているが、9.11委員会によると「2分34秒」続いたと報告されたことになっている。おそらくこれは単なるタイプミスだろう。

第2部　米軍に関する疑問

■第9章　軍はいつ11便の緊急事態を知ったのか

1.「NORAD対応時刻」。
2.『委員会報告書』P.31.3。
3. 筆者はボストン管制センターのコリン・スコギンズからこの情報を得た（2007年1月8日および11日付メール）。
4. 詳細はニューハウス・ニューズサービス、2002年1月25日付のハート・シーリーの記事「危機シミュレーションのさなか、〝突然、本物の攻撃になった〟(Amid Crisis Simulation, 'We Were Suddenly No-Kidding Under Attack')」参照。s3.amazonaws.com/911timeline/2002/newhousenews012502.html
　シーリーは通報者が「軍の連絡担当官」だと勘違いした。つまりコリン・スコギンズということだが、スコギンズはこれより1分ほどあとで連絡している。
5. 第1章注6、2002年9月14日のABCニュース「9月11日、危機の瞬間：第1部：恐怖がタワーを襲う（Moments of Crisis: Part I: Terror Hits the Towers)」。
6. ジェニングズの9.11インタビュー。
7.『委員会報告書』のP.26に引用されている会話の無記名の連邦航空局側職員はコリン・スコギンズである。同報告書P.458注101には名前が出ている（ただしコリンのスペリングをCollinと誤記している）。
8. ヴァニティフェア誌、2006年9月号のマイケル・ブロナーの記事「9.11ライブ：NORADのテープ（9/11 live : The NORAD Tapes)」P.262-285に引用されている。www.vanityfair.com/politics/features/2006/08/norad200608
9. 2006年10月27日付メール。
10. スコギンズからの2007年1月11日、12日と同年7月25日付メール。
11. スコギンズからの2006年12月14日付メール。
12. ここに明記しておくが、これはスコギンズ自身の意見ではなく、彼の電話での発言をもとに筆者が試算しただけである。スコギンズは当日、このフロアに到着したのが8時35分頃と考えていたため、自分の最初の電話が少し遅れたと思った。しかしスコギンズからの2007年1月8日付メールでは、計算上そうではなかったようだと同意を示した。
13. スコギンズからの2006年12月31日付メール。
14.『委員会報告書』P.19。ハイジャック通報は実際には8時26分にできるはずだったが、スーパーバイザーのジョン・スキパニが、飛行機がハイジャックされたと主張する管制官のピート・ザレフスキーと論争になったため手続きが遅れた（ス

wireless_final_contact
11. 前注ハーターの記事「最後の連絡」。
12.『委員会報告書』P. 9。
13. 2002年1月31日付、国家運輸安全委員会が行なったアメリカン航空77便の航跡調査。www.ntsb.gov/info/AAL77_fdr.pdf
　この調査は「9/11の真相を求めるパイロットたち（Pilots for 9/11 Truth）」によって徹底した分析を受けている。pilotsfor911truth.org/pentagon.html
14. アメリカン航空「機内設備利用案内（Onboard Technology）」。https://www.aa.com/content/travelInformation/duringFlight/onboardTechnology.jhtml
15. このやりとりがあったのは2004年12月6日。ローランド・モーガン、イアン・ヘンシャル著『暴かれた9/11：答えられない質問』（*"9/11 Revealed: The Unanswered Questions"* Carroll & Graf、2005年）P. 128-129参照。
16. ポリティックフォーラムの「パラドロイド（the Paradroid）」による2006年2月17日付投稿を参照。www.politikforum.de/forum/archive/index.php/t-133356-p-24.html
17. この食い違いは、明言されたことではなく、意図的ではなかったかもしれない。なぜならオルソンが最後になって、妻は機内電話を使ったと言っていることを、アメリカン航空の広報担当者は知らなかった可能性がある。
18.『委員会報告書』P.9、P.455注56。
19.『委員会報告書』P.455注57。委員会は、FBIと司法省が"信じている"とおりのことを語っているにすぎないという事実から、この論争を助長するような記録はいっさい（※委員会には）提示されなかっただろうと思われる。
20.『委員会報告書』P.455注57。
21.「合衆国対ザカリアス・ムサウイ（United States v. Zacarias Moussaoui）」裁判の証拠番号P200054号。www.vaed.uscourts.gov/notablecases/moussaoui/exhibits/prosecution/flights/P200054.html。別のサイト「9.11事件のフライトからの電話接続詳細説明（Detailed Account of Phone Calls From September 11th Flights）」のほうが閲覧しやすい。911research.wtc7.net/planes/evidence/calldetail.html#ref1
22. これがバーバラ・オルソンからの電話だった、と政府が結論づけた根拠は説明されていない。
23. KnoxNews.com、2006年4月12日付のグレッグ・ゴードンによる記事「検察官たちが93便のコックピットでの録音を再生（Prosecutors Play Flight 93 Cockpit Recording）」。www.knoxsingles.com/shns/story.cfm?pk=MOUSSAOUI-04-12-06&cat=WW
24. 米国務省「誤報を識別（Identifying Misinformation）」の「飛行機がペンタゴンに衝突した?（Did a Plane Hit the Pentagon?）」。usinfo.state.gov/media/Archive/2005/Jun/28-581634.html〈→http://www.america.gov/st/webchat-english/2009/April/20050628163417atlahtnevel0.1261103.html〉（※第19章注26の訳注参照）

ある。www.fantasticforum.com/archive_2/911/11sep01_barbaraolsonkilled.pdfおよびforum.dvdtalk.com/archive/index.php/t-141263.html参照。

2. 9.11委員会は、ハイジャック犯たちがナイフだけでなくカッターナイフを持っていたとする唯一の根拠がこの報道であると指摘している。(『委員会報告書』P.8)。

3. 2001年9月14日放送のFOXニュース「ハニティ&コームズ(Hannity & Colmes)」。

4. 2001年9月14日放送のCNNラリー・キング・ライブ「アメリカの新しい戦争:悲劇からの復活(America's New War: Recovering from Tragedy)」。edition.cnn.com/TRANSCRIPTS/0109/14/lkl.00.html

5. 2001年11月16日、連邦主義者協会、第15回全米弁護士会議でのセオドア・B・オルソンの「バーバラ・オルソン追悼講演(Barbara K. Olson Memorial Lecture)」。www.fed-soc.org/resources/id.63/default.asp

6. デイリーテレグラフ、2002年3月5日付のトビー・ハーンデンの記事「どうすれば飛行機を止められるの、と妻が訊ねた(She Asked Me How to Stop the Plane)」。s3.amazonaws.com/911timeline/2002/telegraph030502.html

7. 2002年9月10日放送のCNN番組「9月11日、最後の愛の言葉(On September 11, Final Words of Love)」。archives.cnn.com/2002/US/09/ 03/ar911.phone.calls
「乗客の政治評論家バーバラ・オルソン(45歳)は、ハイジャック犯に見つからないように、夫であるテッド・オルソン訟務長官に彼女の携帯から電話をかけることができた」と報道している。

8. アメリカン航空の「機内設備案内(Onboard Technology)」と題するサイトには、「電話機の横側にクレジットカードを挿入し、00+国番号+市外局番あるいは都市コード+番号をダイアルし、最後に#を押して下さい」とある。www.aa.com/content/travelInformation/duringFlight/onboardTechnology.jhtml

9. サイエンティフィック・アメリカンの元コラムニスト、A・K・デュードニーがこの問題の実証的研究を報告している。「911の物理学(Physics 911)」。サイトの2003年6月9日付「ユナイテッド航空93便からの携帯電話と機内公衆電話通話(The Cellphone and Airfone Calls from Flight UA93)」。physics911.net/cellphoneflight93

10. トラベル・テクノロジスト誌、2001年9月19日付の記事「機内で携帯電話使用を許可する?(Will They Allow Cell Phones on Planes?)」。www.elliott.org/technology/2001/cellpermit.htm〈→http://www.elliott.org/the-travel-technologist/will-they-allow-cell-phones-on-planes/〉参照。「テレフォニー」の「ワイアレス・レビュー」に掲載された2001年11月1日付ベッツィー・ハーターの記事「最後の連絡(Final Contact)」によると、AT&T広報課のアレクサ・グラフは、携帯電話システムは高高度からの通話用に設計されていないと話し、こう説明した。「地上にはセクターアンテナがあり、例えば北、南西、南東というように三方向を向いている。信号は地上に向かって放射されるが、電波漏れのために、上に行くものもある」。wirelessreview.com/ar/

ちらの発言も、筆記録には見当たらない。
26.『委員会報告書』P.326、554注8。
27.『爆弾証言』P.15。
28. ジェニングズの9.11インタビュー。
29. 2002年9月4日放送のCNN番組「ポーラ・ザーンのアメリカの朝（American Morning with Paula Zahn）」の「ペンタゴン戦闘開始：国家軍事指揮センター（'The Pentagon Goes to War': National Military Command Center）」。transcripts.cnn.com/TRANSCRIPTS/0209/04/ltm.11.html
30. 注12、「ラムズフェルド長官をABCのジョン・マクウェシーがインタビュー」。
31. 2001年6月1日付統合参謀本部議長通達（CJCSI）3610号の01A「空の海賊行為（ハイジャック）と遺棄された飛行物体の破壊（Aircraft Piracy (Hijacking) and Destruction of Derelict Airborne Objects）」。www.dtic.mil/doctrine/jel/cjcsd/cjcsi/3610_01a.pdf

　極めて重要なポイントは次の文章である。「国防総省の中ではNMCC（国家軍事指揮センター）が支援を提供する中心となる。ハイジャック事件発生の場合、NMCCは最も迅速な手段を用いてFAA（連邦航空局）より通報を受ける。NMCCは、参照文献「d」で認められている即時対応の事態を除き、国防総省への支援要請を国防長官に伝達し、同意を求める」。即時対応の例外規定が設けられているということは、支援要請がすべて国防長官に伝えられるとは限らない。国防長官の執務室にも伝わらないことがあり得る。しかし、そうは思っていない人が多い。
32.『委員会報告書』P.38。9.11委員会のトーマス・ケインとリー・ハミルトン正副委員長はこのエピソードについて、それぞれ淡々と書いている。「ラムズフェルドは（中略）ペンタゴンの救助活動を手伝っていたため、10時39分になるまで対空危機テレビ会議に参加しなかった」（『前代未聞』P.264）。
33.『委員会報告書』P.38。
34. アレグザンダー・コーバーン著『ラムズフェルド：その栄枯盛衰と破滅的遺産』（Alexander Cockburn *"Rumsfeld: His Rise, Fall, and Catastrophic Legacy"* Scribner、2007年）P.2–4。
35. 注12、「ラムズフェルド長官をABCのジョン・マクウェシーがインタビュー」。
36. 国防総省、2001年12月6日付「ラムズフェルド長官をCNNのラリー・キングがインタビュー（Secretary Rumsfeld Interview with Larry King, CNN）」。www.defenselink.mil/transcripts/transcript.aspx?transcriptid=2603

■第8章　オルソン訟務長官は妻のバーバラから電話を受けたのか

1. 2001年9月11日午前2時06分放送のCNNニュース。ティム・オブライエン「訴訟長官の妻、ハイジャックされたことを飛行機から夫に知らせる（Wife of Solicitor General Alerted Him of Hijacking from Plane）」。archives.cnn.com/2001/US/09/11/pentagon.olson/

　現在CNNのアーカイブにあるこの記事は、9月12日午前2時06分に掲載されたことになっているが、ブログで報告され始めたのは11日の午後3時51分で

defenselink.mil/transcripts/transcript.aspx?TranscriptID=3845
トリー・クラーク（※ラムズフェルドのスポークスマン）がラムズフェルド説を裏付ける説明をテレビで語っている。2001年9月15日付「クラーク国防次官補をWBZボストンがインタビュー（Assistant Secretary Clarke Interview with WBZ Boston）」。www.defenselink.mil/transcripts/transcript.aspx?transcriptid=1884

9. 『委員会報告書』P.37。引用元は、2002年12月に委員会が行なったラムズフェルドの聴聞のほか、国防総省のメモと、ラムズフェルドのアシスタントであるスティーヴン・カンボーンの2004年の聴聞となっている（『委員会報告書』P.463注193）。
10. 『委員会報告書』P.43。
11. 「クラーク国防次官補をWBZボストンがインタビュー」（上記注8参照）。
12. 国防総省、2002年8月12日付「ラムズフェルド長官をABCのジョン・マクウェシーがインタビュー（Secretary Rumsfeld Interview with John McWethy, ABC）」。www.defenselink.mil/transcripts/transcript.aspx?transcriptid=3644
13. 9.11委員会公聴会、2004年3月23日。
14. トリー・クラーク著『豚に口紅：ゲームを知る者がスピン（※ひねり、情報操作）のない時代に勝つ』（*"Lipstick on a Pig: Winning in the No-Spin Era by Someone who Knows the Game"* Free Press、2006年）P.218–219。
15. 『委員会報告書』P.43。
16. 9.11委員会はここでうっかり口を滑らせたようだ。前章に書いたとおり委員会は、クラークのビデオ会議が始まったのは9時25分以降だと主張しているが（『委員会報告書』P.36）、この部分では9時10分頃には始まっていたことを暗に認めていると解釈できる。ラムズフェルドが「最初の1時間」は参加せず、10時00分過ぎから参加した、という主張は、会議開始が9時25分以降という主張と計算が合わない。
17. 9.11委員会公聴会、2004年3月23日。
18. 『委員会報告書』P.43。
19. 『委員会報告書』P.41。
20. 『委員会報告書』P.43–44。
21. 『委員会報告書』P.465注234。
22. 注12、「ラムズフェルド長官をABCのジョン・マクウェシーがインタビュー」。
23. バルズとウッドワードの記事「戦争に向かうアメリカの支離滅裂な道：9月11日火曜日」（第1章注1参照）。
24. 「ラムズフェルド長官をワシントンポストがインタビュー（Secretary Rumsfeld Interview with the Washington Post）」、2002年1月9日。www.defenselink.mil/transcripts/transcript.aspx?transcriptid=2602
25. 例えばバルズとウッドワードの記事「戦争に向かうアメリカの支離滅裂な道」には、ラムズフェルドが衝突現場で救助活動を手伝ったあと「私は中に入る」と言い、その後「国家軍事指揮センターで自分の職務に着いた」とある。このど

17. 9.11委員会公聴会、2004年6月17日。www.9-11commission.gov/archive/hearing12/9-11Commission_Hearing_2004-06-17.htm#two
18. 米軍プレスサービス、2006年9月8日付ジム・ギャラモンの記事「元（※統合参謀本部）議長の9/11攻撃回顧（Former Chairman Remembers 9/11 Attacks）」。www.defenselink.mil/News/NewsArticle.aspx?ID=745&4745=20060908
19. Salon.com、2003年11月13日付エリック・ベーラートの記事「大統領は恥ずべきだ：マックス・クレランドをインタビュー（The President Ought to be Ashamed: Interview with Max Cleland）」参照。クレランドは、「ウォレン委員会（※Warren Commission ケネディ暗殺事件調査委員会）が台なしにした」と語ったあとでこう言い足した、「私はああいうことには関わらない。情報を部分的にしか見ないようなことには関わらない。拙速な結論を出すようなことには関わらない。これをしろ、あれをするなという政治的圧力には関わらない。私はああいうことには関わらない」。しかし、クレランドが9.11委員会の首脳部と意見が合わなかったことだけが彼の辞任の理由ではない。クレランドは2002年の選挙で上院での議席を失い、定収のある仕事を必要としていた。上院の民主党が、彼を輸出入銀行の役員の民主党ポストに推薦し、2003年の暮れ近くになってホワイトハウスがこの推薦を上院に送った。両方のポストを兼任することは法律で禁じられているため、クレランドは委員会から辞任した（その後彼の代わりにボブ・ケリー元上院議員が委員に就任）。
20. マイヤーズ大将の指名承認公聴会。
21. ノースカロライナ州ローリーのセント・マークス・エピスコパル教会における「マックス・クレランドの講演」、2003年。www.stmarkspeace.org/Max01.html
　この文献はマイヤーズの名前の綴りを"Meyers"と誤記しているが、それ以外は、クレランドが行った講演の正確な記録のようである。

■第7章　ラムズフェルド国防長官はどこにいたのか

1. 『爆弾証言』P.3。
2. 第6章本文の注4がついている箇所参照。
3. 『爆弾証言』P.7。
4. 『爆弾証言』P.8–9。
5. 『爆弾証言』P.22。
6. 9.11委員会公聴会、2004年3月23日。www.washingtonpost.com/wp-dyn/articles/A17798-2004Mar23.html
7. コオペラティブ・リサーチ「911タイムライン完全版（Complete 911 Timeline）」中、ラムズフェルドの当日の行動をまとめたページの見出し「9時38分と10時00分の間（Between 9:38 a.m. and 10:00 a.m.）」と「9時39分（9:39 a.m.）」とに写真が各1枚掲載されている。www.cooperativeresearch.org/timeline.jsp?timeline=complete_911_timeline&day_of_9/11=donaldRumsfeld
8. 国防総省、2001年10月12日「ラムズフェルド長官をパレードマガジンがインタビュー（Secretary Rumsfeld Interview with Parade Magazine）」参照。www.

21.『爆弾証言』P.8。
22.『委員会報告書』P.38、463注201、「国防総省筆記録、対空危機電話会議、2001年9月11日（DOD transcript, Air Threat Conference Call, Sept, 11,2001)」より引用。
23.『爆弾証言』P.8。

■第6章　マイヤーズ空軍大将はどこにいたのか

1. 米軍ラジオ・テレビ局「インタビュー：リチャード・B・マイヤーズ大将（Interview : General Richard B. Myers)」。web.archive.org/web/20011118 060728/ http://www.dtic.mil/jcs/chairman/AFRTS_Interview.htm
2.『委員会報告書』P.463注199。2004年2月17日のインタビュー。
3.『委員会報告書』P.38。
4. アカデミー・オブ・アチーブメント、2006年6月3日付記事「インタビュー：ノーマン・ミネタ：強制収容所から議会へ（Interview: Norman Mineta: From Internment Camp to the Halls of Congress)」。www.achievement.org/autodoc/page/min0int-8

　クラークの会議が始まった時刻については、もしクラークの説明が基本的に正確であれば、9時28分以前に起きたと書かれているすべての出来事が、さらなる証拠を提供してくれる。(『爆弾証言』P.3–5)。
5.『爆弾証言』P.3
6.『爆弾証言』P.4。
7.『爆弾証言』P.5。
8.『爆弾証言』P.7–9。
9.『爆弾証言』P.12。
10. この朝食会議のことはAP通信、2001年12月12日付のロバート・バーンズの記事「ペンタゴン攻撃の数分前にラムズフェルドが予言：〝新たな事件が起こるだろう〟(Pentagon Attack Came Minutes after Rumsfeld Predicted: 'There Will Be Another Event)」の中で報じられている。www.dodgeglobe.com/stories/091201/nat_pentagon_attack.shtml〈→http://cjonline.com/stories/091101/ter_rumsfeld.shtml〉
11. 2004年10月26日放送のPBS番組「フロントライン」の「ラムズフェルドの戦争(Rumsfeld's War)」。www.pbs.org/wgbh/pages/frontline/shows/pentagon/etc/script.html
12.『委員会報告書』P.36。
13.『委員会報告書』P.36。
14.『爆弾証言』P.7。
15. 連邦航空局覚書。この覚書については2003年5月23日に9.11委員会の公聴会で討議された。www.9-11commission.gov/archive/hearing2/9-11Commission_Hearing_2003-05-23.htm
16. 議会上院軍事委員会、2001年9月13日のマイヤーズ大将の指名承認公聴会。emperors-clothes.com/9-11backups/mycon.htm

草案には「委員会スタッフの何人かは（中略）副大統領の説明に対して非常に懐疑的であった」という事実が反映されていた。当初の草案には、副大統領と大統領が嘘をついたに違いないという意見が明らかにもっとはっきり書いてあったのだが、ホワイトハウスから強力な働きかけを受けて修正された、とのことだ（ニューズウィーク、2004年6月20日）。

2. 『委員会報告書』P.41。
3. 「軍がそのフライトについて知ったときには、すでに墜落していた」（『委員会報告書』P.34）。
4. 『委員会報告書』P.41。委員会報告書の時系列に沿っている映画『ユナイテッド93』では、撃墜命令は10時18分に発令されたことになっている。
5. 『委員会報告書』P.37。
6. 『爆弾証言』P.7。
7. 『爆弾証言』P.8。
8. 同上。
9. 同上。
10. 第2章注4参照。
11. USニューズ&ワールドレポート、2003年8月31日付のチトラ・ラガヴァンとマーク・マゼッティの記事「ジグソーのピース：9月11日の最高機密電話会議がテロ事件に新たな光を投じるか（Pieces of the Puzzle: A Top-Secret Conference Call on September 11 Could Shed New Light on the Terrorist Attacks）」。www.usnews.com/usnews/news/articles/030908/8sept11.htm
12. ジェニングズの9.11インタビュー。
13. 2002年9月4日放送のCNN番組「ポーラ・ザーンのアメリカの朝（American Morning with Paula Zahn）」の「ペンタゴン戦闘開始：国家軍事指揮センター（'The Pentagon Goes to War': National Military Command Center）」。transcripts.cnn.com/TRANSCRIPTS/0209/04/ltm.11.html
14. 『アメリカ上空の空中戦』P.71。
15. 『アメリカ上空の空中戦』P.68。
16. ジェニングズの9.11インタビュー。
17. アキン（Aquin）、2002年12月4日付のデイヴ・フォスターの記事「セントトーマス大学卒業生、戦時体制で爆撃機を誘導（UST Grad Guides Bombers in War）」。www.stthomas.edu/aquin/archive/041202/anaconda.html
18. エビエーションウィーク&スペーステクノロジー誌に2002年9月9日掲載のウィリアム・B・スコットの記事「F16のパイロット、93便爆撃を検討（F-16 Pilots Considered Ramming Flight 93）」。www.aviationweek.com/aw/generic/story_generic.jsp?channel=awst&id=news/aw090971.xml
19. ニューヨークタイムズ、2001年10月16日付のマシュー・L・ウォールド、ケヴィン・サックの記事「〝我々は飛行機を数機おさえた〟とハイジャック犯が管制官に言った（'We Have Some Planes,' Hijacker Told Controller）」。s3.amazonaws.com/911timeline/2001/nyt101601.html
20. 『委員会報告書』P.37。

る幹部が（中略）ミネタに電話したら、ミネタは副大統領や他のスタッフと一緒にバンカーにいた。FAA幹部はその計画を説明し、ミネタが了承した。（中略）そのあと会話が途切れた。会話が途切れると多くの人がよくやることだが、沈黙の時間を埋め合わせようとする。FAA幹部はまずいことに、〝もちろん、そのまま目的地まで飛行させてもかまいませんし、あるいは（中略）〟と言った。大きな間違いだ。その何気ない言葉をミネタは、FAAがまだそのまま目的地まで飛行させようとしているのだと解釈した。そこでミネタが、今や有名になったあの命令を発したのだ」。

だが、この違いは無視できるものではない。少なくともバルズとウッドワードの記事で報道されているように、ベルジャーは、即刻着陸すべきかどうかの判断をパイロットたちに委ねていた。もしミネタがその命令を、全航空機の即時着陸命令に置き換えたのなら、全米の航空機に着陸命令を出した人物はやはりミネタである。したがって、ミネタがその命令を出したと自ら信じているのは〝単純な勘違い〟があったからだ、というフィリップスの主張は必ずしも事実ではない。この記事を書いたグリーンは、フィリップスの説明を利用し、「モンテ、すべての航空機を着陸させろ!」とミネタ長官が思い切った命令を発したとき、モンテはすでにそれを実行していたのだから、その命令を出したのはモンテ・ベルジャーの功績だと主張している。

それが事実かどうかは、「すべての」という意味にかかっているのは明らかだ。いずれにせよ、誰の〝功績〟かという議論は見当違いの論争である。パメラ・フレーニはこう書いている。「ミネタ長官が命令を下すよりずっと前に、何十人ものマネージャーやスーパーバイザー、管制官たちの直感で、〝全機着陸命令〟は系統に行き渡っていた」（『グランドストップ』P.36）。

10. ハーンドンにあるFAA司令センターの戦術作戦マネージャー、リンダ・シュースラーはこう言っている。「それは共同作業で行われた。（中略）誰か一人が〝そう、これをやらなければ〟と言って決めたことではない」（エビエーションウィーク&スペーステクノロジー、2001年12月17日付のデヴィッド・ボンドの記事「ハーンドンの危機：異常事態発生11機（Crisis at Herndon: 11 Airplanes Astray）」。したがってシュースラーの説明は、前項の注に示したドン・フィリップとパメラ・フレーニと同じである。ただし、フレーニは、命令が誰か一人の人間から発せられたとするなら、その人物はリンダ・シュースラーだったと示唆している。（『グランドストップ』P.65）。
11. 『委員会報告書』P.29。
12. USAトゥデイ、2006年4月23日掲載のアンソニー・ブレズニカンの記事「管制官、1993年の恐怖を追体験（Controller Relives Horror of '93'）」。www.usatoday.com/life/movies/news/2006-04-23-united93-main_x.htm

■第5章　チェイニーはいつ撃墜許可を出したのか

1. 『委員会報告書』P.40-41。この箇所では委員会の懐疑主義はなりをひそめ、問題の電話があったことを示す証拠書類はないと述べるにとどまっている。しかしニューズウィークによると、この説明は当初の草案を「骨抜き」にしたもので、

■第4章　チェイニーは全航空機着陸命令の発令を見ていたのか

1. 『委員会報告書』P.29。
2. 連邦議会上院の商業・科学・交通委員会におけるノーマン・ミネタの証言、2001年9月20日。lobby.la.psu.edu/_107th/136_Aviation%20Security/Congressional_ Hearings/Testimony/S_CST_Mineta_09202001.htm
3. 下院の航空小委員会におけるジェーン・F・ガーヴィー連邦航空局局長の証言、2001年9月21日。www.yale.edu/lawweb/avalon/sept_11/garvey_001.htm〈→http://avalon.law.yale.edu/subject_menus/sept_11.asp〉
4. 『爆弾証言』P.4-5。
5. 9.11委員会公聴会、2003年5月23日。www.9-11commission.gov/archive/hearing2/9-11Commission_Hearing_2003-05-23.htm。ミネタは2006年にインタビューを受けたとき、「すべての航空機を着陸させる」命令をモンテ・ベルジャーに出したのは「9時27分頃」だと語っている。したがってミネタもガーヴィーも、2001年の議会委員会で証言したときには区別していたこの二つの出来事を、このときには混同していたように思われる。ガーヴィーは全米飛行禁止令（the national ground stop order ※離陸禁止令）を9時26分に、全航空機着陸命令（the order to ground all planes）を9時45分に出したことになっている。
6. バルズとウッドワードの記事「戦争に向かうアメリカの支離滅裂な道：9月11日火曜日」（第1章注1参照）。
7. 『委員会報告書』P.29。
8. USAトゥデイ、2002年8月12日付のアラン・レヴィン、マリリン・アダムズ、ブレイク・モリソンの記事「テロ攻撃が異例の決定を招いた——全機着陸命令（Terror Attacks Brought Drastic Decision: Clear the Skies）」。www.usatoday.com/news/sept11/2002-08-12-clearskies_x.htm
9. Slate.com、2002年4月1日付のジョシュア・グリーンの記事「ミネタ神話（The Mineta Myth）」。www.slate.com/?id=2063935

　グリーンはこの記事を発表する数日前の出来事をこう書いている。「ドン・フィリップス（※ワシントンポストのベテラン記者）がうっかり秘密を漏らしてしまった。フィリップスは、FAAの当局者たちから口裏を合わせるよう懇願されたけれども、〝歴史を訂正〟することが必要だと感じたと聴衆に向かって言った。フィリップスは寛大にも、ミネタの命令は単純な勘違いだったのではないかと述べた。（ミネタ）長官は〝ミネタとFAAとの会話の少なくとも15分前には、管制官たちがすでに飛行機を（中略）最寄りの空港に着陸させていたことを知らなかったのだ〟と」。

　しかし、飛行機が一部の地域で着陸させられていたからといって、全米に対する着陸命令が出されていた証拠にはならない。フィリップスはさらに以下のように続けたという。「私は非常に上位の幹部から経緯を聞いている。それによれば、まず、ガッツのある地方のFAA職員数人によって地域レベルでの決定が下された。そしてFAA司令センターとFAA本部の担当官たちが、それを全米に拡大させるべきだという考えに同意した。（FAAが）最初に行動を起こし、そのあと許可を要請したということだ」。フィリップスは次にこう言ったという。「FAAのあ

hearing2/9-11Commission_Hearing_2003-05-23.htm
2.『委員会報告書』P.34。
3. ニューズデイ、2001年9月23日付のシルヴィア・アドコック、ブライアン・ドノヴァン、クレイグ・ゴードンの記事「ペンタゴン空襲で見えた脆弱性(Air Attack on Pentagon Indicates Weaknesses)」。s3.amazonaws.com/911timeline/2001/newsday092301.html
4. 2002年9月8日放送のBBCニュース「全航空機着陸命令(Clear the Skies)」。web.archive.org/web/20040701101430/http://www.mnet.co.za/CarteBlanche/Display/Display.asp?Id=2063
5. 2002年9月11日放送のCNN番組「インサイド・ポリティックス」の「チェイニーの回想:バンカーから指揮をとる(Cheney Recalls Taking Charge from Bunker)」。archives.cnn.com/2002/ALLPOLITICS/09/11/ar911.king.cheney/index.html

ジェニングズの9.11インタビュー。2002年9月14日放送のABCニュース「9月11日、危機の瞬間:第2部:緊急発進」(第2章注8参照)。
6. チェイニーのTV出演。「アメリカは忘れない」。ニューヨークタイムズ、2001年10月16日付のマシュー・L・ウォールド、ケヴィン・サックの記事「〝我々は飛行機を数機おさえた〟とハイジャック犯が管制官に言った('We Have Some Planes,' Hijacker Told Controller)」。(第2章注17参照)。「全航空機着陸命令」(注4参照)。
7. ワシントンポスト、2002年1月27日付のダン・バルズとボブ・ウッドワードの記事「戦争に向かうアメリカの支離滅裂な道:9月11日火曜日(America's Chaotic Road to War: Tuesday, September 11)」。(第1章注1参照)。
8. ニューズウィーク、2001年12月31日号のエヴァン・トーマスの記事「9月11日のストーリー」(第2章注15参照)。www.msnbc.msn.com/id/14738713/site/newsweek/page/0 〈→http://www.newsweek.com/id/75343〉
9.『委員会報告書』P.40。この主張はすでに2004年6月17日付「9.11委員会スタッフ声明No.17(9/11 Commission Staff Statement No. 17)」の中にある。www.msnbc.msn.com/id/5233007
10. ニューヨークタイムズ、2001年10月16日付のウォルドとサックの記事「〝我々は飛行機を数機おさえた〟とハイジャック犯が管制官に言った」。(第2章注17参照)。
11.「アメリカは忘れない」と「全航空機着陸命令」(第2章注11参照)。
12. ワシントンポスト、2002年1月27日付のバルズとウッドワードの記事「戦争に向かうアメリカの支離滅裂な道:9月11日火曜日」(第1章注1参照)。
13.『委員会報告書』P.464-465注217、219、220、221。
14.『委員会報告書』P.41。
15. 接近してくる飛行機の話と、次の章で論じるミネタとスライニーの争点に関する筆者の論考は、ピーター・デール・スコット著『9/11への道:アメリカの富、帝国、将来』(*"The Road to 9/11: Wealth, Empire, and the Future of America"* University of California Press、2007年)の第12-13章に負うところ大である。

ューズウィークに応じたインタビューからの引用だとされている（『委員会報告書』P.462注184）。
24. トーマスの記事「9月11日のストーリー」（前注参照）。
25. ニューズウィーク、2001年9月24日付のエヴァン・トーマスとマーク・ホーゼンボールの記事「ブッシュ：〝これは戦争だ〟（Bush: 'We're at War'）」。www.msnbc.com/id/14738203/site/newsweek〈→http://www.newsweek.com/id/76065〉
26. チェイニーのスピーチ、プレスリリース、インタビューはホワイトハウスのリスト参照。www.whitehouse.gov/vicepresident/news-speeches/index.html
27. 9.11委員会公聴会、2003年5月23日。
28.『委員会報告書』P.40。
29. インターネットに掲載されたグレガー・ホランドの2005年11月1日付記事「ミネタの証言：暴露された9.11委員会（The Mineta Testimony: 9/11 Commission Exposed）」。www.911truthmovement.org/archives/2005/11/post.php
30. 同上。ミネタとハミルトンとのやりとりはvideo.google.ca/videoplay?docid=-3722436852417384871で見られる。またレーマーとのやりとりはwww.911truth.org/article.php?story=20050724164122860を参照。
31. 2006年8月21日放送のCBCニュース「9/11：真実と嘘と陰謀：リー・ハミルトンをインタビュー（9/11: Truth, Lies and Conspiracy: Interview: Lee Hamilton）」。www.cbc.ca/sunday/911hamilton.html
32. 同上。
33. アカデミー・オブ・アチーブメント、2006年6月3日付記事「インタビュー：ノーマン・ミネタ：強制収容所から議会へ（Interview: Norman Mineta: From Internment Camp to the Halls of Congress）」。www.achievement.org/autodoc/page/min0int-8
　この発言の一部は、ミネタの9.11委員会での証言とともに、ビデオ「迷走する9.11フライト：AA77便について誰がいつ、何を知ったか？（The Lost Flight: Who Knew What and When about Flight AA77 on 9/11?）」の中で見られる。video.google.com/videoplay?docid=7140292755378838617&hl=en
34.「9/11シアトル・トゥルース、ノーマン・ミネタと会う（9/11 Seattle Truth Meets Norm Mineta）」。www.youtube.com/v/u-5PKQTUz5o〈→http://www.youtube.com/watch?v=u-5PKQTUz5o〉
　このビデオはジョーンズレポートに掲載されたアーロン・ダイクスの2007年6月26日付記事「9/11にディック・チェイニーが迎撃待機命令を出したことをノーマン・ミネタが確認（Norman Mineta Confirms That Dick Cheney Ordered Stand Down on 9/11）」（www.jonesreport.com/articles/260607_mineta.html）のサイトでも見られる。ただし、ミネタは迎撃待機命令については何も言っていないので、この記事のタイトルは誤解を招く。

■第3章　チェイニーは迎撃待機命令を確認したのか
1. 9.11委員会公聴会、2003年5月23日。www.9-11commission.gov/archive/

応したアメリカンとユナイテッド（American, United Watched and Worked In Horror as Sept. 11 Hijackings Unfolded）」。s3.amazonaws.com/911timeline/2001/wallstreetjournal101501.html

13. 『委員会報告書』P.39-40。
14. 『委員会報告書』P.464注209。
15. 『委員会報告書』P.40。2001年11月19日付ニューズウィークとのインタビューから引用。委員会は言及していないが、出典はニューズウィーク、2001年12月31日号のエヴァン・トーマスの記事「9月11日のストーリー（The Story of September 11）」である。www.msnbc.msn.com/id/14738713/site/newsweek/page/0〈→http://www.newsweek.com/id/75343〉
16. 『委員会報告書』P.40。
17. ニューヨークタイムズ、2001年10月16日付のマシュー・ウォールドとケヴィン・サックの記事「〝我々は飛行機を数機おさえた〟とハイジャック犯が管制官に言った（'We Have Some Planes,' Hijacker Told Controller）」。s3.amazonaws.com/911timeline/2001/nyt101601.html
18. 「アメリカは忘れない」。
19. 「全航空機着陸命令」（注11参照）。
20. 第1章注1、ワシントンポスト、2002年1月27日付のダン・バルズとボブ・ウッドワードの記事「戦争に向かうアメリカの支離滅裂な道：9月11日火曜日。6回連載記事「9月の10日間」の第1回。www.washingtonpost.com/wpdyn/content/article/2006/07/18/AR200607180 1175.html〈→http://www.washingtonpost.com/wp-dyn/articles/A42754-2002Jan26.html〉
21. 同上。
22. チェイニーのTV出演。
23. 『委員会報告書』P.464注210。委員会の注記には、「ホワイトハウス筆記録、ディック・チェイニー副大統領のニューズウィークとのインタビュー、2001年11月19日」とあるが、一般公開されている中にそのような記録は見当たらない。いずれにせよこの引用元は、ニューズウィーク2001年12月31日号に掲載された既出（注15）エヴァン・トーマスの記事「9月11日のストーリー」と思われる。www.msnbc.msn.com/id/14738713/site/newsweek/page/0〈→http://www.newsweek.com/id/75343〉

　その根拠は、チェイニーが北タワーへの衝突を聞いたあと、「一体どうやって飛行機が世界貿易センターに衝突するんだ?」と訊いた、と9.11委員会が別のページで引用している事実にある（『委員会報告書』P.35）。この参照資料も「ホワイトハウス筆記録、ディック・チェイニー副大統領のニューズウィークとのインタビュー、2001年11月19日」（P.462注185）になっていて、これまたニューズウィーク12月31日号のトーマスの記事に、引用と同じ文章が出ている。11月19日に行われたインタビューが12月31日号まで掲載されなかったことは奇妙にも思えるが、『委員会報告書』の同じページに引用されているコンドリーザ・ライスの発言（「それが今、我々が知るすべてです、大統領」）もまた、12月31日号のエヴァン・トーマスの別の記事に出ているのだが、これもライスが11月1日にニ

36. 注9、バーズの記事「ささやきから涙へ」。
37.『前代未聞』P.54。
38.『委員会報告書』P.39。

■第2章　チェイニー副大統領はいつ地下のバンカーに入ったのか

1. チェイニーのTV出演。
2.『委員会報告書』P.40。
3. 9.11委員会公聴会、2003年5月23日。www.9-11commission.gov/archive/hearing2/9-11Commission_Hearing_2003-05-23.htm
4. ミネタの時系列が批判される点は、彼がその証言の初めの部分で、「ホワイトハウスに着いたとき、人々を退避させているところだった」と述べていることだ。なぜならリチャード・クラークの説明（『爆弾証言』P.7-8）では、退避が始ったのはペンタゴン攻撃直後の9時40分頃となっているので、ミネタが自分の到着時間を間違えていることも考えられる。しかし、CNNのホワイトハウス上級特派員ジョン・キングが生中継の中で、9時52分に報告したところによると、退避は「約30分前に」ゆっくりと開始されたが、「最後の10分ほどは、出て来た人々が（中略）シークレットサービスに走れと言われていた」という（2001年9月11日放送、CNN「ホワイトハウスから退避（The White House Has Been Evacuated）」。transcripts.cnn.com/TRANSCRIPTS/0109/11/bn.06.html
　クラークの説明では彼はホワイトハウスから人を避難させるべきだと9時10分頃に言ったことになっているが（『爆弾証言』P.2）、ゆっくりした退避が始まって20分ほど後には緊急避難に変わったことを、クラークは知らなかった可能性がある。
5.『爆弾証言』P.1-4。
6.『爆弾証言』P.2-4。クラークは後段（P.8）で、9時30分すぎにその常時接続回線を使って要請を出し、「（チェイニーから）極めて迅速に決定が下りてきたので驚いた」と報告している。
7.『爆弾証言』P.5。
8. ジェニングズの9.11インタビュー。「午前9時直後」に起きたという発言は、2002年9月14日放送のABCニュース「9月11日、危機の瞬間：第2部：緊急発進（Sept. 11's Moments of Crisis: Part 2: Scramble）」参照。us-pentagon.tripod.com/cache/abcnews/sept11_moments_ 2.html〈→http://enigma911.110mb.com/cache/abcnews/sept11_moments_2.html〉
9. ジェニングズの9.11インタビュー。
10. 第1章注7, 2002年9月11日放送のNBCニュース「9/11キャンベル・ブラウンとのインタビュー」www.msnbc.com/modules/91102/interviews/rove.asp?cp1=1
11. 2002年9月8日放送のBBCニュース「全航空機着陸命令（Clear the Skies）」。web.archive.org/web/20040701101430/www.mnet.co.za/CarteBlanche/Display/Display.asp?Id=2063
12. ウォールストリート・ジャーナル、2001年10月15日付のスコット・マッカートニーとスーザン・ケアリーの記事「9.11ハイジャック事件の展開を恐怖の中で見守り対

html〉
22. フィリップ・H・メランソン著『シークレットサービス：謎の政府機関の隠れた歴史』（*"Secret Service: The Hidden History of an Enigmatic Agency"* Carroll & Graf、2002年）。
23. セントピーターズバーグ・タイムズ、2004年7月4日付のスーザン・テイラー・マーティンの記事「事実とフィクション：9/11のブッシュ（Of Fact, Fiction: Bush on 9/11）」にメランソンが引用されている。www.sptimes.com/2004/07/04/news_pf/Worldandnation/Of_fact__fiction__Bus.shtml
24. サラソタ・ヘラルドトリビューン、2002年9月10日掲載のトム・ベイルズの記事「すべてが変ったその前日、地元の人々の人生に触れたブッシュ大統領（The Day Before Everything Changed, President Bush Touched Locals' Lives）」。s3.amazonaws.com/911timeline/2002/sarasotaheraldtribune091002.html
 ブレイクウェルの発言はその後、前注のマーティンの記事「事実とフィクション」に引用されている。
25.『爆弾証言』P.4。
26. 注10、アデアとヒガーティの記事「サラソタのドラマ」と、注24のベイルズの記事「すべてが変わったその前日」。
27. 注13、サモン著『反撃』P.25。
28. ニューヨークタイムズ、2001年9月25日付デヴィッド・サンガーの記事「二人の政府首脳が語るジェノヴァでのブッシュ暗殺計画（2 Leaders Tell of Plot to Kill Bush in Genoa）」。query.nytimes.com/gst/fullpage.html?res=9B0DE4D9133AF935A1575AC0A9679C8B63
 ロサンゼルスタイムズ、2001年9月27日付記事「イタリアが語るジェノヴァサミットでの脅迫（Italy Tells of Threat at Genoa Summit）」。911citizenswatch.org/?p=224
29. CNN、2001年7月18日放送。
30. ABCニュースによれば、「（コンドリーザ・ライスと同様）ディック・チェイニー副大統領もホワイトハウスのバンカーにいて、議会指導者たち、とくに大統領の三番目の後継者の位置にいた共和党イリノイ州選出のデニス・ハスタート下院議長を政府スタッフが避難させたと語った」。既出2002年9月15日放送のABCニュース「9月11日、危機の瞬間：第4部：攻撃後の震撼（Sept. 11's Moments of Crisis: Part 4: Post-Attack Tremors）」参照。us-pentagon.tripod.com/cache/abcnews/sept11_moments_4.html〈→http://enigma911.110mb.com/cache/abcnews/sept11_moments_4.html〉
31. 注23、マーティンの記事「事実とフィクション」。
32. ジェニングズの9.11インタビュー。
33. ジェニングズの9.11インタビュー。
34. ボブ・ウッドワード著『ブッシュの戦争』（日本経済新聞社、2003年。*"Bush at War"* Simon & Schuster、2002年）P.16。
35.『委員会報告書』P.39。

line/2002/tampatribune090102.html
　この話の重要性と、この記事がインターネットで実質上閲覧不能になっている事実については、911Blogger.comの2007年7月7日付エリザベス・ウッドワースの記事「フロリダの小学校でのブッシュ大統領：矛盾する新証言（President Bush at the Florida School: New Conflicting Testimonies）」を参照。www.911blogger.com/node/9847

10. 前注バーズの記事「ささやきから涙へ」。セントピーターズバーグ・タイムズ、2002年9月8日付のビル・アデアとステーヴン・ヒガーティの記事「サラソタのドラマ（The Drama in Sarasota）」。www.sptimes.com/2002/09/08/911/The_drama_in_Sarasota.shtml
11. ニューヨークポスト、2002年9月12日付のマルコム・バルフォアの記事「悲劇の授業（Tragic Lesson）」。s3.amazonaws.com/911timeline/2002/nypost091202.html
12. ビル・サモン著『反撃：対テロ戦争：ブッシュのホワイトハウス、その内側』（*"Fighting Back: The War on Terrorism: From Inside the Bush White House"* Regnery、2002年）P.89-90。
13. ウォールストリート・ジャーナル、2004年3月22日付のスコット・J・パルトローの記事「9/11政府説明の矛盾（Government Accounts of 9/11 Reveal Gaps）」。online.wsj.com/article/SB107991342102561383.html
14. 両バージョンとも、「ザ・メモリーホール（*The Memory Hole*）」の2003年6月26日「9/11朝のジョージ・W・ブッシュの5分間ビデオ（5-Minute Video of George W. Bush on the Morning of 9/11）」参照。www.thememoryhole.org/911/bush-911.htm
15. 注13、パルトローの記事「9/11政府説明（Government Accounts）」。
16. ロサンゼルスタイムズ、2002年9月11日付のサンドラ・ケイ・ダニエルズの記事「9/11から1年/今の私たち（9/11: A Year After/Who We Are Now）」。pqasb.pqarchiver.com/latimes/access/171354041.html?dids=171354041:171354041&FMT=ABS&FMTS=ABS:FT&type=current
17. 注11、バルフォアの記事「悲劇の授業（Tragic Lesson）」。ダニエルズ教諭のこのエピソードは注9、ウッドワースの記事「フロリダの小学校でのブッシュ大統領（President Bush at the Florida School）」に負うところが大きい。
18. 注9バーズの記事「ささやきから涙へ（From a Whisper to a Tear）」。
19. 同上。
20. アーリントンハイツ・デイリーヘラルド、2006年9月11日付マイク・リオペルの記事「教育者の歴史授業（Educator's History Lesson）」。www.dailyherald.com/news/lakestory.asp?id=226303〈→http://www.informationliberation.com/index.php?id=23675〉
21. グローブ&メール、2001年9月12日付ジョン・イビットソンの記事「行動を、過剰反応ではなく、慎重に（Action, Not Overreaction, Prudent Course）」。www.theglobeandmail.com/special/attack/pages/where_ article11.html〈→http://s3.amazonaws.com/911timeline/2001/globeandmail091201.

原注

第1部　ブッシュ政権とペンタゴン幹部に関する疑問

■第1章　ブッシュ大統領は何時まで教室にいたのか

1. ワシントンポスト、2002年1月27日付のダン・バルズとボブ・ウッドワードの記事「戦争に向かうアメリカの支離滅裂な道：9月11日火曜日（America's Chaotic Road to War: Tuesday, September 11）」。www.washingtonpost.com/wp-dyn/content/article/2006/07/18/AR2006071801175.html〈→http://www.washingtonpost.com/wpdyn/articles/A42754-2002Jan26.html〉
　6回連載記事「9月の10日間（Ten Days in September）」の第1回。
2. AP通信、2002年8月19日掲載のミッチ・ステーシーの記事「ブッシュが攻撃を知ったフロリダの小学校、歴史的役割を振り返る（Florida School Where Bush Learned of the Attacks Reflects on Its Role in History）」。s3.amazonaws.com/911timeline/2002/ap081902d.html
3. ジェニングズの9.11インタビュー。
4. サンフランシスコ・クロニクル、2002年9月11日掲載のアンドリュー・カードの記事「もしあなたが大統領に告げなければいけないとしたら（What If You Had to Tell the President）」。www.sfgate.com/cgi-bin/article.cgi?file=/c/a/2002/09/11/MN911voice03.DTL&type=printable
5. 2002年9月9日放送のNBC番組「ブライアン・ウイリアムズのニュース（The News with Brian Williams）」。www.msnbc.com/modules/91102/interviews/card.asp
6. 2002年9月14日放送のABCニュース「9月11日、危機の瞬間：第1部：恐怖がタワーを襲う（Sept. 11's Moments of Crisis: Part 1: Terror Hits the Towers）」。us-pentagon.tripod.com/cache/abcnews/sept11_moments_1.html〈→http://enigma911.110mb.com/cache/abcnews/sept11_moments_1.html〉
7. 2002年9月11日放送のNBCニュース「キャンベル・ブラウンがインタビュー（9/11 Interview with Campbell Brown）」。www.msnbc.com/modules/91102/interviews/rove.asp?cp1=1
8. ジェニングズの9.11インタビュー。
9. タンパトリビューン、2002年9月1日掲載のジェニファー・バーズの記事「ささやきから涙へ（From a Whisper to a Tear）」。s3.amazonaws.com/911time

◎『委員会報告書』:『9.11委員会報告書：米国同時多発テロ事件に関する独立調査委員会最終報告書』(*"The 9/11 Commission Report: Final Report of the National Commission on Terrorist Attacks upon the United States" W. W. Norton、2004*年)。2004年7月22日発表。決定版。

◎口述記録：ニューヨーク市消防局員の9・11口述記録が2001年9月から2002年1月にわたって録音された。そのうち503件の記録がニューヨークタイムズのウェブサイトで公開されている。「9月11日の記録（The Sept. 11 Records）」http://graphics8.nytimes.com/packages/html/nyregion/20050812_WTC_GRAPHIC/met_WTC_histories_full_01.html

◎『前代未聞』:トーマス・H・ケイン委員長、リー・H・ハミルトン副委員長、ベンジャミン・ローズの共著『前代未聞：9・11委員会の内幕』(*"Without Precedent: The Inside Story of the 9/11 Commission"* Alfred A. Knopf、2006年)。

◎『爆弾証言』:リチャード・A・クラーク著『爆弾証言：すべての敵に向かって』(徳間書店、2004年。*"Against All Enemies: Inside America's War on Terror"* Free Press、2004年)。

◎連邦航空局覚書：2003年5月22日付「2001年9月11日におけるNORADとの連邦航空局交信：9.11独立調査委員会への連邦航空局説明メモ（FAA Communications with NORAD on September 11, 2001: FAA Clarification Memo to 9/11 Independent Commission)」。2003年5月23日の9.11委員会公聴会記録で公開。www.9-11commission.gov/archive/hearing2/9-11Commission_Hearing_2003-05-23.htm および www.911truth.org/article.php?story=2004081200421797

凡 例

（50音順）

◎「NORAD対応時刻」：2001年9月18日発表の「NORAD対応時刻（NORAD's Response Times）」。www.standdown.net/noradseptember182001pressrelease.htm

◎『アメリカ上空の空中戦』：レスリー・フィルソン著『アメリカ上空の空中戦：防空任務の概念を変えた9月11日』（*"Air War over America: Sept. 11 Alters Face of Air Defense Mission"* ティンダル空軍基地広報課、2003年）。ラリー・K・アーノルド少将が序文執筆。

◎「アメリカは忘れない」：2002年9月11日放送のNBCニュース「アメリカは忘れない：アメリカの空（America Remembers: The Skies over America）」。ウェブサイトで見られる筆記録。newsmine.org/archive/9-11/air-traffic-controllers-recall-events.txt。同映像：www.jonhs.net/911/skies_over_america.htm 〈→http://newsmine.org/content.php?ol=9-11/air-traffic-controllers-recall-events.txt〉

◎『グランドストップ』：パメラ・S・フレーニ著『グランドストップ：2001年9月11日の連邦航空局内部事情』（*"Ground Stop: An Inside Look at the Federal Aviation Administration on September 11 ,2001"* iUniverse、2003年）。

◎ジェニングズの9.11インタビュー：2002年9月11日放送のABCニュース「ピーター・ジェニングスの9・11事件インタビュー（9/11: Interviews by Peter Jennings）」。s3.amazonaws.com/911timeline/2002/abcnews091102.html

◎チェイニーのTV出演：2001年9月16日放送のMSNBC番組「副大統領、ティム・ラサートのミート・ザ・プレスに出演（The Vice President Appears on Meet the Press with Tim Russert）」。www.whitehouse.gov/vicepresident/news-speeches/speeches/vp20010916.html 〈→http://georgewbush-whitehouse.archives.gov/vicepresident/news-speeches/speeches/vp20010916.html〉

資　料

（時系列2）

委員会説	2001年9月11日（火）	他説の例
	（FAAから軍への事前通報）	
8:37:52	1番機：AA11便	**8:27**
なし（**9:03**）	2番機：UA175便	**8:43**
なし	3番機：AA77便	**8:50以降随時**
なし	4番機：UA93便	**9:16**
9:20	FAAのTV会議開始	8:50
9:25	ホワイトハウスのTV会議開始	9:10
9:29	NMCCのTV会議開始	8:45
9:26	全米飛行禁止令（離陸禁止）	
9:45	全航空機着陸命令	
9:37	チェイニーの地下廊下到着	
9:58	チェイニーのバンカー入室	9:10
	ミネタのバンカー入室	9:20
10:02	チェイニーと軍伝令との会話	9:25
10:10	チェイニーが撃墜許可	**9:45**
10:25	ブッシュが撃墜許可確認	9:50
10:39	交戦規定改定作業開始	
10:43	デフコン3発令	**10:10**

AA=アメリカン航空　UA=ユナイテッド航空

＊上記には推定時刻が含まれています。

資料Ⅰ　本書に基づく時系列表

（時系列1）

委員会説	2001年9月11日（火）	他説の例
8:46	1番機:AA11便突入　WTC北タワー突入	
8:48	テレビ中継開始	
9:03	2番機:UA175便突入　WTC南タワー突入	
9:20	FAAのテレビ会議開始	8:50
9:25	ホワイトハウスのテレビ会議開始	9:10
9:26	全米飛行禁止令（離陸禁止）	
9:29	NMCCのテレビ会議開始	8:45
9:38	3番機:AA77便突入　ペンタゴン突入	
9:45	全航空機着陸命令	
9:58	チェイニーのバンカー入室	9:10
9:59	＜倒壊＞　WTC南タワー	
10:03:11	4番機:UA93便　ペンシルベニア墜落	**10:06:05**
10:10	チェイニーが撃墜許可	**9:45**
10:20	ブッシュが撃墜許可確認	9:50
10:28	＜倒壊＞　WTC北タワー	
17:20	＜倒壊＞　WTC第7ビル	

AA=アメリカン航空　　UA=ユナイテッド航空

＊上記には推定時刻が含まれています。

資料Ⅱ　諸機関の概要と主な登場人物

諸機関の概要

▽9・11委員会（The National Commission on Terrorist Attacks Upon the United States）

日本での名称は「米国同時多発テロ事件に関する独立調査委員会」。二〇〇二年一一月にヘンリー・キッシンジャーを委員長として一〇名のメンバーで発足したが、翌月には正副委員長ともに辞任し、トーマス・ケイン委員長とリー・ハミルトン副委員長に交代した。本書第六章に登場するマクスウェル・クレランド上院議員も最初に委員に就任したが、途中で辞任しボブ・ケリーに交代した。委員会は二〇〇四年七月二二日に最終報告書『9・11委員会報告書』（凡例参照）を発表、翌月に解散。報告書の全文はインターネットで読むことができる。一二回開かれた公聴会は筆記録と動画で見られるが、本書によると完全な記録ではない。

報告書　http://govinfo.library.unt.edu/911/report/index.htm

公聴会の録画と筆記録　http://govinfo.library.unt.edu/911/archive/index.htm#hearings
解散から二年後、正副委員長が共著『前代未聞　9・11調査委員会の内幕』を出版（凡例参照）。

▽世界貿易センター（WTC　World Trade Center）
マンハッタンの一画にあった、七棟の高層ビルを擁するオフィスや商業の複合施設。一九六六年に着工、ツインタワーの第一ビル（北）と第二ビル（南）は一九七〇年と七一年に完成した。地上一一〇階（四一〇メートル超）、地下七階、設計者は日系米国人の建築家、ミノル・ヤマサキ。当時の八幡製鉄と川崎製鉄が鋼材の大部分を納入したことはNISTの報告書にも詳しい。一九七七年に六棟が完成したあと八年後に、道路をはさんだ隣地に第七ビルが建てられた（四七階建て、高さ一八六メートル）。一九九八年に港湾公社がWTCの民営化を決定、9・11事件直前の二〇〇一年七月、不動産王ラリー・シルバースタインが賃借権を得た（第24章参照）。

■政府

▽国防総省（DoD　Department of Defense）
陸海空と海兵隊の四軍を統合する最大の官庁。庁舎にちなんでペンタゴン（五角形）と呼ばれる。トップは文民の国防長官。

▽大統領危機管理センター（PEOC　Presidential Emergency Operations Center）
ホワイトハウスの地下にある核シェルター。国家の緊急事態の際、政府首脳が安全にすべての指揮を執れるようになっている。通称バンカー、「シェルター会議室」とも呼ばれる。バンカー

は東ウイングにあり、リチャード・クラークがテレビ会議を開いた危機管理室（Situation Room）は西ウイングの地下にある。

■軍

▽**統合参謀本部**（ＪＣＳ　Joint Chiefs of Staff）
国防長官の指揮下にある軍の最高機関。陸海空と海兵隊、四軍の長と議長副議長とで構成される。軍事戦略の立案と実施を任務とし、議長は大統領と国防長官の最高軍事顧問を務める。

▽**国家軍事指揮センター**（ＮＭＣＣ　National Military Command Center）
統合参謀本部の指揮下にあり、核戦争などの準備・待機、情報収集、各軍の指揮統制に携わる。核攻撃などの際には、軍事命令を出す最高権限「国家指揮権限」（ＮＣＡ　National Command Authority）の保有者である大統領と国防長官がＮＭＣＣに命令を下す。

▽**北米航空宇宙防衛司令部**（ＮＯＲＡＤ　North American Aerospace Defense Command）
米国とカナダが共同運営する防衛組織。司令部はコロラドスプリングスのピーターソン空軍基地にある。北米防空司令部とも訳される。

▽**北東防空セクター**（ＮＥＡＤＳ　Northeast Air Defense Sector）
ＮＯＲＡＤ内の米国本土防衛三管区のうちの北東方面管区。

▽**州軍**（National Guard）
陸軍と空軍があり、州知事が指揮権を持つ。本来任務は州内の治安維持や災害救援だが、大統

領命令によって連邦軍に組み込まれ、指揮権が連邦軍に移る。近年ではイラク、アフガニスタンにも多数動員され、連邦軍の予備兵力としての役割が大きくなっている。州兵とも呼ばれる。

■その他

▽連邦航空局（ＦＡＡ　Federal Aviation Administration）

航空管制と航空輸送の安全管理などを司る運輸省の下部機関。本部はワシントンＤＣ、司令センターはヴァージニア州ハーンドン（Herndon）にあり、全国各地の管制センターを統括する。

▽国立標準技術院（ＮＩＳＴ　National Institute of Standards and Technology）

商務省の技術部門。多数の専門家を擁して技術革新や規格を研究・促進する。

▽非常事態管理局（ＯＥＭ　Office of Emergency Management）

国家レベルの災害などの危機管理を担当する連邦緊急事態管理庁（ＦＥＭＡ　Federal Emergency Management Agency　危機管理庁とも訳される）の下部組織として、州単位や地方単位で設けられている。本書第22章に登場するのはニューヨーク市非常事態管理局（New York City Office of Emergency Management）で、一九九六年にジュリアーニ市長が設立した。ＷＴＣ第七ビルの二三階に事務所が置かれていた。

主な登場人物

■9・11委員会
▽トーマス・ケイン（Thomas H. Kean）　委員長。
▽リー・ハミルトン（Lee H. Hamilton）　副委員長。
▽リチャード・ベンヴェニスト（Richard Ben-Veniste）　委員。公聴会で突っ込んだ質問をしているが、委員会報告書には反映されていない。

■政府
▽ジョージ・W・ブッシュ（George Walker Bush）　第四三代大統領。在任二〇〇一年一月二〇日～二〇〇九年一月二〇日。
▽ディック・チェイニー（Richard Bruce〝Dick〟Cheney）　副大統領。妻リン・チェイニー（Lynne Cheney）。
▽コンドリーザ・ライス（Condoleezza Rice）　国家安全保障問題担当大統領補佐官。
▽ドナルド・ラムズフェルド（Donald Henry Rumsfeld）　国防長官。
▽コリン・パウエル（Colin Luther Powell）　国務長官。
▽アンドリュー・カード（Andrew Hill〝Andy〟Card Jr.）　大統領首席補佐官。事件当日、小学校の教室で大統領に耳打ちして事件を知らせた。その後の大統領の行動に関する説明は、カール・

ローブ（Karl Christian Rove）大統領上級顧問の発言とともに事実と食い違う。
▽ノーマン・ミネタ（Norman Yoshio Mineta）運輸長官。日系二世。ミネタ証言が、公式説明と矛盾する重要な鍵をいくつか握っている。
▽リチャード・クラーク（Richard Alan Clarke）テロ対策大統領特別補佐官。退任後に上梓した著書『爆弾証言』（凡例参照）には事件当日のホワイトハウス内の出来事などが詳述されている。
▽アリ・フライシャー（Lawrence Ari Fleischer）大統領報道官。
▽テッド・オルソン（Theodore Olson）司法省の訟務長官。妻がハイジャック機から電話をかけてきたと説明。妻バーバラ（Barbara Olson）はCNNの保守派の人気コメンテーター、政治評論家。「訟務長官」とは、連邦最高裁判所で政府が当事者となっている訴訟の政府側弁論を行う役職。
▽マックス・クレランド（Joseph Maxwell Cleland）上院議員。事件当日、マイヤーズ空軍大将の訪問を受けていた。翌二〇〇二年、9・11委員会の最初のメンバーに就任したが、すぐに辞任。

■連邦航空局
▽ジェーン・ガーヴィー（Jane Garvey）局長。委員会公聴会で証言。
▽ローラ・ブラウン（Laura Brown）副報道官。事件当時ハイジャック情報をリアルタイムに報告していたとする連邦航空局覚書を二〇〇三年に9・11委員会へ提出。
▽モンテ・ベルジャー（Monte Belger）副局長代理。FAAに軍の連絡将校が常駐していることを、

ベン・スライニーとともに委員会公聴会で証言。

▽ベン・スライニー（Ben Sliney）　司令センターの全米オペレーションズ・マネージャー。事件当日が着任初日。全航空機着陸命令を出したとされ、映画『ユナイテッド93』に本人役で出演。

▽コリン・スコギンズ（Colin Scoggins）　ボストン管制センターの軍との連絡担当官。ＡＡ一一便のハイジャック情報を軍に通報した時刻について、委員会報告書に証言が引用されている。

■空軍

▽リチャード・マイヤーズ（Richard B. Myers）　大将。当時、次期統合参謀本部議長の指名を受けていたため、事件当日は出張中の現職議長の代理を務めた。事件が起こったときはクレランド上院議員を訪問していたと説明。

▽ラルフ・エバハート（Ralph Eberhart）　大将。ＮＯＲＡＤの最高司令官。クレランド上院議員を訪問中のマイヤーズ大将に電話で事件を知らせたとされる。

▽ラリー・アーノルド（Larry Arnold）　少将。ＮＯＲＡＤ。事件の朝ＦＡＡと電話回線をつないでいなかった、と委員会公聴会で証言。

▽クレイグ・マッキンリー（Craig McKinley）　少将。ＮＯＲＡＤ。事件の朝ＦＡＡと電話回線を常時接続していた、と委員会公聴会で証言。

▽モンタギュー・ウィンフィールド（Montague Winfield）　准将。国家軍事指揮センター（ＮＭＣＣ）作戦担当副長官。ＵＡ九三便がペンシルベニアに墜落する前に撃墜許可を受けたと発言。

▽ロバート・マー（Robert Marr）　大佐。ＮＥＡＤＳのトップ、戦闘司令官。ウィンフィールドと同様主旨の発言をしている。

▽アラン・スコット（Alan Scott）　大佐。ＮＯＲＡＤ幹部。ＦＡＡからの通報時刻と軍事演習について公聴会で質問を受けた。

■容疑者

▽オサマ・ビン・ラディン（Osama bin Laden）　イスラム過激派のテロリストネットワーク、アルカイダの指導者。多数のテロ事件の首謀者とされている。当初は米国の支援を受けていたが、ソ連のアフガン敗退後反米に転じた。９・11事件への関与については米国は正式起訴をしていない。

▽ハリド・シェイク・モハメド（ＫＳＭ　Khalid Sheikh Mohammed）　アルカイダ幹部。９・11攻撃の主たる計画立案者とされる。二〇〇三年、パキスタンで逮捕され米国に収監された。

▽モハメド・アタ（Mohamed Atta）　９・11事件の実行犯グループのリーダー。マルワン・アル・シェイ（Marwan al-Shehhi）とともにフロリダの飛行訓練学校で操縦を習い、ＡＡ一一便でＷＴＣ北タワーに突入したとされる。

▽ハニ・ハンジュール（Hani Hanjour）　ＡＡ七七便を操縦してペンタゴンに突入したとされる。

▽ザカリアス・ムサウイ（Zacarias Moussaoui）　事件の一カ月前に米国で逮捕された後、９・11事件の容疑者として裁かれた。二〇〇六年の裁判でＦＢＩ資料が重要な情報を公開した。

■マスコミとインターネット

▽マシュー・エヴェレット（Matthew Everett）「9・11タイムライン完全版」（Complete 9/11 Timeline）のサイト管理人の一人。同サイトには詳細な時系列情報がある。

▽チャールズ・ギブソン（Charles Gibson） 9・11事件一周年のABCニュースで、当時小学校にいたブッシュ大統領についてカール・ローブ上級顧問にインタビュー。

▽ティム・ラサート（Tim Russert） NBC番組「ミート・ザ・プレス」で事件後五日目にチェイニー副大統領、九月三〇日にラムズフェルド国防長官をインタビュー。

▽トム・ブロコウ（Tom Brokaw） 事件一周年のNBC番組「アメリカは忘れない・アメリカの空」で、軍へのハイジャック通報などについてレポート。

▽ピーター・ジェニングズ（Peter Jennings） 事件一周年のABC番組「ピーター・ジェニングズの9・11事件インタビュー」で政府首脳や軍幹部をインタビュー、デフコン三にも触れた。

▽ダン・バルズとボブ・ウッドワード（Dan Balz and Bob Woodward） ワシントンポストの記者。バンカーでのチェイニーとミネタのやりとりや、交戦規定に言及した記事を執筆。

▽ジェレ・ロングマン（Jere Longman） ニューヨークタイムズの記者。ユナイテッド航空九三便に関する著書『墜落まで34分』（Among the Heroes）を出版。

▽ジョン・キング（John King） CNNの記者。ペンタゴン攻撃前後にワシントン上空を旋回していた軍用機をレポート。

資料Ⅲ　地図および写真

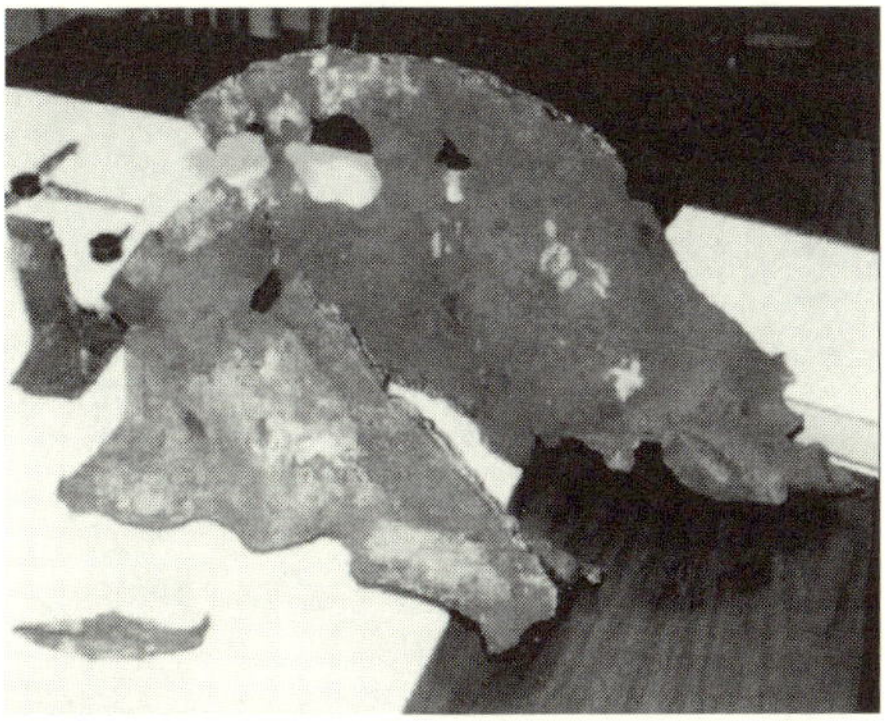

25章に出てくる溶けた鋼鉄「スイスチーズ」

本書の「厚さ1インチ（※2.54センチ）の支柱が半分の薄さになっている。端のほうは巻き紙のようにカールし、先端はほとんど剃刀の刃のように薄くなっている。」というサンプル。

WTC周辺地図

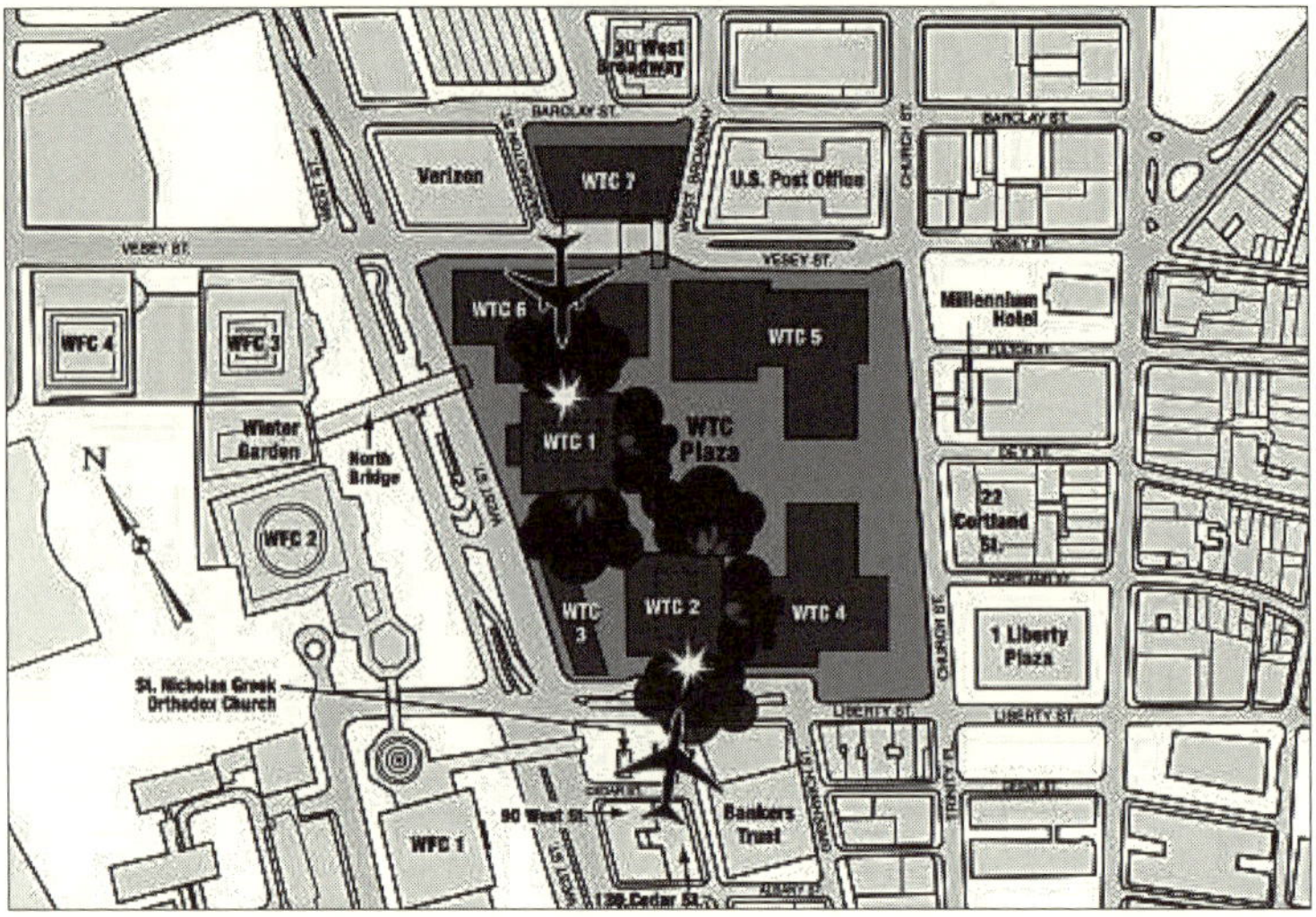

WTC 1	北タワー	110
WTC 2	南タワー	110
WTC 3	マリオットホテル	22
WTC 4	南プラザビル	9
WTC 5	北プラザビル	9
WTC 6	米国税関	8
WTC 7	ソロモンブラザーズビル	47
バンカーズトラスト		40
リバティープラザ		54
WFC 1	オッペンハイマー・ダウジョーンズ	40
WFC 2	タワーB	44
WFC 3	アメリカンエクスプレス	50
WFC 4	タワーD	34

（※バンカーズトラストはドイツ銀行のビル。屋上から9.11事件犠牲者のものと思われる人骨が大量に発見されている）
（※WFC、WTCビル左側：World Financial Center。第23章に出てくるワールド・フィナンシャルセンター）

世界貿易センター
敷地面積：16エーカー（※64,750㎡。東京ドームは46,755㎡）

ハイジャック機の軌跡

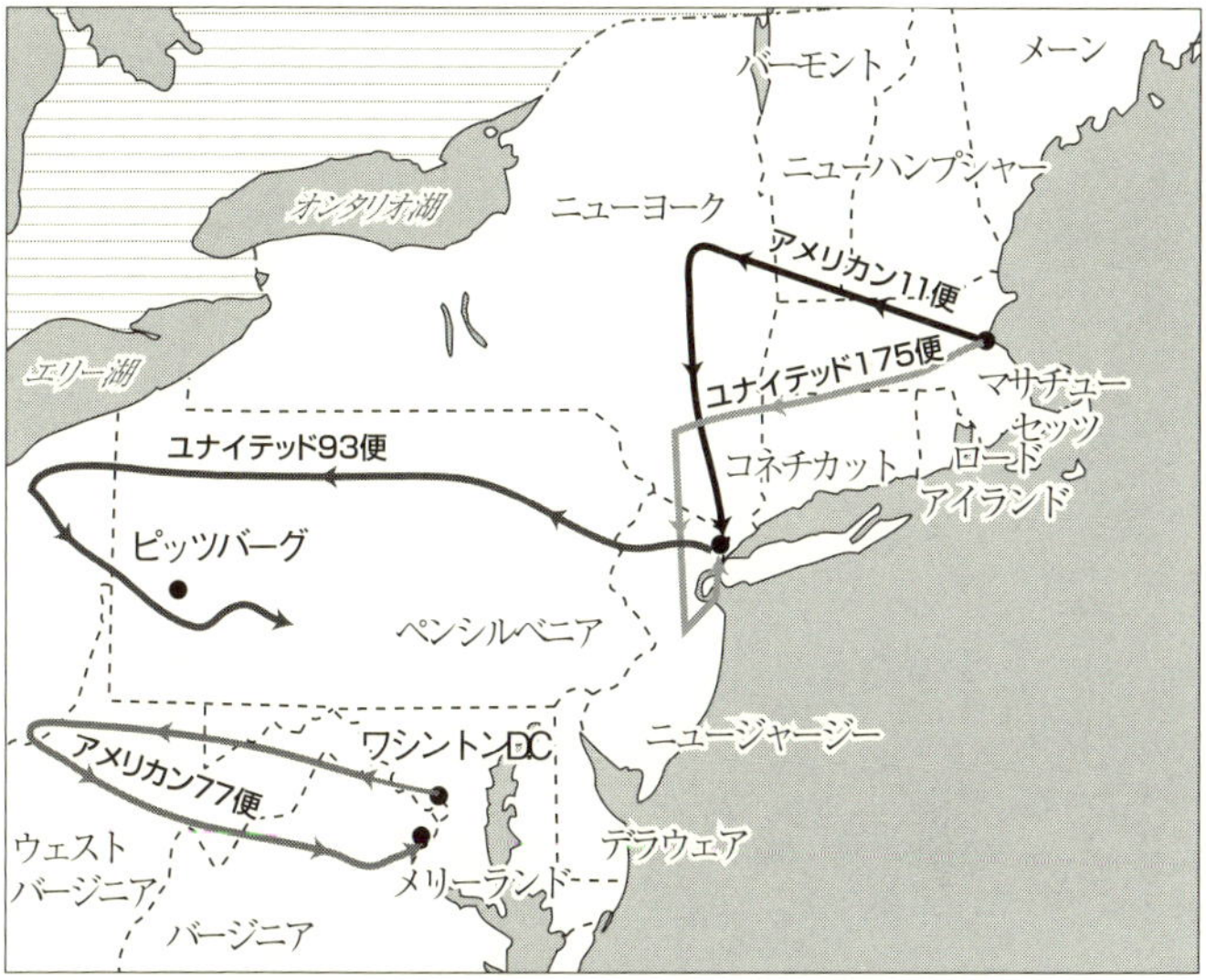

※連邦航空局の2001年9月17日付報告書「Summary of Traffic Hijack Events; September 11, 2001」に基づき作成。

各フライトのデータ

2001年9月11日	フライト	出発地	出発時刻	目的地	乗員乗客
8：46　WTC北タワー突入	アメリカン11（B767）	ボストン・ローガン	8：00	ロサンゼルス	92名
9：03　WTC南タワー突入	ユナイテッド175（B767）	ボストン・ローガン	8：14	ロサンゼルス	65名
9：38　ペンタゴン突入	アメリカン77（B757）	ワシントン・ダレス	8：20	ロサンゼルス	64名
10：07　ペンシルベニア墜落	ユナイテッド93（B757）	ニュージャージー州ニューアーク	8：42	サンフランシスコ	44名

※連邦航空局の2001年9月17日付報告書「Summary of Air Traffic Hijack Events; September 11, 2001」に基づき作成。乗員乗客数は2010年発表の同局文書「FAA Historical Chronology」より。

資料Ⅳ　インターネット検索初心者の方々に捧げる、簡単ネット検索法

本書の原注には多数の参照サイトが紹介されている。だが、その小さな活字をにらみながら、長々しいＵＲＬ（サイトのアドレス）を、インターネット閲覧用のアドレス欄に入力するのはかなりの難行だ。文字や記号の羅列を一字でも間違えると、目指すサイトには絶対にアクセスできない。ところがウェブページの引越や削除は日常茶飯事なので、たとえＵＲＬを正確に入力しても、徒労に終わることがけっこう多いのだ。現に本書で紹介しているＵＲＬにもこの種のリンク切れが相当数ある。移動先や代替サイトが見つかった項目については∧→ＵＲＬ∨という形で訳注を加筆しておいたが、加筆したサイトもまた、いつリンク切れにならないとも限らない。

そこで、これらの問題を一挙に解決し得る楽な検索方法をご紹介しよう。

例えば本書の第1章原注1のＵＲＬもすでにリンク切れになっている。このＵＲＬからワシントンポストの部分だけ、ネット閲覧用の検索窓に入力する。次に「スペース」（空白）を入れてから、記事のタイトルのめぼしい部分を半角引用符「" "」で括る。つまり「washingtonpost.com

“America's Chaotic Road to War”」（一キーワード＋一キーフレーズ）で検索すると、グーグルでは本稿執筆時点で八五〇件ヒットする。そのリストのトップに、ワシントンポスト内部で記事を移動させた最新の引越先が表示される。

たとえ同社がこの記事を削除しても、八五〇件の中にはこの記事を全文転載、または一部引用しているサイトが交じっているので、二次情報とはいえ目的は果たせる。

この「検索語と句」を使い分けるだけでも、意外なほどインターネットの恩恵を実感できる。引用符で括ったフレーズ検索では、原則としてそのフレーズと完全に一致するものがヒットする。引用符がなければ、フレーズを構成する単語をばらばらのキーワードと見なして検索する仕組みになっているので、無関係なサイトが無数にヒットしたりする。逆に「スペース」を入れ忘れると、単語同士が合体してワンワードと見なされ、ヒットがゼロ件になることもある。

だが、進化したテクノロジーは検索語や句を自動的にスペルチェックし、利用者の目的を類推し、代案を示し、原則からはみ出すサイトもリストアップしてくれる。至れり尽くせりの「あいまい検索」だが、その分ヒット数が増えるため、かえって探しにくいこともある。そんなときは検索語句を追加したり、入れ替えたりして絞り込む。例えば「washingtonpost.com」をやめて二語と置き換え、「bush school “America's Chaotic Road to War”」で検索すればヒットは八五件、リストのトップはこれも一次情報源のワシントンポストである。

要は、検索語句さえうまく組み合わせれば、効率よく結果を得られるということだ。

なお、検索では「小（文字）は大（文字）を兼ねる」らしく、「Bush」も「bush」もヒット数は変わらない。その一方で、ヒットを妨げる記号などもある。この記事のタイトルを本書の記載どおり「"America's Chaotic Road to War: Tuesday, September 11"」というフレーズにすると、完全一致するサイトはない。原因は二つある。一つは「America's」の「'」。「America's」なら正しい。見た目はそっくりだがデータ処理上は異なり、原題と一致するのは「半角アポストロフィー」である。もう一つの原因は「:」だ。記事の原題は「America's Chaotic Road to War」までで、「Tuesday, September 11」はいわば副題である。「九月の十日間（Ten Days in September）」というシリーズタイトルを持つ連載記事の一回目を意味する。したがって、これらをコロンでつないで一つのフレーズに指定すると完全一致はゼロになる。大手マスコミの記事なら、あいまい検索のおかげで代案が示されるが、マイナーな情報の場合は「見つかりません」と突き放される。

反面、大手には取り上げられなくても、ネット界で話題になったトピックなら、英語だけで検索しても日本語サイトがよくヒットする。外国語が苦手な方もぜひ気軽にお試しいただきたい。日本語サイトに限定する場合は「ブッシュ」などと日本語を一語加えるだけで事足りる。原語のスペリングを知りたいときも日本語サイトが頼りになる。例えば第24章原注12などに登場する「バリー・ジェニングズ」の参照サイトは音声の再生だけだが、関連動画サイトは多数ある。それを見つけるにはまず名前の原語がほしい。そこで念のため、一般的な表記「バリー・ジェニングズ」のほうを半角引用符で括ってフレーズ検索すると、スペリングが簡単に見つかり、日本語で概要も読める。次に「youtube "Barry Jennings"」で検索すれば、youtubeサイトだけで三〇〇件ヒットする。

もう一つ、本書には政府要人の発言も多数引用されているので、ホワイトハウスの参照サイトがかなりある。しかし政権が交代し、旧政権の記録は全部別の書庫サイトに収納されたため、「www.whitehouse.gov」から始まる原注のＵＲＬは全滅だった。収納先を見つけたときはすでに本書校了間際で、訳注を書き換える時間がなかった。お詫びとともに、旧政権の記録を閲覧する方法をご紹介しておく。わかってみれば実に単純だ。現政権ホームページの「www.whitehouse」部分を、旧政権アーカイブのホームページ該当部分「http://georgewbush-whitehouse.archives」に置き換えるだけ。例えば本書「凡例」中の「チェイニーのＴＶ出演」にある「www.whitehouse.gov/vicepresident/news-speeches/～」は、頭だけ変えて「http://georgewbush-whitehouse.archives.gov/vicepresident/news-speeches/～」とアドレス欄に入れればいい。もちろん、最初に説明したように語句を組み合わせ、「"The Vice President Appears on Meet the Press" whitehouse.archives」などで検索しても簡単だ。

このアーカイブには検索のヒントが書いてある。「単語の直前に〝－〟を入れると、その単語を除外したものを探します」、「〝＋〟を入れると、その単語を必ず含んだものを探します」。この半角の「＋」と「－」も重宝で、単語だけでなくフレーズでも利用できる。

以上は、パソコンに詳しいわけでもない一訳者のささやかな我流マニュアルだが、読者ご自身がネットに親しまれる一助になれば望外の喜びである。どのサイトも引用元や関連サイトにワンクリックで行けるリンクを用意しているので、膨大な９・11情報が芋づる式に手に入る。リンク、まさしく情報の連環だ。ただし、本書の著者グリフィン博士ほど事実を大事にし、論理的科学的に検証しているサイトばかりではない。憶測や想像が目立つ懐疑派もいれば、公式説擁護派もいる。さまざまな情報や解説をクールに見比べれば、そのうち真贋を嗅ぎ分ける嗅覚が発達するかもしれない。

筆者は職業柄、日夜ネットの恩恵に浴している。9・11事件のことはたまたま検証サイトに遭遇、録画を一コマずつ隅々まで分析しているのを見て衝撃を受けた。「検証」とはこういうものだったのかと、万事注意散漫な目からウロコが落ちた。今回本書を翻訳する機会に恵まれ、またウロコが何枚か落ちた気がする。著者グリフィン博士はどの章でも、膨大な情報を精細に比較し、矛盾点を鋭く分析している。大小さまざまな矛盾は一体何を意味するのか、各章の結論が近づくにつれてその輪郭が見えてくる。二五の矛盾を読了したあとには、重い事実がずしりと胸に落ちる。

あの日、飛行機が突入したタワーの穴から、手を振って助けを求めていた女性の姿がよみがえる。イラクの路上に並べられた無残な拷問後の遺体、重傷の幼児の虚ろな目の写真がまぶたをよぎる。事件当日の日本人の犠牲者は二四名だそうだが、その後ジャーナリストほかさまざまな方が巻き添えで亡くなった。イラクなどに派遣された自衛隊員の中からも、自殺者など相当数の死者が出ていたという国会答弁が数年前にあったと聞く。「戦争を始めるのは簡単、終わるのは難しい」と言われるが、「対テロ戦争」に果たして終わりなどあるのだろうか。それに注ぎ込まれる日本人の税金は、自殺大国という汚名にも関係していないだろうか。他人事ではない、と改めて思う。

ともあれ読者の皆様が、9・11事件に限らず、大手マスコミがなかなか教えてくれない価値ある情報や知見に巡り合われるよう、祈りをこめて拙文を捧げる。

二〇一〇年五月　　訳者　加藤しをり

[著者紹介]

デヴィッド・レイ・グリフィン（David Ray Griffin）

1939年生まれ。1970年にクレアモント神学院で博士号。1973年から2004年までフルタイムの大学教員。師であるジョン・B・カブとともにプロセス神学の代表的な研究者として知られる。現在クレアモント神学院名誉教授。退職頃から、9・11事件をめぐる疑惑について調査と発言を始める。著書、編著多数（訳者あとがきを参照）。

[訳者紹介]

加藤　しをり（かとう　しをり）

奈良県出身、旧大阪外国語大学フランス語学科卒業。翻訳家。技術翻訳も多数手がけてきたが、出版翻訳ではエンターテイメントやロマンス小説を中心に美術書、医学書など100タイトル超。『女性刑事』、『イリュージョン』、『虐待　ダイナとセレストとわたし』（以上講談社）、『愛と裏切りのスキャンダル』（扶桑社）、『分裂病は人間的過程である』（共訳、みすず書房）、『レンブラント・エッチング全集』（三麗社）など。

きくち　ゆみ

1962年東京生まれ。お茶の水女子大学卒。グローバルピースキャンペーン（http://globalpeace.jp/）発起人。千葉県鴨川で自給的生活の場・ハーモニクスライフセンター（http://www.harmonicslife.net/）を運営。マスコミ・金融界を経て、1990年より環境をテーマに、2001年より平和・環境・健康をテーマに執筆、講演、イベント企画などに携わる。著書は『地球と一緒に生きる』『地球を愛して生きる』（八月書館）、『ハーモニクス・ライフ　自然派生活のすすめ』（共著、合同出版）ほか。訳書は『9・11事件は謀略か』（共訳、緑風出版）『戦争中毒』（合同出版）ほか。

9・11の矛盾《むじゅん》
9・11委員会報告書が黙殺した重大な事実

2010年7月5日　初版第1刷発行　　定価3,400円＋税

著　者　デヴィッド・レイ・グリフィン
訳　者　加藤しをり・きくちゆみ
発行者　高須次郎
発行所　緑風出版 ©
〒113-0033　東京都文京区本郷2-17-5　ツイン壱岐坂
［電話］03-3812-9420　［FAX］03-3812-7262
［E-mail］info@ryokufu.com
［郵便振替］00100-9-30776
［URL］http://www.ryokufu.com/

装　幀　斎藤あかね
制　作　R 企 画　　印　刷　シナノ・巣鴨美術印刷
製　本　シナノ　　用　紙　大宝紙業　　E2000

〈検印廃止〉乱丁・落丁は送料小社負担でお取り替えします。
Printed in Japan　　ISBN978-4-8461-1005-5　C0031